中国健康老龄化发展蓝皮书

——积极应对人口老龄化研究与施策

2023—2024

王红漫／主编

BLUE BOOK ON THE DEVELOPMENT OF HEALTHY AGING IN CHINA

Research and Measures to Actively
Respond to Population Aging

华龄出版社
HUALING PRESS

图书在版编目（CIP）数据

中国健康老龄化发展蓝皮书 . 2023-2024：积极应对
人口老龄化研究与施策 / 王红漫主编 . –– 北京：华龄
出版社，2024.7

　　ISBN 978-7-5169-2722-9

　　I. ①中…　II. ①王…　III. ①人口老龄化—研究报告
—中国— 2023-2024　IV. ① C924.24

中国国家版本馆CIP数据核字（2024）第076371号

责任编辑　程　扬		**责任印制**　李末圻
责任校对　张春燕		

书　　名	中国健康老龄化发展蓝皮书 . 2023-2024： 积极应对人口老龄化研究与施策	**主　编**	王红漫
出　版 **发　行**	华龄出版社 HUALING PRESS		
社　　址	北京市东城区安定门外大街甲 57 号	**邮　编**	100011
发　　行	（010）58122250	**传　真**	（010）84049572
承　　印	北京天工印刷有限公司		
版　　次	2024 年 7 月第 1 版	**印　次**	2024 年 7 月第 1 次印刷
规　　格	787mm×1092mm	**开　本**	1/16
印　　张	32.75	**字　数**	400 千字
书　　号	ISBN 978-7-5169-2722-9		
定　　价	128.00 元		

本书编委会

顾问： 韩启德：中国科学院院士，中国科协名誉主席，第十二届全国政协
　　　　　　　副主席，老年健康专委会＊名誉顾问

　　　　高　强：原国家卫生部部长，老年健康专委会首席顾问

　　　　陈可冀：中国科学院院士，中国老年学和老年医学学会名誉会长

　　　　俞梦孙：中国工程院院士，中国生物医学工程学会名誉理事长

　　　　范　利：中国老年医学学会会长，国家老年疾病临床医学研究中心
　　　　　　　（解放军医院）主任

主编： 王红漫（北京大学教授，博导，老年健康专委会主任委员）

编委： （按姓氏笔画顺序）

　　　　马玉和：中国医药卫生事业发展基金会原副理事长

　　　　王小娥：北京市卫生健康委员会一级巡视员，北京市老龄办常务副主任

　　　　王利玲：广东省护士协会副会长，深圳市社区卫生学会副会长

　　　　王彦欣：国家财政部机关事务管理局原局长

　　　　包路芳：北京市社会科学院社会学所所长，老年健康专委会常委

　　　　向春玲：中央党校教授，博导，老年健康专委会副主任委员

　　　　刘忠祥：苏州大学红十字国际学院客座教授

　　　　刘志国：人民政协报总编室副主任

　　　　朱　岷：江苏省卫生健康委员会副主任，江苏省中医药管理局长

　　　　朱洪彪：中国卫生经济学会副会长兼秘书长

　　　　邹　钰：云南省健康发展研究中心副编审，老年健康专委会委员

　　　　张肖敏：东南大学国际老龄化研究中心主任，研究员

　　　　黄俊平：北京大学学科建设办公室副主任

＊　中国卫生经济学会老年健康经济专业委员会简称"老年健康专委会"。

主编：王红漫

医学博士，社会学博士后，北京大学博士生导师，从事健康与社会发展跨学科科研与教学工作。近 20 年主持完成了国家级、省部级重大、重点、面上项目和地方政府委托的科研课题 40 余项，发表论文 180 多篇（包括 SCI，SSCI，CSSCI），出版译著 2 部、专著 9 部，主编教材 1 部、参编教材 2 部，主编蓝皮书 3 部、参编蓝皮书 2 部，撰写内参、政府咨询报告 50 余份，主流权威媒体思想网络论文 30 余篇。研究成果获教育部人文社科奖、北京市政府哲学社会科学奖、科学技术奖。主持完成的北京市哲学社会科学基金重大项目成果摘要形成《关于北京市实施基本医疗保障制度城乡统筹的提案》被评为"2015 至 2018 北京市政协十大'最具影响力优秀提案'"之一。

2017 年担任中国卫生经济学会老年健康经济专业委员会主委，2017—2023 年组织并主持召开了八届"健康老龄化学术论坛"，2017 年成功申办首届 / 次年第二届"应对高龄化（80 岁以上）背景下老年人医疗保险培训班"（国家 I 类继续教育学分项目），2019 年组织刊发《中华流行病学杂志》老年健康重点号、出版《光明医养结合模式考究：兼论"家庭病床"模式亮点痛点与对策》（专著）被评为"助力医学"系列"十佳好书"；2020 年主编《老年健康蓝皮书：中国健康老龄化研究与施策》（获 2020 中国医界好书·医学管理类十佳好书）；2021 年策划刊发科技核心期刊《卫生软科学》老年健康（专栏），2022 年主编《中国健康老龄化发展蓝皮书——积极应对人口老龄化研究与施策（2022）》；2022 年成功申办首届 / 次年第二届"积极推进人口老龄化国家战略下医养康养结合与老年健康发展"国家 I 类继续教育学项目。2024 年策划组织刊发 SCI/SSCI 老年健康重点文章 / 专刊。

# 序①

人口老龄化是现今以及未来中国，乃至全世界都不可回避的客观人口现象，这是生产力发展、社会保障服务完善、民生改善的必然结果。2022年8月，习近平总书记在辽宁省沈阳市牡丹社区考察时强调，"我国已进入老龄化社会，老人们越来越长寿了。要抓好老龄事业、老龄产业，有条件的地方要加强养老服务设施建设，积极开展养老服务。"2024年1月，《国务院办公厅关于发展银发经济增进老年人福祉的意见》（国办发〔2024〕1号）强调"坚持以人民为中心的发展思想，实施积极应对人口老龄化国家战略，坚持尽力而为、量力而行，推动有效市场和有为政府更好结合，促进事业产业协同，加快银发经济规模化、标准化、集群化、品牌化发展，培育高精尖产品和高品质服务模式，让老年人共享发展成果、安享幸福晚年，不断实现人民对美好生活的向往。"以习近平同志为核心的党中央将积极应对人口老龄化上升为国家战略。老龄政策体系在不断完善，养老服务体系在系统优化，社会保障水平在持续提升。

随着老龄人口不断增加，养老服务需求剧增与服务供给总量不足、养老服务需求多元与供给结构性失衡等矛盾，已经上升为中国养老服务事业

---

① 范利，主任医师，教授，博士生导师；中国老年医学学会会长；国家老年疾病临床医学研究中心（解放军医院）主任。

发展亟须解决的重要问题。随着信息技术的迅速发展，物联网、人工智能以及互联网＋等技术为基础的智慧养老服务应运而生，它为化解中国养老事业面临困境提供了新的思路与可行路径。在老龄化和信息化时代背景下，如何有效利用现有信息化科学技术和思路，加快发展养老事业，建立有效的医养结合体系下老年人康养照护体系，应对人口老龄化，是我国构建健康老龄化社会，实现"老有所依，老有所养，老有所为，老有所乐"和谐社会的重要路径。

从学术层面上而言，聚焦积极老龄化、健康老龄化议题的研究，要扎根于祖国大地，既有理论，也有实证；既有当下，也有未来。既要用恰当的方法和理论探索适宜的道路；也要立足于时代背景，将理论与实证研究成果与新时代做有机结合。健康老龄化的概念内涵是动态发展的，是多维互动的，不能将其局限于某一领域或某一问题的学术探究和现实演绎。健康老龄化内部包含诸多相互嵌套、相互关连的理论与实证问题，有些已得到了关注、研究和实践，但还有些并没有被发现、被重视。北京大学"健康中国理论与实证研究"课题组与中国卫生经济学会老年健康经济专业委员会专家组在《中国健康老龄化发展蓝皮书——积极应对老龄化研究与施策（2022）》（聚焦"积极老龄观、健康老龄化"的核心主题，以生命观的优化、老年的定义、老年健康内涵与测量、健康老龄化的传播、主动健康理念与实践、老龄人群健身康养优化、老年人食品安全提升、城市嵌入式社区居家养老、长期护理保险试点现状与对策、数智养老的普惠服务体系设计、安宁疗护政策与法律问题分析，高质量医务社工的建设，老年友好社区、友善医院与医养结合融合发展，以及有区别地合理组织发挥老年人的社会生产活动、重视在老龄化社会弘扬和提升慈孝文化等政策理论研究为起点，深入探讨各类老年健康事业产业发展的现状与前景，并着重关注边远地区与农村地区康养医养结合养老模式的探索与发展，推出"康寿幸福之乡认定准则和方法"，为不断推动我国老龄化战略创新发展和共建老年健康新时代献言献策）基础上，王红漫教授团队贯彻落实党中央、国务院"积极应对人口老龄化国家战略"重大部署，在总顾问韩启德院士的指导下，凝聚焦点、创新要点、多元共融，集全国政界、学界、业界精英之智慧，学术成果有学界共识，与业界深入互动，相辅相成，相得益彰，以学理为重，又问道于民，以基层为实，助力医康养与老年健康发展，帮助解决社会急需问题，构建完整的学术链条，提出更高水平的理论成果，出版《中国健康老龄化发展蓝皮书——积极应对人口老龄化研究与施策（2023—2024）》。

该书以"应对人工智能时代之'变'，开创科学文化之'新'""深刻领会'积极应对人口老龄化'的科学含义"开宗明义，开篇引领，在书中就"数字化养老、数质化研发、数智化赋能、数治化实践、实体化与实质化创新、实用化与实效化结合"，提出了可取经验和问题的对策；提出并试行的"康寿幸福之乡认定准则和方法"（中文版收录在《中国健康老龄化发展蓝皮书——积极应对人口老龄化研究与施策（2022》）以联合国六种官方语言发布，为全面深入地助力"积极应对人口老龄化国家战略"，乃至"共同构建人类卫生健康共同体"之健康老龄化理论与实证研究，做了很多有意义的理论与实践探索，有益与政府机构和社会各界分享。

《中国健康老龄化发展蓝皮书——积极应对人口老龄化研究与施策（2023—2024）》，是"非弘不能胜其重，非毅无以致其远"的拳拳之情，是整合现实追求卓越的表达，是为序。

2024 年新春

前　言

　　人口老龄化是社会发展的重要趋势。当前，世界人口老龄化步伐加快，预计到 2030 年，世界 60 岁及以上人口将达到 14 亿人，比 2019 年增加 34%，到 2050 年，全球老年人口将较 2019 年增加 1 倍以上，达到 21 亿人[①]。

　　人口老龄化也是我国今后较长一个时期的基本国情。国务院新闻办公室 2024 年 1 月 17 日举行新闻发布会，国家统计局介绍，2023 年年底，我国大陆地区 60 岁及以上的老年人口总量为 2.96 亿人，已占到总人口的 21.1%，其中 65 岁及以上人口 2.17 亿人，占全国人口的 15.4%[②]；预计到 2050 年前后，我国老年人口数将达到峰值 4.87 亿人，占总人口的 34.9%[③]，65 岁及以上的老年人口将达 3.8 亿人[④]，80 岁及以上人口将达到 1.5 亿人[⑤]。人口老龄化与我国实现第二个百年奋斗目标的历史进程相容相

---

　　① 世界卫生组织 . 2020-2030 年健康老龄化行动十年 [EB/OL]. [2024-02-19]. https://cdn.who.int/media/docs/default-source/decade-of-healthy-ageing/final-decade-proposal/decade-proposal-final-apr2020-zh.pdf.

　　② 国家统计局 . 人口总量有所下降人口高质量发展取得成效 [EB/OL].（2024-01-18）[2024-01-20]. https://www.stats.gov.cn/sj/sjjd/202401/t20240118_1946701.html.

　　③ 中国政府网 . 到 2050 年老年人将占我国总人口约三分之一 [EB/OL].（2018-07-19）[2023-10-10].https://www.gov.cn/xinwen/2018-07/19/content_5307839.htm?cid=303.

　　④ 中国发展研究基金会 . 中国发展报告 2020：中国人口老龄化的发展趋势和政策 [M].北京：中国发展出版社，2020.

　　⑤ 程怀志，郭斌，宋佳玮，等 . 人口老龄化对公共卫生服务提出的挑战及对策 [J]. 医学研究与教育，2022，39（1）：49-53.

随。这种人口结构的转变需要我们高度重视，精心规划，认真谋划建设相应的医疗保健和社会系统，以支持老年人随着年龄的增长而享有的福利。

《中华人民共和国国民经济和社会发展第十四个五年规划和2035年远景目标纲要》①中提出"实施积极应对人口老龄化国家战略"，这是党中央总揽全局、审时度势作出的重大战略部署。这一战略对于指导全社会积极主动应对人口老龄化带来的挑战、挖掘老龄社会机遇、激发社会活力具有重要指导意义。

健康老龄化，是"实施积极应对人口老龄化国家战略"成本最低、效益最好的手段和途径，是中国政府积极应对人口老龄化挑战的重要顶层战略举措，是推进健康中国战略的重要抓手。

国家卫生健康委员会等15部门联合印发了《"十四五"健康老龄化规划》②，全面布局"十四五"时期中国健康老龄化的方案，提出到2025年，老年健康服务资源配置更加合理，综合连续、覆盖城乡的老年健康服务体系基本建立，老年健康保障制度更加健全，老年人健康生活的社会环境更加友善，老年人健康需求得到更好满足，老年人健康水平不断提升，健康预期寿命不断延长。这是我国社会经济发展、老龄化趋势、全体人民对美好生活向往之背景下的产物，体现了我们对老年人群需求的系统化、多向度考量。

---

① 中国政府网.中华人民共和国国民经济和社会发展第十四个五年规划和2035年远景目标纲要[EB/OL].（2021-03-13）[2024-01-15]. https://www.gov.cn/xinwen/2021-03-13/content_5592681.htm?eqid=a1c81c4d00011cb5000000066459c07c.

② 国家卫生健康委、教育部、科技部、工业和信息化部、财政部、人力资源社会保障部、住房和城乡建设部、退役军人事务部、市场监管总局、广电总局、体育总局、国家医保局、银保监会、国家中医药局、中国残疾人联合会.《关于印发"十四五"健康老龄化规划的通知》[EB/OL].（2022-03-01）[2024-01-25]. https://www.gov.cn/zhengce/zhengceku/2022-03-01/content_5676342.htm.

党的二十大报告①提出科技是第一生产力，人才是第一资源，创新是第一动力。这一理念为应对人口老龄化，推动老龄事业和产业高质量发展，加快构建新发展格局，构建覆盖全生命周期、囊括社会、经济、文化等多领域的可持续发展的医疗卫生与健康服务体系和社会系统提出了方法论和工作重点。

2024年1月11日，国务院办公厅印发一号文件《国务院办公厅关于发展银发经济增进老年人福祉的意见》②强调"坚持以人民为中心的发展思想，实施积极应对人口老龄化国家战略，坚持尽力而为、量力而行，推动有效市场和有为政府更好结合，促进事业产业协同，加快银发经济规模化、标准化、集群化、品牌化发展，培育高精尖产品和高品质服务模式，让老年人共享发展成果、安享幸福晚年，不断实现人民对美好生活的向往"。同年1月16日，中共民政部党组发表《民政事业高质量发展助力中国式现代化》一文，总结和展望了"深入实施积极应对人口老龄化国家战略，大力发展养老事业、养老产业，努力提高广大老年人生活品质"的民政工作；1月25日，2024年全国老龄健康工作会议在北京召开，会议要求各级卫生健康部门要聚焦健康老龄化目标，以老年人健康为中心，建立完善老年健康服务体系，深入推进医养结合，不断增进广大老年人的健康福祉。1月29日，民政部、国家发展改革委、教育部等12部门制定出台了《关于加强养老服务人才队伍建设的意见》，这是我国首个关于养老服务人才队伍建设的综合性政策文件。2月6日，民政部、国家数据局印发《关于组织开

① 中国政府网 . 习近平：高举中国特色社会主义伟大旗帜 为全面建设社会主义现代化国家而团结奋斗——在中国共产党第二十次全国代表大会上的报告 [EB/OL].（2022-10-25)[2024-01-15]. https://www.gov.cn/xinwen/2022-10-25/content_5721685.htm.

② 中国政府网 . 国务院办公厅关于发展银发经济增进老年人福祉的意见 [EB/OL].（2024-01-15）[2024-01-15].https://www.gov.cn/zhengce/zhengceku/202401/content_6926088.htm.

展基本养老服务综合平台试点的通知》（民函〔2024〕5号）……这一系列政策决策充分体现了党和政府对老龄人口的高度重视，既有对"实施积极应对人口老龄化国家战略"的宏观部署，又有对关系千家万户的老年人健康福祉方方面面工作的具体要求。

综合来看，2023—2024年中国健康老龄化发展呈现强烈的时代特征，并基于现实条件展现了许多新的发展面貌和趋势，突出体现在：

一、不管是广为人知的"9073""9064"，还是"991"养老服务模式①②，都显示居家养老在其中占据主要比例。供给侧事业和产业双轮驱动，医养和康养物理空间和数字空间与服务项目相结合，居家养老服务网的建设，成为更好满足老人居家服务需求、不断提升老年人的获得感和满意度的方向和着力点。

二、中国经济社会的发展与数字时代的来临高度重合；数字技术的发展和广泛应用也为探索构建中国式老年照护模式提供更多契机，不仅在工具和技术层面丰富了照护的内容、方式和手段，还在深层次的价值层面与中国传统文化发生新的互动。

三、时代指引、政府主导，保障基本养老服务和提供多样化服务相结合；政府、社会力量和公益组织多元供给服务；服务提供商品牌化、连锁化、规模化；线上平台、线下服务、智能产品相结合，智慧养老、智慧适

---

① 在2007年，上海市在全国率先提出了"9073"养老模式，即90%的老年人由家庭自我照顾，采取以家庭为基础的居家养老；7%的老年人享受社区居家养老服务，提供日间照料；3%的老年人享受机构养老服务。2008年北京市提出"9064"养老服务新模式，即90%的老年人在社会化服务协助下通过家庭照顾养老，6%的老年人通过政府购买社区照顾服务养老，4%的老年人入住养老服务机构集中养老。北京市2023年调查数据显示：99%以上老人选择居家养老，只有不到1%的老人选择机构养老。

② 人民日报健康客户端.王红漫："居家社区"养老服务体系亟待加快建立完善[EB/OL]（2023-11-20）[2024-02-10].]https://m.peopledailyhealth.com/articleDetailShare?articleId=13421a9e9aa54dc6aa29e89348dcb130.

老、智慧康复、智慧医疗、智慧健康等多领域多层次多场景渗透。

四、发展银发经济国策出台，政策从原有"老龄经济"扩展至"老龄经济＋备老经济"，将"预备于老"的相关产业纳入银发经济范畴，是积极应对人口老龄化国家战略框架下的总体考虑。

五、政界、学界、业界空前关注并且紧盯中央关心的重点、群众关切的热点、政策落实的堵点、发展滞后的难点，为健康老龄化工作的推进和相关问题的探索与究竟做了大量工作。

健康老龄化的研究不仅有顶层设计，推动相关政策措施落地生效、强化健康促进，提升老年人主动健康能力、强化体系建设，扩大优质服务供给、强化保障措施，还有基于信息化时代下，大数据、人工智能理念在健康老龄理论与实践中的渗透、拓展，这为健康老龄化战略目标的实现提供了良机和抓手。但是，健康老龄化还有很多问题有待学术层面和应用层面的深入探索，有些问题仍旧没有得到有效解决，有些问题还需用更多维的视角去剖析，有些问题尚待我们去发现、去重视。

全面渗透积极老龄化和健康老龄化观念，"实施积极应对人口老龄化国家战略"，是实现人口高质量发展助力中国式现代化建设的重要抓手。人口老龄化议题的研究也并非仅局限于老龄人口这一单一群体，不能将其局限于某一领域或某一问题的学术探究和现实演绎，健康老龄化内部包含诸多相互嵌套、相互勾连的理论与实证问题，应用系统的发展观来看待这一学术议题和现实问题。学术研究、制度制定、政策实施、社会建设等不仅要关注老年群体，还应具有前瞻性，以全生命健康周期之视角，将未老和已老群体系统囊括，从统筹社会多方力量、各地区各部门综合施策的思路和角度，确保积极应对人口老龄化国家战略顺利实施，行稳致远。我们不仅需要满足老年人日益多样化的需求，还要注重服务的实用性、实效性、及时性、广泛性、普惠性、专业性，以及老年人的健康红利、经验智慧红利等人力资源的巨大潜力。为此，北京大学"健康中国理论与实证研究"课题组联袂中国卫生经济学会老年健康经济专业委员会（以下简称"课题组和专委会"），把握国际人口老龄化研究的最新趋势，紧扣中国社会时代脉搏，聚焦"数字化养老、数质化研发、数智化赋能、数治化实践以及实体化与实质化创新"等多个方面，撰写了《中国健康老龄化发展蓝皮书——积极应对人口老龄化研究与施策（2023—2024）》。该书基于全面归纳总结和梳理2003年以来中国健康老龄化在不同地域、各专业领域的独特性和多样性特征与趋势，重点探讨了我国健康老龄化研究与施策近年来的发展热点、核心特征以及未来走向，以"积极老龄观、健康老龄化"为主题，剖析了积极应对老龄化面临的问题、机遇和挑战，提出了一系列具有可操作性、可落地性的政策建立和理论方法。同时在选题和内容上兼顾历史与现实、理论与实证、宏观与微观。

全书共分为5部分、收录了25篇研究论文和报告。

总论：现状、态势、思想与观点 以时代背景为切入视角，以"应对人工智能时代之'变'，开创科学文化之'新'""深刻领会'积极应对人口老龄化'的科学含义"开宗明义，开篇引领。在世界多极化、经济全球化、社会信息化的条件下，2023年以来，以大模型、生成式人工智能为代表的技术集群已经对人类文明的各个方面产生了重大影响，人类社会正在经历一场以泛数字化、智能化为特征的文明递变，以"应对人工智能时代之'变'，开创科学文化之'新'"探讨人工智能技术对科学、文化、社会发展的影响，回应了人工智能时代如何面向未来的科学文化建设问题；从"深刻领会'积极应对人口老龄化'的科学含义"探讨积极应对人口老龄化战略的理念价值、政策措施、战略行动，系统梳理其内涵与外延。

"数智普惠与健康老龄化"专题篇　以"数字化养老、数质化研发、数智化赋能、数治化实践"为主线，从数字社会与智慧康养、云平台创新开发与应用、预防与治疗和康复技术发展与实践、数字技术与科技适老化、智能可穿戴设备、智慧养老智能机器人使用、智慧医养结合服务模式、数字内容风险管理等方面，探讨如何更高效、更精准、更安全地将数字智慧手段渗透于积极应对人口老龄化战略，提升信息化、标准化、专业化水平，提高社会老龄服务能力和老年人社会适应能力，促进老年人健康水平提升，系统整体推进老龄事业与产业可持续发展。

"积极老龄观　健康老龄化"理论与实证篇　在《中国健康老龄化发展蓝皮书——积极应对人口老龄化研究与施策（2022）》（聚焦"积极老龄观、健康老龄化"的核心主题，以生命观的优化、老年的定义、老年健康内涵与测量、健康老龄化的传播、主动健康理念与实践、老龄人群健身康养优化、老年人食品安全提升、城市嵌入式社区居家养老、长期护理保险试点现状与对策、数智养老的普惠服务体系设计、安宁疗护政策与法律问题分析、高质量医务社工的建设、老年友好社区、友善医院与医养结合融合发展，以及有区别地合理组织发挥老年人的社会生产活动、重视在老龄化社会弘扬和提升慈孝文化等政策理论研究为起点，深入探讨各类老年健康事业产业发展的现状与前景）基础上进一步多视角、多学科、多向度地讨论了医养结合发展态势、老年健康与养老、社会资本、"关怀"和照护型社会、老龄人力资源、银发经济、适老化改造等领域重要学术议题，丰富了现有"积极老龄观、健康老龄化"的学术研究范畴与理论内涵，以需求为导向提出了更符合积极应对人口老龄化战略实际工作需要的理论观点与具体手段，为我国政策的完善提供学理支撑、实证资料、学术参考。

"积极老龄观　健康老龄化"区域篇　扎根祖国大地，继 2020 年、

2022 年"课题组和专委会"发布的《老年健康蓝皮书——中国健康老龄化研究与施策》《中国健康老龄化发展蓝皮书——积极应对人口老龄化研究与施策》依次呈现我国东、中、西部地区健康老龄化发展的特点和差异（2020 年），并特别关注了边远地区、农村地区的养老模式（2022 年），本书（2023—2004 年蓝皮书）还深入研究了随着老龄化形势的发展，老年人的多样化、多层次的需求显著增加，对首都经济社会发展的影响，对首善之区率先实现中国式现代化形成的挑战与推进健康老龄化的北京实践；以及作为全国改革开放的排头兵和中国特色社会主义先行示范区的深圳市健康养老模式的实践；此外，还涵盖了奋力开创黑龙江高质量发展新局面的中医药康养发展对策，以及体医养融合社区慢病老人运动干预多元主体协同新模式的江苏实践等重点区域的发展研究报告等典型案例，为全国各地积极老龄化战略实施提供参考借鉴。

"积极老龄观 健康老龄化"经验方法篇 汇集了北京大学"健康中国理论与实证研究课题组"研制的《康寿幸福之乡评定标准和实施办法》（六种语言即联合国工作语言版本）。《康寿幸福之乡评定标准和实施办法》不单是一种评价标准或评定机制，它还是一种健康理念时代转变的深化发展，一种健康国策精细实施的方法体系，一种生态文明多维建设的实践准则。它的多语种（译文得到黄俊平、章锐新、韦肖洛娃、金俊开、黄大为、高明勇、赵勤等支持）发布是中国根据国情和世界局势给予的时代答案，为国际健康老龄化领域提出的中国思想和中国方案，希望各国学者共同参与康寿幸福之乡的建设，并在研究与实践中不断修正、充实和完善《康寿幸福之乡评定标准和实施办法》，以期对构建人类卫生健康共同体，实现全球绿水青山人类健康起到积极的促进作用。

该书基于当前时代背景、战略背景以及老龄化趋势背景，贯彻落实党中央、国务院"积极应对人口老龄化国家战略"重大部署，践行总顾问韩启德院士对"专委会和课题组"的指导：一是要凝聚焦点，重点突破；二是要有创新点；三是学术上要包含各方面意见，甚至不一致的观点，以文会友，以友辅仁，集全国政界、学界、业界精英之智慧，以学理为重，又问道于民，以基层为实，助力医养康养与老年健康发展。"课题组与专委会"理论与实证研究中打通学界与业界边界，构建完整的学术链条，与业界深入互动，走进基层，问道于民、问道于实践、问道于政，进行典型案例荟萃分析，从医学社会学、新结构经济学、政治学与管理学、数字技术与 AI、健康传播学等多学科视角和分析研究框架，廓清并阐释了有为政府、有效市场、有序有容社会、有爱有责家庭、有情和谐社区、科技赋能形成合力，启数智普惠之风，助老龄健康之善，将人口老龄化的时代挑战转化为战略机遇的中国健康老龄化发展态势；以从全生命周期健康养老分为不同阶段和类型理论研究为起点，深入探讨了医养康养与老年健康发展的现状和前景，重点聚焦医养康养"刚需"，破解高龄及失能失智居家老人防治难题，同时，着重关注有区别地合理组织发挥老年人的社会生产活动，充分调动老年人在其健康促进中的自主性和能动性，推进在老有所养、老有所乐的基础上积极开发老龄人力资源，进一步推进老有所为，发挥老年人健康红利和智慧红利，不仅有利于老年人身心健康、实现老年人社会价值、提高老年人生活质量，也为社区老龄化服务和社区治理增加力量，达到健康老龄化的"内外合力"；提出并阐述了社会力量参与医养结合服务，将"运动干预"融入医养结合服务，推动"体医养"融合发展，促进多元主体协同的范式；论述了公共性发展金融打造康养示范项目、建设普惠型养老服务体系、推动银发经济高质量发展积极应对人口老龄化国家战略的比较优势和着力点；回应了人工智能时代面向未来的科学文化建设、数字社会与智慧康养、积极应对人口老龄化的科学含义……通过对概念阐释、政策梳理、价值引领、规范体系、评定标准和实施办法的系统全面研究，有学术成果，有学界共识，为国家和地方"实施积极应对人口老龄化战略"与推进绘制多学科蓝图，为相关部门的政策决策和制度优化、相关领域专家学者的深度研究和思路拓展提供了新的路径和重要理论与实践的参考。

健康老龄化，是"实施积极应对人口老龄化国家战略"成本最低、效益最好的手段和途径，是中国政府积极应对人口老龄化挑战的重要顶层战略举措，是推进健康中国战略的重要抓手已经成为共识。感谢本书的顾问、编者、作者所做出的辛勤努力，感谢大家为记录中国健康老龄化发展建设步伐留下了美好的一笔。

王红漫

于北京大学文珍阁

岁在甲辰岁朝

内容提要

　　人口老龄化是社会发展的重要趋势，也是我国今后较长一个时期的基本国情。人口老龄化与我国实现第二个百年奋斗目标的历史进程相容相随。这种人口结构的转变需要我们高度重视，精心规划，认真谋划建设相应的医疗保健和社会支持系统，以支持老年人随着年龄的增长而享有的福利。

　　北京大学"健康中国理论与实证研究"课题组联袂中国卫生经济学会老年健康经济专业委员会，科学把握国际人口老龄化研究的最新趋势，紧扣中国社会时代脉搏，聚焦"数字化养老、数质化研发、数智化赋能、数治化实践以及实体化与实质化创新"等多个方面，撰写了《中国健康老龄化发展蓝皮书——积极应对人口老龄化研究与施策（2023—2024）》。该书基于全面归纳总结和梳理中国健康老龄化在不同地域、各专业领域的独特性和多样性特征与趋势，重点探讨了我国健康老龄化研究与施策近年来的发展热点、核心特征以及未来走向，以"积极老龄观、健康老龄化"为主题，剖析了积极应对老龄化面临的问题、机遇和挑战，提出了一系列具有可操作性、可落地性的政策建议和理论方法。

　　全书共分为5部分，收录了25篇研究论文和报告，以学理为重，又问道于民，以基层为实，又问道于政，从医学社会学、政治学与管理学、新结构经济学、数字技术与AI、健康传播学等多学科视角和分析研究框架，以从全生命周期健康养老不同阶段和类型理论研究为起点，深入探讨了医养康养与老年健康发展的现状和前景；提出并阐述了社会力量参与医养结合服务，将"运动干预"融入医养结合服务，推动"体医养"融合发展，促进多元主体协同的范式；着重关注了有区别地合理组织发挥老年人的社会生产活动，充分调动老年人在其健康促进中的自主性和能动性。推进在老有所养、老有所乐的基础上积极开发老龄人力资源，进一步推进老有所为，发挥老年人健康红利和经验智慧红利，形成健康老龄化的"内外合力"等；论述了公共性发展金融打造康养示范项目、建设普惠型养老服务体系、推动银发经济高质量发展、积极应对人口老龄化国家战略的比较优势和着力点；回应了人工智能时代中面向未来的科学文化建设、数字社会与智慧康养、积极应对人口老龄化的科学含义。这些为国家和地方实施积极应对人口老龄化战略与推进绘制多学科蓝图，为相关领域专家学者的深度研究和思路拓展提供了新的路径和重要理论与实践的参考。

目录

I 总论：现状、态势、思想与观点

1. 应对人工智能时代之"变"，开创科学文化之"新" …………… 韩启德（ 3 ）

2. 深刻领会"积极应对人口老龄化"的科学含义 …………… 高　强（ 8 ）

II 数智普惠与健康老龄化专题篇

3. 数字社会与智慧康养的国内外研究进展

　　——基于 WOSCC、PubMed、CNKI 和万方数据库 1989—2023 年的分析

　　………………………………… 王红漫　刘　璨　李沛霖（ 17 ）

4. 数字预防和治疗老年痴呆云平台的创新开发与应用 ……… 艾　静（ 36 ）

5. 基于物理因子治疗技术的老年痴呆防治手段发展与实践

　　………………………………… 王文华　辛　芮　孙作东（ 48 ）

6. 数字技术应用适老化的新阶段：数字内容风险管理 ……… 王　杰（ 63 ）

7. 智能可穿戴设备在提升养老生活质量中的作用与展望 …… 丁　也（ 80 ）

8. 智能慢病管理平台助推医养结合模式下的社区老年健康

　　………………………………… 卢陈英　黄　刚　耿　辰（ 98 ）

9. 全链式智慧医养结合服务模式·河南模式探索实践

　　………………………………… 郑鹏远　汪桂琴　董献文（113）

10. 科技适老：社区老年人对智能机器人使用意愿的质性研究

…………………………………………… 张玉涵　王秀丽（141）

11. 北京市四街道智慧养老情况及多因素分析

…………………………………………… 王玉琪　王红漫（162）

12. 智慧养老服务需求调查问卷的信度效度分析

………… 北京大学"健康与社会发展理论与实证研究课题组"（181）

Ⅲ　积极老龄观　健康老龄化　理论与实证研究篇

13. 医养结合学术研究态势、合作网络、研究热点与展望（2005—2023）

………………………………… 王红漫　王子姝　郑佳明（197）

14. 人文社会科学视野中的"关怀"和照护型社会 ………… 唐　钧（212）

15. 社会资本视角下我国老年人跌倒预防策略研究

………………………………… 杨　乐　程景民　王红漫（226）

16. 整合视角下的社区康养现状与发展趋势

………… 汪晓凡　李瑞锋　刘亚敏　王鸿蕴　曾婧菱（238）

17. 积极开发老龄人力资源参与社区老龄服务和社区治理

………………………………………… 向春玲　李　赟（253）

18. 公共性发展金融推进积极应对人口老龄化国家战略：

基于新结构经济学自主理论创新的分析框架 …………… 徐佳君（271）

19. 中国适老化改造行业发展报告

………… 人民康养《康养这十年：适老化改造》课题组（284）

Ⅳ　积极老龄观　健康老龄化区域篇

20.北京市人口老龄化现状、发展及对策建议

　　………………………………………… 包路芳　龙昊廷（303）

21.推进健康老龄化的北京实践 ………………………… 王小娥（321）

22.江苏省体医养融合社区慢病老人运动干预新模式

　　——南京江北新区普斯康健养老服务中心实践

　　………………… 张肖敏　贺　勤　梁　爽　戴玉玲（331）

23.深圳市健康养老模式探索实践 ………………………… 王利玲（343）

24.黑龙江省人口老龄化特征与中医药康养发展对策

　　………………………………………… 孙一鸣　王红漫（361）

Ⅴ　健康老龄化经验方法篇
（联合国工作语言）

25.康寿幸福之乡评定标准和实施办法

　　………………… 北京大学"健康中国理论与实证研究课题组"（379）

附　录

附录1：我国养老政策梳理 ……………………………………（454）

附录2：老年健康专委会大事记 ………………………………（465）

英文摘要 ………………………………………………………（473）

总论：现状、态势、思想与观点

应对人工智能时代之"变"，开创科学文化之"新"

韩启德[①]

摘　要： 2023 年以来，以大模型、生成式人工智能为代表的技术集群已经对人类文明的各个方面产生了重大影响，人类社会正在经历一场以泛数字化、智能化为特征的文明递变。本文回应了人工智能时代中面向未来的科学文化建设问题，呼吁各个领域的专家学者能够秉持科学精神，勇于回应科学文化所面临的真问题，提出人工智能时代发展科学文化的新方案。

关键词： 人工智能技术；科学文化；文明递变

---

① 韩启德，北京大学教授，中国科学院院士，中国科协名誉主席，第十届、十一届全国人民代表大会常务委员会副委员长，中国人民政治协商会议第十二届全国委员会副主席。此文为作者在第三届中国科学文化论坛上的讲话。

今年以来，以大模型、生成式人工智能为代表的技术集群，成为全球社会共同聚焦的现象级话题。仅在一年时间里，人工智能4.0已经对产业模式、社会结构、国际关系，甚至人类的基本生产、生活秩序产生了重构式的影响。这不禁使我们联想起人类文明史上已经多次发生过的技术引发制度变革、重塑社会文化、进而促生全新文明形态的实例，参照历史经验，我们当下或许也正在经历着一场以泛数字化、智能化为特征的文明递变，人类社会的未来将何去何从？

这也就不难理解，我们当前对于人工智能技术为何会感到如此忧惧，其实很大程度上并非源自技术本身，而根源于身处文明形态转捩点时的惶惑与迷茫。人工智能技术所引发的广泛变革，将一些底层的哲学追问重新抛出，暴露出更多超越认知和想象的思维盲区。例如，新的技术发展已经颠覆了对技术与社会关系的传统认识，需要我们从根本上重新定义人类与机器、碳基生命与硅基智能的关系。随着具有人类智慧水平的强人工智能以更大的广度、深度和密度全面参与人类社会活动，人类文明最为本质性的"人基形态"特征或将被彻底颠覆，届时我们将如何约束、协调和适应人机共生时代的新秩序？又将如何反观和重塑人类文明的自我存在？显然，面对如此深刻而宏观的底层变革，人类文化必然会在技术的驱动下经历一次彻底的革新。

于是一个面向未来的科学文化建设问题，以更加艰巨而紧迫的任务摆在我们面前。进入人工智能时代，科学技术的发展将会如何影响科学文化？科学文化能否继续在价值层面引领科技向善和以人为本？科学文化需要怎样发展来适应新的科技生态？这些问题我们当前还无法回答，但却必须有所回应。在这里，我想重点讲四点想法。

第一，人工智能技术的发展将使科学文化的形态特征发生重大变化。例如，人工智能技术的发展对于计算机技术与其他科技领域的融合，提出了更高要求。可以预见，学科交叉融合将成为科学文化中瑰丽的奇葩。又如，人工智能技术需要大设施，需要动员各方人员的通力合作，越来越普遍的有组织研究，会对传统自由研究的科学文化带来冲击。再如，人工智能技术集合和应用已有知识的强大能力，将使人类创新能力跃上新的台阶，创新文化也会随之出现新的变化。还有，人工智能技术对超大数据收集与分析的能力，有助于解决长期以来难以克服的复杂性研究方法问题，促进系统性和整体性研究，从而有可能改变近代科学革命以来以还原论为基本研究模式的格局，科学文化也会随之产生全局性的变化。

第二，人工智能技术的发展对科学文化提出了新的要求。人工智能技术一旦到达通用阶段，人类将有可能进入所谓的后真相时代，由"我思故我在（I think therefore I am）"变为"我信故我对（I believe therefore I am right）"，这不仅是底层哲学命题，还将会彻底挑战当前科学文化赖以建构的一些根本性的价值基础。与此同时，人工智能技术中算法的不确定性和可靠性问题，数据泄露、功能僭变、隐私保护等安全问题，巨大算力带来的能源消耗与可持续发展问题，数字鸿沟引起的社会公平公正问题，等等，都牵涉到根本的价值观和道德观，都存在权利和责任的关系问题，由此带来众多伦理问题。因此，人工智能时代科学文化与人文文化之间的冲突必将更为突出，如果还要保证科学技术向善，为人类福祉服务，就要求科学文化自觉适应新的变化，与人文文化双向赋能，真正跨越科技与人文的樊篱，乃至融合为统一的所谓"第三种文化"。

第三，人工智能技术的发展对全民科学素养提出了更高要求。人工智能技术将从根本上改变教育与学习模式，科学文化建设的主体也会随之发生转移。个体赋能与赋权是人工智能时代的一大趋势，本着权责一致的原则，当大范围内的人群共同面对众多复杂而细碎的科技伦理问题时，就需要个体能做出更加理性的价值判断，进行更加有效的自我规训。所以人工智能时代的科学文化，最终必然导向一个如何真正提升全民科学素养的经典问题，还将延展出数字素养、信息素养等诸多科学文化的新内涵。

第四，人工智能技术的发展要求我国加强科学文化建设，为人类文明共同体建设作出更大贡献。人工智能技术所呈现的跨文化、跨语种、多模态特征，必然催生一种超空间尺度的数字秩序，也将诸多地缘性、局域性问题，扩大为人类文明需要共同面对的普适性议题。所以我们比文明史上的任何一个时代，都更需要构建一个同气相连的人类命运共同体。目前，国际社会就人工智能全球治理的方针与原则已然达成初步共识，然而可以预想，法律、政策和制度等硬性措施，仍然无法完全协调原有利益格局的历史遗留性分歧。如果要进一步实现真正包容、开放、互信的合作与共生，超越特定文化背景、尊重文明多样性的科学文化，或将成为消弭分歧的重要基础。在这个过程中，类似中国这样在多次技术文明转型中屹立不倒、具备深厚历史沉淀的国家，更应该自觉发挥引领作用。习近平总书记在文化传承发展座谈会上强调，要"共同努力创造属于我们这个时代的新文化，建设中华民族现代文明"，而如何应对人工智能时代之"变"，开创科学文化之"新"，为解决人类面临的共同问题作出贡献，是我们这个民族所必须承担的历史使命。当前，我国在人工智能技术领域的政策布局、基础设施建设、基础研究等方面都拥有一定的优势，如果能在科学文化领域返本开新、奋勇当先，将为中华文明重焕荣光提供重要原动力。

最后，我想指出，尽管人工智能时代的到来会对科学文化带来新的挑战和一些变化，但科学文化追求真理、理性质疑、批判证伪、逻辑推理、实证检验、数字表述、开放创新等根本内涵不会改变，科学精神是不朽的。

"中国科学文化论坛"自 2019 年首度创办以来，一直都立足于回应中国科技发展的核心诉求，引领中国科学文化的根本变革。本届论坛将话题设定为"人工智能时代的科学文化"，这不仅仅是一个坐而论道的学理性问题，更是一个需要大家共同开拓的实践性问题。我们衷心希望，来自各个领域的专家学者能够勇于回应一些当下科学文化所面临的真问题，大胆设想，鼓励争辩，以真知灼见共同汇聚成人工智能时代发展科学文化的新方案。

深刻领会"积极应对人口老龄化"的科学含义

高　强①

摘　要：党的十九大明确提出了"积极应对人口老龄化的国家战略"，本文深入探讨了该战略中"积极应对"的科学含义，在"正确认识人口老龄化的积极意义""积极发挥老龄人口的重要作用""积极化解人口老龄化面临的困难和问题"三个层次上，对积极老龄化战略的目标任务、方针政策和步骤方法进行了探讨，并对合理利用老龄人力资源、实施健康老龄化策略等，提出了意见与建议。

关键词：人口老龄化；积极老龄化；健康老龄化；老龄人力资源利用

---

①　高强，原国家卫生部部长，国务院原副秘书长兼国家科教领导小组办公室主任。本文根据作者在《中国健康老龄化发展蓝皮书——积极应对人口老龄化研究与施策（2022）》新书发布会上发言的录音整理，有删节。

党的十九大明确提出了"积极应对人口老龄化的国家战略"。我理解中央提出这个战略的科学含义，是面对人口老龄化要积极进取、乐观向上、主动开拓、超前部署、坚强有方。我们贯彻落实积极应对人口老龄化的国家战略，应当深刻领会"积极应对"的科学含义，在以下三个层次上明确目标任务、方针政策和步骤方法，有条不紊、精准有效地应对我国的人口老龄化。

一、正确认识人口老龄化的积极意义

　　人口老龄化是人类社会发展的必然趋势，经济越发展、社会越进步、民生越改善、医疗卫生服务越优良，人们的健康状况就越好，生命周期就越长，人口老龄化的程度就越突出。这是人类社会发展的必然规律，不可避免也不可扭转。世界上经济发达、生活富裕的国家，人口老龄化程度都比较高；而经济不够发达、生活贫困的国家，人口老龄化程度则比较低。在新中国成立以前，我国是一个积弱贫穷的国家，居民的人均期望寿命只有 35 岁左右，不可能出现人口老龄化问题。改革开放 40 多年来，我国实现了跨越式高速发展，经济总量已经跃居世界第二位，人均 GDP 也超过了 1 万美元。与此同时，我国的老龄人口逐年增加，老龄化水平逐年提高。我们应当如何全面、客观地认识人口老龄化呢？是巨大成就，还是严重困难？是宝贵财富，还是沉重负担？我的观点是幸福中的忧虑和快乐中的烦恼。我们既要看到人类发展取得的巨大成就，也要看到人口老龄化带来的挑战，全面、客观地分析应对人口老龄化面临的目标和任务，不要将人口老龄化看成一种负担，更不要希望改变人口老龄化的趋势，而应当正确认识人口老龄化的积极意义，因势利导、顺势而为，以积极向上和乐观进取的心态，应对人口老龄化带来的矛盾和问题，采取有效措施加以化解。

有的同志认为中国是"未富先老"，觉得我国的人口老龄化来得太早了、带来的困难太多了。我不赞成这种看法。中国的富裕程度目前确实还不够高，人均 GDP 水平仅占世界第 74 位，而我国人均预期寿命却已经超过了 78 岁，高于世界第一经济强国美国。这是成就还是问题呢？我认为是巨大成就。我国的"未富先老"，是党坚持"人民至上、生命第一"的宗旨和社会主义制度优越性的具体体现。我们用不太富裕的经济资源和医疗卫生资源，维护了 14 亿中国人民的身心健康，提高了我国民众的人均期望寿命，实现了几千年来中国人追求长寿的目标，将"人生七十古来稀"变成了"人生七十中年期"，这是人类发展史上的一个奇迹。

有些同志认为我国在人口老龄化的同时，又出现了新生儿减少的倾向，担心影响国家的社会主义现代化建设，希望制定更加积极的人口政策，鼓励多生多育，以优化人口结构。我认为，中央调整人口生育政策，是从我国可持续发展全局作出的重大决策，核心是"可以生育三孩"，即由育龄夫妇可以自行决定是否生育三孩，而不是全面推行"三孩化"。我们既要看到人口是国家的第一资源和国家发展的基础，人口少的国家能够成为富国，但难以成为大国，更难以成为强国；同时也要看到国家人口也不是越多越好，人口多的国家可以成为大国，但不一定能够成为强国。自古以来，我国就是世界第一人口大国，但多数朝代并不是强国，甚至屡屡遭受外国侵略、欺凌，直到社会主义新中国成立后，才真正屹立于世界民族之林。靠的是什么？主要不是人口的增加，而是党的坚强领导和政治社会制度的优越、靠经济实力的增强、科技教育水平的提高、人才素质的改善和各民族团结奋斗的精神。从现在起到实现第二个百年奋斗目标，还有 20 多年的时间。这一时期正是我国建成社会主义现代化强国宏伟目标的关键时期。我们既要关注人口的数量和人口的结构，更要关注人口的质量；既要关注人力的增加，更要关注人才的培养，这是关系国家发展全局的重大问题。

二、积极发挥老龄人口的重要作用

人从幼年到老年，逐步成长、成熟，为国家的发展奉献了几十年的体力、精力、智力和能力，积累了丰富的知识、技术、智慧和经验，这对于国家、社会、家庭和个人都是宝贵财富。人到 60 岁退休了，离开了工作岗位，但这些宝贵财富并没有流失，还可以以新的方式接受社会的召唤，为国家继续发挥光和热。唐人李商隐有诗云："夕阳无限好，只是近黄昏"，令人浮想联翩，只是有些消沉。我改写成一首诗："夕阳无限好，贵在近黄昏。霞卷千堆火，云舒万道金"，用以赞美人到老年的壮丽景象。现在人们从 60 岁退休，除了少部分人患有严重疾病外，大多数在 80 岁以前都能够健康地生活、愉快地交往、深入地思考和从事喜欢的活动。人退休后 20 多年的时光不可虚度，20 多年的能量应当积极发挥。"活到老、学到老、干到老"永远是老年人的座右铭。国家应当鼓励老同志在离职以后，多围绕国家发展和民众关注的一些重大问题开展调查研究，多向党委、政府提出一些政策性建议。现职领导同志应当从谏如流，根据实际情况择善纳言。至于那些学有专长，从事文化、教育、艺术、医疗、科研、技术等方面的高素质专业人才，更要发挥独特的优势、智慧和特长，可以著书立说，可以教书育人，可以言传身教，也可以从事科研攻关，为国家的现代化建设贡献光和热。今天在座的陈可冀院士已经 92 岁，依然头脑灵活、口齿清晰，仍在发挥独特的作用。像陈老这样卓越的老龄人还有很多很多，都可以不同的方式为国家和人民服务。党委、政府应当以积极的姿态，努力挖掘老年人的潜力、运用老年人的特长、尊重老年人的意愿、维护老年人的健康，尽其所能地发挥老年人的作用，使老年人能够健康地生活、愉快地工作，继续为社会、为人民作出积极贡献。

三、积极化解人口老龄化面临的挑战

当前，人口老龄化给我们带来的挑战，主要体现在三个方面，应当研究有效对策积极化解。

1. 担心劳动力供不应求

这个矛盾现在还不太突出，但将来可能会出现，应当未雨绸缪，早作安排。一是注重人才的培养。过去我们讲人多好办事，什么人间奇迹都能创造出来。这个道理是正确的。但是，这里所说的人不仅是普通的人力，而是高素质、高技能的人才。应当加快人才的培养和提高，以人才缓解人力可能出现的不足。二是加快推进退休制度改革，适当延迟退休年龄，并在一定期限内实行弹性退休制度。建议国家修改退休法律，规定从现在起，每三年延迟一年退休年龄，15 年后达到 65 岁法定退休。同时，实行弹性退休制度，对于愿意在 60 岁退休的人员，可以继续实行现有的退休办法，并享受应有待遇；对于符合退休条件但有能力有意愿继续工作的人员，可以向原单位提出延期退休的申请，经过一定的审批程序适当延长退休年龄，但不应再担任领导职务。三是积极推进科技创新，以提高生产率弥补劳动力的不足。机器人的发明和应用，可以替代大量繁重、危险行业和服务行业的劳动力，化解劳动力供应不足的矛盾。

2. 担心养老基金发放出现困难

这个矛盾可以随着养老保险基金全国统筹的逐步到位，得到有效缓解。根据财政部公布的数据，2022年，全国社保基金滚存结余4.8万亿元。2021年，中央财政安排基本养老保险基金补助资金的规模已经达到了约9000亿元。2017年11月，国务院印发《划转部分国有资本充实社保基金实施方案》，决定划转部分国有资本弥补企业职工基本养老保险基金缺口。截至2020年年末，符合条件的中央企业和中央金融机构资本划转工作全面完成，共划转93家中央企业和中央金融机构国有资本总额1.68万亿元。再加上今后经济发展和养老基金收入增加，特别是养老保险基金全国统筹的逐步到位，保障养老保险金的发放并不是一个难以解决的问题。

3. 担心老年人医疗服务得不到有效保障

解决的有效途径就是实施健康养老行动，提高老年人的健康素质和水平。这是积极应对人口老龄化最重要的措施。我曾经问过一些老年朋友，是健康重要，还是长寿重要？很多同志都回答健康最重要，这个答案是正确的。我们讲的长寿应当是健康的长寿，我们讲的养老应当是健康的养老。失去健康，长寿就没有意义，养生就没有质量。我们讲健康养老，不仅要关心现在处于健康状态的老年人，更应当关心已经失去健康的老年人。目前，我国的失能和半失能人群中绝大多数是老年人，如何保障这部分老年人，特别是农村单身老年人有所养、有所医、有所护、有所乐、有所为，是健康养老面临的最繁重的任务。失能半失能老年人的护理费用是老年人的一项沉重负担，建议国家基本医疗保险基金和城乡居民养老保险基金应当承担城乡失能半失能老人的医疗服务保障和日常护理费用，以减轻他们的经济负担。有关服务机构应当组织老年人参加健康养老行动，努力保障老年人的正常生活能力，不失能或者晚失能，尽量延长老年人的健康寿命，使这些老年人有尊严、有质量、有心情、有乐趣地享受养老生活，使更多的健康老年人可以从事力所能及的活动，发挥积极的作用，真正享受"莫道桑榆晚，为霞尚满天"的快乐，以减轻国家和家庭的负担，增进社会和谐稳定。

推进健康老龄化，是社会最关心的重点，也是积极应对人口老龄化第一位的任务。作为一个社会团体，我们在研讨积极应对人口老龄化的过程中，应当深入研究推进健康老龄化的有效措施和办法，根据老龄人口的不同年龄段和不同的健康状况，有区别地实施不同健康促进方法，落实不同的健康保障措施。要坚持以老年人健康为中心，了解老年人的健康需求，拓展老年人的健康服务范围，普及老年人的健康生活，优化老年人的健康服务，完善老年人的健康保障，建设老年人的健康环境，发展老年人健康事业和健康产业，增强老年人的满意度和幸福感。要加强对健康养老问题的调查研究，提出改善健康养老服务的政策措施建议，通过各种渠道向党委和政府反映，为各级党委和政府完善健康老龄化的方针政策提供参考。

Ⅱ 数智普惠与健康老龄化专题篇

数字社会与智慧康养的国内外研究进展

——基于 WOSCC、PubMed、CNKI 和万方数据库 1989—2023 年的分析

王红漫　刘　璨　李沛霖[①]

摘　要： 随着人口老龄化程度的加深和科学技术的创新发展，智慧养老作为一种利用数字信息技术为老年人提供高质量养老服务的新型养老模式受到越来越多的关注。本文采用了文献计量学分析方法对中外数据库的相关文献进行对比分析，从年发文量、文献类型分布、核心期刊、机构分布、国家合作网路、机构合作网络、关键词共现、洛特卡定律和学科分布九个角度讨论中英文研究的发展情况、研究热点和领域成熟度，通过对比中英文研究的异同，指出各自的优势和不足，为未来研究者的研究和实践提供参考。

关键词： 数字社会；智慧养老；对比分析；Citespace

---

① 王红漫，博士，北京大学教授，博士生导师；主要研究方向：健康与社会发展理论与实证研究、公共政策与全球健康治理、高校素质教育与对策研究。刘璨，本科生，研究方向老年健康。李沛霖，硕士，中国人口与发展研究中心副研究员；主要研究方向：人口与经济、人口与健康、老龄化研究。

数字社会是指"以信息技术为核心，以知识与服务为主要特征，人、物、信息在动态的信息流空间中以新形式链接并进行互动的社会形态"①。在这一背景下，智慧康养作为一个"以人为本的智慧境界为导向，以智能技术和数字信息为手段，以追求身心健康、社会和谐、人类福祉为目标的系统工程"②被提出，而智慧养老作为智慧康养中重要的一部分，可以因此被定义为以智能技术和数字信息为手段，打破固有的时间和空间束缚，为老年人提供高质量、高享受的养老服务的一种新型养老模式③④。世界人口老龄化的步伐正在加快，预计到 2030 年，世界 60 岁及以上人口将达到 14 亿人，比 2019 年增加 34%，到 2050 年，全球老年人口将较 2019 年增加 1 倍以上⑤。中国的老龄化程度也在逐年加深，根据我国第七次全国人口普查的数据，我国 60 岁及以上人口占比为 18.7%，65 岁及以上人口占比为 13.5%，与 2010 年第六次全国人口普查数据相比分别增加了 5.44 个百分点和 4.63 个百分点⑥。为积极应对这一问题，世界卫生组织提出了"2020—2030 年健康老龄化行动十年"，其中强调要建设"老年人友好型"互联网、建立电子健康体系⑦；而我国在《"十四五"国家老龄事业发展和养老服务体系规划》中，也提出要"推进'互联网 + 医疗健康''互联网 + 护

---

　　① 王红漫 . 医学社会学 [M]. 北京：人民卫生出版社，2023：164.

　　② 王红漫 . 医学社会学 [M]. 北京：人民卫生出版社，2023：166.

　　③ 王红漫 . 医学社会学 [M]. 北京：人民卫生出版社，2023：166.

　　④ 席恒，任行，翟绍果 . 智慧养老：以信息化技术创新养老服务 [J]. 老龄科学研究，2014，2（07）：12-20.

　　⑤ 世界卫生组织 . 2020-2030 年健康老龄化行动十年 [EB/OL]. [2024-02-19]. https://cdn. who.int/media/docs/default-source/decade-of-healthy-ageing/final-decade-proposal/decade-proposal-final-apr2020-zh.pdf.

　　⑥ 国家统计局 . 第七次全国人口普查公报 [EB/OL]. （2021-05-11）[2024-02-19]. https://www.gov.cn/guoqing/2021-05/13/content_5606149.htm.

　　⑦ 世界卫生组织 . 2020-2030 年健康老龄化行动十年 [EB/OL]. [2024-02-19]. https://cdn. who.int/media/docs/default-source/decade-of-healthy-ageing/final-decade-proposal/decade-proposal-final-apr2020-zh.pdf.

理服务''互联网＋康复服务'，发展面向居家、社区和机构的智慧医养结合服务"[①]，可见，以数字信息技术为核心的智慧养老服务在缓解人口老龄化带来的问题、推动健康老龄化方面具有重要的作用。关于数字社会背景下智慧养老的研究，国外的研究起步较早，1989 年开始有文献报道[②]，在进入 21 世纪后国内外文献报道迅速增加，但目前学界关于这一领域文献计量学综述和中英文文献对比分析较少。因此，本文将主要运用 Citespace 深度研析本领域中英文数据库中学术发表的研究发展总趋势、合作网络、核心期刊和研究热点，并通过对比二者的异同指出中英文相关研究的优势和不足，以期为国内外研究者的理论研究和实践工作开展提供参考。

一、数据来源

本文选取 Web Of Science Core Collection（WOSCC）、PubMed、中国知网（CNKI）、万方数据库这四个数据库作为数据来源。

WOSCC 是科睿唯安（Clarivate Analytics）旗下，收录科学、社会学、医学、心理学等学科研究文献的英文数据库，其收录文献的时间范围是 1900 年至今；

PubMed 是由美国国家生物技术信息中心开发，主要收录生物医学综合学科文献的英文数据库，其收录文献的时间范围是 1865 年至今；

CNKI 是同方股份有限公司旗下的知识平台，主要收录包括社会科学、医学、生物学、科学等学科的中文研究文献，收录起始于 1915 年至今发

① 国务院."十四五"国家老龄事业发展和养老服务体系规划 [EB/OL].（2022-02-21）[2024-02-19]. https://www.gov.cn/zhengce/content/2022/02/21/content_5674844.htm.

② GREENBERGER, M. PUFFER, JC. Telemedicine-toward better health-elderly care[J]. Journal of Communication. 1989, 39（3）: 137-144.

表的研究文献；

万方数据库是北京万方数据股份有限公司旗下的中文数据库，它收录内容包括自然科学与社会科学领域的研究文献，收录起始于1980年。

二、研究方法

分别以（"digital technolog*"［All Fields］OR "digital technique*"［All Fields］OR "digital health"［All Fields］OR "mobile healthcare"［All Fields］OR "telemedicine"［MeSH Terms］OR "telemedicine"［All Fields］OR "mhealth"［All Fields］OR "m-health"［All Fields］OR "ehealth"［All Fields］OR "e-health"［All Fields］OR 5G［All Fields］）OR "digital society"［All Fields］OR "digital wellness"［All Fields］OR "digital healthcare"［All Fields］OR "smart wellness services"［All Fields］OR "intelligent wellness management"［All Fields］OR "intelligent rehabilitation"［All Fields］AND（"healthy aging"［All Fields］OR "healthy ageing"［All Fields］OR "care for the aged"［All Fields］OR "care for the elderly"［All Fields］OR "care for older adults"［All Fields］OR "elderly service"［All Fields］OR "elderly care"［All Fields］OR "smart elderly care digital society"［All Fields］OR "digital aging"［All Fields］OR "Smart wellness and aging"［All Fields］OR "smart aging"［All Fields］OR "smart geriatric care"［All Fields］）为检索式在PubMed中进行检索，以TS=（"digital technolog" OR "digital technique" OR "digital health" OR "mobile healthcare" OR "telemedicine" OR "telemedicine" OR "mhealth" OR "m-health" OR "ehealth" OR "e-health" OR 5G OR "digital society" OR "digital wellness" OR "digital healthcare" OR "smart wellness services" OR "intelligent wellness management" OR "intelligent rehabilitation") AND TS=（"healthy aging" OR "healthy ageing" OR "care for the aged" OR "care for the elderly" OR "care for older adults" OR "elderly service" OR "elderly care" OR "smart elderly care digital society" OR "digital aging" OR "Smart wellness and aging" OR "smart aging" OR "smart geriatric care"）为检索式在 WOSCC 中进行检索，以"题名或关键词：（5G OR 数字 OR 移动医疗 OR 远程医疗 OR 数字社会）AND 题名或关键词：（养老服务 OR 健康老龄化 OR 老年健康服务 OR 老年服务 OR 智慧健康养老）"为检索式在万方数据库中进行检索，以"（KY=（'数字'+'数字社会'+'移动'+'远程'+'5G'）OR TI=（'数字'+'数字社会'+'移动'+'远程'+'5G'））AND（KY=（'养老'+'智慧健康养老'+'老龄化'+'老年健康'+'老年'）OR TI=（'养老'+'智慧健康养老'+'老龄化'+'老年健康'+'老年'））"为检索式在中国知网中进行检索。

检索时间设定为 2023 年 12 月 31 日及之前。在排除重复文献后，本研究最终收录 743 篇英文文献和 1393 篇中文文献作为数据来源，使用 Citespace 6.2.R7（美国德雷塞尔大学陈超美博士基于 JAVA 开发）、WPS（北京金山办公软件股份有限公司的求伯君开发）和 NoteExpress（北京爱琴海软件公司开发）软件分析。

本研究运用 Citespace、NoteExpress 和 WPS 对数字社会背景下智慧养老服务的中英文研究文献进行对比分析。

三、研究的结果

英文数据库中关于智慧养老的研究最早开始于 1989 年，中文数据库中最早的文献发表于 1999 年，但在 21 世纪之前，中英文研究都处于起步阶段，发文量均低于每年 3 篇。进入 21 世纪，这一领域的研究开始缓慢增加，但在 2019 年及之前，增加速度始终较慢，且存在波动性。从 2020 年开始，智慧养老领域的文献增长速度提升，年发文量总体呈上升趋势，这可能与新冠疫情期间在线下交往受限的情况下数字技术需求大增、数字技术得到更广泛的关注和发展相关。对比中英文研究的年发文量，虽然英文研究起步较早，但进入 21 世纪后，中文研究发展速度更快，这可能与我国出台的一系列诸如《关于促进"互联网＋医疗健康"发展的意见》[①]《数字中国建设整体布局规划》[②] 等政策的鼓励有关。

使用 NoteExpress 对中英文文献类型分布进行分析，得到结果如图 2-2 所示。根据分析结果，可见中英文文献中期刊文章占比均超过了 75%，而中文文献中的学位论文占比第二，英文文献中通用类型文献占比第二。此外，中文文献还包括小部分报纸文章和专利，但英文文献缺少此两类文献，而包括少部分书籍文献。

---

① 国发办．国务院办公厅关于促进"互联网＋医疗健康"发展的意见 [EB/OL].（2018-4-28）[2024-2-25]. https://www.gov.cn/zhengce/content/2018-04/28/content_5286645.htm.
② 新华社．中共中央 国务院印发《数字中国建设整体布局规划》[EB/OL].（2023-2-27）[2024-2-25]. https://www.gov.cn/xinwen/2023-02/27/content_5743484.htm.

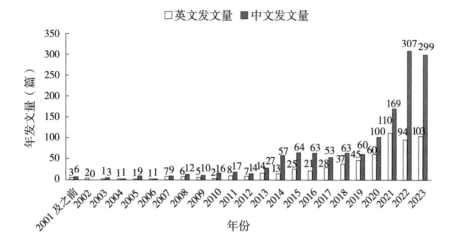

图 2−1　中英文数字社会背景下智慧养老服务研究的年度论文分布

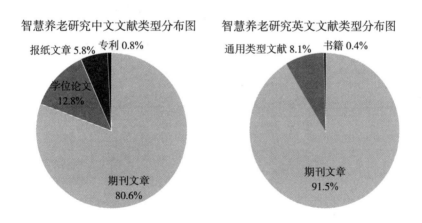

图 2−2　智慧养老服务中英文文献类型分析

使用 NoteExpress 对文献来源进行分析，发现智慧养老服务领域研究论文共发表在 786 个中文期刊和 388 个英文期刊上，涉及医学、社会学等学科。中英文刊文数量最多的 6 个期刊如表 2−1 和表 2−2 所示，包括《中国老年学杂志》《中国成人教育》、*Int J Environ Res Public Health* 和 *BMJ Open* 等，这些刊物是智慧养老服务领域的核心刊物，其中医学相关领域刊物居多。

表 2-1　刊文数量超过 5 篇的中文期刊

期刊名称	刊文数量	核心期刊	学科分区
中国老年学杂志	22	是	医药卫生综合
中国成人教育	9	否	社会科学
老龄科学研究	8	否	社会科学
中国社会工作	8	曾是	社会科学
护理研究	7	是	医药卫生综合
护理学杂志	6	是	医药卫生综合

表 2-2　刊文数量不少于 15 篇的英文期刊

期刊名称	刊文数量	核心期刊	学科分区
Int J Environ Res Public Health	20	是	ENVIRONMENTAL SCIENCES; PUBLIC,ENVIRONMENTAL & OCCUPATIONAL HEALTH
BMJ Open	19	是	MEDICINE, GENERAL & INTERNAL
JMIR Aging	18	是	GERIATRICS & GERONTOLOGY; MEDICAL INFORMATICS
Stud Health Technol Inform	17	否	MEDICINE
Digital Health	15	是	HEALTH CARE SCIENCES & SERVICES; PUBLIC, ENVIRONMENTAL & OCCUPATIONAL HEALTH; MEDICAL INFORMATICS
Journal of Medical Internet Research	15	是	HEALTH CARE SCIENCES & SERVICES; MEDICAL INFORMATICS

1989—2023 年，有 68 个国家参与这一领域的研究，其合作网络如图 2-3 所示。图 2-3 中，节点越大，代表其中心性越高，西方国家在这一领域处于领导地位，主要西方国家如美国、澳大利亚、法国等的国家中心性均超过 0.05，而中国的国家中心性仅为 0.01，可见中国需加强与其他国家的合作。从图 2-4 所示的发文量来看，中国是唯一一个进入发文量前十的发展中国家。

图 2-3　数字社会背景下智慧养老服务研究的国家合作网络分析

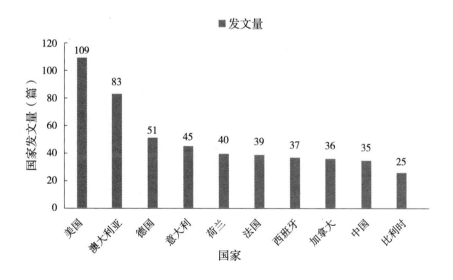

图 2-4　在智慧养老服务研究领域发文量前十的国家

本研究涉及 2053 个中外机构，利用 Citespace 分别对中英文数据库中本领域的机构进行合作网络分析和聚类分析，选取最大的 5 个合作群，得到图 2-5。英文研究的研究机构已形成一个较大的作者合作群，主要的研究方向包括智慧养老相关的技术对患有老年常见病如阿尔兹海默症和哮喘等的老年人的照护作用，以及智慧养老对老年人心理健康的影响。其他较大的作者合作群还关注了疫情期间智慧养老的发展、APP 的开发与使用，以及医疗保健向智能化的转型等方面。而中文研究的机构合作网络相对松散，最大的合作群仅有 6 个机构（英文研究的最大机构合作群中包括超过 100 个机构），可见机构之间的合作仍然相对较少。同时，在对中文数据库的机构合作网络进行聚类分析后发现，以南京理工大学和东华大学为首的合作群关注智慧养老的管理模式研究，除此之外，中文研究领域的大部分机构合作群尚未形成较集中的研究方向。

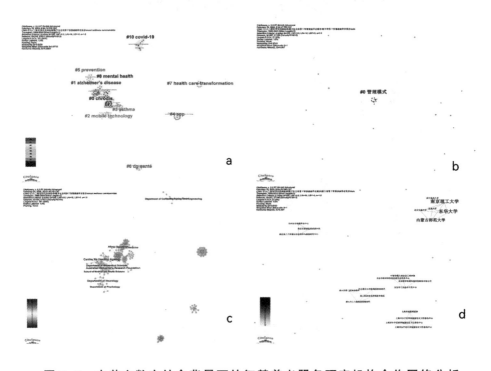

图 2-5　中英文数字社会背景下的智慧养老服务研究机构合作网络分析

对研究涉及的研究机构进行分类并绘制饼状图，得到图 2-6。由图可见，结果显示关注智慧养老服务研究的机构类型广泛，包括高等院校、医疗机构（如医院、社会卫生服务中心等）、组织机构（如世界卫生组织、国际初级保健呼吸系统组织 IPCRG 等）、政府机构（如国家卫健委、北京市委等）、公司等。其中，中文研究的研究机构以高校为主，然后是医疗机构和政府机构；而在英文研究机构中，高校占比最高，然后是医疗卫生机构和组织机构。可见，在中英文研究中，高校都是关注智慧养老服务的主要群体，此外，医疗机构对智慧养老领域关注也较多。

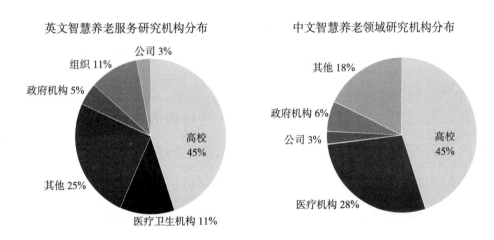

图 2-6 中英文智慧养老服务研究机构分布

采用 Citespace 分别对中英文数据库的文献进行关键词共现分析，分别得到 377 个中文关键词和 372 个英文关键词，通过 WPS 绘制关键词词云图（图 2-7），字体越大说明该关键词出现的频次越大，字体越小说明该关键词出现的频次越小。接着我们利用 Citespace 对关键词进行了聚类分析，最终得到了 9 个中文聚类和 12 个英文聚类，如图 2-8 所示。

根据聚类分析结果，中文的研究可以分为三个类别。类别一重点关注信息养老服务，包括智慧医疗（如远程护理）、远程教育（如数字阅读）和数字经济为老年人提供的便老养老服务（如养老金融）三个方面。代表的文献有《基于物联网云计算技术的远程医疗在老年慢性病管理中的研究进展》《探索远程教育服务老年人群新模式——开放大学发展老年教育的实践》和《中国养老金融：现实困境、国际经验与应对策略》。类别二主要是关于老年人的数字鸿沟的现状、产生原因和弥合途径的研究，代表论文是《老年数字鸿沟的现状、挑战及对策》。类别三主要是关于智慧养老服务的管理模式的研究，例如，医养结合、互助养老等。代表文献包括《"医养结合"养老模式的必要性、困境与对策》和《互助养老：中国农村养老的出路》。

根据英文关键词的聚类分析结果，英文的研究也可以分为三个类别。类别一主要是关于智慧养老和电子健康对积极健康老龄化推动作用的研究，包括对老年常见疾病的预防、对摔倒等潜在威胁老年人健康因素的预防和对体育锻炼等增强老年人体质的活动的促进等方面。相关文献有 Effectiveness of eHealth interventions for the promotion of physical activity in older adults: A systematic review 和 Designing, Implementing, and Evaluating Mobile Health Technologies for Managing Chronic Conditions in Older Adults: A Scoping Review 等。类别二主要是关于信息技术助力老年人疾病治疗和老年病人看护的研究，相关文献有 Psychotherapy for depression in older veterans via telemedicine: a randomised, open-label, non-inferiority trial 和 Support for e-Health Services Among Elderly Primary Care Patients 等。类别三主要是关于智能便老设备的设计和改进的研究，相关文献有 Smart homes - Current features and future perspectives 和 Wireless, Multipurpose In-Home Health Monitoring Platform: Two Case Trials 等。

图 2-7 智慧养老服务研究中英文文献关键词词云图

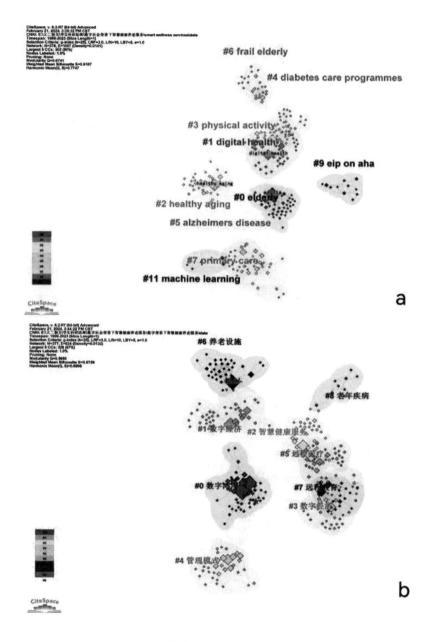

图 2-8　智慧养老服务研究中英文关键词聚类

使用 Citespace 对智慧养老服务的中英文文献进行关键词突现分析，以分析其研究热点，得到图 2-9。由图可见，中文文献近十年突现强度最高的关键词包括数字化、数字代购、远程医疗、远程教育、物联网、微信、老年用户、应用、数字时代等，其中数字时代从 2021 年开始突现，持续到了 2023 年，是最近的突现强度较大的关键词，而居家养老和移动医疗的突现强度均超过 6，是近十年突现强度最大的关键词；在英文文献方面，近十年突现强度最高的关键词包括病例管理、慢性病、体育活动、健康老龄化、护理路径、移动健康、社区医疗等，其中社区医疗是最近的突现强度较大的关键词，而它和数字健康的突现强度均超过了 3，是近十年突现强度最大的关键词。

Top 21 Keywords with the Strongest Citation Bursts

Keywords	Year	Strength	Begin	End	1999 - 2023
老龄化	2004	1.67	2004	2006	
护理	2008	3.61	2008	2014	
数字减影	2009	3.8	2009	2013	
交互设计	2010	1.67	2010	2020	
可达性	2014	1.72	2014	2017	
老年	2009	2.18	2015	2018	
数字化	2015	1.88	2015	2018	
数字代沟	2015	1.65	2015	2018	
养老	2016	5.82	2016	2020	
远程医疗	2014	5.25	2016	2017	
远程教育	2010	2.23	2016	2021	
物联网	2016	1.75	2016	2017	
居家养老	2016	7.22	2017	2018	
糖尿病	2017	2.05	2017	2019	
使用行为	2017	1.72	2017	2019	
移动医疗	2015	6.96	2018	2019	
微信	2018	2.16	2018	2020	
老年用户	2019	3.18	2019	2020	
5g时代	2019	2.22	2019	2021	
应用	2019	1.74	2019	2020	
数字时代	2021	2.72	2021	2023	

a

Top 12 Keywords with the Strongest Citation Bursts

Keywords	Year	Strength	Begin	End	1989 - 2023
case management	2012	1.95	2012	2013	
chronic disease	2015	2.06	2015	2018	
physical activity	2016	2.86	2016	2018	
eip on aha	2016	2.4	2016	2019	
healthy ageing	2015	1.93	2017	2018	
care pathways	2018	2.31	2018	2019	
health promotion	2019	2.22	2019	2020	
allergic rhinitis	2019	1.84	2019	2020	
randomized controlled trial	2020	2.12	2020	2021	
mobile health	2016	2.04	2020	2021	
digital health	2018	3.61	2021	2023	
primary care	2021	3.37	2021	2023	

b

图 2-9　中英文关键词突现

"一般来说，衡量一门科学的发展，有两个重要的参数指标：一是在这门科学中所发表的文献；二是发表这些文献的科学家。"美国科学计量学家洛特卡于1926年提出的洛特卡定律阐述了二者之间的关系。在一个成熟的领域中，发表 x 篇论文的作者数约等于发表1篇论文的作者数的 $1/x^2$，且发表1篇论文的作者数目约占此领域全部作者数的60%。[①]排除作者不可考的文献，在本领域知网或万方数据库发表过文献的作者有565位，其中发表过1篇文章的作者有341人，占全部的60.4%，发表过2篇文章的作者有199人，占全部的35.2%，远高于15%（60%×1/4），发表过3篇文章的作者有13人，占全部的4.4%，低于6.7%（60%×1/9），发表过4篇文章的作者有10人，占1.8%，低于3.75%（60%×1/16），即发表过1篇文章的作者占比与对应比率相当，但发表过2篇以上的作者占比均低于对应比率，可见在智慧康养领域的中文研究已有一定成熟度，但尚未完全成熟。利用同样方法对英文数据库中的文献进行分析，发现在本领域发表过文章的作者有586人，其中发表过1篇文章的作者有198人，占33.8%，远低于60%，发表过2篇文章的作者有167人，占28.5%，远高于8.5%（33.8%×1/4），发表过3篇文章的作者有98人，占16.7%，远高于3.76%（33.8%×1/9），发表过4篇文章的作者有46人，占7.85%，远高于2.11%（33.8%×1/16），发表过5篇文章的作者有16人，占2.73%，远高于1.35%（33.8%×1/25），即发表过1篇文章的作者占比远低于对应比率，而发表过2篇及以上文章的作者占比则远高于对应比率，可见关于此领域的英文研究也并未成熟。

利用 Citespace 对英文数据库的文献进行学科分析，得到频数排名较

---

① 邱均平. 信息计量学（六）第六讲文献信息作者分布规律——洛特卡定律 [J]. 情报理论与实践，2000（06）：475-478.

高的学科包括人类学、老年学、远程医学、流行病学和心理学。可见在英文研究中，对智慧养老领域关注较高的学科主要是社会科学、医学以及医学和计算机科学的交叉学科。

四、讨论

本研究运用 Citespace、NoteExpress 和 WPS 对数字社会背景下智慧养老服务的中英文研究文献进行文献计量学对比分析，并对我国智慧养老产业现状及发展方向进行讨论。

从文献时间分布来看，中英文智慧养老服务领域研究均在新冠疫情之后增长速度增快，中文研究在此领域虽然起步较晚，但发展速度快于英文相关研究。从文献类型来看，在中英文数据库中，期刊论文均属于此领域文献的主要类型，刊文量较高的期刊均为医学或社会学领域，可见这两个领域对智慧养老服务研究的贡献较大，刊文量较高的中文核心期刊有《中国老年学杂志》《护理研究》，而刊文量较高的英文核心期刊有 *Int J Environ Res Public Health* 和 *BMJ Open*，上述期刊可以认为是此领域的核心期刊。从发文数量来看，结合洛特卡定律，智慧养老服务领域的中英文研究均未发展到成熟阶段。从机构类型分布来看，高校对此领域的关注度最高；从机构合作网络来看，英文研究的研究机构之间已形成了较大的几个合作网络，并且每个合作网络均形成了一定的研究方向，但中文研究的机构合作网络相对小且松散，几乎没有形成特定的研究方向。从英文文献的国家合作网络和发文量来看，我国是唯一一个进入发文量前十的发展中国家，但国家中心性仍较低。从关键词词频、聚类和关键词突现来看，本领域中英文的研究均关注到了数字医疗、智慧居家养老、社区智慧养老等方面。但同时，二者研究关注点也有一定差异：中文研究更多关注于宏观的体系架构，如医养结合模式[①]、互助养老模式[②]等，此外，对数字鸿沟的中文研究也相对较多，对推动老年人数字可及性起到了一定的积极作用，同时，智慧养老服务领域中文研究的研究对象并不局限于医疗卫生方面，还涵盖了数字经济和远程教育等领域；而英文的研究则更多关注于技术工具的开发和应用，例如可穿戴传感器[③]等，此外，英文研究更注重预防，如利用数字技术预防老年人跌倒、增强老年人体质[④]等。从关键词突现结果来看，中文的研究热点是居家养老和移动医疗，英文的研究热点是社区医疗和数字健康，这些研究中的差异既反映了中英文文献研究现状和进展的不同，也在一定程度上体现了国内外对数字化技术在养老服务研发和实际应用中的重点有所不同。这些差异所在，有可能是研究、研发的洼地，也有可能是未来双方可以相互合作之处。

未来国内外研究可以关注信息技术对威胁老年人健康的因素的预防作用，以及相关技术工具的开发和应用，关注社会层面的智慧养老体系构建，从宏观出发，利用多学科多领域信息技术推动健康老龄化，此外，研究也应注意数字技术对老年人的可及性的问题。我国是唯一一个进入发文量前十的发展中国家，而且研究的学科分布范围也较国外广泛。国内的研究机构需加强合作，也需加强与其他国家的合作，以便信息和经验的分享

① 黄佳豪，孟昉．"医养结合"养老模式的必要性、困境与对策[J]．中国卫生政策研究，2014，7（06）：63-68．

② 贺雪峰．互助养老：中国农村养老的出路[J]．南京农业大学学报（社会科学版），2020，20（05）：1-8．

③ ARPAIA P, CUOCOLO R, DONNARUMMA F, et al. Conceptual design of a machine learning-based wearable soft sensor for non-invasive cardiovascular risk assessment [J]. Measurement, 2021, 169.

④ NEBEKER C, ZLATAR Z Z. Learning From Older Adults to Promote Independent Physical Activity Using Mobile Health (mHealth) [J]. Frontiers in Public Health, 2021, 9.

与交流。

健康中国战略和积极应对人口老龄化国家战略的推行为健康养老的发展提供了政策上的支持，同时，随着我国产业体系的完善，数字技术的发展、高水平人才的涌现和民众数字素养的提升也为智慧养老产业提供了发展的机遇。[①]

本研究存在一定局限性。第一，本研究只选用了四个中英文数据库进行文献分析，其他数据库及其他语言的文献并没有被列入分析范围。第二，一些英文研究机构无法判断所属机构类型，这可能导致研究机构分布分析出现误差。第三，由于 CNKI 和万方数据库中下载的数据不包含学科分析所需要的数据，所以本研究缺少对中文数据库的学科分析及对比，这也对 WOSCC、PubMed、万方数据库、CNKI 这四个数据库完善提出了思路。这些并不影响本文对本领域中英文发表的研究总体情况的分析。

---

① 王红漫 . 医学社会学 [M]. 北京：人民卫生出版社，2023：164-174.

数字预防和治疗老年痴呆云平台的
创新开发与应用

艾　静[①]

摘　要：老年痴呆作为一种与年龄密切相关的神经退行性疾病，早期
　　　　预防和保健干预可以有效延缓或阻止疾病的发生和发展。本
　　　　研究采用信息化手段通过专业的筛查和基于 AI 技术的个性化
　　　　数字治疗认知训练方案，协同构建以社区卫生服务中心为基
　　　　本结构单元的老年痴呆防治服务网络，开发了适合中国国情
　　　　的数字预防和治疗老年痴呆的云平台，助力中国积极应对人
　　　　口老龄化。

关键词：老年痴呆；数字预防和治疗；云平台

---

① 艾静，博士，哈尔滨医科大学教授，博士生导师；主要研究方向：老年痴呆发病机制、生
物药物研发、数字治疗和全周期信息化管理。

健康管理是指对个人健康状态进行全面管理的过程，包括预防、保健、诊断、治疗和康复。在我国目前的健康管理体系中，诊断和治疗作为医院的主要职能得到了高速发展。然而，对于疾病发生的预防和保健以及能够预防治疗后复发、提高生活质量的康复领域的发展则较为滞后。单纯依赖于强制而又无序的科普宣传很难改变大众的认知和行为。探索针对不同疾病闭环的全周期健康管理模式是现代社会奔赴健康养老的刚需。

一、项目背景

（一）老年痴呆国际、国内现状及我国政府的应对策略

老年痴呆是一种与年龄密切相关的神经退行性疾病。主要表现为进行性的认知活动能力下降，其平均病程可持续 5 ~ 10 年。如果发病年龄较低，其病程甚至可持续 20 ~ 30 年不等。据 2015 年《世界阿尔茨海默病报告》的数字显示[①]：全球老年痴呆患者已经超过 5000 万名，每 3.2 秒就有一例患者被确诊为老年痴呆。据 2020 年最新流行病学调查数据显示[②]：我国现有超过 1500 万名痴呆患者，其中阿尔茨海默病（Alzheimer's Disease，AD）患者 983 万名，占比高达 65%；血管性痴呆（Vascular Dementia，VaD）患者近 392 万名，占比接近 20%，另有 4100 万名轻度认知损害（Mild Cognitive Impairment，MCI）患者作为 AD 和 VaD 的潜在人群。值得注意的是，老年痴呆一旦确诊便不可逆转。目前临床上广泛

---

① Alzheimer's Disease International. World alzheimer report 2015–the global impact of dementia[R]. [2015–08]

② LONGFEI JIA, MEINA QUAN, et al. Dementia in China: epidemiology, clinical management, and research advances. Lancet Neurol[J], 2020. 19（01）: 81–92.

用于治疗已经确诊痴呆患者的药物只有 4 款：用于轻、中度痴呆治疗的胆碱酯酶抑制剂多奈哌齐、利斯地明和加兰他敏和用于中、重度患者治疗的谷氨酸受体拮抗剂美金刚。但是，这些药物仅仅是短期内缓解症状，不能够有效延缓疾病的发展。2021 年 6 月 7 号美国 FDA 快速批准针对老年斑沉积的抗体阿杜卡玛单抗（aducammab）①和 2023 年 7 月 6 日正批准的仑卡奈单抗（lecanemab）②。这两款药物的批准上市似乎给众多的老年痴呆患者带来了希望。但是，其在中国的实施还有待观察。首先，这两款药物在美国的售价是 2.65 万美元 / 年，相当于人民币 17 万 ~ 18 万元 / 年。美国已经将仑卡奈单抗纳入医保范围。但是这一价格能否进入中国医保，取决于我国的经济承受能力。其次，这两款药物仅适用于轻度认知障碍和轻度痴呆患者，并且有抗凝药使用者禁忌。这极大地限制了受众人群。最后，有约 40% 服用抗凝药的使用者可能会出现脑水肿、脑微出血等严重的并发症，甚至导致死亡③。因此，总体上来看，在我国，老年痴呆目前仍处于无药可治的状态。然而，中国传统的观念认为老年人学习和记忆能力的下降是正常衰老的过程。有的患者在发生轻度改变时没有意识到严重性而放松或者延缓去医院就诊，从而导致疾病持续发展。大量临床研究证明：早期发现、早期干预可以延缓甚至阻止疾病的发生。通过"治未病而非已病"控制老年痴呆的患病率已成为全世界科学家和卫生健康管理者积极探索的

---

① GIL D RABINOVICI. Controversy and progress in alzheimer's disease – FDA approval of aducanumab[J]. N Engl J Med, 2021, 385：771–774.

② RUTH E UHLMANN, CHRISTINE ROTHER, et al. Acute targeting of pre–amyloid seeds in transgenic mice reduces Alzheimer–like pathology later in life[J]. Nat Neurosci, 2020, 23(12):1580–1588.

③ LINDA SÖDERBERG 1, MALIN JOHANNESSON, et al. Lecanemab, aducanumab, and gantenerumab – binding profiles to different forms of amyloid–beta might explain efficacy and side effects in clinical trials for alzheimer's disease[J]. Neurotherapeutics, 2023, 20: 195–206.

方向。实现对老年痴呆的预防、保健、诊断、治疗和康复的全链条的科学管理才是应对老年痴呆的有效措施。

为了积极应对由于快速人口老龄化引起的我国老年痴呆患病极速增长的现状，2020年9月11日，国家卫健委发布《探索老年痴呆防治特色服务工作方案》，要求试点地区探索社区（村）开展60岁以上老人的认知评估达到80%以上，要求探索搭建信息共享服务平台，提供科普、服务资源获取、管理治疗等服务①。2023年6月14日，国家卫生健康委办公厅发布《关于开展老年痴呆防治促进行动（2023—2025年）》的通知②。由2020年的试点探索直接转变为行动。通知明确提出4项行动内容：（1）宣传老年痴呆防治科普知识；（2）开展老年人认知功能筛查及早期干预；（3）进行专项培训辅导；（4）建立老年痴呆防治服务网络。并明确指出具体的工作内容、工作方法和考核指标，包括：对常住居民每年提供1次认知功能初筛；对筛查发现的痴呆风险人群进行分类干预服务；对筛查发现的认知功能下降的人群提供健康教育和认知训练；对筛查发现的疑似患者，指导其及时到有关机构就诊，对轻度认知损害和痴呆人群进行干预服务，延缓病情发展，改善生活质量。并探索建立社区居委会、村委会、社区卫生服务中心、有关疾病预防控制机构、社会工作服务机构合作服务网络，为老年人提供综合连续的老年痴呆防治服务。

哈尔滨医科大学研究团队从2016提出并开始设计和开发老年痴呆预防治疗的信息化管理平台。通过专业的量表筛查发现风险人群和患病人群，

---

① 疾病预防控制局.解读《探索老年痴呆防治特色服务工作方案》，2020年09月11日，[EB/OL].（2020-09-11）[2024-2-26] http://www.nhc.gov.cn/jkj/s7915/202009/bb7fa1debc3945da9bc69e6a4e48fa94.shtml.

② 老龄健康司，国家卫生健康委办公厅关于开展老年痴呆防治促进行动（2023—2025年）的通知 [EB/OL].（2023-06-14）[2024-2-26] http://www.nhc.gov.cn/lljks/tggg/202306/08c886def458469c8ff84e6dd6f2f7e0.shtml.

在此基础上基于脑神经可塑性原理，设计并开发个性化的认知功能训练方案，预防或者延缓疾病的发生和发展，并构建了基于社区卫生服务中心的服务网络，实现了对患者的实时动态监测和管理。成功实现了针对老年痴呆的预防、保健、诊断、治疗和康复全链条预防、保健和康复的动态的健康管理模式。高度契合了国家卫生健康委制定的老年痴呆防治促进行动（2023—2025年）中的工作要求。目前授权4项专利、19项软件著作权。

二、老年痴呆 AI 数字预防治疗云平台项目介绍

（一）项目设计的理论依据

1. 关于认知能力评估

老年痴呆的发生和发展是一个漫长的过程。根据症状的严重程度可分为临床前阶段和临床确诊阶段。临床前阶段包括：（1）主观认知下降（Subjective Cognitive Decline，SCD）：SCD 可能是老年痴呆早期的表现，但也可能是正常衰老、应激或其他疾病的结果。在不加以干预的情况下，会有 17%～33% 的 SCD 患者在 2 年内转化为 MCI。（2）轻度认知损害（Mild Cognitive Impairment，MCI）：在这个阶段，患者的认知功能已经出现下降，但不足以影响日常生活。这些下降在客观的认知测试中可以检测到，如 MoCA 测试量表。此阶段如不加以有效干预会有 30% 的患者转化为 AD。因此，在这一阶段实施有效的预防干预至关重要，可以明显降低其转化为痴呆的风险。临床阶段包括：（1）轻度老年痴呆：在这个阶段，患者可能还能进行一些日常活动，但需要他人的协助和监督。（2）中度老年痴呆：患者出现严重的记忆问题，如忘记熟悉的人和地点。此外，

有些患者会出现明显的情绪波动、行为问题、混乱和失去方向感。在这个阶段，患者需要更多的照顾和协助。（3）重度老年痴呆：患者已经丧失了大部分认知功能能力，包括言语沟通、咀嚼和吞咽等，完全依赖别人的照顾。患者容易出现感染和其他并发症。精确的认知能力状况的评估是实施后期有效干预的关键。认知能力评估量表评估是区分认知能力程度最经典也是最重要的检查手段。在临床上，有几十种认知评估量表。不同的测试量表内容不同，但是又有交叉重叠。医生会选择不同的量表来满足诊断的要求。在此，我们将临床经常使用的多个量表实现信息化。这些量表包括：蒙特利尔认知评估量表（Montreal Cognitive Assessment, MoCA）、简易智力状态检查（Mini-Mental State Examination，MMSE）、日常生活能力量表（Activity of Daily Living，ADL）、Hachinski 缺血量表（Hachinski Ischemic Scale，HIS）、血管性痴呆评估量表（Vascular Dementia Assessment Scale-cog nitive subscale，VaDAS-cog）、临床医师访谈时对病情变化的印象补充量表（Clinicians' Interview-Based Impression of Change-plus，CIBIC-plus）、美国国立卫生研究院卒中量表（Nationa Institute of Health Stroke Scale，NIHSS）。此外，我们还可以可根据医生的需求无限量添加。

2. 关于认知能力训练

人的大脑具有一种功能叫神经可塑性（Neuroplasticity）。神经可塑性是指大脑细胞（特别是神经元）对新信息、体验或伤害作出的适应性反应。这意味着大脑有能力通过学习新的事物刺激并建立新的神经网络连接。当一个特定的任务、技能或知识被反复练习时，相关的神经网络变得更加稳固，使得这个任务或技能更容易被执行。这就是"熟能生巧"的生物学基础。因此，提供多样化的大脑刺激，例如，学习新的技能、玩解谜游戏、听一定频率的声音（音乐）或进行跨学科的研究都能刺激大脑的不同区域，进而增强认知功能。此外，适宜的体育锻炼可以提高大脑的血流量，增强神经可塑性，并促进新的神经元生成。而良好的睡眠对于记忆的巩固、情绪的调节和认知功能的恢复也都起到至关重要的作用。大量临床研究已经证实，科学的大脑认知训练在预防、延缓甚至阻止老年痴呆发生中表现出令人振奋的效果。近期的研究发现，科学的大脑训练在改善中重症老年痴呆患者的情绪和记忆方面表现出较好的效果。

（1）音乐训练（音乐治疗）：是一种常用于老年痴呆治疗的非药物性治疗方法。它可以通过音乐的节奏、旋律和情感特征，刺激大脑的多个区域，提高认知功能和情感体验。音乐治疗先以心理治疗的理论和方法为基础，运用音乐特有的生理、心理效应，使求治者在音乐治疗师的共同参与下，通过各种专门设计的音乐行为，经历音乐体验，达到消除心理障碍，恢复或增进心身健康的目的。音乐治疗在阿尔茨海默病预防和治疗中具有以下几种功效：①改善认知功能。音乐治疗可以通过激活大脑中的记忆和情感区域，提高患者的记忆、注意力、思维和沟通能力。②降低焦虑和抑郁。老年痴呆患者常常伴随着焦虑和抑郁，而音乐治疗可通过放松和愉悦的音乐体验，降低患者的负面情绪。③提高生活质量。音乐治疗可以提高患者的情感体验和社交互动，促进患者积极参与日常活动和生活。④促进运动和康复。音乐治疗可以通过音乐的节奏和动感特征，促进患者的运动和康复训练。在使用音乐治疗老年痴呆患者时，选择合适的音乐是非常重要的。

（2）游戏训练：游戏训练提高认知功能的生物学基础在于人们在进行游戏过程中需要眼、手以及声音的协调和配合。大脑通过认识颜色、计算空间、手眼协调促进脑神经不断加工、分析、反馈这些外在信息，从而使大脑里多个区域的脑神经一直处于活跃的状态下，不断被激活，维持或者强化新建立和原有的神经网络连接。不断的练习可以提高人的应变能力、观察力、思考力和想象力以实现解决实际问题的综合能力。在这个过程中，改善认知功能，包括记忆力、注意力、感知力、逻辑推理和思维速度。荟萃分析表明，游戏训练可以刺激大脑，提高认知活动[①]。更重要的是，一些人在短短三周内就感受到了积极的影响。用户已经注意到自己的感觉更加警觉，健忘程度降低，注意力水平提高。匹兹堡大学的科克·埃里克森（Dr Kirk Erickson）教授表示："即使人的年龄已经很大，大脑仍然处于"可发育期"。只要进行系统的认知力训练，大脑萎缩、认知水平下降的情况就可以逆转"[②]。每天只需十分钟就能获取更好的工作表现、更好的学习成绩、更好的心理健康、更好的认知能力体验。事实上，大脑训练游戏适合所有年龄的所有人。

（3）手指操训练：手是人体的重要器官。俗话说"心灵手巧""十指连心"，实际是脑灵手巧，手巧健脑，脑和手关系最为密切。手指有很多神经连接大脑。手的动作，特别是手指的动作，越复杂、越精巧、越娴熟，就越能在大脑皮层建立更多的神经联系。手指操可以充分刺激这些神经，有助增强脑功能，预防或抑制认知障碍症的发展。此外，中医认为，人的手掌上有心经、肺经和心包经3大经络，通过拍打手掌，振动这3条经络，就可以调理五脏，增强心肺的活力和身体的免疫力。人的手背上又有大肠、小肠和三焦3大经络，常拍打手背，可以保证呼吸、血液、消化和排泄系统通畅。人的手指是使用最多的器官，而指尖末梢神经极为丰富，是全身

---

① GUANGNING WANG 1, MENGLU ZHAO, et al, Game-based brain training for improving cognitive function in community-dwelling older adults: A systematic review and meta-regression[J]. Arch Gerontol Geriatr, 2021, 92(1-2):104260.

② KIRK I ERICKSON 1, MICHELLE W VOSS, et al. Exercise training increases size of hippocampus and improves memory[J]. Proc Natl Acad Sci U S A, 2011, 108(07): 3017-3022.

经脉的交汇处，常拍打可以促进全身经脉通畅和强筋健体，又可以增强手脑联系，延缓脑衰。

（二）项目设计原理和产品形态

老年痴呆 AI 数字预防治疗云平台在神经科学基本原理和理论的指导下进行开发设计。为保证筛查的准确性，我们选用临床诊断用评估量表 MoCA 和 MMSE 作为基础筛查量表，并精细化认知方向损伤程度，给出基于认知方向损伤的判断。基于神经可塑性原理设计并开发基于不同认知活动的训练游戏配合音乐和手指运动刺激大脑建立新的或者巩固已有的神经网络连接，维持和巩固认知活动。在此基础上，我们基于一定的算法推送针对认知损伤方向的个性化的认知训练方案。经过多轮的测试—训练—新的测试—新的训练的循环干预，最终实现维持均衡的大脑认知活动。为了保证患者能够得到医生的指导，同时保证医生能够实时管理自己的患者，我们通过设计平台内的家庭医生签约功能，实现一个医生实时动态管理多个患者的功能（图 2-10）。

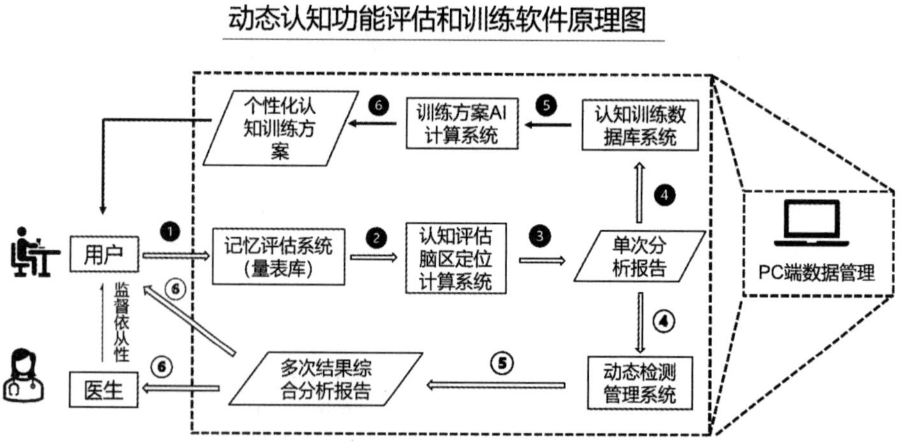

动态认知功能评估和训练软件原理图

图 2-10　平台设计原理图

这一过程依托于腾讯的微信小程序实现与患者的对接（图2-11）。所有过程均记录于系统。在疾病管理过程中，我们采集与老年痴呆患病密切相关的用户信息，包括基本信息、健康信息和共病信息，结合动态的认知评估结果，实现了对目标人群的实时动态的管理（图2-12）。

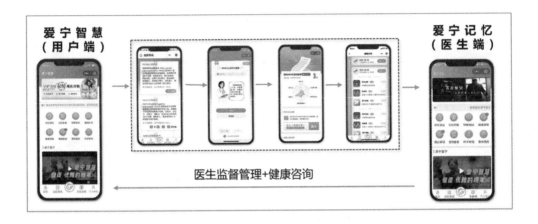

图2-11　腾讯微信小程序医生和患者的互动交流

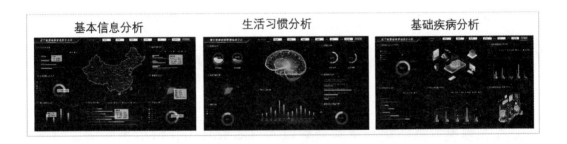

图2-12　建立社区卫生服务机构对目标人群的实时动态跟踪和管理

（三）基于社区人群的老年痴呆分类管理流程

　　我们在建立整套信息化平台后，在黑龙江省的哈尔滨、齐齐哈尔、牡丹江、佳木斯、七台河、黑河等地区开展了基于社区卫生服务中心为单元的65岁以上老人的认知筛查工作，并对目标人群设计了分类管理模式。首先依据认知损伤程度进行六个维度的区分（图2-13），在此基础上，对于已经诊断为中度和重度的患者建立向医联体医院转诊的模式。对于风险人群、主观认知障碍人群、轻度认知障碍和轻度患者又基于学历的不同进行了亚组分类，对不同亚组设计了线上和线下联动的认知功能障碍综合作业疗法。

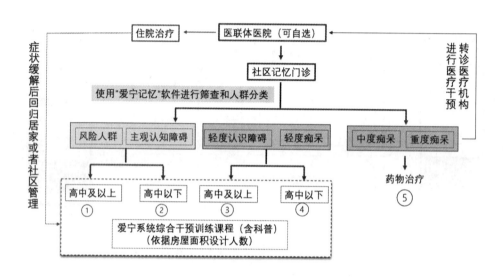

图 2-13 基于社区人群的老年痴呆分类管理流程

三、结语

老年痴呆人数的快速增长是我国人口老龄化引发的严重的社会问题。由于其潜伏期长、致病风险因素多且复杂，并且一旦确诊就无药可治，这些属性都给我们开展全周期管理带来了巨大的挑战。本研究在黑龙江省重点研发计划项目（GA21C009）的资助下[①]，依托我国先进的互联网技术和数字经济的高速发展，以最前沿的数字治疗为视角开发的数字预防和治疗

① 黑龙江省老年人群痴呆临床流行病学调查和干预研究及动态监测和管理方法的建立和应用。黑龙江省应用技术研究与开发计划2021 "2.5 老年人认知障碍临床研究". （GA21C009）2021，9-2024，9.

老年痴呆的云平台实现了老年痴呆筛查、预警、保健预防、辅助治疗于一体的个性化全周期健康管理模式。值得欣慰的是，本研究平台中所采用的认知测试量表和数字训练的综合干预方案也是医保涵盖的内容（甲类）。这一政策为推广和使用这一平台奠定了很好的基础。

为了今天的老人留住美好的记忆，感受家的温暖；为了我们自己和我们的后代拥有一个优雅健康的晚年，让我们一起努力！

基于物理因子治疗技术的老年痴呆防治手段发展与实践

王文华　辛　芮　孙作东 [①]

摘　要： 随着人口老龄化的不断加剧，人们对于老年病防治手段的需求逐步增大。老年痴呆疾病是一种进行性发展的神经系统退行性病变疾病，是老年人群的常见病、多发病，目前尚没有能够控制其进一步发展的有效药物。物理因子治疗技术是现阶段治疗老年痴呆疾病的重要手段之一，本文从物理因子治疗技术对于老年痴呆疾病的防治层面逐步展开，分别从物理因子治疗技术的发展背景、研究现状、未来展望三个层面来分析，将物理因子治疗技术对于老年痴呆疾病的防治情况进行综合阐述，并结合物理因子治疗技术研发现状，提出了未来展望。

关键词： 人口老龄化；老年痴呆疾病；物理因子治疗；经颅磁电刺激

---

① 王文华，研究员级高级工程师，哈尔滨奥博医疗器械有限公司总经理；主要研究方向：脑神经疾病康复治疗设备研发及脑科学基础理论研究。辛芮，博士，哈尔滨工业大学医学与健康学院副教授；主要研究方向：公共卫生事业管理、重大慢病物理化学干预手段的研究。孙作东，研究员，黑龙江省亚欧脑科学研究院院长；主要研究方向：脑科学基础理论研究与脑神经疾病康复治疗设备研发。

一、背景

人口老龄化是文明进步的标志，也是世界发展面对的共同挑战。2021年国务院印发《"十四五"国家老龄事业发展和养老服务体系规划》①中提出"把积极老龄观、健康老龄化理念融入经济社会发展全过程"。2022年国家卫生健康委员会等15个部门联合印发了《"十四五"健康老龄化规划》，②全面布局"十四五"时期中国健康老龄化的方案。健康老龄化，是应对人口老龄化成本最低、效益最好的手段和途径，是当前中国政府积极应对人口老龄化挑战的重要顶层战略举措。"十四五"时期60岁及以上老年人口总量将突破3亿人，占比将超过20%，我国将进入中度老龄化社会。2035年左右，60岁及以上老年人口在总人口中的占比将超过30%，我国将进入重度老龄化阶段。③为了推进健康老龄化的发展，高质量地提升老龄人群的健康水平，需要积极探索老年疾病的干预方法，提高老年人群的生活质量，从而科学、高效地促进健康老龄化战略的实施。

随着人口老龄化进程的加快，以阿尔茨海默病（AD）为主的老年痴呆疾病发病人数持续增加，严重威胁老年人健康和生命质量，给家庭和社会带来沉重负担。为预防和减缓老年痴呆疾病的发生，切实增强老年人的健

---

① 国务院.国务院关于印发"十四五"国家老龄事业发展和养老服务体系规划的通知[EB/OL].（2022-02-21）[2024-01-25].https://www.gov.cn/zhengce/content/2022-02-21/content_5674844.htm.

② 国家卫生健康委，教育部，科技部，工业和信息化部，财政部，人力资源社会保障部，住房和城乡建设部，退役军人事务部，市场监管总局，广电总局，体育总局，国家医保局，银保监会，国家中医药局，中国残疾人联合会.关于印发"十四五"健康老龄化规划的通知[EB/OL].（2022-03-01）[2024-01-25].https://www.gov.cn/zhengce/zhengceku/2022-03-01/content_5676342.htm.

③ 马传奇，辛坤宗，李波.健康老龄化背景下老年人健康行为与健康素养"双向"提升策略研究[J].当代体育科技，2023，13（21）：127-130.

康获得感，促进健康老龄化，国家卫生健康委办公厅印发《关于开展老年痴呆防治促进行动（2023—2025年）的通知》，[①]确定2023—2025年在全国组织开展老年痴呆防治促进行动。通知指出：要结合国家基本公共卫生服务老年人健康管理项目，指导有条件的地区结合实际为辖区内65岁及以上常住居民每年提供1次认知功能初筛，并对初筛发现的痴呆风险人群进行分类干预服务，降低认知能力下降的风险。此外，要建立老年痴呆防治服务网络，为老年人提供综合连续的老年痴呆防治服务。这对老年痴呆的防治具有划时代的意义。

老年痴呆疾病是一种进行性发展的神经系统退行性病变，症状经常表现为记忆功能障碍、睡眠障碍、情绪异常等脑功能异常及情绪行为改变等。早期症状具有较强的隐匿性，常被患者及患者家属认为是自然现象，不被关注。但随着病情的进展，发展到中、重度时期，患者逐渐丧失了基本的生活自理能力，需要依靠家人的照料，往往延误了最佳的治疗时间，严重影响患者的日常生活。

老年痴呆是一个由轻到重的过程，及时发现并积极地预防和干预能够有效延缓疾病的发生和发展。痴呆期的药物治疗主要包括胆碱酯酶抑制剂和兴奋性天冬氨酸受体拮抗剂两类，可能改善患者的认知功能评定结果和精神行为症状；此外音乐治疗、怀旧治疗、虚拟现实技术、无创神经调控技术也可用于改善AD痴呆期患者的认知功能，缓解或消除精神行为症状，提高日常生活和参与能力。[②]目前已有大量临床研究证实，物理因子治疗技

---

① 国家卫生健康委办公厅.国家卫生健康委办公厅关于开展老年痴呆防治促进行动（2023-2025年）的通知[EB/OL].（2023-06-14）[2024-01-25]. http://www.nhc.gov.cn/lljks/tggg/2023 06/08c886def458469c8ff84e6dd6f2f7e0.shtml.

② 杨青，贾杰.阿尔茨海默病相关指南及专家共识解读——全周期康复新视角[J].中国医刊，2021，56（01）：22-27.

术可改善老年痴呆患者的认知功能障碍及抑郁、睡眠障碍等症状。

二、物理因子治疗技术治疗老年痴呆的现状

物理治疗（Physical Therapy or physiotherapy，PT）是康复医学中的一个重要组成部分，是指应用运动、天然或人工物理因子作用于人体，以提高人体健康水平，预防和治疗疾病，恢复或改善身体功能与结构、活动以及参与能力，达到康复目的的治疗方法。PT 包括物理因子治疗和运动治疗，主要通过人体神经、体液、内分泌等生理调节机制，以达到防治疾病和康复的目的。

物理因子治疗技术（therapeutic techniques of physical agents），是指应用天然或人工物理因子作用于人体，以提高健康水平，预防和治疗疾病，促进机体康复等的治疗方法。常见的物理因子有电、光、声、磁、冷、热等。[①]随着自然科学的发展，许多物理因子陆续被人类掌握，并应用到医学上，特别是近百年来光疗、电疗、磁疗及多物理因子协同刺激等技术及应用发展迅速。丰富的科研成果在医疗领域的应用具有划时代的重要意义。

物理因子治疗作为一种治疗手段已应用多年，积累了丰富的临床经验，应用技术不断成熟，已广泛应用于神经康复、精神康复、骨科康复、肿瘤康复、产后康复、心脏康复等领域。物理因子治疗在调节人体生理机制、促进功能康复和增强适应能力等方面，具有不可估量的意义，有着广阔的应用范围和发展前景。

据统计，我国 60 岁及以上老年人中约有痴呆患者 1500 万，其中约

---

① 张维杰，吴军，尚经轩，等．物理因子治疗技术第 3 版——国家卫生健康委员会"十三五"规划教材．

1000 万名是阿尔茨海默病（AD）患者。[①]老年痴呆不仅会给患者的身心健康造成极大的影响，降低了他们的生活质量，而且也给社会和家庭带来沉重的负担。

目前临床使用的 5 种通过美国食品药品监督管理局（Food and Drug Administration，FDA）批准的药物对认知功能改善作用十分有限，更无法逆转 AD 持续进展。目前，AD 的非药物治疗备受重视。多种非药物疗法包括社会心理治疗、认知干预、运动疗法、物理疗法等被证实可促进 AD 康复。[②]

目前，常用的物理因子治疗手段包括经颅直流电刺激、经颅磁刺激疗法、经颅磁电刺激疗法、电针疗法、高压氧疗法、光线疗法、音乐疗法等，都能够在一定程度上刺激大脑神经网络，改善认知功能和情绪状态，不同程度地提高老年痴呆患者的生存质量。

（一）经颅直流电刺激疗法

经颅直流电刺激（transcranial Direct Current Stimulation，tDCS）是一种非侵入性神经调控刺激技术，通过电极将特定低强度电流作用于脑区，达到调节大脑皮层神经元活动的目的。

早在 11 世纪，人们就开始尝试利用电来治疗疾病，随着认识的发展，经颅直流电刺激技术逐步成熟。1998 年 Prior 等发现，微弱的经颅直流电刺激可以引起皮层双相的、极性依赖性的改变，随后 Nitsche 的研究证实

---

① 宣传司.国家卫生健康委员会 2022 年 9 月 20 日新闻发布会文字实录 [EB/OL].（2022-09-20）[2024-01-25]. http://www.nhc.gov.cn/xcs/s3574/202209/ee4dc20368b440a49d270a228f5b0ac1.shtml.

② 《无创神经调控技术辅助阿尔茨海默病治疗专家共识》编写组，闫天翼，方伯言.无创神经调控技术辅助阿尔茨海默病治疗的中国专家共识 [J].中国神经免疫学和神经病学杂志，2023，30（06）：387-394.

了这一发现，从而为 tDCS 的临床研究拉开了序幕。到目前为止，tDCS 的临床疾病应用研究已经取得了不少有益的成果，已经成为神经康复医学、精神病学、认知神经科学的研究热点，近些年的临床应用反馈也奠定了其在物理治疗技术中的领先地位，并在认知康复、体育运动、军事装备等领域也有大量应用并呈突飞猛进的发展趋势，每年都有大量学术文章发表在包括 *Nature*、*Neuroscience*、*Science*、*Neuroimage*、*Brain Stimulation* 在内的相关领域顶级刊物上。《经颅直流电刺激治疗常见神经精神疾病的临床应用专家共识》中提出：tDCS 是一种耐受性好且安全无创的大脑物理刺激方法，目前已广泛用于治疗某些常见精神障碍和神经疾病，并取得了一定的临床效果。非侵入性脑刺激技术由于在治疗难治性症状方面显示出有希望的疗效，且易于操作和不良反应较少，近年来在精神科、神经科等科室广泛使用。相比于其他的非侵入性脑刺激方法，tDCS 技术因其具有便携、易操作和安全等特点，获得了越来越多的关注与应用。[①]

tDCS 技术通过改变细胞膜的静息电位以及调节突触的微环境产生即刻效应和延迟效应，共同作用于大脑皮层，调节神经细胞跨膜电位，导致细胞膜发生去极化和超极化，从而改变大脑皮质的兴奋性，在老年痴呆患者认知功能障碍改善方面取得了较好的临床成果。研究发现，tDCS 技术可以通过调节神经可塑性、脑网络及调节神经递质、营养因子等多种途径改善老年痴呆患者的认知功能和精神行为症状，对运动、言语、认知、吞咽障碍亦有良好的改善作用。

在神经病理学和神经科学领域，tDCS 被大量研究，并取得了比较理想的研究效果，其不仅可以实现对大脑认知功能的有效调节，而且还可以提

---

① 唐睿，宋洪文，孔卓，等. 经颅直流电刺激治疗常见神经精神疾病的临床应用专家共识 [J]. 中华精神科杂志，2022，55（05）：327-382.

高患者的治疗效果和生活质量，因此值得临床推广和应用。[①]

tDCS 技术是一种非常有前景的老年痴呆辅助治疗手段，这种治疗方法也越来越受到医学界的广泛关注与临床应用。因其具有方便操作、安全性好、便携经济等特点，被认为可以用于居家治疗。

（二）经颅磁刺激疗法

经颅磁刺激（tMS）是利用实变的脉冲磁场作用于中枢神经系统（主要是大脑），改变皮质神经细胞的膜电位，使其产生感应电流，影响脑内代谢和神经电活动，从而引起一系列生理生化反应的磁刺激技术。[②]

tMS 技术是一种无痛无创的绿色治疗方法。它利用交变磁场作用于中枢和外周神经系统，产生感应电流，影响大脑皮层代谢和神经电活动，从而达到一定的生理学效应，不同模式的 tMS 除了引起一系列生理生化反应外，还可以改变神经结构，影响大脑神经功能和神经调控。

tMS 技术已广泛应用于神经、精神疾病的科研、诊断、康复、治疗、预后，是一项成熟技术，特定频率的磁信号可以无衰减地透过颅骨而刺激到大脑神经，实际应用中并不局限于头脑的刺激，外周神经肌肉同样可以刺激，因此现在都叫它为"磁刺激"。

tMS 技术在电生理检查、精神心理疾病康复、神经疾病康复等领域都有很好的表现。重复性经颅磁刺激（rTMS）技术是在经颅磁刺激基础之上发展起来的新技术，能无创地调节大脑皮质中神经元的动作电位，调控脑

---

① 薛娜，靳亚鲁 . 经颅直流电刺激调控大脑认知功能的分析 [J]. 医学食疗与健康，2018，（12）：125.

② 董心，郑洁皎，许光旭，等 .《经颅磁刺激操作指南》团体标准解读 [J]. 中国标准化，2021（14）：89–93.

组织的代谢与电生理的平衡。[①]

tMS 疗法具有易操作、不良反应少的特点，磁信号能够没有衰减地透过颅骨刺激大脑神经，rTMS 对老年痴呆患者的认知功能障碍、情感障碍、记忆衰竭和失语症等均有改善作用。

（三）经颅磁电刺激疗法

《阿尔茨海默病康复管理中国专家共识（2019）》中指出，AD 综合康复治疗方法中的音乐治疗、虚拟现实技术及神经调控技术等近几年得到较快的发展，并已逐渐用于痴呆患者。[②]

神经调控技术包括重复性经颅磁刺激（rTMS）、经颅直流电刺激（tDCS）、深部脑刺激（Deep Brain Stimulation，DBS）和神经反馈（NF）。rTMS 和 tDCS 可配合康复训练治疗 AD，通过诱导短暂的突触功效增加来调节皮质兴奋性，改变神经可塑性，从而改善 AD 患者的认知功能。

经颅磁电刺激（tMES）是一种多物理因子协同刺激技术，联合应用了经颅直流电刺激（tDCS）和重复性经颅磁刺激（rTMS）技术，属于无创的脑神经调控技术，可以对人体大脑的神经元进行刺激，促进神经元兴奋性，既能够引发生物学效应，同时还对远隔皮层功能产生影响，为患者皮层功能区域性重建进而影响基因和神经递质表达水平产生影响。

基于个体脑功能分析进行靶点定位有望实现更为精准的刺激，进一步改善治疗效果；鉴于 AD 与多个脑网络与脑区的异常有关，基于脑影像学

---

① 刘艳华，王丽娜，边艳辉，等 . 不同频率重复经颅磁刺激对于老年痴呆患者的认知能力与精神行为症状的影响 [J]. 国际精神病学杂志，2017，44（02）.

② 中国微循环学会神经变性病专委会，中华医学会神经病学分会神经心理与行为神经病学学组，中华医学会神经病学分会神经康复学组 . 阿尔茨海默病康复管理中国专家共识（2019）[J]. 中华老年医学杂志，2020，39（01）：9-19.

研究结果进行多靶点刺激有望提升治疗效率和疗效。将 rTMS 和 tDCS 联合或与其他非调控治疗方法结合可能会产生协同效应，增强治疗效应。[①] 经颅磁电协同刺激，选取电压门控钙离子通道为最佳靶点，诱导钙离子内流，激活胆碱能神经元，使之分泌神经递质乙酰胆碱。同时还可改善脑部血液循环，针对全脑刺激，也干扰和抑制了异常脑磁、脑电的发生和传播，使紊乱的脑电活动得以恢复，从而改善患者认知功能障碍。rTMS 输出立体叠加交变磁场，引出弱感应电流则激活了大脑皮层的递质能神经元；tDCS 在路经基底节部位神经元核团时因颅骨阻抗产生衰减，此时经颅磁无障碍穿越颅骨，强化了直流电的效应，强化了对神经元的调控与刺激。阿尔茨海默病属于神经元退行性变疾病，与物理门控离子通道密切相关，可用物理手段来解决，激活递质能神经元是治疗的关键，电压门控钙离子通道则是物理手段激活的最佳靶点，目的是诱导钙离子内流触发神经元轴突终末突触囊泡释放神经递质。[②]

研究证实，一方面经颅磁电治疗时在电极正极靠近神经细胞胞体与树突促进神经元放电增加，改变了患者视觉、躯体感觉和前额叶皮质神经元兴奋性与功能性，通过让足够电流达到电脑皮质调节神经兴奋性，提升患者工作记忆能力。另一方面经颅磁电治疗可以增加神经的连接数目，促进患者认知功能改善，可改变大脑皮层兴奋性，刺激胆碱能神经元释放乙酰胆碱，从而改善患者认知障碍。[③]

① 《无创神经调控技术辅助阿尔茨海默病治疗专家共识》编写组，闫天翼，方伯言.无创神经调控技术辅助阿尔茨海默病治疗的中国专家共识[J].中国神经免疫学和神经病学杂志，2023，30（06）：387-394.

② SUN ZUODONG. The theory of brain cell activation[J]. Journal of US-China Medical Science, 2017, 14（05）: 203-211. DOI:10.17265/1548-6648/2017.05.003.

③ 苏丽达，王伟祥，徐丰.经颅磁电刺激治疗阿尔茨海默病认知障碍的疗效[J].临床医药文献电子杂志，2019，6（70）：19-20.

磁电联合刺激技术可以在较小的刺激强度下，得到单一电刺激或单一磁刺激在较大刺激参数下才能产生的电生理反应，大大提高了刺激的效能，同时具有更好的修复神经损伤作用，避免了高强度磁场可能对患者和操作者带来的伤害，使得安全性和有效性得到很好的兼顾。

经颅磁电刺激技术是目前较先进的神经调控技术，并已获得医疗器械产品注册，在临床上得到了一定范围的应用，对于老年痴呆引起的认知功能障碍、日常生活自理能力及精神状态具有一定的改善作用。

（四）电针疗法

电针疗法是在中医传统针灸疗法的基础上发展而来，电针是在毫针针刺"得气"的基础上，利用电针仪输出的脉冲电流，通过毫针作用于人体的某些部位，以达到防治疾病效果的一种针刺治疗方法。

电针疗法是指将电针仪通电后与刺入腧穴的毫针连接，将电流刺激和针刺结合以治疗疾病的方法。[①] 在针刺腧穴的基础上，加以脉冲电的治疗作用，针与电两种刺激相结合，故对某些疾病能提高疗效。

首先，这种疗法是传统针刺与现代科技——电磁、电频相结合的一种产物。具有整体性和双向性的调整作用：

（1）调节脏腑偏盛偏衰，达到和调五脏的作用；

（2）激发人体卫外功能，改善气血运行，提高免疫能力；

（3）解痉止痛消肿，镇静宁心安神。

其次，电针仪在临床使用中，能够输出密波、疏波、疏密波、断续波等多种脉冲波形，使得电针疗法在疾病的治疗中更加具有针对性和有效性。

---

① 中医康复技术操作规范·电针透穴制定工作组，杨永菊，张哲，等.中医康复技术操作规范.电针透穴[J].康复学报，2022，32（04）：293-298.

从而产生相应治疗作用。

根据中医学理论，老年痴呆症的发生与五脏六腑皆虚、七情失调有关，表现为肝肾阴虚、气血两虚、气滞血瘀、痰浊阻窍、瘀血内阻五种类型。针刺可以收到补益肝肾、健脑安神、理气养阴、活血化瘀等功效，从而改善老年痴呆症状。[①]

（五）高压氧疗法

高压氧治疗是在高压氧舱密闭环境内通过压力调整和以氧疗为主的综合性治疗，可完成舱内抢救、手术、疾病治疗及特殊气压环境损伤治疗和康复的一种特殊医疗技术。通过短短几十年的发展，已经成为一门专业性较强的医学学科。

人体对氧的储备能力较差，缺氧如果不及时解除，将会对人体造成很多不可逆的伤害，高压氧治疗可满足受损脑组织的氧气供应需求，缓解脑部缺氧性损伤，同时降低颅内压，加速患者脑神经与脑血管再生。

高压氧治疗已被临床证实为脑损伤的有效治疗手段，该项技术可有效提升脑组织血氧张力与血氧弥散速度，降颅压，解除脑水肿，修复患者脑部缺氧性损伤问题，有助于改善患者脑部血运，保护神经，加速受损脑组织的修复，最终促进患者脑功能重建，修复患者受损认知能力[②]，高压氧治疗对于老年痴呆患者的认知功能障碍有一定的改善作用。

---

① 于馨淮. 盐酸多奈哌齐联合应用中医电针治疗老年痴呆症的临床疗效观察 [J]. 中国保健营养，2020，30（29）：130-131.

② 伍倩戎，黄玮，唐厚梅，等. 高压氧联合盐酸美金刚治疗老年痴呆症患者的临床疗效 [J]. 中华航海医学与高气压医学杂志，2019，26（03）：183-186.

（六）光线疗法

光线疗法是利用人工光源或自然光源防治疾病和促进机体康复的治疗方法。光线疗法具有悠久的历史，光具有电磁波和粒子流的特点，因此光具有波粒二相性。光线疗法在临床上应用非常广泛，主要包括红外线疗法、紫外线疗法、激光疗法、可见光疗法等。

光线疗法可以用于阿尔茨海默病的治疗，目前光线疗法对阿尔茨海默病治疗的研究集中在对阿尔茨海默病患者的睡眠障碍和认知能力的改善方面。研究表明，适时让患者曝光，可以使其夜间睡眠效率有所提高，夜间的漫游减少，缓解夜间的焦虑，可提高睡眠质量，改善患者的行为。褪黑素和亮光治疗的结合，可能对睡眠障碍的干预有很大希望。光线疗法是阿尔茨海默病合并睡眠障碍的非药物治疗选择，虽然光线治疗不能彻底治愈患者，但可以改善症状，使患者在治疗期间或治疗后短时间内不再出现明显的症状。[①] 在白天相对较短的冬天，明亮的光线也能相对缓解老年痴呆患者的某些症状。

（七）音乐疗法

音乐声波的频率和声压会引起生理上的反应。音乐的频率、节奏和有规律的声波振动，是一种物理能量，而适度的物理能量会引起人体组织细胞发生和谐共振现象，能使颅腔、胸腔或某一个组织产生共振，这种声波引起的共振现象，会直接影响人的脑电波、心率、呼吸节奏等。认知疗法、多感官刺激疗法等非药物治疗在改善老年痴呆患者抑郁症状方面取得了良

---

① 杨金菊，邹显巍，余建萍，等．阿尔茨海默病物理治疗的作用机制及应用 [J]．国际老年医学杂志，2020，41（04）：262-265．

好的效果。近年来，音乐疗法在共识中已被推荐为有效的非药物治疗方法之一。①

应用音乐疗法治疗老年痴呆可发挥以下几方面的作用：

（1）可给予患者心灵上的慰藉，可缓解患者的不良情绪，让患者重塑自我，使得患者客观认识自己存在的意义；

（2）音乐可透过人的感觉神经，刺激大脑皮质情绪中枢，起到活化自主神经系统支配内脏器官的功能；

（3）音乐具有长期记忆中易与各种回忆连接的特点，借助音乐的这一特点进行老年痴呆症的治疗，可以起到刺激及改善长时记忆的效果，进而改善老年痴呆患者的记忆力；

（4）音乐还可以有效地调节患者的性激素水平，这样可改善和缓解临床症状，进而有效缓解患者的临床症状，进而提高患者的生活及生命质量；

（5）音乐治疗还可以显著改善患者的失眠质量，减少老年痴呆患者夜间觉醒次数，延长患者的睡眠时间，继而改善患者日间功能障碍。②

音乐干预可以改善老年痴呆患者的认知功能障碍、抑郁状态、自理生活能力，对患者、照护者、社会具有积极意义。③

三、物理因子治疗技术治疗老年痴呆的未来展望

2024年国务院办公厅1号文《国务院办公厅关于发展银发经济增进老

---

① 曹汝汝，马秋平，黄秀丹，等.音乐疗法对老年痴呆患者抑郁症状影响的Meta分析[J].当代护士（下旬刊），2022，29（12）：44-48.

② 陈秀华.音乐疗法在老年痴呆患者护理中的应用分析[J].智慧健康，2018，4（17）：130-131.DOI:10.19335/j.cnki.2096-1219.2018.17.062.

③ 王妮，龚勋，刘静兰，等.音乐干预对老年痴呆症患者影响的Meta分析[J].巴楚医学，2021，4（02）：91-98.

年人福祉的意见》提出了："以习近平新时代中国特色社会主义思想为指导，深入贯彻党的二十大精神，立足新发展阶段，完整、准确、全面贯彻新发展理念，加快构建新发展格局，着力推动高质量发展，坚持以人民为中心的发展思想，实施积极应对人口老龄化国家战略，坚持尽力而为、量力而行，推动有效市场和有为政府更好结合，促进事业产业协同，加快银发经济规模化、标准化、集群化、品牌化发展，培育高精尖产品和高品质服务模式，让老年人共享发展成果、安享幸福晚年，不断实现人民对美好生活的向往。"的总体要求。意见指出：银发经济是向老年人提供产品或服务，以及为老龄阶段做准备等一系列经济活动的总和，涉及面广、产业链长、业态多元、潜力巨大。规划布局 10 个左右高水平银发经济产业园区，培育银发经济领域龙头企业，着力培育和发展智慧健康养老、康复辅助器具、抗衰老、适老化改造等一批未来前景明确的潜力产业，国家聚焦培育高精尖产品和高品质服务模式打出组合拳。①

物理因子治疗在未来的发展过程中，必将随着科技的发展进步及深入的临床研究，不断培育出高精尖康复辅助器具，为老年痴呆的预防与治疗提供更加有效的治疗方法。同时，随着疾病结构的改变和人们对健康要求的提高，患者除了对于疾病治疗的需求，还有心理上重返社会的需求，其目标是整体康复，重返社会。而实现医学整体康复根本目标的重要手段之一就是物理因子治疗技术手段。

针对老年痴呆症患者的疾病特点，将物理因子治疗技术与社区康复、家庭康复治疗相结合，对老年痴呆症人群进行特色的康复治疗，有助于方便老年痴呆症患者的就近就医、居家治疗。随着信息化的发展，将现有的

---

① 国务院.关于发展银发经济增进老年人福祉的意见 [EB/OL].（2024-01-15）[2024-01-25]. https://www.gov.cn/zhengce/jiedu/tujie/202401/content_6926184.htm.

医学技术及信息化进行有机的结合，实现康复设备智能化、适老化。让老年痴呆患者除了在医院能够使用到物理康复治疗设备治疗外，在家庭也能够使用上相应的物理治疗手段，方便了患者的长期康复需求，同时也减轻了医院的医疗负担。

老年痴呆目前尚没有能够控制其进一步发展的有效药物，物理因子治疗技术已经成为老年痴呆症患者预防及早、中期干预治疗的重要手段之一。因物理治疗在安全性、有效性及便利性等方面具有特有的优势，在未来将有更加广阔的发展和应用前景。随着国家老年痴呆相关政策的实施，临床上针对老年痴呆症研究及实施项目的逐步推进，都将为老年痴呆症患者的诊治带来新的希望，也将为物理因子治疗技术的发展带来新的契机。

尽管这些物理因子治疗技术在老年痴呆防治中显示出了安全性和有效性以及未来发展的潜力，但仍然存在一些挑战和限制。首先，这些治疗手段的机制尚不完全清楚，需要进一步的研究来解释其作用机制。其次，治疗效果在不同个体之间存在差异，需要个体化的治疗方案。此外，这些治疗手段需要专业人员进行指导和监督，以确保安全性和有效性。

综上所述，基于物理因子的治疗技术为老年痴呆防治提供了新的途径，显示出了改善认知功能和情绪状态的潜力。尽管面临一些挑战和限制，但这些治疗手段的发展和实践为老年痴呆防治带来了希望。未来的研究应进一步深入探索这些治疗技术的机制，更加广泛地应用到临床实践及居家治疗中，并提供更加个体化和有效的治疗方案，以应对老年痴呆症的挑战。

数字技术应用适老化的新阶段：
数字内容风险管理

王　杰①

摘　要：本文研究的是如何解决老年网民上网时所面临的各种数字内容中风险的问题；提出一个结合老年用户自身的抗风险能力来管理这些风险的具体方法。第一部分分析老年人的网上行为，和这些行为所面临的风险和威胁。第二部分分析这些风险出现的根源、长久性、其应对方式与未成年人的内容风险管理会有哪些显著不同。第三部分梳理比较解决这一问题的不同思路：倡议平台服务商和内容提供商遵守基本道德规范和法律法规、老年用户端的培训以提升其抗风险能力、在平台上部署风险管理机制并接受政府监管。第四部分在前三部分的基础上，设计提出一个在数字平台端实施的、基于新技术的、由四个要素组成的风险管理体系框架；以期这一管理体系的实施有效地落实国家网信办 2019 年 5 号令中提出的平台的风险管理责任。

关键词：数字技术适老化；数字内容适老化；数字内容风险管理；数字内容分级管理

---

① 王杰，博士，北京怡智苑信息服务有限公司董事长，中国老年学和老年医学学会智慧医养分会副主任，智慧养老 50 人论坛联合创始人；研究方向：智慧养老、数字技术适老化和 AI 助力的老年学习。

一、引言

数字技术适老化自 2020 年受到社会各方的广泛关注以来，在协助老年人跨越能力方面的年龄数字鸿沟上取得了可观的进展；老年网民的人数大幅度增加。随之而来的是一个适老化的新挑战——老年网民每天在网上面临的各种风险：从线下搬到线上的各种金融、保险和保健品套路，直播间带货，给网红刷礼物，到诱惑老年人点赞转发以获取流量的养生秘诀和内幕新闻，这些风险来自试图利用老年人的能力和心理特点从他们身上获取利益的驱动。

与应对未成年人面临的风险不同，老年群体的多样性和很强的自主性使管理针对老年人的风险更复杂和困难。到目前为止，普遍采用的策略是针对用户端的，即对老年用户进行培训，提高其抗风险能力；但效果非常有限。

本文提出一个在平台端实施的数字内容风险管理体系框架，以期通过具体的技术手段来落实网信办 2019 年 5 号令中提出的平台的风险管理责任。

二、适老化进程的回顾与总结

（一）数字技术应用的适老化

大批老年人因不会使用数字化应用，使他们的日常生活在面临疫情防控时受到了极大的影响。这些现象充分地折射出了老龄社会数字化管理所面临的挑战。

几年来年龄数字鸿沟成为了社会关注的焦点，也引起了学术界的广泛兴趣。近三年来一些研究剖析和梳理了这一问题的成因，预测了未来可能的发展变化趋势，也提出了化解这一问题的种种建议。自 2020 年国办 45 号文件开始，各级政府出台了一系列政策，掀起了一个数字产品和服务适老化的浪潮。回顾三年来适老化所取得的进展，虽然政府相关政策的发布和媒体的广泛报道大大地提高了社会对适老化问题的关注，也催生了相关行业和部门的一系列适老化"动作"，在热度渐渐地消退后，研究发现，这些以提升老年人使用数字产品的能力为目标的措施产生的效果非常有限。其原因是在适老化问题上系统思维不足，对适老化一些本质性的问题认识肤浅。比如，哪些因素影响老年人尝试学习数字产品的积极性？如何有效地降低适老化的成本？在市场机制失灵的情况下，政府如何推动适老化的进程？

随着 20 世纪 60 年代初生育高峰中出生的人口进入老年，我国老年网民的人数也在快速增加。当越来越多的老年网民开始每天沉浸在数字世界里时，一系列新的问题逐渐被暴露了出来。因为相关背景知识的缺乏而无法使用一些应用、抗风险能力的低下导致线上遭受欺诈时有发生、不当的情感投入最终发展为网络沉迷等问题，成为了这些老年网民所面临的新挑战。对于这些老年人，适老化的重点不再是会不会用数字产品的问题，而是如何安全、有效地使用。上述问题虽然受到了媒体和社会一定程度的关注，但尚未推动出台一些具体措施来应对这一问题。

（二）适老化政策

国务院和工信部在 2020 年后相继出台了一系列针对老年人融入数字社会所遭遇的问题的应对措施和政策：

● 国务院办公厅于 2020 年 11 月 24 日发布的《关于切实解决老年人运用智能技术困难的实施方案》（国办发〔2020〕45 号）

● 工信部于 2020 年 12 月发布的《互联网应用适老化及无障碍改造专项行动方案》（工信部信管〔2020〕200 号）

● 工信部于 2021 年 2 月 10 日发布的《关于切实解决老年人运用智能技术困难便利老年人使用智能化产品和服务的通知》（工信部信管函〔2021〕18 号）

● 工信部于 2021 年 4 月 6 日发布的《关于进一步抓好互联网应用适老化及无障碍改造专项行动实施工作的通知》（工信厅信管函〔2021〕67 号）

● 工信部于 2023 年 12 月 19 日发布的《促进数字技术适老化高质量发展工作方案》（工信部信管〔2023〕251 号）

这些政策对适老化的方向起到了引导作用，促成了一系列针对老年人使用能力的数字产品适老化改造的努力。

（三）适老化研究

近三年来不同领域的学者发布了一系列从不同角度对适老化进行研究的成果。其中既有从社会学角度分析年龄数字鸿沟的成因和影响的，也有从社会治理出发提出数字包容老龄社会的理念和治理体系的，还有心理学角度分析适老化问题根源的生理和心理基础。有的研究基于技术普及的规律提出了适老化不足产生的必然性，和适老化自身的公共服务属性，不能单纯依赖市场解决适老化问题。如：陆杰华等[1]梳理了年龄数字鸿沟问题，

---

[1] 陆杰华，韦晓丹. 老年数字鸿沟治理的分析框架，理念及其路径选择——基于数字鸿沟与知沟理论视角 [J]. 人口研究，2021，45（03）：14.

提出了接入、能力和知识三类不同的数字鸿沟。王杰[①]从创新扩散理论的角度分析了适老化设计先天不足的必然性和长期性，阐明了适老化本身的公共服务属性。杜鹏等[②]提出了数字包容老龄社会的理念并系统地阐述了其在数字化老龄社会的治理方面的意义和实现路径。但是仍然有一些重要的相关课题有待于被系统地、深入地研究，包括：

（1）适老化驱动力的研究：如何用政策激励弥补适老化市场驱动力的不足；

（2）AI 助力的产品适老化设计：如何借助于 AI 助力产品设计，大幅度地降低适老化设计的成本，增加市场回报率；

（3）借助于 AI 来提高老年人数字产品使用培训和数字素养提升的效率；

（4）借助于 AI 来实现全天候的面向老年用户的使用支持；

（5）数字内容的风险管理：如何有效地管理老年用户所面临的数字内容风险。

下面的篇幅将重点讨论上面的第 5 个问题：数字内容的风险管理。

（四）适老化措施的实施

回顾过去三年，在各级政府相关政策的指导下，我国在数字社会适老化问题上在多个方面取得了一定程度的进展。其中具有代表性的有：

（1）包括京东、百度等互联网平台服务商陆续推出了老年友好版；

（2）多地的老年大学陆续开始提供培训课程，协助老年人跨越年龄数字鸿沟；

---

① 王杰．数字产品适老化评估体系研究 [J]．老龄科学研究，2022，10（04）：19.

② 杜鹏，韩文婷．数字包容的老龄社会：内涵、意义与实现路径 [J]．北京行政学院学报，2023（02）：40-47.

（3）网约车服务平台陆续推出了代叫车服务，解决老年人自己叫车难的问题；

（4）银行、医院等一些老年人常去的场所开始为老年人提供绿色服务通道；

（5）很多地方政府投入资金和人力，在社区层面开展针对老年人数字素养的培训，提升老年人在数字世界的风险防范意识和能力。

这些适老化努力主要是针对老年人面临的由于能力不足形成的年龄数字鸿沟，即主要解决"能用"的问题。社会各方做出了很大努力，未来适老化需要在老年人"能用"和"善用"这两个方面并重。

（五）适老化支持体系

适老化既不是一个单纯的技术问题，也不是靠运动式的人海战术就能够一蹴而就、一劳永逸地解决的。适老化是一个涉及产品设计、展示、用户培训、使用支持和内容管理等多个高度专业化的学科与社会多方面参与者的复杂的社会系统工程。

真正地解决数字社会适老化的问题，需要系统化的思维并构建一个在老年人融入数字社会的各个阶段提供支持的适老化支持体系[①]，如图2-14所示。

任何一个环节的缺位，都会对整体的适老化效果产生显著的影响。而其中一个至今尚未被充分重视的部分是数字内容风险管理，这也是本文的核心内容。

---

① 王杰.数字社会的适老化支持体系建设[M].北京：电子工业出版社.2023.

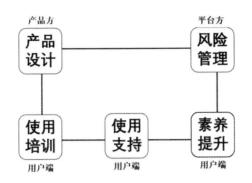

图 2-14　适老化支持体系

三、适老化的新阶段：从能用到善用

当一个老年用户具备了使用以微信、抖音等为代表的数字应用的能力后，将面临新的挑战。首当其冲的是老年用户在网上遭遇到的各种风险。下面首先具体看一看老年网民都从事哪些线上活动和在这些活动中面临什么风险。

（一）老年用户的线上活动

根据中国人民大学智慧养老研究所和中移智库联合发布的调查报告[①]，老年人的社会参与大致可以分为居家生活、文体活动、交通出行、健康支持、日常消费、办事服务、人文环境和老有所为八个场景。其中每个场景都有线下和线上部分；其线上部分发生的频次都不同，其所具有的潜在风险大小也不同。比如，使用线上办事服务的频次较低，其过程中也鲜有令老年人困扰的广告，其风险最小；而使用交通出行时，则往往会遭遇多种广告，潜在的风险也更大些；在文体活动和人文环境中，尤其是短视频平

---

① 中国人民大学智慧养老研究所，中移智库. 数智时代老年人社会参与现状报告 [R]，2023.

台上，则既有可能导致老年人情感过于投入而发生沉迷的内容，也有诱导老年人转发的各种虚假、耸人听闻的假消息，还有利用网红的吸引力面向老年人有针对性地带货。这是一个对老年人的风险比较集中的领域。

（二）数字内容的适老化

在从事上述这些线上活动时，老年网民将面对大量的数字内容。这时他们发现，有些内容他们没有兴趣，有些看不懂，还有一些使他们深陷其中不能自拔。此外，还有一些他们可能没有意识到的潜在风险和圈套。这些问题都是数字内容适老化需要解决的。

针对数字内容的适老化已经有了一些系统的研究，其重点主要在以下三个方面：

1.对老年用户有充分吸引力的应用和数字内容

这个一直被诟病的问题并没有获得显著的改善。目前，老年人使用的数字应用仍以抖音、小红书、今日头条等全民应用为主。真正契合老年人的独特需求、能够给他们带来充分获得感的应用和数字内容仍然缺乏。比如，多年来各种健康类的智慧养老产品对老年人缺乏吸引力，其使用价值难以得到老年人的认同。

2.数字内容的通俗化

很多新应用和数字内容常伴随着有各种术语、新潮的名词和对一些背景知识的要求，也就是所谓的"知识沟"[①]。这常使一部分老年用户望而生畏，缺乏进一步了解和尝试的勇气，阻碍了他们认识其价值。

---

① 陆杰华，韦晓丹.老年数字鸿沟治理的分析框架、理念及其路径选择——基于数字鸿沟与知沟理论视角 [J].人口研究，2021，45（03）：14.

3. 数字内容的风险管控

在跨越了"能力沟"之后，老年用户就面临着无边无际的数字世界。不可否认的是，他们之中很多人并不具备充分的数字素养以识别和避免网上的种种陷阱。并且随着年纪的增长，他们的认知能力、判断能力和学习能力都在进一步逐渐地下降。而一些随之而来的心理倾向变化也很容易使他们在网上成为各种诱导、蒙蔽、利用和欺骗的目标。

目前这三方面的适老化短板均尚未受到充分的重视。虽然有些研究分析指出了这些问题，但仍然普遍地缺乏解决这些问题的思路和方法。本文下面重点讨论数字内容的风险管理问题。

（三）数字内容的风险管理

无论是线上还是线下，老年人始终是多种趋利手段所针对的目标。从以前的兜售保健品到现在的给网红刷礼物，都是盯着老年人的钱包。当数以亿计的老年人被暴露在各种各样缺乏严格监管的数字内容面前时，其面临的风险是不言而喻的。一些内容提供商会想尽各种办法，利用老年用户的这些认知能力和心理特点，有意识地在内容上诱导、蒙蔽老年用户，以达到其收割流量、吸引老年用户非理性消费、甚至直接骗取钱财的目的。工业和信息化部于2023年12月印发的《促进数字技术适老化高质量发展工作方案》中明确地提出了"持续规范企业面向老年人的营销宣传行为，严禁虚假宣传、恶意诱导老年人消费。加强技术监测和监督检查，及时通报并处置违法违规获取老年人信息等行为。"

对比线下针对老年人的欺诈活动，线上的套路呈现出以下这些新的特点：

● 接触老年人的成本大幅度降低，使一些在线下不可行的套路在线上变得可行了，比如，小额欺诈也可能变得有利可图了；

● 以提供老年人缺少的精神慰藉为名，软性欺诈诱导老年人买个高兴，比如，给网红刷礼物；

● 欺诈的边界变得模糊，比如，明显高于市场价格的保健品，但又没有达到暴利的程度。

依赖老年人自身的能力来抵御欺诈变得更困难了。那么如何管理数字内容上的这些风险，让老年人可以安全、放心地上网呢？这是一个目前甚少被认真关注的数字内容适老化问题。仅仅向内容提供商和平台提提倡议，提醒老年用户防范各种潜在风险远远不够。

提升老年人识别风险的能力无疑是一个貌似简单而容易实现的方法。但以投入产出比来衡量，在服务端管理控制风险要经济、有效的多。而服务端的管理控制目标主要是那些提供用户生成的内容（User Generated Content, UGC）平台，由平台来管理其内容提供者。目前我国的这一类平台主要有小红书、微信、微博、头条号、企鹅号、百家号、大鱼号、抖音和快手等。总之，由于市场的特性，平台的数目相当有限。因此，和数以亿计的用户相比，管控的难度和需要的资源要小很多。目前，各个平台其实都有对内容的监控和对发布者发布权的管理。但其目标主要是管理那些明显违背国家相关法规和政策的内容，以及一些被认为会影响社会安定的内容，因为这些是政府相关部门高度关注的。利用老年用户的认知和心理特点以牟利，甚至侵害老年人权益的内容，通常不在被平台监管的范围之内。

其背后的原因是因为两个目前难以解决的问题。第一个是法律上的空白。尽管很多老年用户有着被不良商贩利用的认知和心理弱点，但他们仍然是具有法定民事能力的成年人。理论上他们和其他成年人一样，能够为自己的行为负责，无论这些行为是否理性。虽然很多内容明显的是针对这类老年人的，但因为年轻用户能够较容易地识别其中的圈套，这些内容难以被标识为对社会具有普遍意义的害处。因此，目前缺乏限制和禁止这些内容的法律依据；并且在短时间内改变这一现状也是不现实的。第二个是，如果依赖平台自身的意愿来管控这些对老年人有潜在风险的内容，这会和其商业利益有直接的冲突。无论是通过内容提供者的收益分成，还是借助用户流量，任何限制其平台上内容的措施都会影响其经济利益。因此，通过服务端进行改善将再一次遇到相关方投入适老化的动力问题。

因此，数字风险管理迫切需要一个切实可行的方法，不仅仅可以有效地解决当前老年人在网上遭遇的各种骗局和引诱的问题，还能为建立一个长期的、对老年人来说是安全、可信的数字环境打下基础，即借助现代技术，建立一个数字内容的风险管理体系。

四、一个数字内容风险管理的框架

（一）数字平台治理

数字平台的治理和监管在国内外目前都是一个热点话题。而其中的一个关键部分是"信息内容治理"，见图 2-15。信息内容治理本身包含多方面的内容。不同的国家有不同的治理原则，大多遵循基于当地文化的社区准则。而一个具有一定共性的治理方面是对未成年人的保护。国家网信办于 2019 年 12 月颁布的，2020 年 3 月 1 日开始执行的第 5 号令中明确了一系列我国对互联网信息内容的详细规定。

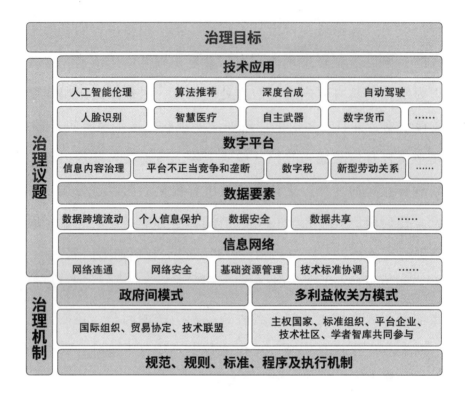

图 2-15　全球数字治理体系框架[①]

　　到 2023 年年底，在数字平台治理的相关讨论中，基本没有涉及针对老年人的内容风险这一独特的问题及其相应的治理方法。鉴此，本文提出一个借助于新技术来对此类风险进行管理的体系框架。

（二）数字内容治理

　　回顾面向未成年人的数字内容是如何管理的，不难发现，在互联网开始普及的早期显现出两个趋势。第一是未成年人能够很快地学会上网并在网上无所畏惧地闯荡；第二是大批未成年人不宜的成人内容开始在网上出现。这很快地引起了社会的普遍担忧，开始出现了管理面向未成年人的内

---

　　① 资料来源：中国信息通信研究院，全球数字治理白皮书（2023 年）。

容的呼声。由于在娱乐界，特别是影视和游戏上，早就有了以对内容分级的方式进行管理的经验，互联网内容的管理也就基本采纳了这个方式，成人网站这一类别应运而生。在路由器、浏览器中可以设置限制，禁止未经授权的使用者访问这些网站；并且随之产生了大量供未成年人的父母使用的内容过滤和监控工具（Parental Control）。这套方法的一个基本逻辑是未成年人不具有完全的自主性，很多事情是由其父母（监护人）代其做主。

和未成年人不同的是，具有民事能力的老年人通常有很强的自主意识，并且这种意识是否被尊重会直接影响到他们的幸福感。此外，从法律上讲，不能简单地限制老年人接触某些特定的数字内容而不给出具体的理由。因此，获得充分的理由是管理老年人面临的数字内容风险的基础。随着对老年人在网上的活动及其所面临风险的认识逐步加深，比较准确地识别出老年用户的哪些特点常在网上被利用、如何被利用、被用于做什么已经是可行的了。对这些特征的认识有助于识别这些风险。

在目前相关法律法规缺位的情况下，面向老年用户的数字内容风险管理主要是通过政府和社会监管、行业自律、用户责权确定等几个方面的结合来实现的。管理的对象分别是老年用户及其相关责任人、数字内容提供者及其提供的内容、数字平台三个方面。

因为老年人群体自身的多样性和复杂性，采用一刀切的方式无法实现有效的内容管理。大多数老年人随着年龄增长，会有不同程度的认知能力下降，因而难以适应层出不穷的、不断在变化的针对老年人的各种网上陷阱。他们大多数人也会自己认识到这一点，出于安全的考虑，并不介意接受一些提醒、帮助、乃至内容访问上的限制，即他们愿意配合内容管理措施。但是，会有少部分人不愿意或者没有能力认识到自己面对的风险并拒绝他人的帮助和干预，即不愿意配合。另外还有些老年人始终保持着其敏锐的头脑和辨别各种虚假信息、诱导信息的能力，即不需要协助。可以看出，内容风险在这三类老年人身上的作用有很大不同，平台需要区分对待。而区分的一个关键依据是其能力：认知能力及其影响的抗风险能力。因此，对老年用户相关能力的评估是个必不可少的环节，并且是需要反复地进行的。

在数字内容上需要对内容及其发布者的风险给予评估。对内容的风险评估主要是综合地考察其目的、手段和关键信息的真伪等多个方面得出一个量化的风险指标。比如，其目的是销售产品、驱使老年用户传播信息、还是诱导他们点赞或刷礼物？采用的手段是用超高额的回报或超低的价格、神乎其神的效果、高压式的销售、包装为权威发布或是借助于各种托或同伴压力？其中的关键信息是否虚假、是否可验证、是否在玩文字游戏？根据一个内容发布者所发布内容所携带的风险，可以进一步将一个风险值赋予这个发布者。随着被考察的内容的积累，内容发布者的风险值会稳定在一个范围内，并且可以被用来作为其发布的内容风险和老年用户能力之间匹配的一个参考。特别要提出的是，一些针对非老年群体的广告内容，会在老年群体中产生出乎意料的影响。尽管这些广告可能并非恶意地诱导老年人，实际上会给他们带来一定的风险。

在数字内容风险和老年人能力的匹配上，可以分别采用动态的系统自动控制和必要时引进人为控制（内容监护人）。大多数情况下，系统对内容访问的自动控制可以有效地保障老年用户在网上的安全并获得他们的配合。但在老年用户的网上行为需要被干预而他们又不愿意配合的情况下，及时的、有充分授权的人为控制就非常必要了。平台可以通过《用户使用协议》要求不愿配合的老年用户引入第三方责任人（内容监护人）负责评估内容风险并承担其责任。

面向老年用户的数字内容风险管理有表2-3中所列的驱动逻辑：

表 2-3　内容风险管理的四方及其责任

参与者	角色	职责与参与方式
政府	制定监管规则； 积极主动地监管平台	政府监管机构明确地提出平台运营方有管理在平台上的数字内容风险的责任
		政府监管机构定期审核平台的风险控制机制和效果。对没有尽到责任的，将责令限期整改
平台	管理平台风险； 设计、执行内容风险管理机制	平台运营方有动机去有效地管理平台上数字内容的风险，以避免被监管部门责令整改，影响其正常运营
		平台运营方需要就针对老年用户的风险向内容发布商明确地提出治理要求和相应的惩罚制度，以杜绝其以老年用户为对象的恶意行为，也减少其无意中带来的风险
		在监管要求下，平台运营方有动机去了解在平台上发布的数字内容对老年用户的潜在风险
		在监管要求下，平台运营方有动机去了解平台上的老年用户所具备的抗风险能力
		平台运营方需要以用户使用协议的方式获得其控制用户访问高风险数字内容的授权
发布者	平台规则遵循者	遵循行业自律原则、遵循平台的内容要求标准以避免被列入黑名单
老年用户	平台规则遵循者	遵守《用户使用协议》，承担其中明确的责任；配合平台的用户抗风险能力评估

（三）数字平台内容风险管理框架

综上所述，研究总结出图 2-16 中所示的平台内容风险管理框架：

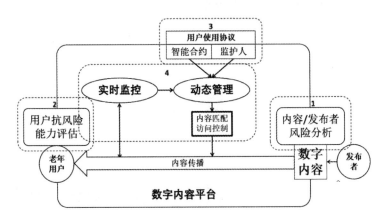

图 2-16　数字平台内容风险管理框架

此框架由四部分组成：

（1）内容风险分析

- 内容风险识别

- 内容风险分级与标注

- 内容发布者风险值计算与更新

（2）用户抗风险能力评估

- 用户抗风险能力测评

- 用户抗风险能力分级与标识

（3）用户使用协议

- 基于用户抗风险能力级别的使用协议

- 采用区块链"智能合约"来动态管理内容访问

- 引入"内容监护人"作为第三方责任人

（4）内容风险动态管理

- 内容风险／内容发布者风险与用户抗风险能力匹配

- 动态地更新风险信息

- 按场景启动智能合约

- 必要时实时地调动"内容监护人"

这四部分组成了一个数字平台内容风险管理的基础。

五、展望与总结

随着数字化进程的持续深入，老年网民的数量快速增加。在可见的将来，大批老年网民将进入高龄阶段，数字内容适老化将变得越来越重要。由于老年群体的多样性和大部分老年网民追求的自主性，面向老年用户的数字内容风险管理不能采用一刀切的方式，因此具有相当大的挑战性。

这些风险不是黑白分明的，有时甚至是针对老年用户的一些心理特点设计的，再加上利用人工智能技术进行伪装，会难以被部分老年用户识别。单纯依赖对老年用户进行抗风险教育是不够的，同时也需要在平台端采取风险管控措施，类似于面向未成年人的内容管控，才能最大幅度地保障老年网民的上网安全。因此，将数字内容风险管理纳入数字平台治理的框架中十分重要，并且刻不容缓。

近年来人工智能的长足进步，带来了前所未有的新机遇。在风险识别和监控、用户抗风险能力评估、动态的内容访问控制等多个方面人工智能都大有用武之地。这为设计、部署有效的平台数字内容风险管理机制提供了技术基础。

智能可穿戴设备在提升养老生活质量中的作用与展望

丁　也①

摘　要： 随着中国社会的老龄化趋势日益加剧，传统的养老模式已经难以满足老年人日益增长的健康管理和生活质量需求。智能可穿戴设备作为现代信息技术的一个重要分支，其在养老领域的应用展现出巨大潜力。本文旨在探讨智能可穿戴设备在中国养老生活中的应用现状、面临的挑战以及未来发展趋势。通过对实际案例的研究，分析了智能可穿戴设备如何帮助老年人进行康复训练、健康监测、社交互动以及紧急响应，进而提升了他们的生活质量。此外，本文还将讨论技术实施过程中的隐私保护、用户接受度等关键因素，为未来的研究和实践提供参考。

关键词： 智能可穿戴设备；中国养老；生活质量提升；康复训练；智能可穿戴机器人

---

① 丁也，哈佛大学博士，华山医院运动医学科双聘专家，北京大学人工智能创新中心校外导师；主要研究方向：轻量级可穿戴机器人及人工智能算法。

一、背景

中国正经历一个前所未有的人口转变，深入的老龄化正在重塑社会结构和需求。根据民政部、全国老龄办发布的数据，截至 2022 年年末[①]，全国 60 周岁及以上老年人口 28 004 万人，占总人口的 19.8%；全国 65 周岁及以上老年人口 20 978 万人，占总人口的 14.9%。十年时间，65 岁以上老年人口比重增加 5.5%，按这一趋势，预计到 2050 年，中国 65 岁及以上老年人口将超过 3 亿人，占总人口比重接近 30%。这一变化不仅带来了对传统养老模式的巨大挑战，也急需新技术的介入以提升养老服务的质量和效率。

图 2-17　中国老年人口数量及总人口比重变化

图片来源：民政部、全国老龄办发布的《2022 年度国家老龄事业发展公报》。

---

① 新华社 . 我国基本养老保险参保人数达 105 307 万人 [EB/OL]（2022-02-21）[2024-01-26] https://www.gov.cn/lianbo/bumen/202312/content_6920299.htm.

在此背景下，中国的养老服务体系面临着从传统模式向现代化转型的压力。长期以来，中国的养老主要依赖家庭照顾，然而，由于生育率下降和家庭结构的变化，这种依赖模式逐渐难以为继。社区服务作为辅助，也因人力和资源限制，难以全面满足老年人的多元化需求[①]。尤其对于那些独居或失独的老年人，他们面临的健康风险和心理孤独，使得生活质量的保障更显关键[②]。

智能可穿戴设备以其先进的技术属性，在解决这一问题上显露头角[③]。这些设备可以通过持续的健康监测、行为分析、以及生理反馈，为老年人提供个性化的健康管理方案。它们的实时监控能力对于早期发现健康问题、预防疾病和减少急性事件具有重要作用。除此之外，智能可穿戴设备的互动性和连接性也能够有效提高老年人的社交参与度，减轻孤独感，增强其社会连接和心理福祉。

然而，即使智能可穿戴技术的潜在价值得到了认可，它在中国养老生活中的广泛应用还有待实现。目前的应用主要停留在概念验证和小规模试点阶段，尚未形成广泛的市场推广和社会认同[④]。在2021年《国务院关于印发"十四五"国家老龄事业发展和养老服务体系规划的通知》国发〔2021〕35号中，明确要求发展和推广包括可穿戴技术、辅助机器人技

---

① ZHENG CHEN, JIA YU, YUETAO SONG, et al. Aging Beijing: challenges and strategies of health care for the elderly[J]. Ageing Research Reviews, 2010, 9(01): S2–S5.

② YUTING HAN, YAO HE, JUN LYU, et al. Aging in China: perspectives on public health [J]. Global Health Journal, 2020, 4 (01): 2020, 11–17.

③ SHWETAMBARA MALWADE, SHABBIR SYED ABDUL, MOHY UDDIN, et al. Mobile and wearable technologies in healthcare for the ageing population [J]. Computer Methods and Programs in Biomedicine. 2018. 161: 233–237.

④ FEI XING, GUOCHAO PENG, BINGQIAN ZHANG, et al. Socio–technical barriers affecting large–scale deployment of AI–enabled wearable medical devices among the ageing population in China [J] Technological Forecasting and Social Change. 2021. 166: 120609.

术[①]。同时，将高科技产品融入老年人的生活实践，尤其是在中国特有的社会文化背景下，需要更多针对性的研究来探讨如何优化设计、提升易用性、确保数据安全，并考虑老年人的接受度和使用习惯。

鉴于此，本研究拟通过详尽的市场分析、用户研究，全面探索智能可穿戴设备在中国养老服务中的应用现状、面临的挑战和未来的发展方向。研究的核心目的是，为政策制定者、技术开发者和社会服务提供者提供一个实证基础，帮助他们更好地理解和满足老年人的需求，从而促进老年人生活质量的整体提升。

二、应用现状

目前，中国智能可穿戴设备市场正处于高速增长期。数据显示，我国智能穿戴设备市场规模由 2017 年的 212.6 亿元增长至 2021 年的 698.5 亿元，复合年均增长率达 34.6%[②]。随着科技的进步和人口老龄化的趋势，智能可穿戴设备逐渐被应用于养老领域，旨在提升老年人的生活质量[③]。

智能可穿戴设备在中国养老领域的应用现状是多元而复杂的。尽管市场上的产品种类繁多[④]，也在高速发展，但实际应用在养老产业中的设备，

---

① 国务院. 国务院关于印发"十四五"国家老龄事业发展和养老服务体系规划的通知 [EB/OL]（2022-02-21）[2024-01-26] https://www.gov.cn/zhengce/content/2022-02/21/content_5674844.htm.

② 中商产业研究院. 2023 年中国智能穿戴设备行业市场前景及投资研究报告 [EB/OL].（2023-4-12）[2024-01-26]. https://www.askci.com/news/chanye/20230412/17424126812925610357486 0.shtml.

③ IQBAL, S.M.A., MAHGOUB, I., DU, E. M.A. LEAVITT, et al. Advances in healthcare wearable devices [J]. npj Flex Electron. 2021. 5(09).

④ BAIG, M.M., AFIFI, S., GHOLAMHOSSEINI, H. et al. A Systematic review of wearable sensors and IoT-based monitoring applications for older adults – a focus on ageing population and independent living [J]. J Med Syst. 2019, 43: 233.

还只是在初级阶段。本文将从以下几个方面分析智能可穿戴设备在养老生活中的应用现状。

（一）康复训练

在中国养老产业中，随着老龄化社会的加剧，对康复训练的需求显著增长。智能可穿戴设备的应用成为康复领域的创新点，提高了治疗的可达性和效果，尤其在脑卒中、脊髓损伤等病症的恢复中表现突出。这些设备利用现代科技如传感器、数据分析和 AI 人工计算，提供了实时的运动监测与反馈，支持个性化的康复方案[①]。

智能可穿戴机器人和肌肉刺激设备等在中国已被广泛应用，这些技术的进步为老年人带来了康复上的巨大便利，但同时存在用户体验的挑战，尤其是对新技术的适应性问题。此外，随着大量个人健康数据的产生，如何确保数据隐私和安全也成为一个重要议题[②]。

在家庭环境中，智能可穿戴设备的应用也越来越普及，特别是对于居住在偏远地区或行动不便的老年人，通过远程康复服务进行专业指导成为可能[③]。这不仅提高了康复训练的便利性，也为家庭成员监测老年人的康复进度提供了工具。

数据驱动的训练计划是智能康复设备的核心优势之一，它使得康复过程更加精准和高效。设备内置的传感器可以监测生理参数和运动状态，为

---

① DARIUS NAHAVANDI, ROOHALLAH ALIZADEHSANI, ABBAS KHOSRAVI, et al. Application of artificial intelligence in wearable devices: opportunities and challenges[J]. Computer Methods and Programs in Biomedicine. 2022, 213: 106541.

② CILLIERS L. Wearable devices in healthcare: Privacy and information security issues [J]. Health Information Management Journal. 2020. 49(2-3): 150-156.

③ M. d. F. DOMINGUES et al. Wearable devices for remote physical rehabilitation using a fabry-perot optical fiber sensor: ankle joint kinematic [J] IEEE Access. 2020, 8: 109866-109875.

康复提供量化的指标，同时通过反馈机制防止错误的训练姿势。人工智能算法的使用进一步增强了个性化训练的可能[1]，通过自动调整康复方案来应对用户进展同时智能设备的动态辅助功能在康复训练中也非常关键，它们能够提供实时的辅助和调整，例如，智能可穿戴机器人可以在步态训练中根据用户的行走模式给予压力反馈，帮助改善行走姿势，再通过给予正确的牵引力帮助老人进行行走辅助。

（二）健康监测

健康监测是智能可穿戴设备的核心应用之一，在中国养老领域尤显重要。这些设备通过传感器收集用户的生理数据，如心跳、血压、血糖等，并通过应用程序实现数据的实时追踪和长期趋势分析[2]。这样的功能不仅帮助老年人更好地了解自身健康状况，还能为医生提供宝贵的健康记录，使得远程医疗诊断和治疗更加精准和及时。

智能手表和健康手环等设备可以 24 小时监控心电图（ECG）、心率变异性（HRV）等指标，对心血管问题进行早期预警[3]。这对于老年群体尤为重要，因为他们更容易遭受心血管疾病的威胁。有些高级设备甚至能够监测血氧饱和度，对于患有慢性阻塞性肺疾病（COPD）或睡眠呼吸暂停等

---

① MICHAEL YIP, et al. Artificial intelligence meets medical robotics [J]. Science. 2023. 381: 141–146.

② VIJAYAN, V.; CONNOLLY, J.P.; CONDELL, J., et al. Review of wearable devices and data collection considerations for connected health [J]. Sensors. 2021, 21: 5589.

③ ATSUSHI MIZUNO, SUJATHA CHANGOLKAR AND MITESH S. Patel. Wearable devices to monitor and reduce the risk of cardiovascular disease: evidence and opportunities [J]. Annual Review of Medicine. 2021, 72: 459–471.

呼吸系统疾病的老年人来说，这一功能可以及时发现潜在的健康风险[1]。

（三）社交互动

智能可穿戴设备为老年人的社交互动提供了一系列便利和可能性。特别是对居家养老的老年人而言，这些设备成为他们与外界沟通的重要桥梁，对他们的心理健康和生活质量起到至关重要的作用。老年人通过智能手表和智能眼镜等设备进行视频通话，不仅能够听到亲友的声音，更能够看到对方的面容，这种面对面的交流极大地增加了他们的亲密感和归属感。智能手环或手表的社交媒体功能使他们能够即时收到信息，参与到社交圈中，通过分享日常生活维持与亲友之间的紧密联系。同时，这些设备的紧急求助功能提供了安全保障，让老年人即便独居也敢于更多地与外界交流。

除了基本的通信功能，智能可穿戴设备的健康监测功能允许老年人的健康数据与家人共享，这不仅让亲友能够及时了解老年人的健康状况，还能在关键时刻提供必要的帮助。娱乐和学习应用则为老年人提供了听音乐、有声书和在线学习的途径，不仅丰富了他们的精神生活，也为他们提供了与拥有相同兴趣爱好的人交流的机会。此外，一些设备还提供了认知训练游戏，不仅有助于老年人保持脑力，还可以在线上与家人或朋友进行互动，增加乐趣。对于行动不便的老年人，智能机器人等设备可以提供远程陪伴，让家人能通过设备与老人进行日常交流，减少他们的孤独感。

---

① ROBERT C. Wu, SHIPHRA GINSBURG, TATIANA SON, et al. Using wearables and self-management apps in patients with COPD: a qualitative study[J]. ERJ Open Research. 2019. 5(03): 00036.

（四）紧急响应

智能可穿戴设备中的紧急响应功能，如具有SOS按钮的智能手表和配备跌倒检测的设备，为老年人提供了一个至关重要的安全保障。这些设备的优势包括快速反应能力，能够迅速联系紧急服务；持续监控，全天候追踪健康状况；以及位置追踪，帮助确定老年人的具体位置，这对独居老人的安全特别有益。然而，也存在一些劣势，比如，老年人可能对设备产生依赖，设备需要定期充电，可能存在使用复杂性，以及误报的问题。

三、面临的挑战

（一）用户接受度

在智能可穿戴设备市场普及的过程中，面对老年人接受度的挑战是多方面的，这些挑战既包括心理层面的也包括实际操作层面的问题[①]。首先，存在一种"技术焦虑"，许多老年人对于新技术本能地感到恐惧或不安，这种焦虑感往往来自对新事物的不了解和对自身学习能力的低估。他们可能会担心无法掌握设备的使用方法，或者在操作中出错，从而回避使用这些设备。其次，随着年龄的增长，老年人的认知能力和手眼协调能力可能会有所下降，使得他们难以适应需要精细操作的智能设备。复杂的用户界面和烦琐的操作步骤会进一步增加他们的使用障碍。此外，老年人的社会网络相对较小，他们可能不像年轻人那样有朋友或家人能提供技术支持。没

---

① 孟欣然，邓朝华，吴泰来．中老年用户智能可穿戴设备使用意愿的影响因素研究 [J]. 卫生软科学，2020，34（08）：41-46.

有足够的社会支持和必要的学习资源，老年人自然难以接受和使用智能可穿戴设备。经济因素也是一大障碍，退休后的固定收入使得许多老年人对价格敏感，对于较贵的智能设备会考虑再三。同时，智能设备通常还需要智能手机或其他设备的配合使用，这对于一些老年人来说可能是额外的经济负担。最后，存在一种文化和心理层面的障碍[1]，即老年人可能认为依赖这些设备是对自身独立性的一种妥协。他们可能不愿意承认自己需要额外的帮助，或者不想被标签为"老迈"和"无能"。

要克服这些挑战，需要智能可穿戴设备的生产商、政府和社会团体共同努力，通过提供更为人性化的设计、合理的价格、易于获取的培训和持续的技术支持，以及积极的市场推广策略，来提高老年人对这些设备的接受度。只有当这些挑战被有效地解决时，智能可穿戴设备才能在老年市场上得到广泛的普及和接受。

（二）隐私保护

智能可穿戴设备因为其特殊的高科技技术及搭载的人工智能算法，难免会同时收集用户的信息数据，随着智能可穿戴设备在养老服务中的普及，其隐私保护问题逐渐凸显[2]。这些设备通过高科技技术和人工智能算法，收集了大量用户的个人生理和位置数据，这对隐私保护提出了新的挑战。为了应对隐私风险，相关企业和机构正遵循《中华人民共和国个人信息保护法》处理个人信息，采取诸如数据加密和匿名化等技术手段来降低信息泄

---

① FEI XING, GUOCHAO PENG, BINGQIAN ZHANG, et al. Socio-technical barriers affecting large-scale deployment of AI-enabled wearable medical devices among the ageing population in China [J]. Technological Forecasting and Social Change. 2021, 166: 120609.

② 刘强，李桐，于洋，等 . 面向可穿戴设备的数据安全隐私保护技术综述 [J]. 计算机研究与发展，2018，55（01）：14-29.

露的危险。同时，智能设备的生产商和服务提供商制定了详尽的隐私政策和用户协议，确保用户在使用设备前清楚地了解自己的数据如何被收集和使用。

四、未来发展趋势

（一）技术集成

未来智能可穿戴设备的发展重点之一是增强它们与其他系统的集成程度[①]，特别是家居自动化和远程医疗系统。这种集成将打造一个互联互通的生态系统，其中设备不仅是数据收集点，而是成为生活的积极参与者。例如，智能手表不再只是显示时间和步数，它能够监测佩戴者的生命体征并自动调节家中的温度和照明以适应用户的需求。在健康管理方面，设备能够实时监控并通过安全加密的方式将重要的健康指标传送给医疗服务提供者，让健康管理变得更加主动和有预防性。

随着这些设备日益融入日常生活，实现数据互操作性变得至关重要。数据不再是孤岛，而是在不同设备和平台之间自由流动，带来个性化和优化的用户体验。比如，运动跟踪器的数据可以帮助调整用户的饮食计划或睡眠习惯，从而全面提升生活质量。

为了实现这一目标，设备的能量效率和独立性将是另一个重点。更高效的电池技术和新兴的能量采集技术如太阳能或体热转换，将确保设备能够更长时间地独立运作，而不需要频繁充电。同时，为了保护用户的敏感

---

① S. SENEVIRATNE, et al. A survey of wearable devices and challenges in IEEE communications surveys & tutorials [J]. Fourthquarter. 2017. 19(04): 2573–2620.

信息，加强安全性和隐私措施将是必要的。加密技术和隐私保护的进步需要与设备的智能化同步发展。

（二）用户体验优化

用户体验优化是智能可穿戴设备发展中的一个核心领域。随着技术的不断进步，用户体验的提升不仅体现在设备功能的增多和质量的提高，而且也体现在设备如何与用户的日常生活无缝融合中。首先，设备的设计和界面需要简单直观，以便用户能够容易地理解和使用。对于老年用户来说，这一点尤为重要，因为复杂的操作可能会阻碍他们接受和使用这些设备[①]。其次，设备的个性化设置是提高用户体验的另一个关键因素。智能可穿戴设备能够学习用户的行为模式和偏好，并据此调整通知和反馈。这种个性化不仅能提高设备的实用性，还能加强用户的情感联系，使设备变得更加"智能"。另外，用户体验的优化也涉及设备的穿戴舒适度和美观。设备的材料、大小和形状都需要考虑到长时间穿戴的舒适性[②]。同时，随着时尚元素的加入，用户对于外观设计的要求也越来越高，希望设备既实用又时尚。

（三）多学科融合

多学科融合是智能可穿戴设备创新和发展的重要推动力，特别是在养老领域，这种交叉融合的必要性和紧迫性尤为显著。不同学科的知识和

---

① MOORE K, O'SHEA E, KENNY L, et al. Older adults' experiences with using wearable devices: qualitative systematic review and meta-synthesis [J]. JMIR mHealth uHealth 2021, 9(06): e23832.

② BASKAN, A., Goncu-Berk, G. User experience of wearable technologies: a comparative analysis of textile-based and accessory-based wearable products [J]. Appl. Sci. 2022, 12: 11154.

技术的结合，可以带来全面的解决方案，更好地满足老年人的物理和心理需求。

信息技术的发展为智能可穿戴设备提供了数据处理和通信能力的基础。例如，通过无线技术，设备可以实时监测和传输健康数据，以及接收外界信息。人工智能和机器学习的应用能让设备更好地理解用户行为，做出智能决策和预测，如提醒用药时间、预测跌倒风险等。

生物医学的融合使设备能够更精准地监测健康状况。利用生物传感技术，智能可穿戴设备可以跟踪心率、血糖、血压等重要生命指标。这些数据对于老年人的健康管理极为关键，可以及时发现潜在的健康问题，实现从被动治疗到主动预防的转变[①]。

通过多学科的交叉融合，智能可穿戴设备不仅能够提供更全面的健康管理和生活辅助，还能更好地理解用户的情感和社会需求，实现更加个性化和人性化的服务。

（四）实际应用案列

智能可穿戴设备在提升养老生活质量的作用在不断增加，尤其是对于老人最为关注的医疗健康领域，而提供康复训练的智能可穿戴机器人是老人关注的产品。我们在此节分析智能可穿戴机器人的作用与影响，并以两款市场上表现突出的设备—Rego瑞行肌肉外甲智能可穿戴机器人（图2-18）、Relink瑞领肌肉外甲智能可穿戴机器人作为研究案例，以展示智能可穿戴技术如何助力老年人提高生活质量。

---

① MOHAN BABU, ZIV LAUTMAN, XIANGPING LIN, et al. Wearable devices: implications for precision medicine and the future of health Care [J]. Annual Review of Medicine. 2024, 75: 1.

图 2-18　智能可穿戴机器人—远也科技 Rego 瑞行肌肉外甲

图片来源：由远也科技（苏州）有限公司图片整理。

1. 智能可穿戴机器人在康复中的作用

智能外骨骼技术作为康复医学的一项前沿技术，其在临床康复治疗中的应用已成为近年来的热点[①]。这类设备尤其对于脑卒中后遗症、脊髓损伤、肌肉萎缩，以及各类下肢功能障碍的患者具有重要意义。通过提供外部动力支持，智能可穿戴机器人能够帮助患者在失去部分肌肉控制能力的情况下进行步行或站立练习，从而促进神经功能的恢复和运动功能的再学习。

具体来说，高端智能可穿戴机器人如 Relink 型号，已在多个医疗机构内得到应用。这些设备通常配备有先进的传感器和控制系统，能够根据患者的身体状况和康复需求进行个性化调整。其工作原理是通过机器的鲍登线提供动力牵引辅助，帮助患者完成步行、站立等动作，同时，相应的 AI 人工智能算法系统及软件可以记录患者的步行速度、步行距离的训练曲线和康复数据同时给予患者精准的个性化助力，并为医生提供治疗效果的直观反馈。

---

①　W. HUO, S. MOHAMMED, J. C. MORENO, et al. Lower limb wearable robots for assistance and rehabilitation: a state of the art [J]. IEEE Systems Journal. 2016, 10(03): 1068-1081.

根据最新的临床研究和实际应用报告，使用智能可穿戴机器人进行康复训练的患者，在运动能力、步态稳定性、步行速度以及运动协调性等方面均有显著改善[①]。更有研究指出，定期使用此类设备的患者，在心理和情绪状态上也有所提升[②]，这可能与恢复行走能力、提高自我效能感和社会参与度有关。

此外，智能可穿戴机器人的使用还有助于减少护理人员在康复训练过程中的物理负担，因为患者在设备的辅助下能够进行更多的自我训练。这对于医疗资源紧张的情况下，提高康复效率和治疗质量具有重要意义。

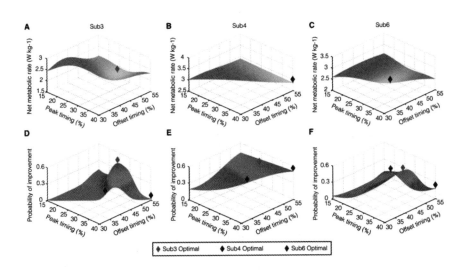

图 2-19 Relink 智能可穿戴机器人的人工智能算法对于不同受试者的优化过程

（A-C）所显示的是实时的能耗优化情况，（D-F）所显示的是由算法计算得出的可能优化方向。

图片来源：由远也科技（苏州）有限公司图片整理。

---

① XIE RUIMOU, ZHANG YANLIN, JIN HAINAN, et al. Effects of soft robotic exoskeleton for gait training on clinical and biomechanical gait outcomes in patients with sub-acute stroke: a randomized controlled pilot study [J]. Frontiers in Neurology. 2023, 14.

② TARAVATI, S., CAPACI, K., UZUMCUGIL, H. et al. Evaluation of an upper limb robotic rehabilitation program on motor functions, quality of life, cognition, and emotional status in patients with stroke: a randomized controlled study [J]. Neurol Sci. 2022, 43: 1177-1188.

然而，尽管智能可穿戴机器人在康复中显示出巨大潜力，但其广泛应用仍然面临一些挑战，如高昂的成本、对操作人员的专业培训要求、设备的个体化适配问题等。未来的研究需致力于提高设备的可及性、操作的简便性以及治疗方案的标准化，以便使更多的患者能够从智能外骨骼技术的进步中受益[①]。

2.居家养老中智能可穿戴机器人的应用

居家养老中，智能可穿戴机器人如 Rego 瑞行肌肉外甲，为老年人提供了自主性的康复训练可能。

Rego 瑞行肌肉外甲可穿戴机器人为一家叫作远也科技的智能机器人公司自主研发[②]，"肌肉外甲"是人工智能技术、智能机器人技术赋能康复医学的新一代居家康复训练机器人，用于单侧下肢功能障碍的患者在家庭和社区进行行走主动康复训练[③]。该产品让大量的下肢运动障碍老人可以在居家场景内仍享受行走康复训练服务，让智能居家持续康复变成可能。

在 Rego 上市初期，经过大量的案例试用。居住在江苏苏州的，年龄 62 岁的脑卒中患者赵某。经过 1 个多月的使用，步行速度：不穿 Rego 时：相较于首次评估，步行速度末次评估提升 123.5%，穿 Rego 时：相较于首次评估，步行速度末次评估提升 135.0%，相较于不穿 Rego，穿 Rego 时，步行速度平均提升 8.8%。步行距离分析：不穿 Rego 时：相较于首次评估，步行距离末次评估提升 100.0%，穿 Rego 时：相较于首次评估，步行距离末次评估提升 54.5%，相较于不穿 Rego，穿 Rego 时，步行距离平均

① MARTINEZ-HERNANDEZ, U.; METCALFE, B.; ASSAF, T.; et al. Wearable assistive robotics: a perspective on current challenges and future trends [J]. Sensors. 2021, 21: 6751.

② 远也科技 [EB/OL]（2024-01-01）[2024-01-26] https://www.yrobot.com/.

③ 苏州工业园区融媒体中心 YROBOT unveils wearable robotic product for people with mobility problems [EB/OL]（2022-07-19）[2024-01-24] https://www.sipac.gov.cn/szgyyqenglish/industries/202207/a417456034d44954945f673cf2181a9b.shtml.

提升 13.8%。

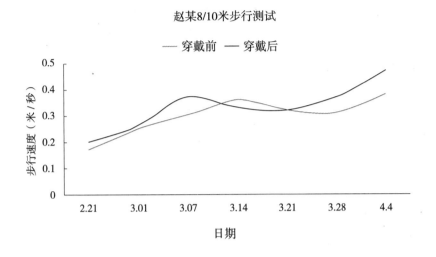

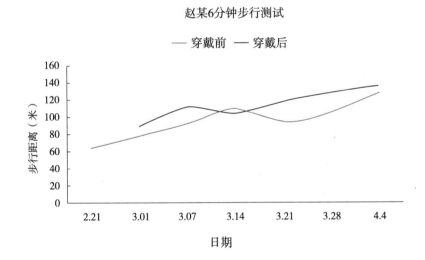

图 2-20　赵某试穿 Rego 智能可穿戴机器人数据分析

图片来源：由远也科技（苏州）有限公司图片整理。

Relink 和 Rego 智能可穿戴机器人通过安全、简洁的人机交互设计与控制系统，实现多传感器信号采集技术、人工智能算法、高精度智能控制的系统融合，帮助患者在真实场景进行行走训练，利用外设的神经反馈通路强化患者真实触底、反馈、运动的全过程神经肌肉运动控制能力，重建神经、肌肉真实行走记忆，加速下肢功能康复，同时延长有效训练时间，有效解决下肢行走障碍对人活动能力的限制的问题。

3. 智能可穿戴机器人对心理健康的正向影响

智能可穿戴外骨骼机器人能够为行动不便的老年人提供必要的物理支持，帮助他们恢复日常生活中行走、站立等基本动作的能力。这种自主性的提升直接影响到用户的自尊心和自我价值感，使他们在面对日常挑战时更加自信。恢复独立生活能力，减少对他人依赖，这对于任何年龄阶段的个体心理健康都是极其重要的[①]，尤其是对于习惯了独立生活的老年人来说，这种心理效应尤为显著。

五、研究总结

本文通过深入研究智能可穿戴设备在中国养老生活中的应用，阐释了这一技术如何提升老年人的生活质量，并分析了面临的挑战及对策。总体而言，智能可穿戴设备的养老应用在中国正处于快速发展期，展现出巨大市场潜力和社会价值。

本文论述了中国人口老龄化的背景，智能可穿戴设备如何作为一种创新技术解决传统养老服务的不足。通过健康监测、康复训练、社交与情感交流等多个维度，智能可穿戴设备已经开始改善老年人的养老生活质量。其次，研究分析了智能可穿戴设备在中国养老服务中的具体应用，特别是智能可穿戴机器人在康复辅助、日常活动支持及社交参与方面的显著作用。

---

① CHUKWUEMEKA OCHIEZE, SOROUSH ZARE AND YE SUN. Wearable upper limb robotics for pervasive health: a review [J]. Prog. Biomed. Eng. 2023, 5: 3.

实例分析显示，这些设备在提高老年人生活独立性、促进心理健康、扩展社交网络等方面发挥了积极影响。

本文也探讨了智能可穿戴设备提升养老生活质量的机制，包括用户体验与接受度、健康管理的优化、社交网络的拓展、生活自主性的增强和心理健康的正向影响。用户体验和接受度分析表明，尽管技术在不断进步，但用户的实际体验仍是推广智能养老设备的关键。

最后，本文识别并分析了当前智能可穿戴设备面临的挑战，包括技术接受与普及的障碍、隐私与数据安全问题、使用复杂性与老年人适应性问题与市场环境的制约等。并对这些挑战提出了相应的对策和建议，以期促进智能可穿戴设备在养老服务中的健康发展。

智能可穿戴设备对提高中国老年人养老生活质量具有重要的作用，但要实现这一目标，需要政府、企业、研究机构和社会各界的共同努力。推动智能养老产业的发展，不仅可以缓解因人口老龄化带来的社会压力，而且可以开启养老服务的新纪元，提高老年人的生活质量，实现老有所养、老有所乐的社会理念。

对于政府部门，建议进一步完善相关法律法规，加大对智能养老产业的支持力度，并加强行业监管，保障老年用户权益；对于企业，要加强产品的人性化设计，注重提升用户体验，并重视数据安全和隐私保护；对于研究机构，建议加强多学科交叉融合，深化前沿技术在养老领域的应用研究，为产业发展提供智力支持。

在中国养老领域，智能可穿戴设备应用的前景广阔，但发展道路仍充满挑战。本研究的结论和建议旨在为未来的研究和实践提供参考，共同推动智能养老设备向更广泛的应用领域发展，为老年人带来更加健康、便捷和幸福的生活。

智能慢病管理平台助推医养结合模式下的社区老年健康

卢陈英　黄　刚　耿　辰[①]

摘　要： 在医养结合模式下，社区老年慢病管控基础薄弱，且存在数据利用率低下问题。因此，本文提出一种基于人工智能云服务的多参数、跨平台健康监测系统平台。通过本平台，社区老年人能够定时定期进行生理参数（如尿液、血脂、血压、血糖等）测定，从而捕捉老年人生理参数波动规律及量化的异常特征。本平台不仅能优化现有慢病监测照护服务，还可实现居家、社区（养老机构）、医院间健康数据信息的实时无缝对接。通过本平台，更能有效进行老年慢性疾病的早期智能发现与预防等管理应用。

关键词： 医养结合；社区老年人；智能慢病管理平台；慢病管理

---

① 卢陈英，博士生导师，主任医师，丽水市中心医院核医学科主任，放射科主任；主要研究方向：放射科管理，医养结合，心脑血管及胸腹部影像诊断。黄刚，硕士生导师，主任医师，丽水市中心医院高级医疗顾问；主要研究方向：医院管理、医养结合、中西医结合。耿辰，硕士生导师，副研究员，中国科学院苏州生物医学工程技术研究所；主要研究方向：医疗大数据分析，心脑血管影像分析。

一、医养结合模式下乡村社区老年人慢病管理

随着经济社会发展，尤其是我国人口老龄化趋势快速推进，我国国民对健康需求快速增长，人们更加关注疾病预防、个体功能完善、健康状态良好，以及健康寿命延长。党的二十大报告指出，[①] "人民健康是民族昌盛和国家强盛的重要标志。把保障人民健康放在优先发展的战略位置，完善人民健康促进政策。"

面对不断增加的老龄化，中国提出"医养结合"的重要举措[②]，国卫老龄发〔2022〕25号文《关于进一步推进医养结合发展的指导意见》提出发展居家社区医养结合服务[③]。医养结合将老年人健康医疗服务放在首位，将养老机构和医院的功能相结合，把生活照料和康复关怀融为一体。医养结合并非一种独立的养老模式，而是从老年人多元化需求出发，通过将养老和医疗资源有机整合、服务功能有效衔接，在基本生活照料基础上，为老年人提供检查诊断、医疗护理、康复疗养、健康管理和保健教育等一系列专业化、持续性健康照护服务。

然而，我国不断增长的老年人口尤其是高龄老年群体，作为慢性病主要的侵袭对象，使慢性病防制工作面临着极大的挑战，其中，又以农村地区最为突出。[④] 因此，医养结合模式下乡村社区老年人慢病管理问题应运而生。

---

① 中共中央委员会.高举中国特色社会主义伟大旗帜，为全面建设社会主义现代化国家而团结奋斗[J].求是，2022（21）.

② 王红漫.老年健康蓝皮书：中国健康老龄化研究与施策[M].北京：中国财政经济出版社，2020：25-40.

③ 关于进一步推进医养结合发展的指导意见，国卫老龄发〔2022〕25号。

④ 唐嘉鑫，吴文武.健康中国战略下农村老年慢性病管理困境与对策：基于近十年健康政策的变迁[J].健康研究，2023，43（01）：11-15.DOI:10.19890/j.cnki.issn1674-6449.2023.01.003.

为解决上述问题，国内医养结合行业积极探索新型医养结合模式。在新模式下，行业聚焦老年人健康风险因素控制、老龄健康服务等关键问题，融合移动互联网、大数据、可穿戴、云计算等新一代信息技术，研发新型穿戴式、移动式、便携式、植入式、远程健康监测设备及终端，以家庭、社区、单位为中心，收集居民的日常基础身体指标、体征、行为、运动、饮食、睡眠等健康信息，以及血压、血糖、心电、呼吸信号、场景辨识等慢病管控相关的多参数数据和基于大数据及人工智能技术的健康监测分析模型、个性化健康档案和健康评估技术等。

二、现有慢病管理手段分析

（一）国内慢病管理疾病数据分析与风险评估

2022年度中国健康管理领域十大进展指出：国内社区健康管理以传统的人员服务、分散测量、手动记录方式为主，效率较低。[1]而在自动化管理系统方面，现有产品以健康一体机作为主要概念，通过中控连接血压计、血氧计、体温计等传感器，实现在一台机器上进行多种参数测定，部分具备网络功能的健康一体机，还可进行用户的注册以及简单的档案建立功能。国内健康一体机品牌如迈瑞、徕康、康泰等，均已具有较为成熟的产品，能够实现心电、尿液、血糖、体温、血压等常见参数测量，并可通过身份证建立用户档案。

---

[1] 郭清，谢朝辉，张群 .2022年度中国健康管理领域十大进展 [J]. 中华医学信息导报，2023，38（01）：1.

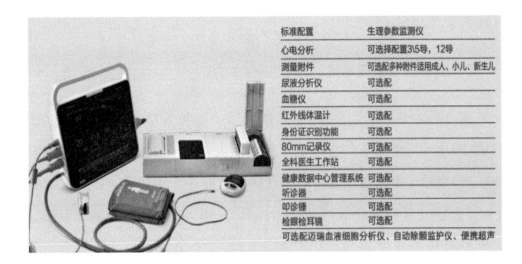

标准配置	生理参数监测仪
心电分析	可选择配置3\5导，12导
测量附件	可选配多种附件适用成人、小儿、新生儿
尿液分析仪	可选配
血糖仪	可选配
红外线体温计	可选配
身份证识别功能	可选配
80mm记录仪	可选配
全科医生工作站	可选配
健康数据中心管理系统	可选配
听诊器	可选配
叩诊锤	可选配
检眼检耳镜	可选配
可选配迈瑞血液细胞分析仪、自动除颤监护仪、便携超声

图 2-21　迈瑞健康一体机 [1]

　　但现有健康一体机对数据的处理方式以存储、显示为主，并未进行深度数据挖掘分析，用户在使用过程中仅能查看测量结果，无法全面了解个人健康情况，更无法做出风险评估。针对老年人群慢病管理和监控预警，特别是高发频发的高血压、糖尿病等老年慢性疾病，[2][3] 缺乏多维、动态、异构、多层次个人健康监测信息的集成、融合、存储、清洗和分析技术研究，基于大数据及人工智能技术的健康监测分析模型、个性化慢性疾病程度预测和健康评估技术，需要构建面向乡村社区慢病疾病监测信息服务为主的大数据云平台，[4] 面向健康和体能评价、疾病预测预警、生活方式干预、心理和行为调控、慢病管控、个性化营养平衡方案等健康大数据应用新服务，实现基于数据科学驱动的老年疾病早期智能发现与预防等老年人

① 迈瑞公司 . 迈瑞官方网站 [DB/OL]. [2023-11-10]. https://www.mindray.com/cn.

② 秦元博 . 移动健康管理系统中心血管病患者的数据挖掘及其应用 [D]. 南昌大学，2015.

③ 梁洪星 . 浅谈社区糖尿病的监测管理 [J]. 中国现代药物应用，2010，4（04）：243-243.

④ 李晓南，孙俊菲，倪小玲，等 . 互联网＋社区健康管理服务模式探讨 [J]. 中国卫生信息管理杂志，2016.DOI:CNKI:SUN:WSGL.0.2016-01-023.

慢性疾病管理应用。

（二）主要慢病如糖尿病、脑卒中评估方法

截至 2022 年年末，全国 60 周岁及以上老年人口 28 004 万人，占总人口的 19.8%；全国 65 周岁及以上老年人口 20 978 万人，占总人口的 14.9%。[1] 根据《中国居民营养与慢性病状况报告（2020 年）》数据显示[2]：2019 年我国因慢性病导致的死亡占总死亡 88.5%，其中心脑血管病、癌症、慢性呼吸系统疾病死亡比例为 80.7%。常见的慢性病主要有心脑血管疾病、癌症、糖尿病、慢性呼吸系统疾病，其中心脑血管疾病包含高血压、脑卒中和冠心病。很多老年人会同时罹患多种慢性病，在调查 9936 名老年人之后发现，同时患有 2 种及以上慢性病的老年人可以达到总人数的 45.9%。而同时患有 3 种甚至 3 种以上慢性病的老年人，超过总人数的 25.2%。[3]

对老年人慢性疾病进行预防、跟踪和管理，评估老年慢性疾病进展状况，需对老年人血压、血糖、血脂及尿酸等生理指标进行实时监测。当前主要慢病临床常用的"8+2"评估方法，[4] 未考虑到动态变化因素，如患者的常规生理指标、生活方式和环境等。"8+2"评估方法对于部分存在隐性脑卒中危险因素患者，未被充分考虑。老龄化速度加快，心脑血管及糖尿病等老年慢性疾病高发，需要根据监测内容（包含：血压、体脂、血糖、

---

① 中国政府网. 2022 年度国家老龄事业发展公报 [EB/OL]. （2023-12-14）[2024-2-18]. https://www.gov.cn/lianbo/bumen/202312/content_6920261.htm.

② 佚名. 中国居民营养与慢性病状况报告：2020 年 [M]. 北京：人民卫生出版社，2021.

③ 徐小兵，李迪，孙扬，等. 基于关联规则的中国老年人慢性病共病分析 [J]. 中国慢性病预防与控制，2021，29（11）：808-812.

④ 林东如，刘杰雄，陈向林，等. 脑卒中高危人群筛查和干预标准化实践 [J]. 中国标准化，2021（20）：142-145.

血脂、尿液、连续心电／房颤等），依据专业医学上糖尿病、脑卒中等主要慢病评估标准，为用户提供糖尿病、脑卒中等主要慢病设计风险评估量表，并依据检测结果提供定制化健康管理方案。

（三）社区慢病管理现状分析

四川大学华西医院的研究人员开发了互联网＋慢病连续性健康管理模式下的信息系统平台，并应用于四川大学华西医院各临床科室。该信息系统平台优化了慢病管理服务方式并提高了慢病管理效率。系统总体架构图如图 2-22 所示。[①]

图 2-22　四川大学华西医院的互联网＋慢病连续性健康管理系统平台架构

---

① 唐正，李薇，杜春霖，等.互联网＋慢病连续性健康管理模式的信息化平台建设与实践探讨[J].中国数字医学，2023，18（03）：20-26.

北京市卫生健康大数据与政策研究中心琚文胜等人通过分析目前慢病管理过程中存在的问题，提出了一种区域慢病管理信息平台的设计思路，以居民全生命周期健康档案为基础，汇集不同机构慢病数据，形成区域内全生命周期的慢病健康档案大数据。[①]北京大学人民医院搭建以北京大学人民医院通州院区为核心的健联体，采集并整合了潞县地区居民健康医疗数据，建立区域健康管理智能数据平台。构建的智慧化区域健康管理服务体系，能够满足区域健康管理与疾病防治需求，提升了地区居民的健康保障能力。[②]

现有社区慢病管理以养老机构或医院机构独立群体式管理为主，未形成一体化全链条系统，忽略了慢病患者的个体差异性、连续多次随测时生理参数的波动率以及波动模式变化对脏器、健康状态造成的潜在影响。针对以上问题，急需建立一体化、多参数健康检测平台，实现社区慢病管理一体化全链条系统。

三、医养结合模式下的社区老年人慢病管理系统的实施

为解决上述问题，浙江省丽水市中心医院联合中国科学院苏州生物医学工程技术研究所研发了多参数健康检测系统平台，研究单个体多次随测中生理参数的波动模式以及波动异常对其健康状态的影响，建立慢病模型，与其他测量的生理参数做比较，作为慢性疾病程度分析的重要判断依据。

---

① 琚文胜，彭飞，杨小冉，等.基于大数据的区域慢病管理信息平台设计［J］.中国数字医学，2023，18（03）：5-9.

② 吴燕秋，刘慧鑫，宫海娇，等.智慧化区域健康管理服务体系设计与构建［J］.医院管理论坛，2024，41（01）：11-14.

（一）慢病管理的解决方案和技术路线

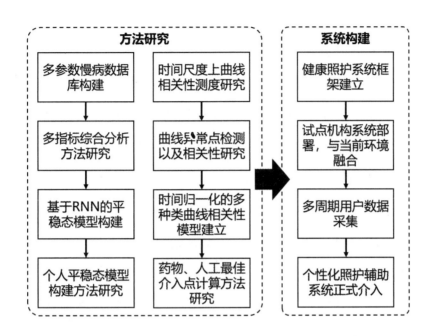

图 2-23　技术路线图

1. 基于多模态检测数据的个人实时慢病风险趋势评估平台

本系统平台由软硬件两方面共同组成。硬件方面包括智慧云健康一体机终端，集成了具备无线传输技术的血压计、血糖仪、血脂仪、体脂秤等监测模块，以及用于家庭、医院管理场景的移动智能终端、桌面终端、云服务器。软件方面由配备于各终端上的客户端软件、配备于管理终端（如护士站）的管理软件、通讯业务服务器软件、机器学习服务器软件组成。系统平台通过一体机终端或用户手持移动终端用户的基本个人信息如年龄、性别、慢性病情况，为用户制订个性化生理参数采集时间点，并按时提醒。根据慢性病种类的不同，采集周期为几周到数月不等，当用户完成一个周期的采集后，机器学习服务器以迁移学习方法为用户建立其平稳性模型，开始进行异常波动点监测。在发生异常波动时，及时提醒用户用药，并通过提醒用户亲属或医护人员，保证及时的人员介入，实现从监测结果到照护服务辅助的闭环系统。

2. 基于多模态检测数据的跨时间段个人慢病风险评估方法

生理参数的监测数据是与时间高度相关的数据，在时间线上各点的监测结果在相对独立的情况下又在一定跨度的时间尺度上具备循环性与相关性，因此对监测数据曲线的稳态特征研究采用循环神经网络（RNN）较为合适，通过调研 Simple RNNs、Deep RNNs、LSTMs NetWorks 等网络模型，[1][2][3][4] 最终采用 LSTMs NetWorks 作为学习模型。采用迁移学习训练线性分类器的办法，取经典模型中与原数据关联性较小的层，利用层的激活值对机器学习分类器进行训练。在前期采集监测曲线的基础上，通过迁移学习得到的网络模型进行特征提取，则可得到普适性稳态曲线的特征组合方式。根据对各种类参数曲线进行相关性分析，可确定相关性较高的联动参数，如运动过量造成的血压升高等，则以此为依据，可以全方位、精准的对慢性病患者进行照护方式的升级，在联动参数出现异常时即进行提醒或介入，极大地降低发病风险。

3. 建立医院与农村养老机构双向医养结合的模式

双向医养结合模式涵盖：医院为农村养老机构开通就诊绿色通道，机

① KRIZHEVSKY A, SUTSKEVER I, HINTON G E. ImageNet classification with deep convolutional neural networks[C]. International Conference on Neural Information Processing Systems. Curran Associates Inc. 2012: 1097–1105.

② SIMONYAN K, ZISSERMAN A. Very deep convolutional networks for large-scale image recognition[J]. Computer Science, 2014.

③ ESTEVA A, KUPREL B, NOVOA R A, et al. Dermatologist-level classification of skin cancer with deep neural networks[J]. Nature, 2017, 542(7639):115.

④ XIE S, GIRSHICK R, DOLLAr P, et al. Aggregated residual transformations for deep neural networks[C]// IEEE Conference on Computer Vision and Pattern Recognition. IEEE Computer Society, 2017: 5987–5995.

构用户优先享受医疗服务；医院为农村养老机构的急救、知识培训、护理指导等配备专业团队提供保障；医院定期组织医疗团队赴农村养老机构提供巡诊、知识讲座、心理辅导等医疗卫生服务；对于农村养老机构处于恢复期的转诊患者，可根据养老机构的医疗卫生条件及患者、家属意愿，由医院优先转回养老机构进行后续康复诊疗和护理，并提供后续诊疗建议和指导。上述服务模式可保障本系统平台的顺利铺开，并在该服务模式基础上实现个性化、智能化的服务升级。

（二）智慧云健康一体机系统设计

1.结构设计

研发面向社区老年人日间照料的实时慢病管理平台，结合实际场景采用云架构的方式构建健康一体机系统。系统具备检测上传终端、物联网检测设备、用户移动终端、医生管理软件、云服务器等模块，各个模块通过4G/5G/WIFI方式通信，可实现数据的交换、离线存储与定时上传等，各模块与云服务器之间采用定时通信方式。本系统的医生管理软件，可同时对多人、多健康参数进行统计、分析与管理，并具备健康风险与管理方案知识库，可自动为每位用户的每一类健康参数的情况进行判读，提供健康风险解读、干预方案推荐等功能。

健康一体机分为随诊包和台式机两种，由健康一体机（包括检测软件和管理软件）、健康检测设备组合套装、用户APP（或微信小程序）软件组成。支持对用户体脂体重、血压、血糖、尿酸、体温、血脂、尿液、血氧八大类30项生理指标进行定期监测。用户可通过身份证或手机号等方式进行快速注册建档。各项检测数据通过无线蓝牙上传汇集至健康一体机，并同步上传至云服务器。医生专家通过管理端软件可进行有针对性的健康

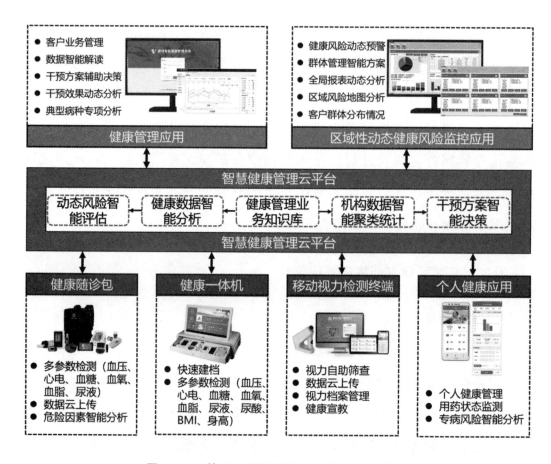

图 2-24　基于云架构健康一体机的组成结构

图 2-25　慢病防控管理的健康一体机服务系统（随诊包、台式机）

风险分析并生成报告。用户可通过 APP 查看其历次检测数据，并可随时查看智能分析报告与专家健康管理建议、查询健康饮食、在线问诊等多项服务。

2.架构设计

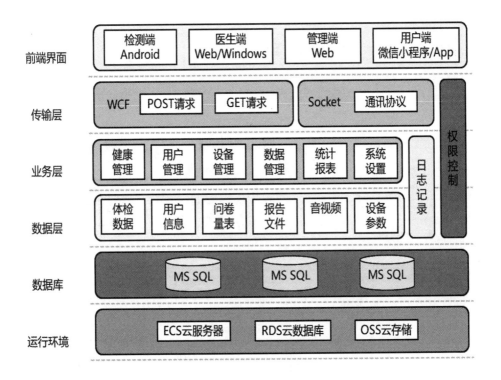

图 2-26 健康一体机系统架构设计

健康一体机系统架构设计包括前端界面、传输层、业务层、数据层等。系统面向用户、医生、管理员设计了健康一体机检测端、医生端、管理端及用户端。采用 Restful 风格的 WCF 接口及 Socket 通讯协议进行数据传输。

系统的主要功能：业务管理端通过云服务器衔接业务管理层与用户APP（或微信小程序），实现数据的动态变更和资源的智能管理；具备智能化的体检数据解读引擎，可对常见的300余项体检数据进行全自动解读，生成个性化健康建议，应对持续变化的用户和临床需求；用户可与医生进行高清音视频一对一问诊。与此同时，系统还兼容多种体检设备，按用户预约项目进行数据的上传与管理，可智能分析用户体检结果，进行个性化报告模板生成，再由专业健康管理师进行人工解读，快速、个性、准确地生成体检报告，整个流程操作便捷易用。

3. 服务流程设计

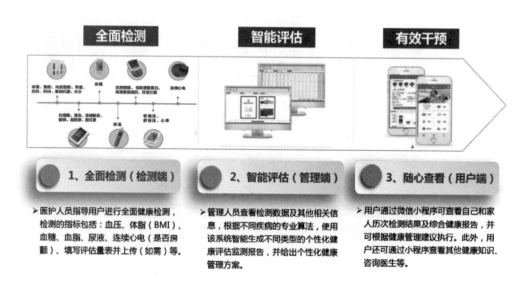

图2-27 慢病防控管理的健康一体机服务流程

本系统主要用于养老机构、社区日间照料中心和社区卫生院等基层机构，为用户提供便捷快速的健康检测方式以及具备个性化、专业化的日间健康指导，尤其对于老年人、慢性病人、居家康复病人等健康风险较为明显的人群，提供及时的健康状态监护，以便在健康状况恶化时进行及时的介入，避免由于日间护理不及时造成较为严重的发病后果。

医生通过桌面管理软件，可对所在社区、机构用户进行信息管理，查看用户的健康情况，对检测数据进行自动解读生成专业化的体检报告，并可在用户健康指标出现问题时及时预警，或进行定时定期的人工干预。在社区或机构用户服药或生病阶段，可重点分析健康异常阶段的指标变化情况，以进行更好地用药指导或健康护理。

本系统平台采用蓝牙智能检测设备，扩展了用户使用时的检测场景的灵活性，整套系统均采用云架构，保障用户在多平台多终端的数据同步性以及使用体验，且便于医生及时观察辖区用户状态，在具有发病征兆时即进行介入，系统为医生提供了多种辅助手段，便于对用户数据进行统计分析以及报告的生成。

四、总结与展望

（一）总结

本系统平台采用基于无线传输技术的血压、血糖、体脂、运动、血氧等参数采集终端，实现在机构、社区场景内的多点生理参数测量。并以云服务器为中心，实现分布式大数据量并行上传与分析，将移动智能终端及桌面终端作为信息导向终端，实现用户、医生、服务人员、人工智能相联动的照护模式，由云服务器的人工智能分析模块随时对用户的生理参数曲线进行分析，并在异常波动时及时辅助用户决策、提醒医生介入。

（二）展望

在智能慢病管理平台试点实施过程中，发现医养结合模式下的社区老年健康仍有以下几个方面可以改善：一是针对老年人群慢病管理和监控预警，社区、养老机构尚未构建基于大数据及人工智能技术的健康监测分析模型，这限制了个性化慢性疾病程度预测和健康评估技术的精确度；二是需要实现村—乡—市之间，尤其是村卫生室与三级医院之间的信息联通渠道，并通过智能辅助的方法实现高效准确的无效信息过滤与风险筛选，实现医疗资源的整体均质化发展。

全链式智慧医养结合服务模式·
河南模式探索实践

郑鹏远 汪桂琴 董献文[①]

摘 要: 党和政府高度重视人口老龄化现状,密集发文支持医养结合发展。本研究依托国家重点研发项目,针对养老与医疗整合不足,医疗保障不能满足需求,医院—养老院—社区—居家不能有效衔接等难点堵点问题,采用文献调研、专家问询、问卷调研等方法,对老年人、从业人员、专家开展多维度调研,构建了全链式智慧医养结合服务模式。以康养优势突出的医院为龙头,以智慧云平台为支撑,纳入主动健康理念,将高质量医养资源辐射全链条,并提出了质量评价体系与网格化管理模型。推广效果显示,医养协同效率与照护水平提升,成本降低,老年人与从业人员获得感提升,得到河南省人民政府发文支持,具备可推广可复制特点,是应对老龄化难题的可行之策。

关键词: 全链式智慧医养结合模式;主动健康;长期照护;机构养老;社区居家养老

① 郑鹏远,医学博士,主任医师,博士生导师,河南省医学科学院康复研究所所长,国家重点研发计划(医养结合)首席专家;主要研究方向:消化内科、消化康复、医养结合、医院管理。汪桂琴,学士,主任护师,郑州大学第五附属医院医养结合办公室主任,河南省地方标准制订专家;主要研究方向:医养结合、长期照护。董献文,博士,讲师,郑州大学第五附属医院神经康复科副主任;研究方向:神经康复。

基金项目:国家重点研发计划项目(2020YFC2006100)。

一、背景与现状

"十四五"时期我国进入老龄化急速发展阶段，不断提高的人口老龄化与持续较低的生育水平，在较长一段时期内处于快速发展的老龄社会已成为基本国情[①]。民政部《2022年度国家老龄事业发展公报》显示，截至2022年年末，全国60周岁及以上老年人口28 004万人，占19.8%，65周岁及以上老年人口20 978万人，占14.9%，我国进入中度老龄化阶段。城乡空巢家庭超过50%，部分大中城市达到70%；慢性病老年人超过1.9亿人，失能、半失能老年人约5271万人，老龄化严峻形势叠加。

（一）医养结合已经形成较为完备的政策与质量体系

老年人长寿不健康问题突出，十九届五中全会把积极应对人口老龄化上升为国家战略；习近平总书记对老龄工作做出重要指示强调：把积极老龄观、健康老龄化理念融入经济社会发展全过程，加快健全社会保障体系、养老服务体系、健康支撑体系。2024年1月5日新华社报道，新年召开第一次国务院常务会议，要求重点解决好老年人居家养老、就医用药、康养照护等急难愁盼问题。

本研究梳理了我国自2014年以来政策规范，近40个政策文件明晰了医养结合服务、管理、质量、监督、智慧等从机构到居家服务与管理要求。2024年1月国务院办公厅《关于发展银发经济增进老年人福祉的意见》从产业布局高度强调培育高品质服务模式，让老年人共享发展成果。河南省

[①]　付佳平.城镇失能老年人长期照护服务模式选择的影响因素研究[D].吉林大学，2022.

印发《医养结合机构服务质量评价标准（试行）》，对医养结合机构提供了量化质量标准体系，为全国提供了借鉴。

（二）全链式智慧医养结合模式得到政府发文支持

业内学者研究显示，我国初步形成了具有中国特色的医养融合养老模式，大型医疗机构优质资源下沉基层引领医养发展作用越来越重要。郑州大学五附院是河南省最早的三甲医院，是 2023 年新标准下第一家通过三甲复审的百年名院。2020 年成功获批国家重点研发计划—医养结合服务模式与规范的应用示范项目（2020YFC2006100），进行了大量研究，三甲医院牵头，整合资源，运用数字化智能化手段，构建医院—养老院—社区—居家全链式智慧医养结合模式，开展了城市、农村、文旅版实践。2022 年8 月河南省人民政府《关于加快医学科技创新全面提升卫生健康服务能力的实施意见》：支持郑州大学第五附属医院探索全链式智慧医养结合模式，在 500 个社区（乡镇）推广应用，推动全省社区居家医养结合高质量发展。

（三）随着 ChatGPT+ 面世，互联网＋全链条智慧集成呈现高速发展态势

劳动力匮乏照护资源短缺成为制约医养结合发展的堵点。近年来党和政府促进信息技术融合应用的政策不断出台，国务院办公厅《关于促进"互联网＋医疗健康"发展的意见》，国家三部门《智慧健康养老产业发展行动计划（2021—2025 年）》智慧健康养老产品和服务不断丰富，标准体系初步建立。随着 ChatGPT+ 面世，智慧医养结合服务方式从信息化转向整合智能化，服务内容从医疗＋养老二维服务转向智慧医疗＋养老＋平台三维至多维服务体系，服务质量从满足低层次需求转向高质量多样化发展，

智慧养老—智慧医疗—医养结合业态融合升级。如何将主动健康理念融入医养结合模式，政府主导、社会参与、科技赋能、全链条责任明确、融合联动的智慧环境，便捷解决老年人医养问题，提升优质资源利用效率，成为目前热点与难点问题。

我国实务界医养结合模式实践成效显著，像北京海淀区医养联合体、上海华山医院—静安医联体，郑州大学第五附属医院全国首创了融入主动健康于医院—养老院—社区—居家全链条，智慧化平台＋智能终端＋信息传输一体化，实时监测、预警、响应全链条服务＋全链条质量控制并辐射全域的全链式智慧医养结合服务模式。

二、方法与结果

医养结合（Integrated Medical Services and Elderly Care）是中国原创模式。本研究采用文献研究、专家访谈、电子问卷等方法，对老年人、管理者、工作人员与专家进行了多维度调研。实践资料来源于郑州大学五附院、直属社区、日间照料中心与颐养院；研究资料来源于国家重点研发计划（2020YFC2006100）课题组。

（一）文献检索

数据来源于 CNKI，检索词：医疗机构、医院、社区卫生服务中心、医养结合，检索时段 2012 年 1 月 1 日—2021 年 12 月 31 日，687 条结果，剔除不符合主题 136 篇，纳入 551 篇文献。

1. 方法

文献计量学方法，采用 CiteSpace 软件对文献可视化分析，设置时

间分区（Time Sling）2012 年 1 月 1 日—2021 年 12 月 31 日，时间分度
（Slice Length）1 年，10 个分段，节点分段（Node types）分别选择机构
（institution）、关键词（keyword）等进行网络分析绘制可视化图谱。根据
节点类型，Top N 选择 50 即对每个时间段内排名前 50 数据进行系统综述，
Top N% 选择 20 即对每个时间段内前 20% 进行选择。

2. 结果

（1）发文量。

2012—2015 年发文量较低，提示业界对医疗机构进入养老领域认识
不足。2016—2018 年进入快速增长阶段，2018 年高达 118 篇。2019 年后
两年发文量降低可能受新冠肺炎疫情等因素影响（图 2-28）。

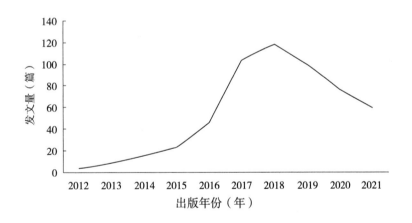

图 2-28　发文量趋势图

（2）关键词分析。

①共现分析图。

用 CiteSpace.5.8.R3c 软件绘制文献被引图谱，选取词频 ≥ 8 关键词
分析（图 2-29），生成 14 个聚类，328 个节点，489 条连接，拓扑网络密
度 0.0091。图中十字架颜色代表不同聚类，数量代表关键词多少，圈大小
代表关键词频率，紫色外圈代表文献中介中心性，相互连接两点代表两篇

文献同时被另一篇论文所引用，连线长短代表了关键词之间相关性，共现图显示医养结合、医疗机构等。

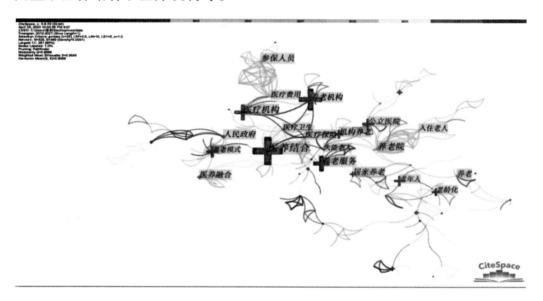

图 2-29　关键词共现图

②出现频次。

词频顺序（表 2-4）医养结合 261 次、养老机构 118 次、医疗机构 74 次、养老服务 65 次、养老模式 46 次；医养结合高频词。高中心性关键词：医疗卫生 0.43、医疗服务 0.40、医疗保险 0.39、养老院 0.37、失能老人 0.34，医养结合已成为目前研究热点。同时具备高频高中心性关键词为医疗卫生。

表 2-4　高频关键词与中心性统计

序号	关键词	频次	首次出现年份	序号	关键词	频次	首次出现年份
1	医养结合	261	2013	6	机构养老	42	2012
2	养老机构	118	2013	7	公立医院	40	2012
3	医疗机构	74	2013	8	老年人	36	2014
4	养老服务	65	2013	9	老龄化	30	2014
5	养老模式	46	2013	10	居家养老	20	2015

序号	关键词	中心度	首次出现年份	序号	关键词	中心度	首次出现年份
1	医疗卫生	0.43	2013	6	医养结合	0.33	2013
2	医疗服务	0.40	2014	7	养老服务	0.29	2013
3	医疗保险	0.39	2013	8	人民政府	0.24	2016
4	养老院	0.37	2012	9	供给	0.23	2017
5	失能老人	0.34	2013	10	机构养老	0.21	2012

（二）全链式智慧医养结合服务模式需求调研

1.调研方法

2021年9月—11月，采用自行设计问卷、电子化无接触式抽样调查方式，对8家机构、40名专家、136名工作人员、855名老年人调研，有效问卷纳入数据统计，以所占比例为主要结果。

（1）问卷设计。

文献调研基础上反复论证拟定，录入问卷星制作电子版。内容包括卷首语介绍目的、基本情况、服务需求、满意度、模式认知、服务建议、质量体系及部分开放性问题，后附模式简介。

（2）结果分析。

填报用时平均909.4秒，IP地址显示主要为河南与重庆。

①全链式智慧医养结合模式符合老年人需求。

养老方式选择医养结合机构占36.02%（图2-30）；服务重要性选择高水平医疗保障占68.68%、高质量生活服务占75.09%（图2-31）；就医意愿选择三甲医院占41.17%（图2-32）；评价全链条服务必要性认为很有必要可以提升全链条服务质量占67.72%、可以提升医疗保障水平占65.85%（图2-33）；入住机构方式选择医养结合机构占47.95%（图

2-34）；评价服务改进环节医疗水平占55.09%（图2-35）；老年人评价医养机构服务不足占比49.94%。

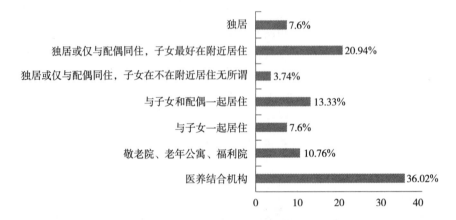

图2-30　养老方式选择

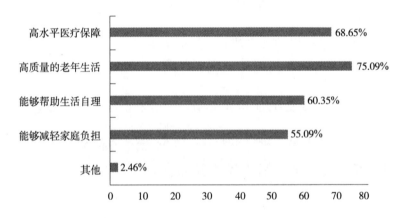

图2-31　入住机构服务重要性选择

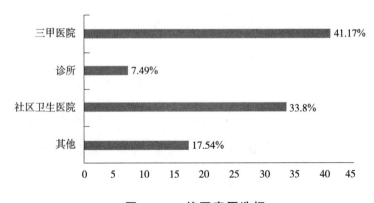

图2-32　就医意愿选择

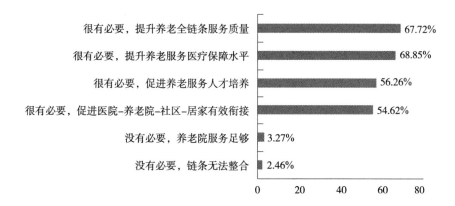

图 2-33 全链条服务必要性

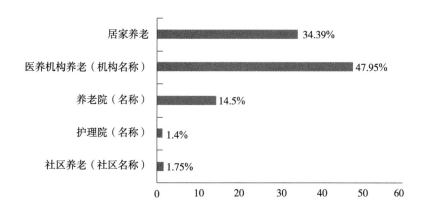

图 2-34 入住方式选择

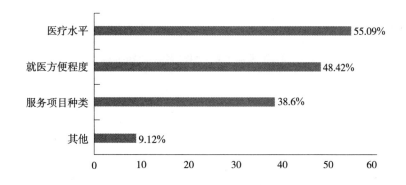

图 2-35 评价需要改进服务环节

②入住机构老年人情况。

80岁及以上高龄老人占49.36%，70岁及以上72.28%（图2-36）；已婚57.13%，丧偶36.73%（图2-37）；无子女3.74%，有三个子女者39.77%（图2-38），反映了养老习惯在改变，有子女资助者更容易选择医养结合机构，选择单独居家和进机构比例较高，与孩子同住占比较少，提示家庭养老向社会养老转变。医养服务协同满意度低，认为比较完善占50%，非常完善占20%（图2-39）。

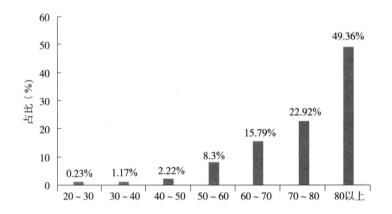

图2-36　入住机构老年人年龄状况

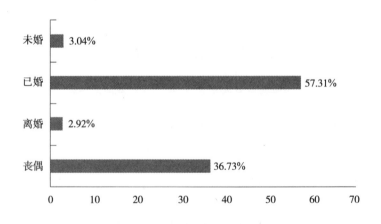

图2-37　入住机构老年人婚姻状况

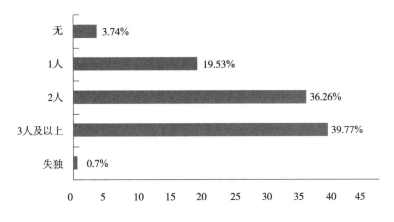

图 2-38 入住机构老年人子女状况

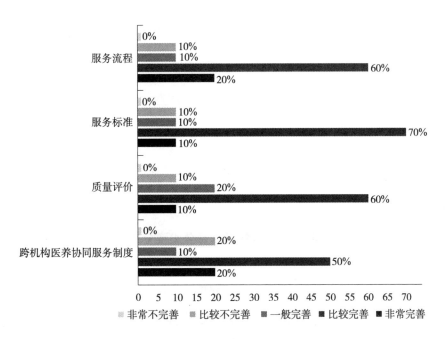

图 2-39 入住机构服务协同满意度

③机构调研。

70%为民建民营模式（图 2-40）；养办医 70%，医办养 20%（图 2-41）。提示民间资本市场敏锐度高，医疗机构对医养领域重视与涉足不够。智慧医养新技术应用与智慧医养管理系统偏弱（图 2-42）；机构医养质控管理系统功能不足（图 2-43），人力资源不足问题凸显。

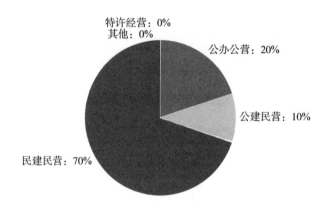

图 2-40　机构性质分析

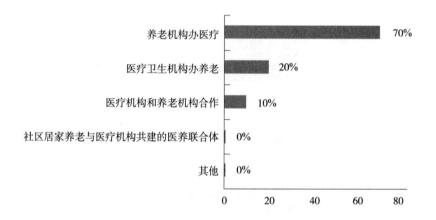

图 2-41　机构医养服务类型分析

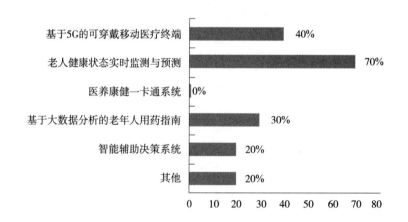

图 2-42　智慧医养人工智能新技术应用

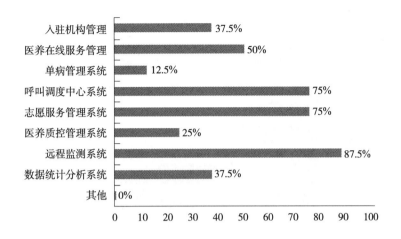

图 2-43 智慧医养管理系统

④工作人员调研。

收集问卷 136 份，年龄分布 18～68 岁，本科学历占 30.88%、初中及以下占 20.59%（图 2-44），职业包括医师、技师、护士、护理员、社工、营养师、志愿者等（图 2-45）；职业满意度：非常满意占 20.59%（图 2-46），近 50% 对工作意义持怀疑态度，68% 下班后感觉疲倦（图 2-47）；认为医院—养老院—社区—家庭衔接不畅占 50.74%（图 2-48）。

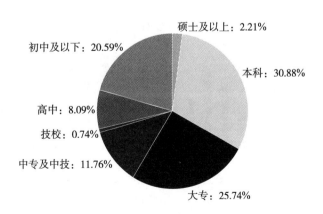

图 2-44 学历情况

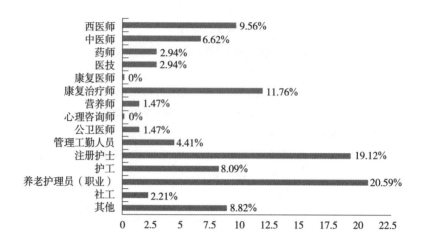

图 2-45 职业情况

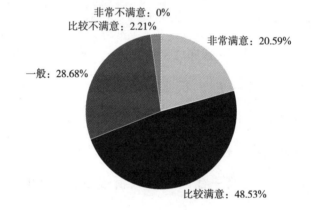

图 2-46 工作满意度

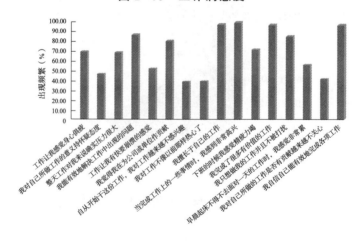

图 2-47 职业倦怠情况

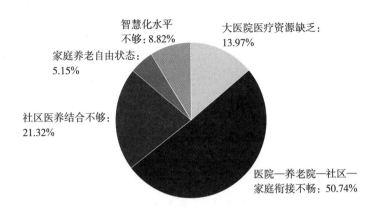

图 2-48 服务模式薄弱环节评价

⑤专家调研。

主要对全链式智慧医养结合服务质量评价指标可行性分析调研。Delphi 专家筛选标准：副高及以上职称，研究生及以上学历；其中养老机构工作人员中级及以上职称，中专及以上学历；从事相关工作 5 年及以上；知情同意参与本研究。纳入 40 位专家 2 轮函询全链式智慧医养结合服务质量指标体系 3 个一级指标，26 个二级指标，174 个三级指标，有效回收率第一轮 100%，第二轮 95%。剔除满分频率低于 40% 和变异系数大于 30%。两轮结束后专家意见趋于一致，形成 3 个一级指标，26 个二级指标，168 个三级指标的指标体系。一级指标重要性排序：A 服务结构，B 服务过程，C 服务结果，权重系数分别为 0.3449、0.3246、0.3305（表 2-5）。附开放式问题为实践推广提供参考：你认为全链式智慧医养结合服务模式构建中需要注意的重点环节有哪些？您有什么好的建议？

表 2-5　全链式智慧医养结合服务模式指标体系

一级指标	二级指标	三级指标	权重
A 服务结构 0.3449	A1 地理位置 0.0468	A1.1 与周边医疗服务资源距离	0.0052
		A1.2 与周边养老服务资源距离	0.0066
		A1.3 与公共交通的距离	0.0063
	A2 机构设置 0.0362	A2.1 机构经营是否获得许可并备案	0.0033
		A2.2 医疗机构科室设置是否符合国家规定	0.0041
		A2.3 养老机构科室设置是否符合国家规定	0.0042
		A2.4 医养结合机构科室设置是否符合国家规定	0.0043
	A3 环境要求 0.0382	A3.1 建筑设计是否符合国家相关规定	0.0037
		A3.2 消防设施设备是否符合国家相关规定	0.0031
		A3.3 室内空气质量是否符合国家标准	0.0048
		A3.4 采光设计是否符合国家标准	0.0052
		A3.5 公共标识图案是否符合国家要求	0.0059
		A3.6 房屋面积是否符合国家标准	0.0056
		A3.7 适老化环境设计是否符合国家标准	0.0046
		A3.8 噪声控制是否符合国家标准	0.0059
		A3.9 是否属于"老年友善机构"	0.0059
	A4 区域发展与政策 0.0342	A4.1 所在区县人口数	0.0067
		A4.2 人口老龄化程度	0.0062
		A4.3 经济补贴	0.0067
		A4.4 政策支持	0.0059
		A4.5 所在地行业服务现状	0.0070
	A5 服务人员资质 0.0408	A5.1 医技护人员是否持证上岗	0.0043
		A5.2 医疗护理员是否培训合格后上岗	0.0044
		A5.3 养老护理员是否培训合格后上岗	0.0057
		A5.4 餐饮人员是否持有 A 类健康证	0.0048
	A6 设施设备 0.0326	A6.1 医疗保健设施设备	0.0075
		A6.2 智慧医养设施设备	0.0086
		A6.3 康复设备	0.0077

续表

一级指标	二级指标	三级指标	权重
A 服务 结构 0.3449	A6 设施设备 0.0326	A6.4 养老生活设施	0.0068
		A6.5 安全设施	0.0053
		A6.6 娱乐健身设施	0.0085
	A7 人力资源 0.0355	A7.1 工作人员结构	0.0052
		A7.2 持证上岗率	0.0052
		A7.3 护士与老年人配比	0.0052
		A7.4 护理员与老年人配比	0.0049
		A7.5 是否为员工缴纳保险	0.0061
		A7.6 是否为员工缴纳公积金	0.0075
		A7.7 员工休假天数	0.0067
		A7.8 员工平均工作年限	0.0060
		A7.9 公费进修 / 培训 / 拓展训练频次	0.0066
		A7.10 员工离职率	0.0080
	A8 管理制度 0.0337	A8.1 行政管理制度	0.0062
		A8.2 业务管理制度	0.0055
		A8.3 医养协同管理制度	0.0059
		A8.4 人力资源管理制度	0.0062
		A8.5 财务管理制度	0.0059
		A8.6 后勤管理制度	0.0059
		A8.7 安全管理制度	0.0044
	A9 智慧医养 体系 0.0444	A9.1 个性化 APP 服务终端	0.0069
		A9.2 医养在线服务系统	0.0068
		A9.3 单病管理系统	0.0080
		A9.4 呼叫调度中心系统	0.0059
		A9.5 志愿服务管理系统	0.0069
		A9.6 医养质控管理系统	0.0062
		A9.7 远程监测系统	0.0065
		A9.8 数据统计分析系统	0.0082

续表

一级指标	二级指标	三级指标	权重
B 服务过程 0.3246	B1 生活照料服务 0.0253	B1.1 助餐	0.0049
		B1.2 助洁	0.0055
		B1.3 助浴	0.0065
		B1.4 助行	0.0070
		B1.5 助急	0.0070
		B1.6 洗涤	0.0070
		B1.7 辅助服务	0.0062
	B2 医疗服务 0.0273	B2.1 常见病、多发病诊疗	0.0048
		B2.2 急救救护	0.0038
		B2.3 危重症转诊	0.0046
		B2.4 预防保健	0.0059
		B2.5 中医药服务	0.0057
		B2.6 感染防控	0.0050
		B2.7 传染病管理	0.0049
		B2.8 用药管理	0.0047
		B2.9 病历管理	0.0052
	B3 护理服务 0.0260	B3.1 护理需求评估	0.0051
		B3.2 基础护理	0.0055
		B3.3 专项护理	0.0052
		B3.4 康复护理	0.0065
		B3.5 心理护理	0.0064
	B4 康复服务 0.0366	B4.1 功能评估	0.0055
		B4.2 物理治疗	0.0055
		B4.3 作业治疗	0.0065
		B4.4 语言吞咽治疗	0.0062
		B4.5 认知康复	0.0055
		B4.6 环境改造	0.0067
		B4.7 辅具适配与使用	0.0059
		B4.8 中医传统康复	0.0064

续表

一级指标	二级指标	三级指标	权重
B 服务过程 0.3246	B5 上门服务 0.0438	B5.1 健康体检	0.0052
		B5.2 定期巡诊	0.0059
		B5.3 长期照护	0.0054
		B5.4 延续护理	0.0056
		B5.5 家庭病床	0.0065
		B5.6 物业管理维修	0.0071
	B6 智慧服务 0.0505	B6.1 远程健康监测	0.0068
		B6.2 实时定位	0.0070
		B6.3 安全提醒	0.0062
		B6.4 智能报警	0.0062
		B6.5 紧急救助	0.0046
		B6.6 智能陪护	0.0072
		B6.7 智能环境控制	0.0077
		B6.8 智慧生活服务	0.0078
		B6.9 行业分析	0.0075
		B6.10 政府政策制定支撑服务	0.0068
	B7 健康管理 服务 0.0426	B7.1 健康档案	0.0052
		B7.2 家庭医生签约	0.0072
		B7.3 健康教育	0.0075
		B7.4 健康体检	0.0068
		B7.5 营养指导	0.0070
		B7.6 慢病管理	0.0059
		B7.7 突发公卫事件防控	0.0068
	B8 精神慰藉 服务 0.0407	B8.1 情感沟通	0.0055
		B8.2 心理健康教育	0.0059
		B8.3 心理咨询	0.0052
		B8.4 情绪疏导	0.0052
		B8.5 危机干预	0.0052

续表

一级指标	二级指标	三级指标	权重
B 服务过程 0.3246	B9 安宁疗护服务 0.0514	B9.1 症状控制	0.0057
		B9.2 舒适照护	0.0049
		B9.3 人文关怀	0.0048
	B10 娱乐健身服务 0.0506	B10.1 健身活动	0.0068
		B10.2 文艺活动	0.0079
		B10.3 益智活动	0.0071
		B10.4 义工活动	0.0074
		B10.5 老年大学	0.0079
C 服务结果 0.3305	C1 运行状况 0.0293	C1.1 覆盖老年人人数	0.0045
		C1.2 家庭医生签约人数	0.0051
		C1.3 养老服务签约人数	0.0045
		C1.4 有效照护人数	0.0045
		C1.5 医养服务协同状况	0.0052
		C1.6 养老服务上门率	0.0063
		C1.7 机构总收入	0.0052
		C1.8 机构总支出	0.0052
		C1.9 机构运行年限	0.0056
		C1.10 床位数	0.0062
		C1.11 床位使用率	0.0045
		C1.12 床位退院率	0.0052
	C2 服务质量 0.0194	C2.1 服务及时率	0.0048
		C2.2 服务完成率	0.0044
		C2.3 服务满意率	0.0038
		C2.4 医疗事故发生数量	0.0059
		C2.5 老年多学科协同服务率	0.0058
		C2.6 老年综合评估率	0.0059
	C3 投诉事件 0.0337	C3.1 年内老年人或其家属投诉率	0.0041
		C3.2 年内投诉事件有效处理率	0.0042

续表

一级指标	二级指标	三级指标	权重
C 服务结果 0.3305	C4 不良事件 0.0314	C4.1 年内老年人跌倒发生率	0.0045
		C4.2 年内老年人坠床发生率	0.0044
		C4.3 年内老年人自杀发生率	0.0043
		C4.4 年内老年人斗殴发生率	0.0047
		C4.5 年内压疮发生率	0.0047
		C4.6 年内走失发生率	0.0043
		C4.7 年内噎食 / 误吸发生率	0.0045
		C4.8 年内机构内感染发生率	0.0040
	C5 人才培养 0.0442	C5.1 建设人才培养基地数量	0.0057
		C5.2 制定教学标准数量	0.0060
		C5.3 制定人才培养方案数量	0.0061
		C5.4 撰写教材数量	0.0081
		C5.5 培养研究生人数	0.0085
		C5.6 培养师资人数	0.0077
		C5.7 培养从业人员人数	0.0064
	C6 行业影响力 0.0440	C6.1 获得省部级及以上荣誉数量	0.0076
		C6.2 担任省级及以上相关协会常务委员及以上职务数量	0.0077
		C6.3 参与制订企业及以上级别的标准数量	0.0069
		C6.4 参编指南、共识或专著数量	0.0077
		C6.5 举办省级及以上学术会议数量	0.0077
		C6.6 在省级及以上学术会议报告数量	0.0076
	C7 科研创新能力 0.0607	C7.1 获得市厅级及以上科研奖励数量	0.0080
		C7.2 省部级及以上科研立项数量	0.0076
		C7.3 公开发表论文总篇数	0.0075
		C7.4 获得国家专利数量	0.0073
		C7.5 成果转化经济效益	0.0073
		C7.6 引进医养服务新技术数量	0.0066

征询专家开放式意见显示：全链式智慧医养结合服务模式非常有前瞻性、适用性，需要政府从政策上大力引导与支持，亟待规范化标准化和专业化建设，重点做好宣传引导，扩大知晓率，倡导引导老年人及其家属积极参与，发挥家庭成员作用。

三、综述

在中国万方智搜数据库（https://s.wanfangdata.com.cn/）不分年限检索全链式智慧医养结合服务模式显示3篇论文，其中2篇为郑州大学五附院文章。多维度调研结果，医养结合关键词频次最高；专家意见全链式智慧医养结合服务模式有前瞻性、适用性，亟待规范化标准化和专业化建设；质量指标C7科研创新能力、B9安宁疗护、B10娱乐健身、B6智慧服务、A1地理位置排前5名；入住机构老年人慢性病调研显示失眠、高血压、慢性支气管、糖尿病、腰椎间盘突出、尿路感染、骨关节炎、重症脑卒中及后遗症等罹患率高，入住意愿首选医养结合机构，机构照护人员短缺，学历结构参差不齐，工作满意度不高，存在工作倦怠，医疗服务保障与智慧服务呈现供给不足，医院—养老院—社区—居家转换不畅等问题制约医养结合发展。

四、模式实践与推广

（一）构建模型

提出医养结合服务是基础、医疗是保障、康复是支撑的原创理念，医院夯实社区医养、做全养老机构功能、兼顾日间照料中心、延伸居家，构建全链式智慧医养结合服务模型（图 2-49）。

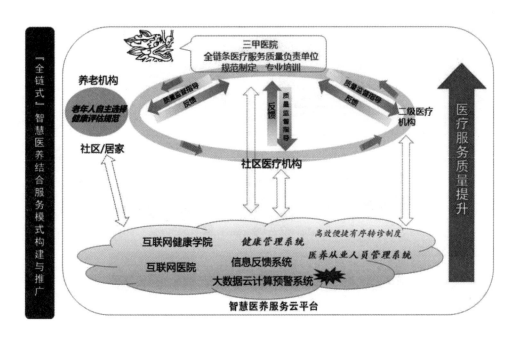

图 2-49 全链式智慧医养结合服务模型图

（二）科技赋能城市模式实践

依托郑州大学五附院医教研产学用优势，落地直属社区，健全服务与协同管理规范至居家，构建城市版示范推广模型（图 2-50）。

图 2-50　城市版服务模型图

1. 做强医院本部医养相关学科，提升辐射下沉能力

整合康复、老年、全科、消化内科、内分泌等学科优势，下沉夯实社区，借助互联网医院、远程会诊及绿色通道实现医院—社区联动。康复医学科连续 8 年排行榜位居河南省第一，是河南省康复医学重点学科，设床位 565 张；老年医学科是河南省老年医学人才培养基地；全科医学科是河南省全科医师规培基地。

2. 夯实社区基层医疗资源，赋能街道颐养院形成医养联合体协同服务

福华街卫生服务中心有 13 个社区，居民 6.2 万人，60 岁及以上老年人 13 048 人。医疗床位 114 张，养老护理型床位 203 张，老年医学病区、康复中心、安宁疗护病区、全科医学病区，康养1、2、3区及老年活动中心分区毗邻设置、连廊通达；与医院本部联动，专家到社区坐诊、查房、健康讲座；社区落实公共卫生服务，开展综合健康与失能评估，制定健康管理计划，提供健康教育、康复护理、中医保健、安宁疗护、疾病巡诊、危急重症转诊等医疗服务；颐养院提供助餐、助浴、助洁、助行、助急、助医、委托代陪等养老服务，街道网格长按需提供居家探访服务；急危重症绿色通道转诊医院本部。

3. 赋能日间照料中心做实居家服务

以家庭医生团队为主线，家庭医生—街道网格长—养老照护融合，医院—养老院—社区—居家一体化运行，双向转诊服务衔接，形成智慧网络，建立包括16项上门医护、27项陪护、48项生活照料、15项健康管理、106项居家服务清单，依托服务与管理云平台，提供一对一个性与一对二、一对三共享服务与智能康养设备等产品，建全健康管理档案，带动社会资本运营。

4. 六位一体人才培养充实康养人才队伍

医养照护与管理专业2021年列入教育部职业教育专业目录；2022年国家《"十四五"健康老龄化规划》实施医养结合人才能力提升培训；2024年1月民政部等12部门《关于加强养老服务人才队伍建设的意见》是我国首个养老服务人才建设综合性文件。全链式智慧医养结合服务模式下，对解决培养既懂专业知识，又懂服务与管理，熟悉相关政策，具备主动健康技能的人才短缺提供了模式支撑与技术保障。郑州大学五附院2021年获批老年医学人才培训基地，2022年获批郑州大学医康养行业学院，编写《老年人生活照护》教材、健全师资队伍、制订培养方案、统筹课程设置，以科教融汇、职普融通、产教融合三融方式，在全国率先探索高校·医院·养老院·社区·居家·专项紧缺型人才六位一体分层次培养体系及多主体协同培养机制。

5.依托省级质控中心构建智慧化同质化管理网络

郑州大学五附院作为河南省医养结合服务质控中心，构建了智慧服务＋质量管理两大云平台服务到家庭，管理到全省。对居家老年人动态监测心电、血压、呼吸、睡眠、情绪、血糖、尿酸等健康指标并传输平台，融合团队按需提供疾病诊疗、上门巡访、养老照料、家政帮扶等服务，社区平台—家庭医生—居家老人—子女信息四联通，医院平台适时对接转诊；疾病转归后，养老院、日间照料中心或家庭按需接续性服务；有PICC、多管道护理、压疮护理、伤口造口护理等居家特殊需求者，提供呼叫＋上门响应服务。2021年3月至2023年11月提供居家上门护理服务1478人次。

（三）科技赋能农村模式实践

1.培训推广模式至县域开展农村版实践

把全链式智慧医养结合模式延伸到柘城、舞钢、汝阳、宁陵、永城、方城等多县域，依托县域医共体，构建牵头医疗机构—社区卫生服务中心或乡镇卫生院＋街道养老机构或乡镇敬老院—社区卫生服务站或村卫生室＋日间照料中心—家庭四级全链条管理。牵头机构与社区卫生服务中心（乡镇卫生院）建立联合病房参与家庭医生签约服务，社区（乡镇）医养服务中心指导服务站或村卫生室与日间照料中心；联动落实纵向转诊与横向医养衔接，制定配套管理制度与质量标准，同质化延伸农户家庭。

2.农村版实践样板——以柘城县为例

河南柘城县人民医院作为农村版实践样板管理枢纽，将下属乡镇卫生院—敬老院组成联合体，借助智慧云平台统一管理。建立行政办公、人力资源管理、服务管理、财务管理、安全管理、后勤管理、评价与改进等运营管理制度，安全管理、教育、突发应急等安全管理体系，上下联动转诊绿色通道，特殊困难家庭居家上门服务；融合当地教育资源健全人才培训体系；探索实践了农村模式（图2-51），深受当地百姓欢迎。

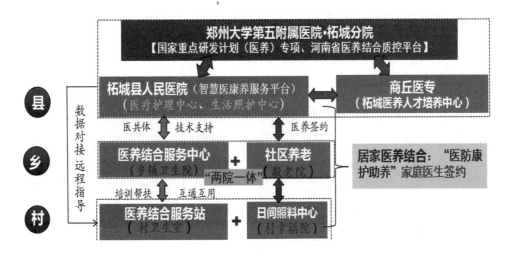

图 2-51　农村版服务模型图

（四）科技赋能开展文旅模式探索

　　河南是华夏文明的摇篮和中华民族历史文化的重要发源地。立足山水林海、峡谷温泉、天然氧吧、红色研学等不同县域文旅特色，纳入智慧医养、中医健康、药膳疗养、特色民宿等元素，构建文旅医养品牌—郑州大学五附院舞钢分院挂牌成立，舞钢市中医院牵头，利用紧邻石漫滩国家森林公园等绿色资源，医康养融入游学等文旅特色，助推农村文旅康养银发经济发展。

五、结论

　　本研究依托国家重点研发计划，对管理人员、工作人员、老年人、专家多维度调研，针对医疗服务能力不能满足需求、医院—养老院—社区—居家全链条不能有效衔接等问题，采取有效应对措施，以郑州大学五附院医康养优势资源为龙头、智慧云平台为支撑，立足于老年人生活全场景，纳入主动健康理念，组建家庭医师—养老照护—街道网格长融合团队，构建网格化实践模型、服务清单与质量评价体系，开展城市、农村、文旅版实践，实现了老年人一刻钟健康养老圈与居家享受高水平健康服务资源，提高医养协同效率，提升长期照护水平，降低医养成本，提升老年人与从业人员获得感，有助于机构可持续发展，有助于健康养老事业与产业化发展，得到政府发文支持，具备可推广可复制的特点，是应对老龄化难题的可行之策。

科技适老：社区老年人对智能机器人
使用意愿的质性研究

张玉涵　王秀丽①

摘　要： 中国已进入老龄社会，智能机器人有望为老年人提供看护服务，减轻家庭与机构的养老压力和国家的经济负担。本研究通过对北京市昌平区龙腾苑二区的 25 位居民进行深度访谈以了解社区老年人智能机器人使用意愿的潜在影响因素。研究发现，老年群体普遍愿意使用智能机器人，关注机器人在家务劳动、聊天陪伴以及身体辅助等方面的功能，喜欢机器人的交互属性；其使用意愿主要受到性价比、感知有用性以及态度因素的影响，愿意对机器人投入感情，但也存在对机器人维修调试、产品质量、安全问题等方面的担忧。

关键词： 老年人；智能机器人；使用意愿；技术接受

---

① 张玉涵，硕士，北京大学；研究方向：人机传播、新媒体与网络传播。王秀丽，博士，长聘副教授，研究员，博士生导师；主要研究方向：人机传播、健康传播。

一、前言

根据 2019 年联合国世界人口展望预测，至 2035 年中国 65 岁及以上人口比例有望突破 20%，并于 2050 年达到 26.1%，同时在本世纪后半叶将继续维持 30% 的高位水平波动[①]，老龄化浪潮正以不可抵挡的态势席卷而来。目前作为主流养老方式的家庭养老与机构养老主要依靠专业医护人员、老年福利机构或家庭成员来照料老年人[②]。但面对日益严峻的人口老龄化形势，中国的家庭小型化、孝老文化和独生子女政策给传统家庭养老造成了巨大压力，而在养老金和医疗费用不断攀升的情况下，专业护理机构也面临人力资源与照护成本的双重考验。

技术的大幅跃进深刻改写了人们的生活方式、思维方式乃至生存方式，以"数字化、网络化、智能化"为主要特征的全新科技革命深刻嵌入了我国人口老龄化进程中[③]。在新技术发展背景下应对我国老龄化问题的可能对策之一是开发智能和社会可信的 ICT（Information Communication Technology）接口。在国务院发布的《新一代人工智能发展规划》中，明确提出围绕医疗、养老等民生需求，加快人工智能创新应用，开发面向老年人的情感陪护助手。智能机器人具有颠覆现有养老范式的极大潜力，其开发和应用被认为是未来实现"人机共养"、削减家庭与社会养老压力和医疗财政负担的重要技术举措，引起了世界各国政府和产业界的广泛关

① 翟振武.人口老龄化对技术创新基本没有影响[J].健康中国观察，2021（11）：36-39.
② 李思佳，倪士光，王学谦，等.社会辅助型机器人：探索老年心理健康护理的新方法[J].中国临床心理学杂志，2017，25（06）：1191-1196.doi:10.16128/j.cnki.1005-3611.2017.06.043.
③ 陆杰华，韦晓丹.老年数字鸿沟治理的分析框架、理念及其路径选择——基于数字鸿沟与知沟理论视角[J].人口研究，2021，45（03）：17-30.

注 ①②③。智能机器人助力中国式养老不仅符合我国以家庭为依托的传统孝道文化观念，也是响应政府构建多层次智慧养老服务新模式的积极尝试。然而，为老年用户开发的照护系统往往会因为该群体的某些特定因素与考量而被拒绝使用，如社会孤立 ④、物化感增加与自主性降低 ⑤，欺骗与幼稚化倾向 ⑥ 等。本文拟通过深度访谈的方式获取数据来探讨影响我国老年用户采纳与使用智能机器人的各类因素。

二、文献综述

（一）老年照护智能机器人概述

用于老年照护的智能机器人主要包含康复机器人、护理机器人以及陪伴机器人等 ⑦，分别应用于医院、机构以及家庭等场所，用于提升使用者的

---

① GOELDNER M, HERSTATT C, TIETZE F. The emergence of care robotics – a patent and publication analysis[J]. Technological Forecasting and Social Change. 2015, 92:115–131. doi: 10.1016/j.techfore.2014.09.005.

② KHOSRAVI P, GHAPANCHI AH. Investigating the effectiveness of technologies applied to assist seniors: a systematic literature review[J]. Int J Med Inform. 2016, 85(01):17–26. doi: 10.1016/j.ijmedinf.2015.05.014.

③ SICURELLA T, FITZSIMMONS V. Robotic pet therapy in long-term care[J]. Nursing. 2016, 46(06):55–57. doi:10.1097/01.NURSE.0000482265.32133.f6.

④ SHARKEY A, SHARKEY N. Granny and the robots: ethical issues in robot care for the elderly[J]. Ethics and Information Technology. 2012, 14(01): 27–40. doi:10.1007/s10676-010-9234-6.

⑤ SORELL T, DRAPER H. Robot carers, ethics, and older people[J]. Ethics and Information Technology, 2014, 16: 183–195. doi: 10.1007/s10676-014-9344-7.

⑥ SPARROW R, SPARROW L. In the hands of machines? The future of aged care[J]. Minds Mach. 2006, 16:141–161. doi: 10.1007/s11023-006-9030-6.

⑦ 张凯莉. 基于情感分析的老人陪护机器人产品现状及前景分析 [D]. 山西大学，2022. doi: 10.27284/d.cnki.gsxiu. 2021.000957.

生活质量并提供额外保护①。

从外观来看，智能机器人的形态主要包含人形、兽形、卡通和机械功能四种②。人形机器人外观接近于人类，通常具有五官与四肢，如 NAO。NAO 是一个白色人形机器人，具有视觉、听觉和触觉，脖子和手臂可以运动，还可以说话、唱歌、走路、跳舞。NAO 本身具备机器人声音，也能够更换为人类声音的录音；借助配套的软件开发，还可以实现定制化的语音和动作效果③。兽形机器人具备各种动物的外观。以 Paro 机器人为例，其外观设计以幼年竖琴海豹为模型，表面覆盖白色的人造毛皮。Paro 有一个开关和奶嘴形状的充电器，具有视觉、听觉和触觉，头、颈、鳍、尾巴等部位可以运动，具备一定的面部表情，能够发出类似于幼年竖琴海豹的声音④。Paro 常被用于改善老年住院病人的生理、情感状况以及减少痴呆病人躁动的辅助治疗⑤。卡通类机器人形似漫画人物，具有简化且夸张的外形，如由飞利浦公司创建的 iCat 机器人，其外形夸张，拥有可以移动的眼睛、眼皮、眉毛和嘴唇，具有喜悦、愤怒、疑惑等面部表情⑥。而机械功能类的

① GOELDNER M, HERSTATT C, TIETZE F. The emergence of care robotics – a patent and publication analysis[J]. Technological Forecasting and Social Change. 2015, 92: 115–131. doi:10.1016/j.techfore. 2014.09.005.

② FONG T, NOURBAKHSH I, DAUTENHAHN K. A survey of socially interactive robots[J]. Robotics and Autonomous Systems. 2003, 42: 143–166. doi:10.1016/s0921–8890(02)00372–x.

③ MARTIN F, AGUEERO CE, CANAS JM, et al. Robotherapy with Dementia Patients Regular Paper[J]. International Journal of Advanced Robotic Systems. 2013, 10: 10. doi: 10.5772/54765.

④ HUNG L, LIU C, WOLDUM E, et al. The benefits of and barriers to using a social robot PARO in care settings: a scoping review[J]. BMC Geriatr. 2019, 19(01): 232. doi:10.1186/s12877–019–1244–6.

⑤ JORANSON N, PEDERSEN I, ROKSTAD AM, Ihlebaek C. Change in quality of life in older people with dementia participating in Paro–activity: a cluster–randomized controlled trial[J]. J Adv Nurs. 2016, 72(12): 3020–3033. doi:10.1111/jan.13076.

⑥ COHEN I, LOOIJE R, NEERINCX MA. Child's perception of robot's emotions: Effects of platform, context and experience[J]. International Journal of Social Robotics. 2014, 6(04): 507–518. doi:10.1007/s12369–014–0230–6.

机器人不像人类或动物，其外观与其核心功能密切相关，如 MOPASS 步行辅助机器人。MOPASS 是一种电动外骨骼，有四个脚轮、一个主电机和用于驱动前两个轮的较小电机，主要用于帮助老年用户进行下肢康复性护理与训练[①]。

在老年照护背景下，智能机器人衍化出身体辅助、生活协助以及心理满足三种功能取向[②]。身体辅助类智能机器人可以助力老年使用者的运动与出行[③]。例如，机器人 Hobbit 可以协助老年人直立行走，发现并防止跌倒风险，正确处理紧急情况[④]。生活协助类智能机器人会提醒老年患者的日常活动、药物服用和医疗预约，同时监测他们的整体健康状况[⑤]。例如机器人PHAROS 可以用于监测老年人在家里的日常体育活动，并给予指导意见，帮助老年人保持身体机能与健康水平[⑥]。情感满足类智能机器人主要通过扮演社交伙伴角色来满足患者的心理和社会需求[⑦]，提供情感价值。机器人

① KUZMICHEVA O, MARTINEZ SF, KREBS U, et al. Overground robot based gait rehabilitation system MOPASS: Overview and first results from usability testing[C]// IEEE International Conference on Robotics and Automation (ICRA), 2016. Stockholm, SWEDEN, 2016.

② CHRISTOFOROU EG, PANAYIDES AS, AVGOUSTI S, et al. An overview of assistive robotics and technologies for elderly care[C]// IFMBE Proceedings of the 15th Mediterranean Conference on Medical and Biological Engineering and Computing (MEDICON); September 26–28, 2019; Coimbra: PORTUGAL, 2020: 971–976. doi:10.1007/978–3–030–31635–8_118.

③ PERRY JC, ROSEN J, BURNS S. Upper–limb powered exoskeleton design[J]. IEEE/ASME Transactions on Mechatronics, 2007, 12(04):408–417.

④ FISCHINGER D, EINRAMHOF P, PAPOUTSAKIS K, et al. Hobbit, a care robot supporting independent living at home: First prototype and lessons learned. Robotics and Autonomous Systems, 2016, 75:60–78. doi:10.1016/j.robot.2014.09.029.

⑤ ROBINSON H, MACDONALD B, BROADBENT E. The role of healthcare robots for older people at home: a review[J]. International Journal of Social Robotics, 2014, 6(04): 575–591. doi:10.1007/s12369–014–0242–2.

⑥ MARTINEZ–MARTIN E, ESCALONA F, CAZORLA M. Socially assistive robots for older adults and people with autism: an overview[J]. Electronics, 2020, 9(02): 367. doi:10.3390/electronics9020367.

⑦ MAALOUF N, SIDAOUI A, ELHAJJ IH, ASMAR D. Robotics in nursing: a scoping review[J]. J Nurs Scholarsh, 2018, 50(06): 590–600. doi:10.1111/jnu.12424.

Pepper 可以帮助老年人缓解孤独和抑郁症状，并指导其开展娱乐活动[①]。

基于以上研究综述，我们提出了本文的第一个研究问题：

RQ1： 在中国语境下，老年人对智能机器人的外观与功能有何倾向？

（二）老年用户使用智能机器人的影响因素

与其他任何技术产品一样，老年智能机器人的推广使用必须考虑用户的技术接受（Technology Acceptance，TA），即用户采纳某种技术的意愿[②]。技术接受模型（Technology Acceptance Model，TAM）[③]、技术接受和使用统一理论（Unified Theory of Acceptance and Use of Technology，UTAUT）[④]、家庭技术接受模型（Model of Acceptance of Technology in Households，MATH）[⑤]等是既有研究常用的理论模型。其中，Heerink 等人提出的阿勒梅尔模型（Almere Model）[⑥]聚焦于老年用户，分析该群体对辅助社会机器人使用的影响因素，并在工作环境中进行了验证。该模型共包含 11 个变量，其中如社会存在感（social presence）、感知社交性（perceived sociability）、感知有用性（perceived usefulness）等变

① SATO M, YASUHARA Y, OSAKA K, et al. Rehabilitation care with pepper humanoid robot: A qualitative case study of older patients with schizophrenia and/or dementia in Japan[J]. Enfermeria Clinica, 2020, 30: 32–36. doi:10.1016/j.enfcli.2019.09.021.

② DILLON A, MORRIS MG. User acceptance of information technology: theories and models[J]. Annual Review of Information Science and Technology, 1996, 31:3–32.

③ DAVIS FD.Perceived usefulness, perceived ease of use, and user acceptance of information technology[J]. MIS Quarterly, 1989, 13(03): 319–340. doi:10.2307/249008.

④ VENKATESH V, MORRIS MG, DAVIS GB, DAVIS FD. User acceptance of information technology: Toward a unified view[J]. Mis Quarterly, 2003, 27(03): 425–478. doi:10.2307/3003654.

⑤ BROWN SA, VENKATESH V. Model of adoption of technology in households: A baseline model test and extension incorporating household life cycle[J]. MIS quarterly, 2005, 29(03): 399–426.

⑥ HEERINK M, KROSE B, EVERS V, WIELINGA B. Assessing acceptance of assistive social agent technology by older adults: the almere model[J]. International Journal of Social Robotics. 2010, 2(04): 361–375. doi:10.1007/s12369–010–0068–5.

量聚焦于使用者本身,而便利条件(facilitating conditions)和社会影响(social influence)等变量更侧重于社会层面。

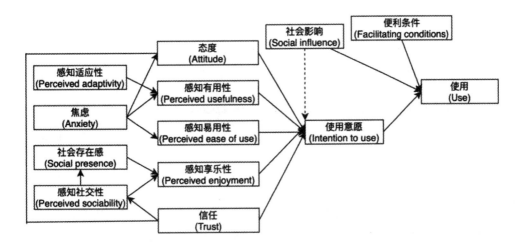

图 2-52 阿勒梅尔模型示意图

在上述这些模型中,性别、年龄、教育程度等人口统计学变量通常作为影响其使用意愿的调节与控制变量。从性别角度来说,老年妇女普遍更相信机器人能够用于改善生活,对机器人的接受度更高[①];相对于年轻人而言,老年人对新科技的接触更少,对智能机器人的态度也更为负面,因而对寻求机器人的帮助持怀疑态度并常会感到焦虑[②]。但是,也有研究显示,当老年人对智能机器人的功能等有足够多的了解时,能够极大地减少他们在使用智能机器人时的焦虑,并增加使用意愿[③]。因为老年人对智能机器人

① HUANG T, HUANG C. Elderly's acceptance of companion robots from the perspective of user factors[J]. Universal Access in the Information Society, 2010, 19(04): 935-948. doi:10.1007/s10209-019-00692-9.

② KOWALEWSKI S, WILKOWSKA W, ZIEFLE M. Accounting for user diversity in the acceptance of medical assistive technologies. Electronic Healthcare: Third International Conference[C]. Casablanca, Morocco: December 13-15, 2010. doi:10.1007/978-3-642-23635-8_22.

③ LOUIE WY, MCCOLL D, NEJAT G. Acceptance and attitudes toward a human-like socially assistive robot by older adults[J]. Assist Technol, 2014, 26(03):140-150. doi:10.1080/10400435.2013.869703.

的需求常常与其身体状况有关，因此他们对机器人的接受程度更有可能基于其健康状况而非年龄呈现出感知差异[①]。如患有痴呆症的老年人对于具有特定功能的护理机器人可能呈现出更高的接受水平[②]。

教育程度并未被涵盖在主流模型中，但其同样会对智能机器人的接受产生影响，例如小学教育水平的老年人对机器人的态度明显比本科或硕士以上教育水平的老年人更消极；但是，随着文化水平的提高，老年人对于机器人的焦虑感上升，直至高中学历才出现下降拐点[③]。另一个与老年人的机器人采纳意愿高度相关的变量是居住状态。对于独居老年人来说，他们在身体、情感和社会互动方面面临更大挑战，更有可能感到心理上的孤独、沮丧和身体上的移动障碍[④]，在日常活动中需要更多帮助，但获得服务的机会却更少，因此更愿意使用护理机器人以改善生活。[⑤]

基于以上综述，我们提出了本文的第二个研究问题：

RQ2：在中国语境下，影响老年人智能机器人使用意愿的因素有哪些？

---

① BETLEJ A. Designing robots for elderly from the perspective of potential end-users: a sociological approach[J]. Int J Environ Res Public Health, 2022, 19(06): 3630. doi:10.3390/ijerph19063630.

② EDICK C, HOLLAND N, ASHBOURNE J, et al. A review of Canadian and international dementia strategies[J]. Healthc Manage Forum. 2017, 30(01):32-39. doi:10.1177/0840470416664533.

③ GIULIANI MV, SCOPELLITI M, FORNARA F. Elderly people at home: technological help in everyday activities[R]. Proceedings of IEEE International Workshop on Robot and Human Interactive Communication, 2005: 365-370.

④ CHEN N, LIU X, SUN Y. Study on acceptance of social robots by aging adults living alone[C]//Proceeding of HCI international 2020 - late breaking papers: universal access and inclusive design. Copenhagen, Denmark: July 19-24, 2020: 482-494. doi:10.1007/978-3-030-60149-2_37.

⑤ HUANG T, HUANG C. Elderly's acceptance of companion robots from the perspective of user factors[J]. Universal Access in the Information Society, 2010, 19(04): 935-948. doi:10.1007/s10209-019-00692-9.

三、研究方法

本次研究主要采用半结构式深度访谈法，调查员于 2023 年 12 月先后对北京市昌平区龙腾苑二区 25 名 50 岁以上的中老年居民进行线下面对面访谈。访谈平均时长为 30 分钟，其中包含对话交谈与视频观看，在访谈结束后以生活物资形式向被访者付以适当报酬，最终整理出访谈稿约 6 万字。研究问题与具体问项见表 2–6。

表 2–6　访谈提纲

板块	具体问题	回答与操作
一、智能机器人实际使用	1. 您之前听说过可以在日常生活中使用的智能机器人吗？	1.1 有，且使用过。请描述使用过的机器人特征。
		1.2 有，但没用过。请描述了解的机器人特征。跳转 –5
		1.3 没有。给访谈对象展示智能机器人案例（机器人阿铁 & 机器人 Paro）并跳转 –5
	2. 您在什么场所使用过智能机器人？	2.1 家里 跳转 –3 2.2 护理机构等公共场所 跳转 –4 2.3 其他场所 跳转 –4
	3. 是什么时候购买的？谁主张购买？	
	4. 您使用它的主要目的是什么？使用过哪些功能？	
二、智能机器人外形与功能（RQ1）	1. 您理想中的智能机器人外观是什么样子的？	从外形方面回答，鼓励受访者进行发散思维。
	2. 您希望智能机器人具有哪些功能？	从社交属性、具体任务等方面回答，鼓励受访者进行发散思维。
三、老年智能机器人使用与接受（RQ2）	3. 您是否想使用类似的智能机器人呢？为什么？	
	4. 影响您对智能机器人使用意愿的因素有哪些？	提醒从技术、使用者、社会等多层次作答。

续表

板块	具体问题	回答与操作
三、老年智能机器人使用与接受（RQ2）	5. 如果您拥有一个智能机器人，您希望与它建立什么样的关系呢 / 您会对机器人投入感情与信任吗？	例如，工具、助手、朋友、伴侣、家人、宠物等。
	6. 如果您未来使用智能机器人，您可能有哪些顾虑呢？	例如，维修、隐私、社交隔离等，鼓励受访者进行思维发散。
四、被访者基本情况（RQ2）	1. 姓名（称呼） 2. 性别 3. 年龄 4. 受教育程度 5. 婚姻与居住状态 6. 个人月收入情况（以退休金为主，同时询问赡养者每月是否给予金钱支持）	

　　在整理访谈稿的同时，笔者对访谈对象的人口统计学信息进行了统计，如表 2-7 所示。其中包含 7 名男性，平均年龄 69.86 岁；18 名女性，平均年龄 62.39 岁，样本总体平均年龄 64.48 岁。

表 2-7　被访谈对象人口统计学信息

编号	性别	年龄	文化水平	居住情况	个人月收入（元）
E1	男	80	中专	与配偶同住	6000
E2	女	75	初中	与配偶同住	6000
E3	女	50	大学	与配偶同住	1～20 000
E4	女	57	大专	与配偶同住	10 000
E5	女	53	高中	与父亲以及领养的女儿同住	7000～8000
E6	女	50	初中	与配偶同住	8000～16 000
E7	女	59	大专	与配偶、女儿、女婿、孙辈同住	3000～5000
E8	女	72	中专	与配偶、女儿、女婿、孙辈同住	3000
E9	女	51	中专	与配偶同住	5000～8000
E10	女	69	初中	与配偶同住	3000～4000
E11	男	72	初中	与配偶同住	4000
E12	女	60	高中	与配偶同住	4000～5000

续表

编号	性别	年龄	文化水平	居住情况	个人月收入（元）
E13	女	61	大专	与配偶同住	4000 ~ 5000
E14	女	73	初中	与配偶、女儿同住	3500
E15	女	72	大学	与配偶同住	6000
E16	女	63	初中	与配偶同住	3000
E17	女	58	初中	与配偶、女儿、女婿、孙辈同住	0
E18	男	74	初中	与配偶同住	7000 ~ 8000
E19	男	62	初中	与配偶、儿子、儿媳、孙辈同住	7000 ~ 8000
E20	男	65	初中	与配偶、女儿同住	6000 ~ 8000
E21	男	63	初中	与配偶、儿子同住	6000 ~ 8000
E22	女	64	高中	与配偶、儿子、儿媳同住	500
E23	女	66	初中	与配偶、女儿同住	0
E24	女	70	初中	与配偶、孙辈同住	5000
E25	男	73	初中	与配偶、孙辈同住	5000 ~ 6000

四、研究结果

结合访谈内容，本部分对前述两个研究问题予以回应。

（一）对智能机器人的了解和偏好

大多数受访者对"智能机器人"这一概念有基本的理解与想象，扫地机器人和智能音箱是最常被提起的两种智能机器人代理，超过一半受访者均见过或使用过此类设备，通常由家中晚辈购买，老年人一般只使用过简单对话等基础功能，或观察过晚辈的使用过程。

从外观设计来说，超过一半的老年受访者表示他们更喜欢人形机器人，也有 3 位老年人对兽形机器人表示出兴趣（E2、E12、E13），2 位受访者则表示对人形与兽形机器人均感兴趣，但不喜欢"太普通"的机械外形（E6、E16），有4位受访者持中立态度，认为"外观无所谓，功能更重要"（E3、E11、E18、E19）。喜欢人形机器人的受访者对于外观拟人化的程度表现出差异化倾向：有9名老年人表示，他们希望机器人的外观"越像人越好"，最好可以具有仿真的皮肤与毛发（E1、E5、E10、E14、E15、E20、E21、E24、E25），同时有女性受访者提出了明确的性别要求，希望拥有"小女孩"外形的机器人（E10）；但其他老年人则表示不希望机器人"太像人"，否则会感觉"家里来了一个'陌生人'"，更接受相对可爱的卡通外形机器人，比如"芭比娃娃"或类似视频材料中的"阿铁"机器人。进一步询问，选择兽形机器人的老年人大多喜欢动物或有养宠物经历；而拒绝兽形机器人的受访者则表示，此类机器人"容量和屏幕面积小"，更多"属于玩具的性质"，"需要被呵护"，无法为使用者提供过多帮助。

从功能属性来看，受访者提到的需求大致可归纳为10类（具体参见表2-8）。其中，出现最频繁的功能为"家务劳动"，超过半数受访者提及此类需求，扫地、刷碗、打扫卫生等常见家务均包含在内；第二位为"聊天陪伴"，有12位老年人提到希望机器人可以和自己"聊一聊"，用来"排解寂寞"，同时"防止抑郁"；有9位老年人指出机器人应该具有"紧急联络"功能，在身体出现不适时，机器人可以迅速识别并自主联络子女或社区医护人员；同时，也有多位老人提到"身体辅助"（如帮助无法自理的老年人翻身、行走或搬运重物等）、"健康监测"（如协助老人监测血压、血糖等数据）、"提供信息"（包括药物服用、养生护理以及老年教学等内容）等需求。提及次数不足3次的需求包括"事项提醒"（即提醒老年人按时服药、监测血压等）、"协助出行"（即协助使用者开车、外出就医等）、"娱乐功能"

（即播放歌曲或跳舞等）。有 1 位受访者甚至提出，希望智能机器人可以帮助"看护小孩"。尽管此需求仅被明确提及一次，但有多位老年人均在谈话中述说了其肩负照顾孙辈的"任务"，例如，有受访者指出，需要机器人提醒她"什么时间去接孩子"（E16），因此也将此需求单独列出。

表 2-8　受访者提及的智能机器人功能需求

类别	具体内容	提及次数
家务劳动	扫地、刷碗、做饭、拉窗帘、打扫卫生、擦高处窗户、点外卖	21 （E4,E5,E6,E7,E9,E10,E11,E12,E13,E14,E15,E16,E17,E18,E19,E20,E21,E22,E23,E24,E25）
聊天陪伴	讲故事、交谈	12 （E1,E3,E4,E5,E7,E8,E10,E12,E15,E17,E20,E21）
紧急联络	呼叫子女、报警	9 （E2,E4,E12,E14,E15,E16,E18,E23,E24）
身体辅助	帮助翻身、行走、重物搬运	6 （E4,E5,E6,E7,E18,E21）
健康监测	测血压等数据	5 （E1,E14,E15,E16,E24）
提供信息	药物服用、养生护理、老年教学（如英语学习）	4 （E3,E6,E12,E16）
事项提醒	提醒服药等重要且易忘事情	3 （E7,E8,E16）
协助出行	开车、陪同就医	2 （E9,E15）
娱乐功能	唱歌、跳舞	2 （E2,E8）
照顾孙辈	照看儿童、陪伴玩耍等	1 （E17）

关于智能机器人的社交属性，大部分老年人表示喜欢机器人具备一定的交互功能，其中被提及最多的是语音功能。受访者认为其主要有三重作用：一是寄托感情从而缓解寂寞，"老人最需要的就是有个说话的人"，与

机器人进行聊天互动"有助于增进（人机）感情"，从而"给老人解除寂寞"（E24）；二是增加使用乐趣，提升老年使用者的感知有趣性（E10）；三是语音功能方便操作（E23），但针对这一功能，有受访者提出了相反意见，认为其"有局限性"，担心口音与吐字清晰度等问题阻碍智能机器人的正常使用（E9）。

（二）影响社区老年人使用智能机器人的各类因素

从使用意愿与影响因素来看，大多数受访者表示希望使用智能机器人，影响因素包含性价比、感知有用性、态度；也有 8 位受访者表示，目前不考虑使用机器人（E1、E2、E14、E20、E21、E22、E23、E24），原因基本相同，包括"身体良好，没有需要"（E11），认为"老年人要多动"（E10），"年龄大了要做点家务，避免老年痴呆"（E12）。但是这些老年人也表示，等以后"独居""行动不便""子女不在身边"或"价格下调"后会考虑使用。大部分受访者表示在使用过程中会将机器人视为"朋友"或者"家人"（E10&E13），愿意对机器人投入一定感情。另外，有 2 位受访者仅将智能机器人视为他们的"助手"（E3 & E9），还有 3 位受访者认为机器人只能作为"工具"存在，不会对其投入任何感情（E18、E20、E21）。

尽管尚未真正使用，受访者已经对智能机器人的使用有所顾虑，其中被提及次数最多的是"维修调试"问题，担心机器人出现故障后"问题不能及时解决"，质疑是否能有专业人员提供维修服务。同时，受访者也提出"产品质量""安全问题"和"程序错误"等问题。甚至有老年人担心程序紊乱后机器人会伤人（E20）。另外，"丧失自主性""操作难度""机器保养"以及"信息筛选"这些问题也被提及。此外，有 9 位受访者对机器人的使用表现出了较高的信心与期待，没有提及相关问题和顾虑（E5、E6、E10、E11、E14、E15、E18、E19、E23）。

表 2-9　受访者提及的智能机器人使用顾虑

类别	具体内容	提及次数
维修调试	机器出现问题后的复原难度，以及是否有专业人员提供维修服务等	6（E9,E12,E13,E21,E22,E24）
产品质量	是否爱坏/易损、使用期限等	4（E8,E9,E17,E24）
安全问题	操作失误造成人身伤害	3（E2,E7,E20）
程序错误	出现功能紊乱	2（E1,E3）
丧失自主性	机器人超越使用者意志	1（E4）
操作难度	担心无法独立操作	1（E1）
机器保养	保养成本、周期等问题	1（E9）
信息筛选	机器人提供的信息存在错误	1（E16）

五、讨论

（一）智能机器人的功能角色定位

总体来看，我国老年市场更为偏好具有人形外观的智能机器人。一方面，人形机器人更符合老年群体的认知习惯，方便使用者进行识别，如E15 提到"人到老了会糊涂，常见的东西不容易忘掉，不常见的东西就不好认了"；另一方面，拥有躯干的人形机器人能够更好执行拿取等命令，能为使用者提供更切实的帮助。但也应注意，对于中国老年使用者，"恐怖谷"效应（Uncanny Valley）同样存在，即随着人造物与现实生物相似性的不断增加，使用者对于该物体的接受程度是非线性的，在初始阶段，两者正向相关，但当相似性到达一定程度，即人造物体的外形无限接近于现实存在时，很微小的差异都会引起使用者强烈的不适与抗拒[1]，因此不应过度追求外表的高仿真。此外，有过照料宠物经历的老年人通常会对具有动物外形的机器人抱有更高的好感，兽形机器人通过唤起使用者与宠物互动的过往记忆，产生类似的快乐情绪，对用户形成心理刺激与吸引[2]。同时，机器人的清洁、易操控等特性也让部分希望养宠物却"有心无力"的老年人对其产生兴趣。

从功能需求而言，我国老年人对智能机器人具有更加明显的实用导向。老年人身体机能的衰退，如力量下降、关节活动范围变小、视觉听觉障碍等因素使得他们更加重视机器人的服务能力[3]，希望其可以帮助承担烦琐的家庭事务。同时，老年人非常重视安全问题[4]，强调风险预防和医疗就诊的重要性，更喜欢具有如安全监测、危险警报和陪同就医功能的机器人[5]。另外，由于工作压力大、生活成本高以及优质托幼机构缺失，使得我

---

① MORI M, MACDORMAN KF, KAGEKI N. The uncanny valley[J]. IEEE Robotics & automation magazine. 2012, 19(02):98-100. doi:10.1109/mra.2012.2192811.

② SHIBATA T. Therapeutic seal robot as biofeedback medical device: Qualitative and quantitative evaluations of robot therapy in dementia care[J]. Proceedings of the IEEE. 2012, 100(08):2527-2538. doi:10.1109/jproc.2012.2200559.

③ 王振翔. 老年人家居产品的适老化设计研究[J]. 工业设计，2018（03）：48-49. DOI:10.3969/j.issn.1672-7053.2018.03.018.

④ CAVALLO F, ESPOSITO R, LIMOSANI R, et al. Robotic services acceptance in smart environments with older adults: user satisfaction and acceptability study[J]. J Med Internet Res, 2018, 20(09): e264. doi:10.2196/jmir.9460.

⑤ PINO M, BOULAY M, JOUEN F, RIGAUD AS. "Are we ready for robots that care for us?" Attitudes and opinions of older adults toward socially assistive robots[J]. Front Aging Neurosci, 2015, 7:141. doi:10.3389/fnagi.2015.00141.

国存在众多"隔代家庭"①，大量老年人或主动或被动"加入"成年子女的核心家庭以照看年幼的孙辈②，因此一些老年用户希望机器人在满足自身基本生活需要的同时，也能够助力孙辈的照顾与养育。

（二）老年用户对智能机器人的接受意愿

整体来看，受访者普遍接受并愿意在未来使用智能机器人。本次研究中，性别与年龄并未对使用意愿产生显著影响，所有受访者对我国智能机器人产品及政策前景都表现出较高评价与正面情绪。具体而言，"性价比""感知有用性"以及"态度"因素对使用意愿的影响较为凸显。

首先，"性价比"是受访者最常提及的影响因素，这一因素在阿勒梅尔等模型中并未被提及。受访老年人可接受的智能机器人价格区间为2000～100 000元，波动范围极大。有老年人对价格极其敏感，"担心太贵""不想花钱"（E7、E8、E9）；但也有受访者表示"价格不是问题"，更关注其是否"值得购买"（E6、E25）。这种所谓的"值得"往往通过将机器人的平均使用价格（即智能机器人的价格除以使用时长）与雇佣家庭护工的平均支出进行比较，从而做出是否购买的决定（E5）。更进一步，该变量在一定程度上受到收入影响，可接受价格为100 000元的4位老年人个人月收入均在5000元及以上，但是由于老年人保守、求实、谨慎等消费低欲特征突出，导致了消费心理一定程度滞后于消费力。③因此整体上，万元以下的智能机器人在老年市场更具竞争力。

---

① 陶涛，刘雯莉，孙铭涛.代际交换、责任内化还是利他主义——隔代照料对老年人养老意愿的影响 [J].人口研究，2018，42（05）：56-67.

② 马春华，石金群，李银河，等.中国城市家庭变迁的趋势和最新发现 [J].社会学研究，2011，25（02）：182-216+246.doi:10.19934/j.cnki.shxyj.2011.02.008.

③ 吴敏，熊鹰.年龄、时期和队列视角下中国老年消费变迁 [J].人口与经济，2021（05）：69-80.doi:10.3969/j.issn.1000-4149.2021.00.040.

其次，功能—需求匹配下的"感知有用性"也是老年用户重点考虑的因素，这种匹配很大程度上是因人而异的。多位受访者提及"分级"设计（E7、E8），即智能机器人的功能设计要考虑到不同老年人的身体状况与心理需求，如针对失能或独居老年人更需要身体辅助功能，而对行动自如的自理老年人，可以为其提供功能相对简化而社交功能凸显的机器人。另外，对智能音箱或扫地机器人等智能设备有一定了解或使用经验的老年群体对智能机器人表现出更强烈的接纳与使用意愿[1]。这与阿勒梅尔模型中的"态度"变量密切相关。一般情况下，与年轻人相比，老年人对新技术的经验更少，那些在技术方面有丰富经验的老年人更有可能对智能机器人持积极态度[2]。同时，我国老年人的智能机器人使用意愿也与"社会影响"因素相关，例如，有无家庭成员与朋友推荐，但其影响并不显著。

从访谈数据可知，目前我国中老年人对智能机器人的接受并未停留在单纯的使用，而是愿意投入感情。老年人更容易在互动过程中和机器人产生情感联结，从而与其建立朋友与家人等亲密关系。相比于年轻群体，老年人更关注互动属性[3]，喜欢机器人具有语音交互功能和较高的表达能力[4]，

① TRONCONE A, AMORESE T, CUCINIELLO M, et al. Advanced assistive technologies for elderly people: a psychological perspective on seniors' needs and preferences (part A)[J]. Acta Polytechnica Hungarica, 2020, 17(02):163–189. doi:10.12700/aph.17.2.2020.2.10.

② GIORGI I, TIROTTO FA, HAGEN O, et al. Friendly but faulty: A pilot study on the perceived trust of older adults in a social robot[J]. IEEE Access, 2022, 10:92084–92096. doi:10.1109/access.2022.3202942.

③ HEERINK M, KROSE B, EVERS V, WIELINGA B. Assessing acceptance of assistive social agent technology by older adults: the almere model[J]. International Journal of Social Robotics, 2010, 2(04):361–375. doi:10.1007/s12369-010-0068-5.

④ HEERINK M, KROSE B, EVERS V, WIELINGA B. Relating conversational expressiveness to social presence and acceptance of an assistive social robot[J]. Virtual Reality, 2010, 14(01):77–84. doi:10.1007/s10055-009-0142-1.

也期待机器人具有目光接触、微笑与身体靠近等回应能力[①]，愿意将其作为社会行动者（social agent），以社会化交往方式与之共处，如有受访对象表示希望"和机器人交心"并"和它像家人一样亲热地交往"（E24、E25）等。甚至有老年人还会对机器人产生不忍的感情，如E16表示机器人"不是保姆"，"只要自己能动，就不愿意叫它做事"，更愿意和它进行交谈。

从使用顾虑来看，受访者提及的问题基本停留在产品层面，与现有模型中的"感知易用性"因素关系密切，并未涉及社会孤立、欺骗与幼稚化等问题。这可能是由于缺乏使用经验，老年受访者难以从交互角度思考。目前我国只在定点养老院投放智能机器人，但一方面老年人自愿前往养老院居住的比例并不高[②]，另一方面，不是全部有需求的老年人都能入住配备智能设备的养老院，还要考虑经济条件与社会关系等多方影响，因此目前能够真正接触到智能机器人的老年人并不多。目前我国养老院接收的老年群体年龄偏大，存在大量失能与半失能老人，客观身体条件使其无法有效使用智能设备。在对北京四季青敬老院的实地调研中，该敬老院负责人表示入住老人平均年龄超过80岁，且绝大多数需要卧床或具有精神类疾病，根本无法使用智能机器人。所以，尽管本次研究的受访者表现出与智能机器人进行社会化相处的意愿，实际上仍是以一种"人—工具"的视角看待机器人的使用，并不认为自身会受到机器人的影响。

值得注意的是，现有相关实证研究发现，老年人不愿意更多地接受新媒介技术，是因为担心使用机器人会增加他们被家人忽略的风险，使他们

---

① BIRNBAUM GE, MIZRAHI M, HOFFMAN G, et al. Machines as a source of consolation: Robot responsiveness increases human approach behavior and desire for companionship[C]// Proceedings of the 11th ACM/IEEE International Conference on Human-Robot Interaction (HRI). March 7-10, 2016, Christchurch, NEW ZEALAND. 2016: 165-171.

② 孙鹃娟，沈定. 中国老年人口的养老意愿及其城乡差异——基于中国老年社会追踪调查数据的分析 [J]. 人口与经济，2017（02）：11-20. doi:10.3969/j.issn.1000-4149.2017.02.002.

不被关注①，但本研究的访谈者均表示不担心智能机器人的使用会使子女减少探视和关心。首先，他们体谅子女工作辛苦，并"不指望"子女频繁探望，如访谈者 E9 表示"自己过自己的日子，毕竟是两代人"，只要子女在外生活无恙，自己就心满意足了。其次，访谈者对子女的品德高度自信，认为智能机器人只会起到"锦上添花"作用，表示子女有孝心就会自觉探望，"要是没有孝心，有没有机器人他（子女）都不来"（E7 & E22），并不认为机器人的使用会减少孩子对自己的关爱。最后，很多受访者表达对子女承担实际养老行为的质疑，认为即使子女已经成年，还是需要父母照顾（E7、E9 等），未来希望购买机器人以减轻自身照顾家庭的负担。

六、结语

本研究聚焦中国社区中老年群体，采用半结构深度访谈法，从机器人外观、功能以及使用者相关角度探讨了影响老年用户对智能机器人使用意愿的潜在因素。我国对于人工智能技术在养老领域的研究起步相对较晚，但发展迅速，"阿铁""小康""白泽"等国产智能机器人正在进入北、上、广等多地的社会养老机构，宣告机器人养老已经从概念走向现实，并取得了热烈反响②。但是，在智能机器人实际落地老年市场的过程中仍有很多值得关注的议题。理解老年用户，有利于提升面向老年用户的机器人产品设计，优化使用效果，并进一步开拓国内消费市场。

实际上，研究老年人对智能机器人的接受与使用并不仅仅为了提升老

---

① 申琦，邵一鸣 . 机器人走进生活：老年人对社交机器人的外观刻板印象与风险感知 [J]. 现代传播，2021，43（10）：156-162.doi:10.3969/j.issn.1007-8770.2021.10.028.

② 王哲 . 养老机器人市场会爆发吗?[J]. 中国报道，2019（06）：84-85.

年群体的实际使用，更是希望从老年人自身需求出发，努力提升该群体的使用体验。在理想状态下，智能机器人不仅是机械地完成每日的照护任务，而是要作为服务的提供主体满足老年人的养老需求；在智慧养老环境中生活的老年人，也不再是单纯的服务接受者，同样应被赋予表达养老诉求的能力与权力[①]。总而言之，在新媒体背景下探讨如何优化我国的养老路径与服务体系，重点不应局限于探讨智能机器人等新技术手段的可行性，还需要将人本思维、共赢理念以及孝老文化深度融合并贯穿始终，在传统与现代、技术与伦理的融合交织下探索本土化养老的可行进路[②]。

---

① 陈昫.责任伦理视角下数字时代机器人养老服务治理 [J].武汉大学学报（哲学社会科学版），2022，75（04）：173-184.doi:10.14086/j.cnki.wujss.2022.04.016.

② 张昊.智慧养老视域下中国养老服务体系的优化路径研究 [D].吉林大学，2021.doi:10.27162/d.cnki.gjlin.2020.007403.

北京市四街道智慧养老情况及多因素分析

王玉琪　王红漫[①]

摘　要： 2022年北京市60岁及以上常住人口占比21.3%，近五年增量最多，老龄化挑战日趋严峻。北京市的海淀区西三旗街道、朝阳区望京街道、西城区西长安街街道、石景山区八角街道入选2017—2022年工业和信息化部、民政部、国家卫生健康委员会联合公布的五批"智慧健康养老应用试点示范名单"。本研究采用方便抽样法，对四街道的620位老年人开展问卷调查，了解老年人对智慧养老的认知、需求情况，并对影响老年人智慧养老服务需求的因素进行单因素、多因素分析。

关键词： 智慧养老；认知；需求；影响因素

① 王玉琪，硕士研究生，北京大学医学人文学院；主要研究方向：健康老龄化研究。王红漫，博士，北京大学教授，博士生导师；主要研究方向：健康与社会发展理论与实证研究、公共政策与全球健康治理、高校素质教育模式与对策研究。

一、北京市智慧养老概况

北京市于 1990 年进入老龄化社会，2021 年年末进入中度老龄化社会[①]。截至 2022 年年末，北京市 60 岁及以上常住人口 465.1 万人，占比 21.3%，其中 65 岁及以上常住人口 330.1 万人，占比 15.1%[②]。预计到"十四五"末，北京市人口老龄化水平将达到 24%；到 2035 年，老年人口接近 700 万，人口老龄化水平将超过 30%，进入重度老龄化[③]。北京市老龄委印发《北京市"十四五"时期老龄事业发展规划》，指出加快发展智慧养老，加强养老终端设备的适老化设计与开发，大力发展"互联网＋社会服务"消费模式，为老年人提供综合化智慧养老服务[④]。2017—2022 年，工业和信息化部、民政部、国家卫生健康委员会联合公布了五批"智慧健康养老应用试点示范名单"，北京市海淀区西三旗街道、朝阳区望京街道、西城区西长安街街道、石景山区八角街道（简称"四街道"）入选"智慧健康养老示范街道"。

---

① 北京市人民政府．60 岁及以上常住人口占比首次突破 20% 北京进入中度老龄化社会 [EB/OL]．（2022-09-03）[2022-12-03]．https://www.beijing.gov.cn/gongkai/shuju/sjjd/202209/t20220903_2808255.html.

② 北京市人民政府．北京市 2022 年国民经济和社会发展统计公报 [EB/OL]．（2023-03-21）[2023-05-08]．https://www.beijing.gov.cn/zhengce/zhengcefagui/202303/t20230321_2941262.html.

③ 北京市老龄工作委员会．北京市"十四五"时期老龄事业发展规划 [EB/OL]．（2021-12-23）[2022-12-03]．http://wjw.beijing.gov.cn/zwgk_20040/ghjh1/202111/t20211126_2545316.html.

④ 北京市老龄工作委员会．北京市"十四五"时期老龄事业发展规划 [EB/OL]．（2021-12-23）[2022-12-03]．http://wjw.beijing.gov.cn/zwgk_20040/ghjh1/202111/t20211126_2545316.html.

二、四街道智慧养老情况的定量分析

为了解四街道智慧养老情况，北京大学健康与社会发展理论与实证研究课题组（简称"课题组"）运用组内设计的具有信效度的"智慧养老服务需求调查问卷"开展调查研究。调查对象的基本信息、智慧养老认知情况、智慧养老服务需求情况及其影响因素如下。

（一）调查对象基本信息

课题组采用方便抽样方法，选择 620 位老年人进行问卷调查，调研对象覆盖不同年龄阶段、不同户口类别、不同社会经济水平的老年人。问卷回收后，将不完整、不合格的问卷剔除，最终纳入 606 份。在 606 份有效问卷中，男性 299 人（49.3%），女性 307 人（50.7%），汉族 576 人（95.0%），少数民族 30 人（5.0%）。60~69 岁 236 人（38.9%），70~79 岁 211 人（34.8%），80 岁及以上 159 人（26.2%），详见表 2-10。

表 2-10　调查对象基本信息

变量		频数	百分比	变量		频数	百分比
性别	男	299	49.3%	每月可支配收入	≤ 1000 元	67	11.1%
	女	307	50.7%		>1000~3000 元	42	6.9%
民族	汉族	576	95.0%		>3000~4000 元	92	15.2%
	少数民族	30	5.0%		>4000~6000 元	221	36.5%
年龄	60~69 岁	236	38.9%		> 6000 元	184	30.4%
	70~79 岁	211	34.8%	医疗保险类型	职工基本医疗保险	491	81.0%
	80 岁及以上	159	26.2%		城乡居民医疗保险	106	17.5%
户口类别	城镇户口	523	86.3%		其他	9	1.5%

续表

变量		频数	百分比	变量		频数	百分比
户口类别	农村户口	83	13.7%	婚姻状态	无配偶	129	21.3%
家庭户规模	一人户	69	11.4%		有配偶	477	78.7%
	二人户	264	43.6%	养老方式倾向	居家养老	518	85.5%
	三人户及以上	273	45.0%		社区养老	29	4.8%
受教育程度	未上过学	52	8.6%		机构养老	36	5.9%
	小学	69	11.4%		其他	23	3.8%
	初中	157	25.9%	主要照料人	自己	448	73.9%
	高中/中专	171	28.2%		配偶/子女	121	20.0%
	大学专科及以上	157	25.9%		其他	37	6.1%

（二）调查对象智慧养老认知情况

调查结果显示，针对"智慧养老"概念，有 115 人（19.0%）表示了解（包含比较了解、一般），491 人（81.0%）表示不了解（包含不太了解），详见表 2-11。在调研过程中，对于不了解智慧养老的老年人，调查员对其进行科普，向其介绍相关知识与政策。经课题组科普后，有 456 人（75.2%）表示智慧养老的实行是有必要的（包含比较有必要）。由此可见，老年人对智慧养老的了解情况尚不乐观，但当老年人了解智慧养老的一般知识后，大部分老年人都认同智慧养老的推广与实行。

表 2-11 调查对象智慧养老认知情况

项目		频数	百分比
"智慧养老"概念了解程度	不了解	407	67.2%
	不太了解	84	13.9%
	一般	59	9.7%
	比较了解	41	6.8%
	了解	15	2.5%

续表

项目		频数	百分比
智慧养老政策 了解程度	不了解	495	81.7%
	不太了解	51	8.4%
	一般	39	6.4%
	比较了解	16	2.6%
	了解	5	0.8%
智慧养老服务内容 了解程度	不了解	486	80.2%
	不太了解	51	8.4%
	一般	46	7.6%
	比较了解	18	3.0%
	了解	5	0.8%
智慧养老实行 必要性	有必要	397	65.5%
	比较有必要	59	9.7%
	一般	80	13.2%
	比较无必要	18	3.0%
	无必要	52	8.6%

（三）调查对象智慧养老服务需求情况

依据国家发布的《智慧健康养老产品及服务推广目录（2022 年版）分类》[①] 以及课题组的实证调研经验，本研究调查的智慧养老服务是指：利用互联网技术手段，精准对接老年人需求，为其提供的生活照料、医疗保健、文化娱乐、助餐、呼叫等服务，见表 2—12。本研究调研的智慧养老服务需求是指，在既定价格水平下，服务对象存在主观需要、愿意购买且有能力支付的智慧养老服务及其数量。

---

① 中国政府网.关于组织开展 2022 年智慧健康养老产品及服务推广目录申报工作的通知 [EB/OL].（2022—11—16）[2022—12—05].https://www.mca.gov.cn/article/xw/tzgg/202211/20221100045137.shtml.

表 2-12 老年人智慧养老服务需求情况

分类	服务信息	需要 n	不需要 n
日间照料	日间托管	41（ 6.8%）	565（93.2%）
	小时托管	38（ 6.3%）	568（93.7%）
呼叫服务	电话转介/电话巡视	175（28.9%）	431（71.1%）
	智能呼叫设备（如"一键呼"）	200（33.0%）	406（67.0%）
	紧急上门服务	207（34.2%）	399（65.8%）
助餐服务	老年营养餐（老年食堂）	226（37.3%）	380（62.7%）
	代取餐服务	70（11.6%）	536（88.4%）
	上门做饭	40（ 6.6%）	566（93.4%）
文化娱乐	老年大学	113（18.6%）	493（81.4%）
	老年社团	137（22.6%）	469（77.4%）
精神关怀	心理疏导	66（10.9%）	540（89.1%）
	关怀和生活陪伴	86（14.2%）	520（85.8%）
医疗保健	健康档案	303（50.0%）	303（50.0%）
	健康监测	300（49.5%）	306（50.5%）
	健康咨询	301（49.7%）	305（50.3%）
	中医保健	200（33.0%）	406（67.0%）
生活照料	理发服务	137（22.6%）	469（77.4%）
	助浴服务	92（15.2%）	514（84.8%）
	家政保洁	150（24.8%）	456（75.2%）
	陪同就医/陪同出行	130（21.5%）	476（78.5%）
	家具家电清洗维修	136（22.4%）	470（77.6%）

在本次调研中，有 419 人（69.1%）表示需要智慧养老服务，187 人（30.9%）表示不需要智慧养老服务。在智慧养老服务需求调查中，将"需要""比较需要"定义为需要智慧养老服务，其他情况（一般、比较不需要、不需要）定义为不需要智慧养老服务，调研对象需求情况如表 2-12 所示。老年人呼声最高的是医疗保健服务，有 303 人（50.0%）表示需要

健康档案，300人（49.5%）需要健康监测，301人（49.7%）需要健康咨询，200人（33.0%）需要中医保健。排在第二位的是助餐服务，有226人（37.3%）表示需要老年食堂。排在第三位的是呼叫服务，有207人（34.2%）需要紧急上门服务，200人（33.0%）需要智能呼叫设备。

（四）调查对象智慧养老服务需求影响因素单因素分析

1. 个人因素与老年人智慧养老服务需求的交互关系

在个人因素中，年龄、户口类别、养老方式倾向方面的差异具有统计学意义（$P<0.05$），性别、未来养老信心方面的差异无统计学意义（$P>0.05$），见表2-13。

表2-13　老年人智慧养老服务需求单因素分析（个人因素）

个人因素		智慧养老服务需求 N		P
		需要	不需要	
年龄	60~69岁	129（30.8%）	107（57.2%）	<0.001
	70~79岁	148（35.3%）	63（33.7%）	
	80岁及以上	142（33.9%）	17（9.1%）	
性别	男	204（48.7%）	95（50.8%）	0.631
	女	215（51.3%）	92（49.2%）	
户口类别	城镇户口	387（92.4%）	136（72.7%）	<0.001
	农村户口	32（7.6%）	51（27.3%）	
未来养老信心	无信心	142（33.9%）	52（27.8%）	0.138
	有信心	277（66.1%）	135（72.2%）	
养老方式倾向	居家养老	348（83.1%）	170（90.9%）	0.002
	社区养老	26（6.2%）	3（1.6%）	
	机构养老	32（7.6%）	4（2.1%）	
	其他	13（3.1%）	10（5.3%）	
合计		419（69.1%）	187（30.9%）	

2. 家庭因素与老年人智慧养老服务需求的交互关系

在家庭因素中，老年人在家庭户规模、婚姻状态、居住状况、主要照料人等方面的差异具有统计学意义（$P<0.05$），孩子数量、孩子孝顺情况方面的差异无统计学意义（$P>0.05$），见表2-14。

表2-14 老年人智慧养老服务需求单因素分析（家庭因素）

家庭因素		智慧养老需求 N		P
		需要	不需要	
家庭户规模	一人户	62（14.8%）	7（3.7%）	<0.001
	二人户	187（44.6%）	77（41.2%）	
	三人户及以上	170（40.6%）	103（55.1%）	
婚姻状态	无配偶	110（26.3%）	19（10.2%）	<0.001
	有配偶	309（73.7%）	168（89.8%）	
居住状况	一人独居	59（14.1%）	6（3.2%）	<0.001
	与配偶/子女同住	343（81.9%）	177（94.7%）	
	其他	17（4.1%）	4（2.1%）	
主要照料人	自己	287（68.5%）	161（86.1%）	<0.001
	配偶/子女等亲属	100（23.9%）	21（11.2%）	
	其他	32（7.6%）	5（2.7%）	
孩子数量	无	14（3.3%）	3（1.6%）	0.192
	1个	189（45.1%）	97（51.9%）	
	2个及以上	216（51.6%）	87（46.5%）	
孩子孝顺情况	不孝顺	43（10.3%）	17（9.1%）	0.656
	孝顺	376（89.7%）	170（90.9%）	
合计		419（69.1%）	187（30.9%）	

3. 社会经济因素与老年人智慧养老服务需求的交互关系

在社会经济因素中，职业、生活费来源、每月可支配收入、医疗保险类型方面的差异具有统计学意义（$P<0.05$），受教育程度方面的差异无统计学意义（$P>0.05$）见表2-15。

表 2-15 老年人智慧养老服务需求单因素分析（社会经济因素）

经济因素		智慧养老需求 N		P
		需要	不需要	
受教育程度	未上过学	32（7.6%）	20（10.7%）	0.592
	小学	48（11.5%）	21（11.2%）	
	初中	108（25.8%）	49（26.2%）	
	高中/中专	116（27.7%）	55（29.4%）	
	大学专科及以上	115（27.4%）	42（22.5%）	
职业	党的机关、国家机关、群团和社会组织、企事业单位负责人	41（9.8%）	10（5.3%）	<0.001
	专业技术人员	109（26.0%）	36（19.3%）	
	办事人员和有关人员	39（9.3%）	18（9.6%）	
	社会生产服务和生活服务人员	81（19.3%）	34（18.2%）	
	农、林、牧、渔业生产及辅助人员	25（6.0%）	50（26.7%）	
	生产制造及有关人员	100（23.9%）	34（18.2%）	
	军人	11（2.6%）	2（1.1%）	
	不便分类的其他从业人员	13（3.1%）	3（1.6%）	
生活费来源	退休金	381（90.9%）	131（70.1%）	<0.001
	子女赡养	26（6.2%）	40（21.4%）	
	其他	12（2.9%）	16（8.6%）	
每月可支配收入	≤1000元	25（6.0%）	42（22.5%）	<0.001
	>1000~3000元	24（5.7%）	18（9.6%）	
	>3000~4000元	65（15.5%）	27（14.4%）	
	>4000~6000元	163（38.9%）	58（31.0%）	
	>6000元	142（33.9%）	42（22.5%）	
医疗保险类型	职工基本医疗保险	368（87.8%）	123（65.8%）	<0.001
	城乡居民医疗保险	44（10.5%）	62（33.2%）	
	其他	7（1.7%）	2（1.1%）	
合计		419（69.1）	187（30.9%）	

4. 健康因素与老年人智慧养老服务需求的交互关系

在健康因素中，行动能力、自我照顾、日常活动、疼痛/不舒服、焦虑/沮丧方面的差异均具有统计学意义（$P<0.05$）见表 2-16。

表 2-16　老年人智慧养老服务需求单因素分析（健康因素）

健康因素		智慧养老需求 N		P
		需要	不需要	
行动能力	没有困难	325（77.6%）	174（93.0%）	< 0.001
	轻度困难	50（11.9%）	10（ 5.3%）	
	中等困难及以上	44（10.5%）	3（ 1.6%）	
自我照顾	没有困难	332（79.2%）	178（95.2%）	< 0.001
	轻度困难	45（10.7%）	6（ 3.2%）	
	中等困难及以上	42（10.0%）	3（ 1.6%）	
日常活动	没有困难	330（78.8%）	177（94.7%）	< 0.001
	轻度困难	52（12.4%）	6（ 3.2%）	
	中等困难及以上	37（ 8.8%）	4（ 2.1%）	
疼痛 / 不舒服	没有困难	144（34.4%）	106（56.7%）	< 0.001
	轻度困难	178（42.5%）	65（34.8%）	
	中等困难及以上	97（23.2%）	16（ 8.6%）	
焦虑 / 沮丧	没有困难	342（81.6%）	170（90.9%）	0.005
	轻度困难	57（13.6%）	16（ 8.6%）	
	中等困难及以上	20（ 4.8%）	1（ 0.5%）	
合计		419（69.1%）	187（30.9%）	

5. 认知因素与老年人智慧养老服务需求的交互关系

在认知因素中，智慧养老服务了解程度方面的差异具有统计学意义（$P<0.05$），对智慧养老概念、政策了解程度以及实行必要性方面的差异无统计学意义（$P > 0.05$），见表 2-17。

表 2-17　老年人智慧养老服务需求单因素分析（认知因素）

变量		智慧养老需求 N		P
		需要	不需要	
智慧养老概念了解程度	不了解	376（89.7%）	174（93.0%）	0.194
	了解	43（10.3%）	13（ 7.0%）	

续表

变量		智慧养老需求 N		P
		需要	不需要	
智慧养老政策了解程度	不了解	402（95.9%）	183（97.9%）	0.233
	了解	17（4.1%）	4（2.1%）	
智慧养老服务了解程度	不了解	398（95.0%）	185（98.9%）	0.034
	了解	21（5.0%）	2（1.1%）	
实行必要性	无必要	105（25.1%）	45（24.1%）	0.793
	有必要	314（74.9%）	142（75.9%）	
合计		419（69.1%）	187（30.9%）	

（五）调查对象智慧养老服务需求影响因素多因素分析

以老年人是否需要智慧养老服务为因变量（不需要 =0，需要 =1），将单因素分析结果中有统计学意义的影响因素作为自变量进行二元 logistic 回归分析（向前逐步选择法：似然比），逐步筛选出解释变量。

表 2-18 二元 logistic 回归拟合优度检验

步骤	-2 对数似然	Cox & Snell R^2	Nagelkerke R^2
1	690.513	0.092	0.130
2	658.536	0.139	0.195
3	641.172	0.163	0.230
4	627.004	0.182	0.257
5	621.362	0.190	0.268
6	615.281	0.198	0.279

在二元 logistic 回归分析中，拟合优度可以从两个方面考察：一是回归方程能够解释变量变差的程度，二是回归方程计算出的预测值与实际值之间的吻合程度，常用的指标有 Cox & Snell R^2 统计量、Nagelkerke R^2 统计量。由于 Cox & Snell R^2 统计量取值范围不宜确定，使用不方便，

因此通常选择 Nagelkerke R^2 统计量阐述二元 logistic 回归的拟合优度。Nagelkerke R^2 的取值范围在 0 ~ 1 之间，越接近于 1，说明方程的拟合优度越高。由表 2-18 可以看出，从步骤一到步骤六，Nagelkerke R^2 逐渐增大，模型的拟合优度越来越高。

表 2-19　Hosmer-Lemeshow 检验

步骤	卡方	自由度	显著性
1	0.000	1	1.000
2	1.377	5	0.927
3	2.347	8	0.968
4	1.731	8	0.988
5	4.861	7	0.677
6	4.991	8	0.759

　　在实际应用中，通常用 Hosmer-Lemeshow 检验（拟合优度检验）评价预测模型的校准度，如果 P 值大于 0.05，则说明预测值与真实值之间并无非常明显的差异。二元 logistic 回归结果显示，在最终模型中，Hosmer-Lemeshow χ^2 =4.991，P=0.759>0.05，表示模型预测值与实际观测值之间的差异不具有统计学意义，预测模型拟合优度较好，见表 2-19。表 2-20 为二元 logistic 回归预测的准确率，第一个步骤的总体预测准确率为 69.1%，第二个步骤的总体预测准确率为 73.8%，第三个步骤的总体预测准确率为 74.4%，第四个步骤的总体预测准确率为 75.1%，第五个步骤的总体预测准确率为 74.4%，第六个步骤，即最终模型的总体预测准确率为 74.8%，预测效果较为理想。

表 2-20　二元 logistic 回归预测准确率

实测		预测		
		是否需要智慧养老服务		预测准确率
		不需要	需要	
步骤 1	不需要	0	187	0
	需要	0	419	100.0
	总体预测准确率			69.1
步骤 2	不需要	59	128	31.6
	需要	31	388	92.6
	总体预测准确率			73.8
步骤 3	不需要	53	134	28.3
	需要	21	398	95.0
	总体预测准确率			74.4
步骤 4	不需要	91	96	48.7
	需要	55	364	86.9
	总体预测准确率			75.1
步骤 5	不需要	87	100	46.5
	需要	55	364	86.9
	总体预测准确率			74.4
步骤 6	不需要	85	102	45.5
	需要	51	368	87.8
	总体预测准确率			74.8

　　二元 logistic 回归中，年龄在第一个步骤中纳入，医疗保险类型在第二个步骤中纳入，疼痛 / 不舒服在第三个步骤中纳入，养老方式倾向在第四个步骤中纳入，婚姻状况在第五个步骤中纳入，智慧养老服务了解状况在第六个步骤中纳入，最终输出结果见表 2-21。二元 logistic 回归分析森林图见图 2-53。

表 2-21　二元 logistic 回归分析结果

变量	回归系数	标准误	Wald χ^2 值	P	OR	95%CI
年龄（"60～69 岁"为参照）			24.533	< 0.001		
70～79 岁	0.583	0.216	7.263	0.007	1.792	（1.172，2.738）
80 岁及以上	1.505	0.314	22.992	< 0.001	4.503	（2.434，8.330）
医疗保险类型（"职工基本医疗保险"为参照）			21.342	< 0.001		
城乡居民医疗保险	−1.134	0.246	21.223	< 0.001	0.322	（0.199，0.521）
其他	0.071	0.876	0.007	0.935	1.074	（0.193，5.971）
疼痛 / 不舒服（"没有困难"为参照）			18.773	< 0.001		
轻度困难	0.707	0.214	10.972	0.001	2.029	（1.335，3.083）
中等困难及以上	1.184	0.323	13.390	< 0.001	3.266	（1.733，6.156）
养老方式倾向（"居家养老"为参照）			9.852	0.020		
社区养老	1.571	0.652	5.812	0.016	4.813	（1.342，17.266）
机构养老	1.058	0.571	3.434	0.064	2.881	（0.941，8.824）
其他	−0.361	0.471	0.588	0.443	0.697	（0.277，1.753）
婚姻状况（"无配偶"为参照）						
有配偶	−0.703	0.301	5.468	0.019	0.495	（0.275，0.892）
智慧养老服务了解状况（"不了解"为参照）						
了解	1.622	0.777	4.358	0.037	5.064	（1.104，23.228）

从年龄来看，年龄越大的老年人越需要智慧养老服务，与 60～69 岁的老年人相比，70～79 岁与 80 岁及以上的老年人需要智慧养老服务的可能性更大（$OR_{70～79 岁}$ =1.792，95%CI：1.172～2.738；$OR_{80～89 岁}$ =4.503，95%CI：2.434～8.330）。

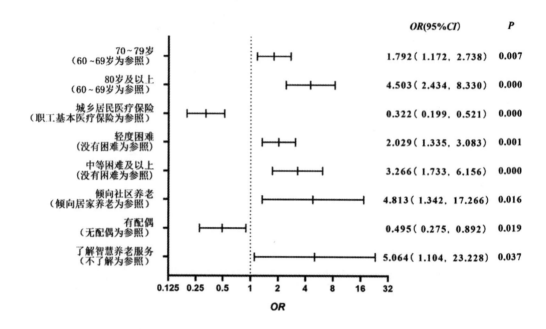

图 2-53 二元 logistic 回归分析森林图

从医疗保险类型来看，相比于拥有职工基本医疗保险的老年人，拥有城乡居民医疗保险的老年人需要智慧养老服务的可能性更低（OR =0.322，95%CI：0.199~0.521）。

从身体疼痛 / 不舒服的程度来看，相比于没有疼痛 / 不舒服的老年人，轻度困难与中等困难及以上的老年人需要智慧养老服务的可能性更大（OR 轻度困难 =2.029，95%CI：1.335~3.083；OR 中等困难及以上 =3.266，95%CI：1.733~6.156）。

从养老方式倾向来看，与倾向于居家养老的老年人相比，倾向社区养老的老年人需要智慧养老服务的可能性更大（OR=4.813，95%CI：1.342~17.266）。

从婚姻状况来看，以无配偶的老年人为参照对象，有配偶的老年人需要智慧养老服务的可能性更低（OR =0.495，95%CI：0.275~0.892）。从智慧养老服务了解状况来看，与不了解的老年人相比，了解的老年人需要智慧养老服务的可能性更大（OR =5.064，95%CI：1.104~23.228）。

三、结论与讨论

1. 老年人智慧养老服务需求意愿较高

本研究调查结果显示，首先，在调查员向老年人普及智慧养老的基本知识之后，有419人（69.1%）表示需要智慧养老服务。在智慧养老服务需求中，呼声最高的是医疗保健服务，老年人由于身体机能的衰老，难免会存在一种或多种老年病[①]，因此医疗健康方面的需求较大，这与武汉市社区智慧养老服务需求调查[②]的研究结果一致。其次是助餐服务，有226人（37.3%）表示需要老年食堂，就近的老年食堂能为老年人的日常生活提供便利，有助于增加其幸福感与获得感，这与基于福建省泉州市调查[③]的研究结果一致。最后是紧急呼叫服务，该服务对于高龄老人尤其是高龄独居老人尤为重要，如果老人发生意外，通过电话转介 / 电话巡视、智能呼叫设备（如一键呼）等提供紧急的上门服务，能有效保证老年人的生命安全，这与基于吉林省的调查[④]、"互联网 +"智慧养老服务需求实证研究分析[⑤]的研究结果一致。《中共中央 国务院关于加强新时代老龄工作的意见》强调，

[①] 韩启德院士：衰老是什么？[EB/OL].[2022-03-30].光明网.https://m.gmw.cn/baijia/2022-03/30/35623789.html.

[②] 雷雨迟，熊振芳.武汉市社区智慧养老服务需求调查[J].护理研究，2019，33（08）：1425-1428.

[③] 池长德，张小玲，龚国梅.老年人对智慧养老模式的意愿需求探析及对策——基于福建省泉州市调查[J].黑河学刊，2021（01）：125-128.

[④] 朱丹.智慧社区养老需求及养老产品的分析——基于吉林省的调查[J].吉林工商学院学报，2018，34（03）：119-121.

[⑤] 王潮."互联网 +"智慧养老服务需求实证研究分析[J].经济论坛，2021（01）：124-136.

要充分发挥市场机制作用，提供多元化产品和服务①。在 2022 年 12 月中共中央、国务院印发的《扩大内需战略规划纲要（2022—2035 年）》中，"养老"被提及 11 次，养老服务消费成为扩内需、促销费的潜力股，银发经济成为一个规模或达亿万级的新蓝海市场②。智慧养老借助物联网、互联网等信息技术为老年人提供养老服务，有利于突破照护瓶颈，在满足老年人日益多样化、多层次、个性化的服务需求方面势必大有可为。

2. 老年人智慧养老认知度不高

研究发现，虽然四街道入选了工业和信息化部、民政部、国家卫生健康委员会联合公布的五批"智慧健康养老示范街道（乡镇）"名单，但是辖区内的老年人对智慧养老的认知程度并不高。在 606 位调研对象中，不了解（包含不太了解）智慧养老的老年人有 491 人（81.0%），了解（包含一般、比较了解）智慧养老的老年人有 115 人（19.0%）。但是值得肯定的是，北京市四街道老年群体智慧养老认知度是高于国内大部分地区的，如河北廊坊市（10%）③、河北石家庄市（11.6%）④、宁夏银川市（12.7%）⑤、天津市（14.2%）⑥、广东广州市（16.2%）⑦ 等，由此可见四街道智慧养老工作的开展具有重要的现实意义。课题组调研发现，老年人智慧养老认知程

① 中国政府网.中共中央　国务院关于加强新时代老龄工作的意见 [EB/OL].（2021-11-24）[2022-12-05].http://www.gov.cn/zhengce/2021-11/24/content_5653181.htm.

② 贾璇."银发经济"尚处"蓝海"提振养老消费市场，重点在哪里？[J].中国经济周刊，2023，845、846（Z1）：38-40.

③ 梁智迪，林川琪.老年人社区智慧养老认知与需求研究——以廊坊市为例 [J].社会与公益，2019（11）：43-45.

④ 刘菲.智慧养老认知与需求研究 [J].合作经济与科技，2021（01）：178-181.

⑤ 王惠群，郎颖，吴方园，等.银川市社区老年人智慧养老服务的认知分析 [J].医学信息，2022，35（01）：148-151.

⑥ 胡燕，王燕，王汕珊，等.天津市中老年人智慧养老认知和需求现状分析 [J].中华现代护理杂志，2022，28（27）：3713-3718.

⑦ 陆铎淳，胡海波.智慧养老用户认知与服务需求实证分析：以广州市 N 社区为例 [J].农业图书情报学报，2021，33（08）：32-44.

度不高是由多方面原因综合导致的。在宏观层面，政府对智慧养老的宣传力度不够，老年人都不知道智慧养老，更谈不上利用智慧养老；在中观层面，市场（机构、企业）提供的适老化产品／服务有效供给不足，智慧养老并不智慧，这使得智慧养老产品／服务在现实中难以普及推广；在微观层面，老年人存在刻板印象排斥智慧养老。要提高老年人的智慧养老认知度，就需要多方发力。宏观层面，政府要加大智慧养老宣传力度，在老年人、家属、服务人员、社会资本、社会大众中做好宣传工作；中观层面，市场（机构、企业）应站在满足老人福利需求的角度进行研发设计，进而提供人性化、适老化、安全化的智慧养老服务／产品；微观层面，要改变老年人态度消极、内生动力不足等心理因素，可通过家庭的数字反哺，提高老年人对智慧养老的认知，不仅有利于传承中华民族孝文化，而且有利于老年人融入数字社会。

3. 人口学特征影响老年人智慧养老服务需求

老年人的社会福利需求日益呈现出个性化、多元化的趋势。本研究发现，年龄、医疗保险类型、疼痛／不舒服、养老方式倾向、婚姻状况、智慧养老服务了解情况是影响老年人是否需要智慧养老服务的因素，不同特征的老年人智慧养老服务需求不同。高龄、身体疼痛／不舒服越严重、独居的老年人越需要智慧养老服务，这与白玟和朱庆华[1]的研究结果一致。老年人的身体状况越差，其智慧养老服务需求越高，在同类试点中本文与高睿[2]的研究结果一致。在医疗保险类型方面，与拥有城乡居民医疗保险的老年人相比，拥有职工医疗保险的老年人需要智慧养老服务的可能性更

① 白玟，朱庆华. 老年用户智慧养老服务需求及志愿服务意愿影响因素分析——以武汉市江汉区为例 [J]. 现代情报，2018，38（12）：3-8.

② 高睿. 整合照料视角下智慧健康养老探究 [D]. 南京师范大学，2019.

大，这可能是因为医疗保险类型为城乡医疗保险的老年人多为农村老年人或无固定工作的人员，此部分老年人支付能力较低，而拥有职工医疗保险的老年人社会经济地位较高，支付能力更强。在养老方式的倾向方面，以倾向于居家养老的老年人为参照对象，倾向于社区养老的老年人需要智慧养老服务的可能性更大，这可能与这部分老年人已经存在未来需要社区驿站或第三方机构提供服务的想法相关。在智慧养老服务了解情况方面，与不了解的老年人相比，了解的老年人需要的可能性更大，这与天津市中老年人智慧养老认知和需求现状分析[①]的研究结果一致。一方面是因为这部分老人对智慧养老并不排斥，有兴趣且有渠道了解智慧养老；另一方面是该部分老年人本身就存在智慧养老服务的需求，已经在使用或准备使用智慧养老服务。由此可见，高龄、独居、身体健康状况较差、希望第三方服务机构提供帮助的老年人是智慧养老服务的核心目标人群。

---

① 胡燕，王燕，王汕珊，等．天津市中老年人智慧养老认知和需求现状分析 [J]．中华现代护理杂志，2022，28（27）：3713-3718．

智慧养老服务需求调查问卷的信度效度分析

北京大学"健康与社会发展理论与实证研究课题组" [①]

摘 要： 随着人口老龄化形势日益严峻，传统养老模式受到挑战。智慧养老应运而生，借助物联网、互联网、大数据等信息技术手段，为化解老龄事业面临的困境提供了新思路。目前，学界尚没有衡量老年人智慧养老服务需求的成熟问卷发布。北京大学"健康与社会发展理论与实证研究课题组"（简称课题组）自1999年开展老龄化研究，在前期研究基础上，结合国内外研究动态以及课题组组内智慧养老实证调研，设计出具有信度效度的智慧养老服务需求调查问卷。

关键词： 智慧养老；调查问卷；信度；效度

---

① 课题组负责人及执笔人：王红漫，博士，北京大学教授，博士生导师；主要研究方向：健康与社会发展理论与实证研究、公共政策与全球健康治理、高校素质教育模式与对策研究。

一、问卷设计与发放

为了解老年人智慧养老服务需求，为中国智慧养老服务推广与发展提供科学支撑，助力健康老龄化、积极老龄化实施，北京大学健康与社会发展理论与实证研究课题组（以下简称"课题组"）在前期研究基础上，结合国内外研究动态以及组内智慧养老实证调研，自主设计《老年人智慧养老服务需求调查问卷》。该问卷共包括三部分，第一部分为基本情况，主要涵盖年龄、性别、民族、户口类型、家庭规模等；第二部分为智慧养老认知情况，主要涵盖智慧养老实施必要性、概念、相关政策、服务内容等方面；第三部分为智慧养老需求情况，主要涵盖日间照料、呼叫服务、助餐服务、文化娱乐、精神关怀、医疗保健、生活照料等方面。

问卷调查采用方便抽样法，对北京市四个"智慧健康养老示范街道"——海淀区西三旗街道、朝阳区望京街道、西城区西长安街街道、石景山区八角街道的620位老年人开展问卷调查。调研员为北京大学医学社会学专业师生，在问卷实际发放前均接受过系统实证调研培训。课题组全程做好质量控制。在调研前，做好问卷设计、抽样方案设计等工作，保证调研的规范性。调研中，对于能独立作答的老年人请其自行填写，对于不识字、看不清楚问卷、看不明白问卷等不能独立作答的老年人，由调查员向其介绍问题，面对面详细访谈后代为填写。调研后，调查员当场检查是否有遗漏以及逻辑错误等问题，如有问题，及时请调研对象补充或更正。后期使用EpiData软件进行平行双录入，录入过程中添加质量控制文件，避免数据录入有误。剔除不合格、不完整问卷，最终回收有效问卷606份。

二、问卷的信度

为确保调查问卷的质量，证实调查可靠有效，在实际操作中一般要对涉及量表的调查问卷进行信度、效度分析。信度是指测验结果的一致性、稳定性及可靠性，通常用 Cronbach's Alpha 系数来测量。在信度分析中，通常认为 Cronbach's Alpha 系数 > 0.9，量表的内部一致性非常高；0.7 < Cronbach's Alpha 系数 < 0.9，量表内部一致性较好；Cronbach's Alpha 系数 < 0.7，量表需要修订。信度验证结果如表 2-22 所示，Cronbach's Alpha 系数为 0.926，大于 0.9，由此说明问卷具有良好的信度。

表 2-22 信度检验

变量名称	Cronbach's Alpha 系数	项数
智慧养老服务需求	0.926	22

三、问卷的结构效度

效度即有效性，指测量工具能够准确测量出所需测量事物的程度，通常用 KMO 和 Bartlett 球形检验进行效度验证。效度分析有两个指标评价，KMO 系数取值范围在 0 ~ 1 之间，越接近 1 说明量表的结构效度越好；若 Bartlett 球形检验结果有统计学意义（$P<0.05$），则体现量表具有良好的结构效度。效度检验结果见表 2-23，KMO 系数为 0.879，Bartlett 球形检验结果有统计学意义（$P<0.05$），可作探索性因子分析。

表 2-23　效度检验

KMO 和 Bartlett 球形检验		
KMO 值		0.879
Bartlett 球形检验	近似卡方	7429.260
	自由度	231
	显著性	< 0.001

本研究借助 SPSS26.0 软件，对智慧养老服务需求量表进行探索性因子分析，采用主成分分析法进行因子分析。根据既有研究与课题组智慧养老实证调研经验，课题组将提取的因子数设置为 7，并以最大方差法对因子载荷矩阵进行旋转。根据以下原则对服务项进行筛选：因子负荷小于 0.5 的服务项目予以删除；因子同时在两个及以上公因子中负荷值大于 0.5 的服务项目予以删除；公因子栏下只剩下一个服务项目也予以删除。经过分析发现，服务项"上门看病、送药"因子载荷小于 0.5，故将其删除，之后再进行探索性因子分析，结果显示，公因子的累计方差贡献率为 81.252%，大于 60%，见表 2-24。

表 2-24　智慧养老服务需求量表总方差解释

成分	初始特征值			提取载荷平方和			旋转载荷平方和		
	总计	方差	累积	总计	方差	累积	总计	方差	累积
1	7.993	38.061%	38.061%	7.993	38.061%	38.061%	3.868	18.420%	18.420%
2	2.352	11.201%	49.262%	2.352	11.201%	49.262%	3.282	15.626%	34.046%
3	2.024	9.639%	58.901%	2.024	9.639%	58.901%	2.767	13.177%	47.224%
4	1.662	7.915%	66.816%	1.662	7.915%	66.816%	1.885	8.976%	56.200%
5	1.175	5.594%	72.410%	1.175	5.594%	72.410%	1.859	8.852%	65.052%
6	1.006	4.792%	77.201%	1.006	4.792%	77.201%	1.711	8.148%	73.200%
7	0.851	4.051%	81.252%	0.851	4.051%	81.252%	1.691	8.052%	81.252%
8	0.634	3.019%	84.271%						
9	0.591	2.816%	87.088%						
10	0.486	2.317%	89.404%						
11	0.414	1.972%	91.376%						
12	0.351	1.673%	93.049%						

续表

成分	初始特征值			提取载荷平方和			旋转载荷平方和		
	总计	方差	累积	总计	方差	累积	总计	方差	累积
13	0.323	1.539%	94.588%						
14	0.264	1.256%	95.844%						
15	0.215	1.023%	96.867%						
16	0.181	0.863%	97.730%						
17	0.153	0.727%	98.457%						
18	0.107	0.508%	98.965%						
19	0.088	0.421%	99.386%						
20	0.077	0.365%	99.751%						
21	0.052	0.249%	100.000%						

在本次探索性因子分析中，智慧养老服务需求量表一共析出 7 个公因子，且每个服务项在相应因子上的载荷量均大于 0.5。根据社会福利理论，老年人的社会福利需求日益呈现出多元化、多样化趋势，为满足老年人多层次、个性化的智慧养老服务需求，在结合国内外已有研究与组内实证调研的基础上，课题组依据各个公因子所包含的具体服务项目情况，依次将 7 个公因子命名为生活照料、医疗保健、呼叫服务、文化娱乐、日间照料、助餐服务、精神关怀，见表 2-25。

表 2-25　探索性因子分析旋转后的成分矩阵

分类	服务内容	成分						
		1	2	3	4	5	6	7
生活照料	家具家电清洗维修	0.853						
	家政保洁	0.824						
	陪同就医 / 出行	0.801						
	理发服务	0.793						
	助浴服务	0.765						
医疗保健	健康监测		0.935					
	健康咨询		0.922					
	健康档案		0.915					
	中医保健		0.555					

续表

分类	服务内容	成分						
		1	2	3	4	5	6	7
呼叫服务	一键呼			0.886				
	电话转介			0.881				
	紧急上门服务			0.874				
文化娱乐	老年社团				0.856			
	老年大学				0.844			
日间照料	小时托管					0.890		
	日间托管					0.875		
助餐服务	上门做饭						0.776	
	代取餐						0.760	
	老年食堂						0.506	
精神关怀	心理疏导							0.861
	生活陪伴							0.839

四、结论

随着人口预期寿命的增加以及生育率的下降，人口老龄化成为世界各国最为关注的社会问题之一。智慧养老应运而生，为化解养老事业面临的困境提供了新的思路与可行路径，日趋成为我国实现健康老龄化、积极老龄化的重要手段。目前，学界尚没有衡量老年人智慧养老服务需求的成熟问卷发布。北京大学健康与社会发展理论与实证研究课题组自1999年开展老龄化研究，在前期研究基础上，结合国内外研究动态以及组内智慧养老实证调研，以社会学福利理论、社会生态理论、社会治理理论为指导，设计出智慧养老调查问卷与访谈提纲（见附录）。通过对问卷进行信度效度分析，结果显示，智慧养老服务需求问卷具有较好的信度与效度。

附1：关于老年人智慧养老服务需求的调查问卷

附2：智慧养老访谈提纲

关于老年人智慧养老服务需求的调查问卷

亲爱的先生／女士：

　　您好！"十四五"规划《纲要草案》将积极应对人口老龄化上升为国家战略，"十四五"时期是应对人口老龄化的重要窗口期。伴随着物联网、互联网、人工智能、5G等信息技术的发展，智慧养老应运而生，在养老服务领域将大有可为。为服务国家战略，助力健康老龄化、积极老龄化的早日实现，我们特设计出此问卷，深入调查老年人对智慧养老的认知、需求及影响因素。本次调查采取匿名方式，对调查信息严格保密，调研数据将仅用课题组的学术研究，希望能得到您的支持。在此对您提供的帮助表示衷心的感谢，祝您身体健康、万事顺意。

北京大学健康与社会发展理论与实证研究课题组

样本编码：□□□□□　　地址编码：□□□□□　　调查员编码：□□□□□

调查员姓名：＿＿＿＿＿　调查时间：＿＿＿＿＿＿＿　联系电话：＿＿＿＿＿＿

复查员姓名：＿＿＿＿＿　复查时间：＿＿＿＿＿＿＿　联系电话：＿＿＿＿＿＿

录入员姓名：＿＿＿＿＿　录入时间：＿＿＿＿＿＿＿　联系电话：＿＿＿＿＿＿

第一部分：基本情况

1.请问您的年龄？＿＿＿＿＿周岁（＿＿＿年、属相：＿＿＿）

2.您的性别？　　① 男　　② 女

3.您的民族？

①汉族　②蒙古族　③回族　④藏族　⑤维吾尔族　⑥其他＿＿＿＿＿

4. 您的户口类别是？

① 城镇户口　② 农村户口

5. 您的家庭户规模是？

①一人户　②二人户　③三人户　④四人户　⑤五人及以上户

6. 您的受教育程度是？

①未上过学　②小学　③初中　④高中和中专　⑤大学专科　⑥大学本科

⑦研究生

7. 您的职业（退休前）？

①党的机关、国家机关、群团和社会组织、企事业单位负责人　②专业技术人员

③办事人员和有关人员　　　　　　　④社会生产服务和生活服务人员

⑤农、林、牧、渔业生产及辅助人员　⑥生产制造及有关人员

⑦军人　　　　　　　　　　　　　　⑧不便分类的其他从业人员

8. 您目前的生活费来源主要是？

①退休金　②子女赡养　③理财收入　④低保　⑤其他_____

9. 您每月的可支配收入是？

① ≤ 1000 元　② >1000～3000 元　③ >3000～4000 元

④ >4000～6000 元　⑤ >6000 元

10. 您的医疗保险类型是？

①职工基本医疗保险　②城乡居民医疗保险

③无任何医疗保险　　④其他_____

11. 欧洲五维健康量表①：请您根据自己的实际情况进行勾选

维度	①没有困难	②轻度困难	③中等困难	④严重困难	⑤极度困难
行动能力					
自我照顾					
日常活动					
疼痛／不舒服					
焦虑／沮丧					

12. 您对未来养老的信心？

①有信心　②比较有信心　③一般　④不太有信心　⑤没有信心

13. 您倾向于选择哪种养老方式？

①居家养老　②社区养老　③机构养老　④ 其他＿＿＿＿＿

14. 您目前的婚姻状态是？

①从未结婚　②已婚　③离婚　④丧偶

15. 您的居住状况？

①一人独居　②与配偶同住　③与子女同住　④与配偶和子女同住

⑤养老机构　⑥其他＿＿＿＿＿

16. 您的主要照料人是？

①自己　②配偶　③子女　④其他亲属

⑤保姆／钟点工／养老机构工作人员　⑥其他＿＿＿＿＿

17. 您有几个孩子？

①无　②1个　③2个　④3个及以上

18. 您觉得孩子的孝顺程度如何？

①孝顺　②比较孝顺　③一般　④不太孝顺　⑤不孝顺

---

① 欧洲五维健康量表（EQ-5D 量表）是一套测量健康状态的标准化量表，由欧洲生命质量学会开发，旨在描述和评价各个疾病领域病人的健康状态，同时也常被用于普通人群健康的研究中。

第二部分：智慧养老认知调查

智慧养老服务是以物联网、大数据、人工智能、区块链等基础技术为**载体**，以智慧社区、智慧城市、智慧社会等社会基础设施为**依托**，以第三方专业服务组织介入服务为**保障**，在整合老年人群体养老服务资源的前提下，形成的**资源数据互联互通、资源统一调度**的新型养老服务模式[①]。目前，国家正在推广的智慧健康养老**服务**包含生活照护、居家健康养老、慢性病管理、个性化健康管理、互联网健康咨询、养老机构信息化等；**产品**包含智能手环、智能血压计、智能血糖仪、智能床、智能定位卡、生命体征检测仪、智能健康服务机器人等。

1.您认为智慧养老的实行是有必要的：

①同意　②比较同意　③一般　④比较不同意　⑤不同意

2.您对"智慧养老"概念的了解程度？

①不了解　②不太了解　③一般　④比较了解　⑤了解

3.您对老年人可享受的智慧养老服务优惠政策的了解程度？

①不了解　②不太了解　③一般　④比较了解　⑤了解

4.您对智慧养老服务内容的了解程度（如具体服务、价格等）？

①不了解　②不太了解　③一般　④比较了解　⑤了解

5.您认为下列哪些是智慧养老项目？（多选）

①健康监护系统　　　　　　　　②智能设备的人脸识别技术

③老年电子产品的语音识别与控制　④辅助老人脱衣装置

⑤老人行迹跟踪与救援系统　　　　⑥养老服务平台信息安全防护与智能控制

6.您是否需要智慧养老服务？　　①需要　②不需要

---

① 王红漫.老年健康蓝皮书[M].北京：中国财政经济出版社，2020.

第三部分：智慧养老服务需求调查

请您根据自身养老方式与智慧养老服务需求进行勾选（√）

养老方式	分类	服务信息	①不需要	②比较不需要	③一般	④比较需要	⑤需要
A．居家养老 B．社区养老 C．机构养老	日间照料	日间托管					
		小时托管					
	呼叫服务	电话转介／电话巡视					
		智能呼叫设备（如"一键呼"）					
		紧急上门服务					
	助餐服务	老年营养餐（老年食堂）					
		代取餐服务					
		上门做饭					
	文化娱乐	老年大学					
		老年社团					
	精神关怀	心理疏导					
		关怀和生活陪伴					
	医疗保健	健康档案					
		健康监测					
		健康咨询					
		中医保健					
	生活照料	理发服务					
		助浴服务					
		家政保洁					
		陪同就医／陪同出行					
		家具家电清洗维修					

1. 您是否使用过智慧养老服务（包含智慧养老产品）？①是 ②否（跳至3）

2. 使用感受如何？（如对日常生活的帮助、服务利用的方便程度、生活质量的提高程度、支付能力承受度等，请用文字简要说明）

3. 您对智慧养老服务有什么期望与建议？（如政策、服务项目、服务内容、产品设置等，请用文字简要说明）

智慧养老访谈提纲

亲爱的先生／女士：

您好！为了解智慧养老发展情况，我们特设计出此访谈提纲。本次访谈采取匿名方式，对访谈信息严格保密，仅用课题组的学术研究，希望能得到您的支持。在此对您提供的帮助表示衷心的感谢，祝您身体健康、万事顺意。

北京大学健康与社会发展理论与实证研究课题组

一、智能终端产品使用情况

（一）贵单位／您（老年人／照护人员、家属）老年人在用的智慧健康养老产品有哪些？请按使用频率高低按序进行填写（可参照《智慧健康养老产品及服务推广目录》）。

序号	名称	主要用途	生产厂家
1			
2			
3			
…			

（二）贵单位／您（老年人／照护人员、家属）在用的养老服务监管设备有哪些？

序号	名称	主要用途	生产厂家
1			
2			
3			
…			

（三）贵单位／您（老年人／照护人员、家属）对智慧健康养老产品适

老化设计的建议？

（四）贵单位／您（老年人／照护人员、家属）对智慧健康养老产品的需求是什么？该产品作用是什么？

（1）硬件产品

序号	名称	主要用途
1		
2		
3		
...		

（2）软件产品

序号	名称	主要用途
1		
2		
3		
...		

（五）贵单位／您（老年人／照护人员、家属）有哪些智慧健康养老产品的使用未达到期望值？原因是什么？（引进后，使用频率明显下降或完全弃用的产品）

二、应用推广

（六）贵单位／您（老年人／照护人员、家属）对智慧健康养老产品及服务推广应用中的困难有哪些？

（七）贵单位／您（老年人／照护人员、家属）老年人使用智慧健康养老产品的困难有哪些？

（八）贵单位工作人员／您（老年人／照护人员、家属）在使用智慧健康养老产品的困难有哪些？

（九）智慧健康养老市场化商业模式尚未形成，主要原因是什么？其他商业模式还有哪些？

（十）未来 3～5 年内，贵单位 / 您（老年人 / 照护人员、家属）能够落地的重点产品及应用有哪些？需要政府提供什么帮助？

（十一）贵单位 / 您（老年人 / 照护人员、家属）护理人员 / 老年人所需的智慧健康养老服务有哪些？

（十二）信息的安全性保障？

三、公共服务能力

（十三）高龄人口中健康人口比例 ＿＿＿＿＿＿＿＿＿＿＿

（十四）60～69 岁具有劳动能力的占 ＿＿＿＿＿＿＿＿＿＿＿＿

（十五）目前服务型企业亟须的公共服务包括哪些？

☐技术创新 ☐检验检测 ☐创业孵化 ☐投融资担保

☐信息服务 ☐人才培训 ☐管理咨询 ☐公共设施共享

☐其他（＿＿＿＿＿＿＿＿＿＿＿＿＿＿）

（十六）开展智慧健康养老应用试点示范及《智慧健康养老产品及服务推广目录》对贵公司产生的作用、效果如何？下一步希望政府从哪些方向优化上述两项政策？

Ⅲ 积极老龄观　健康老龄化
理论与实证研究篇

医养结合学术研究态势、合作网络、研究热点与展望（2005—2023）

王红漫　王子姝　郑佳明[①]

摘　要： 人口老龄化是我国今后较长一段时期的基本国情。为了解国内医养结合领域的研究现状和热点，本研究以万方（万方-CSPD）、中国知网（CNKI）、维普（维普-CSTJ）作为数据源，采用BIBLIOMETRIC、SOCIAL NETWORK等分析方法，对"医养结合""医养融合"主题论文进行统计分析。结果表明：我国在医养结合领域的研究态势与国家老龄事业的大政方针密切相关，目前处于快速发展阶段；对比洛特卡定律，我国在该领域的研究还不够成熟；期刊论文是该领域的主要论文类型；高校是进行该研究的重要群体，但是机构合作网络较为松散，相关经验的分享与交流有限；研究热点聚焦于医养结合服务模式、健康老龄化、养老服务产业、养老模式、医养结合机构5个方面。基于上述现状，围绕机构合作、需求分析、服务细分、人才培养和机构转型方面提出研究展望。

关键词： 医养结合；研究态势；洛特卡定律；学术研究合作网络；研究热点

---

①　王红漫，博士，北京大学教授，博士生导师；主要研究方向：健康与社会发展理论与实证研究、公共政策与全球健康治理、高校素质教育与对策研究。王子姝，硕士，北京协和医院副研究员；主要研究方向：卫生事业管理、人力资源管理。郑佳明，硕士研究生，山西医科大学；主要研究的方向：人口老龄化和健康影响因素。

根据联合国《世界人口展望（2022）》统计数据显示，中国老年人口未来将超过 4 亿人，低龄老人比例较大，有着巨大的发展潜力。当前我国人口老龄化数量规模和程度均呈逐年上涨的态势。2001—2010 年中国 65 岁及以上老年人口占比年均增加 0.2 个百分点，2011—2022 年年均增加 0.5 个百分点，人口老龄化速度明显加快。截至 2023 年年末，我国 60 岁及以上人口为 29 697 万人，占 21.1%，其中 65 岁及以上人口为 21 676 万人，占 15.4%[①]。居民人均预期寿命由 2020 年的 77.93 岁提高到 2021 年的 78.2 岁[②]。第六次国家卫生服务调查数据显示[③]：老年人口两周患病率为 55.5%，慢性病患病率为 59.1%，且 23.8% 的老年人同时患有两种及以上慢性病；其中，70 岁及以上老年人两周患病率和慢性病患病率分别为 60.5% 和 64.4%。在两周患病的老年人中，91.7% 的患者到医疗机构就诊，6.7% 的患者仅采取自我医疗，1.6% 的患者未采取任何治疗措施。

　　党和政府高度重视老龄工作，积极应对人口老龄化已经上升为国家战略。2013 年国务院发布的《关于加快发展养老服务业的若干意见》（国发〔2013〕35 号），是我国发展"医养结合"事业的首个政策指导性文件，十九届五中全会审议通过的《中共中央关于制定国民经济和社会发展第十四个五年规划和二〇三五年远景目标的建议》明确指出要"构建居家社区机构相协调、医养康养相结合的养老服务体系"。2022 年全国已有 6986

---

　　① 国家统计局.人口总量有所下降人口高质量发展取得成效 [EB/OL].（2024-01-18）[2024-01-20].https://www.stats.gov.cn/sj/sjjd/202401/t20240118_1946701.html.

　　② 中国政府网.2021 年我国卫生健康事业发展统计公报 [EB/OL].（2022-07-12）[2024-01-16].https://www.gov.cn/xinwen/2022-07/12/content_5700670.htm?eqid=8b5a8a0d000654ca0000000464644514.

　　③ 国家卫生健康委统计信息中心.全国第六次卫生服务统计调查报告 [M].北京：人民卫生出版社，2021.

家两证齐全的医疗养老机构，医养服务签约近 8.4 万对①。截至 2023 年 9 月底，各类养老机构和设施总数达 40 万个、床位 820.6 万张，同比分别增长 7.2%、0.5%②。

为深入了解医养结合领域学术研究的状况，本文采用文献计量分析及社会网络分析的方法对我国医养结合领域的学术文献进行梳理分析总结，以期为相关研究与学科发展提供参考。

本研究报告选取万方知识服务平台（万方 –CSPD）、中国知识资源总库（CNKI）、维普期刊资源整合服务平台（维普 –CSTJ）作为数据源，以"医养结合"或"医养融合"为检索词，在万方、CNKI 数据库中以"主题"检索，在维普数据库中以"题名或关键词"进行检索，时间范围设定为被检索的数据库建立之日至 2023 年 11 月 30 日，文献类型选择期刊论文、学位论文、会议论文、报纸、专利、成果、标准等。在 CNKI 中查到 7248 篇文献，在万方数据库中查到 8826 篇文献，在维普数据库中查到 5261 篇文献，将 3 个数据库查到的文献汇总、合并，根据研究内容去除重复文献和不相关文献，最终纳入 11 114 篇有效学术文献进行分析。

一、研究方法

采用 BIBLIOMETRIC 和 SOCIAL NETWORK 分析法，对三个数据库中关于"医养结合""医养融合"的论文进行统计分析描述、评价和预测科学技术的现状与发展趋势，通过对社会行动者在社会网络中的关系进行定

---

① 中国政府网 .2022 年度国家老龄事业发展公报 [EB/OL].（2023–12–14）[2023–12–20]. https://www.gov.cn/lianbo/bumen/202312/content_6920261.htm.

② 求是网 . 以民政事业高质量发展助力中国式现代化 [EB/OL].（2024–01–16）[2024–01–16]. http://www.qstheory.cn/dukan/qs/2024–01/16/c_1130059622.htm.

量分析，来探讨社会网络的结构及属性特征。

二、研究结果

1. 文献时间分布

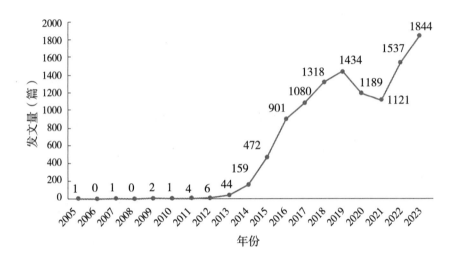

图 3-1　医养结合研究年度发文量统计（2005—2023）

论文产出数量随时间的变化在一定程度上可反映该主题或学科的发展态势以及研究的热门程度，医养结合研究年度发文量统计结果见图 3-1。根据学术研究发文量，我国医养结合的研究大致可以分为 3 个阶段：第一阶段为 2005—2013 年，年度发文量低于 100 篇；第二阶段为 2014—2015年，年度发文量为 100~500 篇；第三阶段为 2016—2023 年，年度发文量为 500~1844 篇。2005 年，医养结合领域的第一篇文章——由学者郭东、李惠优、李绪贤、官计彬合作撰写的《医养结合服务老年人的可行性探讨》见刊。随后的 7 年，鲜少有学者在该领域开展研究，直到 2013 年，该领域的研究逐渐受到关注，发文量逐渐增加。第三阶段，即从 2016 年开始，医养结合研究进入快速发展期，年度发文量在 500 篇以上。

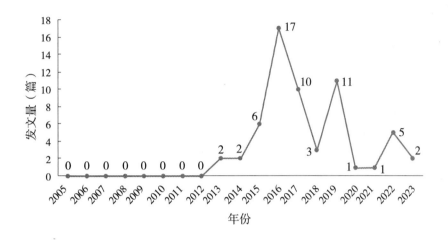

图 3-2　医养结合政策年度出台数量统计（2005—2023）

科学研究服务国计民生，国家的大政方针引领着学术研究发展的方向，医养结合政策年度出台数量统计情况如图 3-2 所示。分析发现，医养结合领域的研究态势与国家政策条例紧密相关：2013 年，国家出台了《关于加快发展养老服务业的若干意见》及《关于促进健康服务业发展的若干意见》，均鼓励医疗机构与养老机构加强合作，从该年起，在学术领域医养结合的研究开始逐渐增多。2016 年国家出台有关医养结合政策的文件数量最多，医养结合领域的论文数量增幅最大，比 2015 年增加 429 篇，年度发文量达到 901 篇。2017—2019 年，随着医养结合政策总体数量的增加，医养结合领域的学术研究呈现出逐年递增的趋势。2020 年至今比较特殊，因新冠病毒感染疫情暴发，医养结合领域的学术研究，发文量有所下降。

2. 文献类型分布

在医养结合领域的研究论文中，期刊论文是主要的文献类型，具体统计数据如下：期刊论文 7713 篇占 69%，学位论文 1452 篇占 13%，报纸 1448 篇占 13%，会议论文 329 篇占 3%，专利、成果、标准共 172 篇占

2%，文献类型分布见图3-3。

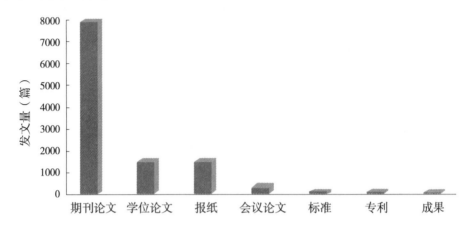

图 3-3　医养结合研究文献类型分布

3.研究机构分布

对论文作者的单位进行统计，结果显示关注医养结合研究的单位类型广泛，包括高等院校（大学、高等职业技术学院、高等专科学校）、医院、公司、政府机构（全国老龄办、民政部、国家卫生健康委等）、养老机构、社区卫生服务中心、学会团体等。研究发现，在该研究领域，发文量最多的单位是高校，后续依次是医院、政府机构、公司（见图3-4）。由图3-4可知，高校是关注医养结合研究的重要群体。

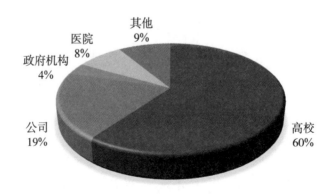

图 3-4　医养结合研究机构统计

4.机构合作网络

本研究共涉及 4265 家机构，选取频次大于 7 的机构生成 121×121 共现矩阵，导入 UCINET 输出用于 NetDraw 分析的矩阵数据，利用该矩阵数据绘制出社会网络图（见图 3-5）。由图 3-5 可知，机构之间的合作多产生于医学院校之中，集中在高校与高校、高校与医院之间，整体合作网络较为松散，说明各个机构之间的合作不够紧密。

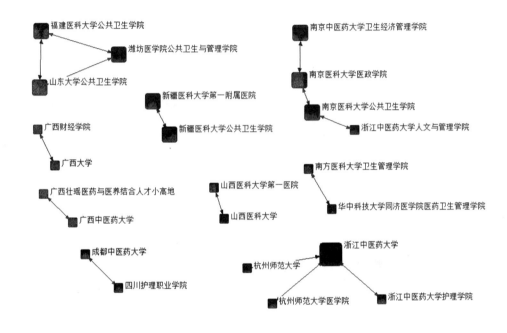

图 3-5 医养结合研究机构合作关系图

5.研究的成熟度

美国科学计量学家洛特卡创立了世界闻名的洛特卡定律，在一定时间内科研人员的成果产出，一般用其发表文献的数量来作为评判标准，在一个成熟的研究领域，发表 n 篇论文作者数量约为发表 1 篇论文作者数量的 $1/n^2$，而发表 1 篇论文作者的数量约占全部作者数量的 60%。排除作者缺失的文献，本次统计的 6612 篇论文总共涉及作者 9078 人，其中发表 1 篇论文的有7231人占80%，发表2篇论文的有1167人占13%，发表3篇论文的有386人占4%，发表4篇论文及以上的有284人占3%。根据洛卡特定律进行对比分析，我国在医养结合领域发表1篇论文的作者占80%，远远高于60%，发表2篇论文以上的作者占13%，低于20%（80%×1/4），发表3篇论文以上的作者占4%，低于9%（80%×1/9），发表4篇论文的作者占3%，低于5%（80%×1/16），即发表1篇论文以上的作者占比都远远低于对应比率。通过研究成果的数量对比可知，我国在医养结合领域的研究还不够成熟。

6. 作者合作网络

对作者的合作网络进行分析，生成100×100两两合作矩阵，导入NetDraw进行分析，得到作者合作关系图（见图3-6），论文作者主要形成十大合作群。以学者韩雪、于卫华为代表的前两个合作群主要开展医养结合护理研究。以学者李秀明为代表的第三个合作群，主要研究二级医院开展医养结合状况以及老年人的医养结合需求。以学者王月为代表的第四个合作群，主要研究新疆地区医养结合的认知及发展状况。以学者朱美芬为代表的第五个合作群，主要研究方向为家庭医生嵌入医养结合模式。以学者童立纺为代表的第六个合作群，主要研究医养结合机构体验式入住评估以及医养结合机构新冠肺炎防控应对策略。以学者苏会芝为代表的第七个合作群主要研究医养结合模式在老年疾病患者中的应用情况。以学者王峥为代表的第八个合作群，主要研究方向为社会办医养结合服务体系。以学者张先庚为代表的第九个合作群，主要研究方向为高职院校医养结合创新创业人才培养模式。以学者杨培刚为代表的第十个合作群，主要研究方向为县域医养结合养老体系构建及医养互转信息关系系统。

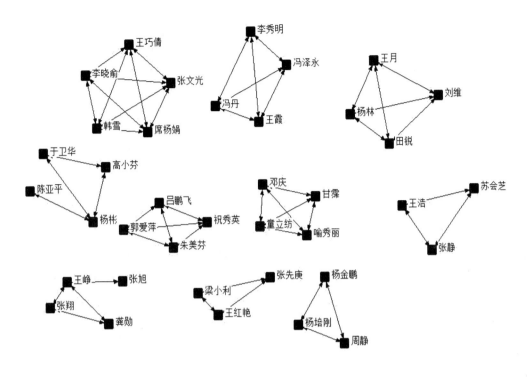

图 3-6　医养结合研究作者合作关系图

7. 期刊来源分布

研究论文总共发表在 1249 种期刊上，收录 30 篇以上论文的期刊共有 21 种（见表 3-1），涉及医学、社会学、经济学等多个学科。收录论文较多的核心期刊有《中国老年学杂志》《中国全科医学》《医学与社会》《护理研究》《中国卫生事业管理》《卫生经济研究》，说明这些刊物是医养结合领域重要的出版物，其中医药卫生综合类期刊居多。

表 3-1　收录 30 篇以上论文的期刊来源统计（篇）

期刊名称	刊文数量	核心期刊	学科范畴
中国社会工作	152	曾是	社会科学
社会福利	122	否	社会科学
人口与健康	103	否	医药卫生综合

续表

期刊名称	刊文数量	核心期刊	学科范畴
中医药管理杂志	89	否	医药卫生综合
中国老年学杂志	85	是	医药卫生综合
中国民政	80	否	行政学及国家行政管理
劳动保障世界	76	否	经济与管理科学
中国卫生	75	否	医药卫生综合
世界最新医学信息文摘	71	否	医药卫生综合
医学与社会	66	是	医药卫生综合
中国全科医学	63	是	医药卫生综合
卫生软科学	62	否	医药卫生综合
中国保健营养	60	否	医药卫生综合
中国医院院长	59	否	医药卫生综合
中国卫生事业管理	59	是	医药卫生综合
护理研究	55	是	医药卫生综合
卫生经济研究	55	是	医药卫生综合
中国卫生产业	53	否	医药卫生综合
中国初级卫生保健	50	否	医药卫生综合
养生保健指南	42	否	医药卫生综合
人口与计划生育	38	否	社会科学

8. 研究主题分布

利用 COOC 软件对提取的关键词进行统计分析，通过合并、补充、删除等处理后，共获取 7848 个关键词。通过该软件绘制关键词词云图（见图 3-7），字体越大说明该关键词出现的频次越大，字体越小则说明该关键词出现的频次越小。其中频数大于 50 的关键词共有 46 个，将 46 个高频关键词形成 46×46 共词矩阵，通过聚类分析，得到树状图（见图 3-8）。

图 3-7　医养结合研究关键词词云图

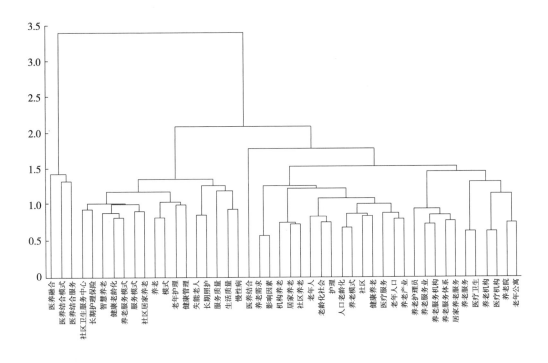

图 3-8　医养结合领域高频关键词聚类图

根据聚类分析结果，在阈值为 1.5 处可以将树状图中的 46 个高频关键词划分为五个类别。类别一主要是关于医养结合服务模式及其发展状况的研究，代表论文：《SWOT 分析视角下城镇失能老人医养结合服务模式研究》。类别二聚焦于健康老龄化，通过长期照护、智慧养老、健康管理等多种方式，来促进医养结合的发展，推动健康老龄化的实现，代表论文：《新健康老龄化视域下的中国医养结合政策分析》。类别三聚焦于养老模式及其发展状况，主要对机构养老、居家养老、社区养老三种养老模式开展研究，代表论文《养老模式的转型：以黑龙江省 A 县为例》。类别四聚焦于养老服务产业，对养老护理员、养老服务业、养老服务体系等开展研究，代表论文《"互联网 +"视角下养老服务产业转型升级路径研究》。类别五聚焦于医养结合机构，研究医养结合机构（如养老院、养老公寓、医疗机构）的医疗卫生及养老服务状况，代表论文《基于供需视角对上海市医养结合机构的调查分析及对策研究》。

从文献时间分布来看，目前我国在医养结合领域的研究处于快速发展阶段，呈现出逐年增长的态势，这种研究趋势与国家的大政方针密切相关。

从文献数量来看，对比洛特卡定律，我国医养结合领域的研究还不够成熟，该领域的发展仍需要政界、学界、实务界来共同推动。从文献类型来看，期刊论文是医养结合领域的主要论文类型，刊文量较高的核心期刊有《中国老年学杂志》《中国全科医学》《医学与社会》《护理研究》《中国卫生事业管理》《卫生经济研究》。

从研究机构来看，高校是医养结合研究的重要群体，但是各个机构之间的合作不够紧密，机构合作网络较为松散，不利于经验的分享与交流。从研究作者来看，该研究领域已形成十大合作群。

从研究主题来看，通过对高频关键词进行聚类分析，医养结合领域的研究热点聚焦于医养结合服务模式、健康老龄化、养老服务产业、养老模式、医养结合机构5个方面。

从医养服务的内容看，包括生活照护、健康服务、康复保健、医疗服务、临终关怀等。（1）生活照护：包括日间照料、上门访问、家政服务、餐饮和日常陪护等。（2）健康服务：包括健康咨询、健康管理和慢性病防治。（3）康复保健：主要是康复理疗师根据老年人的身体状况，按照相应的康复计划，帮助老年人开展相对应的康复训练，帮助大病初愈、患有慢性病、失能或半失能老人恢复生理和社会功能，包括康复治疗和机能恢复训练等。（4）医疗服务：包括门诊、住院、紧急救护。（5）临终关怀：包括舒缓治疗、灵性关怀、家属心理抚慰与疏导服务。

目前，医养结合服务较为成熟的模式有：机构医养结合模式、社区医养结合模式和居家医养结合模式三种，具体服务类型详见表3-2：

表 3-2　医养结合三大模式细化服务类型

养老模式	具体服务类型
居家医养结合模式	家庭养老（或有保姆）+ 家庭医生签约服务
	家庭养老（或有保姆）+ 长护险"家护"服务
	互联网 + 远程监测 + 实体性服务机构
	社区卫生服务站 + 居家养老
	居家服务机构 + "京东"医疗远程服务
	临终关怀
社区医养结合模式	社区卫生服务机构 + 老年人日间照料中心
	社区医养设施共建共享
	医养结合机构 + 老年人日间照料中心
	社区综合养老服务机构与社区卫生服务机构签订协议
	村卫生室 + 农村幸福院
	社区养老服务机构 + 小医疗
	临终关怀

续表

养老模式	具体服务类型
机构医养结合模式	大养老＋小医疗
	医疗、养老并重
	大医疗＋小养老
	大医疗＋小康复
	两院一体
	医康养一体
	个体诊所＋微型养老
	养老机构＋医疗服务整体外包
	养老机构＋医疗服务绿色通道
	大养老＋小医疗＋医疗服务绿色通道
	临终关怀

三、研究展望

1. 加强医养结合服务理论与实践的合作研究

首先，现有医养结合领域的整体机构合作网络较为松散，各个机构之间的合作不够紧密，不利于经验的分享与交流。其次，机构之间的合作多产生于医学院校之中，集中在高校与高校、高校与医院之间，与政府机构、公司的合作较少。而高校缺乏对医养结合机构的实际运营、筹资补偿、服务质量以及医养结合的政策考量等信息深入了解的途径，现有文献仍多停留在理论分析、推理和探讨阶段。未来应加强多种机构间合作，深化研究分析，协同实践探索。

2. 增加医养结合服务受众群体的研究

医养结合领域的文献对医养结合服务的提供方（如养老院、养老公寓、医疗机构等）研究较多，而对服务接受者特征的探讨较少，对老年人缺乏全面评估。医养结合发展效果的实现除了提供方的进步、转型与推动外，老年人自身的能动性和对医养结合机构的接受度、满意度也十分重要。因此，充分了解老年人的养老需求，科学评估老年人对医养结合服务的需求程度以及服务的具体内容、提供方式等，对医养结合领域的发展具有重要意义。

3. 扩展医养结合服务类型细分的研究

当前，医养结合机构主要为大量失能老人提供医养服务，医养结合领域的文献也大多聚焦于失能老人，对非失能老人、慢病管理、针对性训练、健康教育等预防性和干预性措施的关注较少，研究不深入。未来可以引入纵向分析视角，关注全生命周期中医养结合服务体系在老年人健康水平和功能能力不同阶段的作用和实施。

4. 深入医养结合服务人才培养的研究

现有文献关于医养结合服务人才培养的研究较少，而目前医养结合服务人才不足是医养结合机构发展的一大困境。因此，深入研究医养结合专业化人员的培养方法，与现有护理人员培养体系接轨，对促进医养结合服务机构持续发展具有重要意义。

5. 拓展对农村基层医疗机构、民办养老机构转型的研究

当前医养结合领域相关文献多关注城镇社区医养结合机构，并且大多为公办公营机构，对于农村基层医疗机构、民办养老机构的转型研究较少。相比城镇家庭，农村家庭对老年人的照护能力较弱，农村地区对医养结合服务机构的需求十分迫切。另外，民办养老机构是医养结合服务供给的重要来源。因此，深入对农村基层医疗机构、民办养老机构向医养结合服务机构转型的研究，有利于为医养结合领域的发展注入强大活力。

人文社会科学视野中的"关怀"
和照护型社会

唐　钧[①]

摘　要：《未来简史》一书提出一个严肃的问题：当拥有高智能而本身没有意识的算法接手几乎一切工作，人类是否会成为"多余"？然而，由此出发，以劳动年龄人口减少为特点的老龄社会难题就有解了。但是在中国的人口结构中，初中及以下要占三分之二，他们的就业问题将是未来发展的最大障碍。从人文社会学家的讨论中可以看到：关怀是人类社会普遍的情感支持和道德取向，而照护则是人类社会基本的日常活动和生存方式——具有不可替代性。如果将多余的人引入照护服务，就有可能解决其就业问题。但要引导他们从照护自己家人做起，要承认这些家务劳动是社会劳动，以政府购买服务覆盖个人成本，从而造就一个庞大的照护型产业，并形成一个充满人文关怀的照护型社会。

关键词：《未来简史》；多余的人；关怀；照护；照护型社会

---

①　唐钧，中国社科院社会学所研究员，中国社科院老专家协会副会长，北京义德社会工作发展中心理事长。

近年来，在社会政策学界，关于"社会服务"的讨论颇为活跃。林闽钢在《全民基本社会服务：何以可能与何以可为》一文中提出了"全民基本社会服务"的概念，他认为："全民基本社会服务体现为国民待遇，即每个公民应该享有公平的国民权益，不论他们的身份、地位和性别等"，并提出："从社会政策视角看，全民基本社会服务关系到社会政策目标的实现。全民基本社会服务以弱势群体的帮扶为基础目标，面向全社会所有成员提供社会保护是主要任务。全民基本社会服务的对象是全体人群（个体或家庭），确保他们的基本社会权利和尊严，为全社会成员创造平等的机会，提高他们参与社会的能力，起到促进社会团结和社会发展的作用"。①

基于上述观点，林闽钢进一步撰写了《走向社会服务国家——全球视野与中国改革》一书，书中提出："从世界范围来看，社会服务的范围从少部分社会弱势群体扩展到全社会成员，社会服务的内容在不断增加，并以普遍性原则加以实施，社会服务成为全面提升社会福祉的主要途径和手段。随着人口老龄化速度加快，特别是家庭结构的变化和经济产业结构的调整，社会服务进入快速发展的时期，以往'社会保险＋社会服务'的社会保障结构正在发生转换，'社会服务国家'成为发达国家下一个发展趋向。"②

在评论林闽钢的新著时，岳经纶就"社会服务"的概念发表了自己的看法："社会服务概念有广义和狭义之分。广义的社会服务大体相当于基本公共服务。""狭义上的社会服务就是'个人社会服务'，也就是针对老人、儿童等特殊群体提供的社会服务。"岳经纶认为：即使是在英国，社会服务也日益用来指代个人社会服务。在北欧国家，则把社会服务称为社会照

---

① 林闽钢.全民基本社会服务：何以可能与何以可为[J].社会科学研究，2022（02）：76.

② 林闽钢.走向社会服务国家：全球视野与中国改革[M].北京：中国社会科学出版社，2020：85.

顾，或者社会照顾服务。^①

　　笔者十分赞同林闽钢和岳经纶关于"社会服务国家"和"个人社会服务"的意见，并尝试进一步发挥社会政策的想象力，提出一个作为"个人社会服务"一部分的"照护服务"的未来发展蓝图。因为从某种意义上说，照护服务是一个社会中最基本的个人服务，因此也可以说是个人社会服务的基础工程。

一、"照护"是人类的基本活动和生存方式

　　之所以将"照护服务"界定为狭义社会服务（或"个人社会服务"，或"社会照顾服务"）的一部分，是因为在林闽钢书中的"实证研究"部分，提出了"社会服务"至少有五个部分，即"社会养老服务""社会医疗服务""社会救助服务""流动人口服务"和"社区治理和服务"，林闽钢

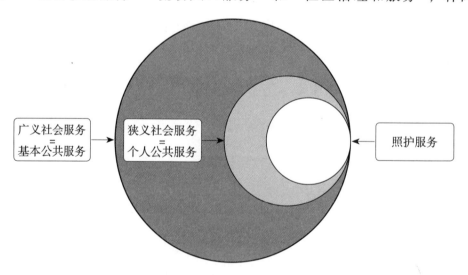

图 3-9　广义的和狭义的社会服务以及照护服务

① 岳经纶.中国式社会服务国家构建的新探索——评《走向社会服务国家：全球视野与中国改革》[J].中国行政管理.2021（08）：160.

用的是列举法，在逻辑上是不周延的。"照护服务"可能同时涉及这五个部分，但又不是全部，而且涉及的范围和深度有所不同；同时，在这五部分之外，还有可能存在其他有需要的服务对象，如未成年人，尤其是婴幼儿。

"照护"一词，译自英语词汇 Care。按《大英百科全书（Britannica Dictionary）》的解释：Care 的本意应该是"为准确无误、安然无恙或完美无缺地做好某件事而付出的努力"，它包含三层含义：（1）"关怀""关爱"——"为保持某人身心健康、舒心安泰所做的事情"；（2）"关注""关切"——"为使某物保持完好无损而做的事情"；有时候也表示"关心""关照"——"让人感到忐忑不安或闷闷不乐的事情"。①

早年间，Care 一词被境外的华人学者译为"照顾"，因此就有了上述"社会照顾"或"社会照顾服务"等名词（英语原词应该是 Social Care 或 Social Care Services）。在当今的老年服务中，Care 一词已经成为一个专业术语——从日本学界和福祉服务界翻译的"介护"，再到后来台湾学界和福利服务界翻译的"照护"——如今在中国已经得到广为应用。譬如英语词汇 Long-term Care，就是"长期照护"；Formal Care and Informal Care，即"正式照护和非正式照护"。

作了文献回顾后才知道，在国际上，Care 一词已经很有学术地位。事实上，21 世纪以来，Care 一词因其浓郁的人文内涵，确实已经引起了人文社会科学的各个领域，譬如医学、心理学、社会工作学、教育学乃至哲学等学科的密切关注。

安妮·巴斯廷（Anne Basting）在《创意关怀：认知症和高龄照护的革命性趋向》一书中指出：实际上，Care 的定义"从哲学家到心理学家，

---

① *Care Definition & Meaning*, Britannica Dictionary [EB/OL]. [2023-11-02]. https://www.britannica.com/dictionary/care.

从社会工作者到护士再到普通的照护人员，对此都各有各的理解"。但是，在实践层面，巴斯廷强调说，她所看到 Care 的操作性定义"大都关乎两个层面：身体上的照护和情感上的关怀"。①

在伦理学著作中，常用 Caring 一词，通常被翻译成"关怀"。内尔·诺丁斯（Nel Noddings）《始于家庭：关怀与社会政策》一书中，站在哲学的高度指出：近二十年来，"关怀"已经成为道德生活的一种取向，关怀理论对伦理学做出了贡献。②在她的另一篇论文《关怀和同理心的复杂性（*Complexity in Caring and Empathy*）》中，诺丁斯谈到：我们致力于把关怀作为一种生活方式。我们以自然关怀的方式对待他人，而关怀承诺中的义务论因素会促使我们转向道德关怀。③

美国的医学人类学教授阿瑟·克莱曼（Arthur Kleinman，中文名，博凯文）以人类学"讲故事"的方式，撰写了《照护（*The Soul of Care*）》并由此创立了一个学科——照护人类学。克莱曼写道："照护是存在于我们的生活、家庭和朋友关系中的最为重要的事情之一。它既是一件为人的善事，同时又是一件为己的大事。照护是将我们的社会黏合在一起的'胶水'。"④

看了莎朗·凯斯勒（Sharon Kessler）在《照护的缘由：人类健康照护网络的复杂进化史（Why Care: Complex Evolutionary History of Human Healthcare Networks）》一文中论述，将其观点推而广之：人类社

———————————

① 巴斯廷.创意关怀：认知症和高龄照护的革命性趋向 [M].上海：复旦大学出版社，2023：58.

② 诺丁斯.始于家庭：关怀与社会政策 [M].侯晶晶，译.北京：教育科学出版社，2006：1.

③ Noddings. *Complexity in Caring and Empathy*; University of Wisconsin-Madison [EB/OL].（2020-03）[2023-11-02]. https://uwethicsofcare.gws. wisc. edu/wp-content/uploads/2020/03/Noddings-Empathy.pdf.

④ 博凯文：照护 [M].姚灏，译.北京：中信出版集团，2022：3-4.

会复杂性的一个显著特征是，我们会照护所有生活不能自理的弱势人群，而不是抛弃他们。凯斯勒认为：今天，70%～90%的照护是在家庭网络中进行的。人类的社会认知提高了我们觉察周围的人何时需要照护的能力，而与社会教化相关的情感和心理变化以及共同抚养后代，可能会增加人们提供家庭照护的可能性。①

综上所述，是否可以这样认为：就 Caring 和 Care 而言，我们是否可以做出这样的演绎和推断：关怀是人类社会普遍的情感支持和道德取向，而照护则是人类社会基本的日常活动和生存方式。对此，国际劳工组织是这样表述的：照护工作是人类行为和行动的核心，因为所有的人都依赖照护借此获得生存和发展。②

从照护的角度看：在一个人人生的两端，即从出生后的未成年期和退休后的老年期，特别是 0～7 岁的婴幼儿期和学龄前期，80 岁以上的高龄期，每一个人通常扮演的都是"被照护"的角色；而在青年期和中年期，如果遭遇疾病和伤残，"被照护者"的标签也会贴到这些不幸的人的身上。另外，当一个人在青年期和中年期这段看起来不需要"被照护"的时间里，但出于社会责任，每一个人又被社会所期望，要去扮演"照护者"的角色，照护子女，照护父母和祖父母，照护家中伤病乃至残疾的其他成员。如此说来，一个人终其一生，都与照护脱不了干系，不是扮演被照护者就是扮演照护者。综上所述，照护行为或照护行动——包括照护和被照护——岂不就是人类社会最普遍的日常活动乃至生存方式。

---

① KESSLER. *Why Care: Complex Evolutionary History of Human Healthcare Networks*; FRONTIERS [EB/OL]. [2023-11-02]. https://www.frontiersin.org/articles/10.3389/fpsyg.2020.00199/full.

② International Labor Office. *Care Work and Care Jobs: for the Future of Decent Work*[R]. Geneva: International Labor Office, 2018: xxvii.

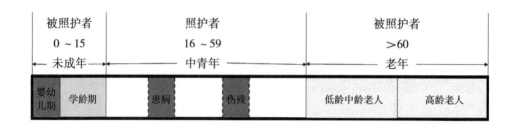

图 3-10　照护型社会：照护与被照护

研究表明：照护行为并不是人类特有的专利，世界上很多生物，尤其是集群聚居的社会性动物，都会有同样的行为模式。譬如，在灵长类、鲸类和昆虫等人类远亲的社会性生活中，照护行为普遍存在。在动物王国中，似乎存在两种照护行为：（1）社会照护行为，诸如个体卫生、按摩与抚慰、守卫、提供食物、搀扶和支撑、帮助体温调节，等等；（2）社区健康行为，巢穴清洁、巢穴消毒、周边环境清理，等等——起源于动物世界的"悠久传统"，也造就了今天人类社会的两大基本的照护方式。人类"照护家人"的DNA其实比人类血统本身更加古老，它可能已经深深地潜藏在人类的"本能"之中——这也是中华文明对人性的看法：人之初，性本善。

二、科学技术的未来发展和"多余的人"

2002—2023 年，中国"少子老龄化"的发展，传出了一系列让人高兴不起来的"坏消息"：2022 年中国的 60 岁及以上的老龄人口已经达到 2.80 亿人，占总人口的比重为 19.8%；65 及以上的老龄人口亦达 2.10 亿人，所占比重为 14.9%，[①] 这意味着中国已经进入中度老龄化社会。最近，

---

① 国家统计局.2022 年国民经济和社会发展统计公报 [EB/OL]. （2023-02-28）[2023-11-02].http://www.stats.gov.cn/ sj/zxfb/ 202302/t20230228_1919011.html.

杜鹏在回答中外记者提问时指出：受 1963 年的出生高峰影响（大约 3000 万），2023 年将是中国老年人口净增长最多的一年。① 与此同时，据国家统计局公布的数据：自 2020 年"七普"数据中国的总和出生率降到 1.30 以后，② 2021 年继续下降到 1.15，③ 到 2022 年，总和生育率更下降到 1.09。④ 2022 年中国出生人口 956 万人，死亡人口 1041 万人，人口自然增长率为 -0.60‰，首次出现了人口负增长。⑤ 根据联合国的预测，在 2023 年 4 月，印度将取代中国，成为世界上人口最多的国家。⑥ 综上所述，很容易得出的一个结论就是：中国人口结构中少子老龄化的发展趋势将愈演愈烈。

中国的老龄化、少子化引起了中国政府和中国社会的严重关注，因为劳动力是宝贵的资源和财富，而少子老龄化造成的最大威胁便是劳动力不够了。但是，截至去年年底，我国 16 岁至 59 岁劳动年龄人口仍为 89 640 万人，仍占总人口的 64%。郭冠男认为：我国劳动力规模比绝大部分国家的总人口还多。我国正处于城镇化发展加速期，如果人口城镇化率每年增加 1 个百分点，农村剩余劳动力转移至少还将持续 20 年。⑦ 也许，郭冠男

① 杜鹏. 今年将成中国老年人口净增长最多的一年 [EB/OL].（2023-09-15）[2023-11-02]. https://mp.weixin.qq.com/s?__biz=MzA4NzU0MjE2MA==&mid=2651386427&idx=1&sn=1950152c9cb200b550d8a71a479c7c9e.

② 陈卫. 中国的低生育率与三孩政策——基于第七次全国人口普查数据的分析 [J]. 人口与经济. 2021（05）：26.

③ 国家信息中心. 我国人口走势及在全球格局中的变化 [EB/OL].（2023-01-12）[2023-11-02].http://www.sic.gov.cn/sic/81/455/0112/11770_pc.html.

④ 澎湃新闻. 贺丹委员：政策不能只奖励二孩三孩，一孩才是生育萎缩主因 [EB/OL].（2023-03-05）[2023-11-02].https://www.thepaper.cn/ newsDetail_forward_22161043.

⑤ 红星新闻. 中国人口 61 年来首次负增长，专家：未来 30 年很关键！[EB/OL]（2023-01-17）[2023-11-02].https://static.cdsb.com/ micropub/ Articles/202301/0ca18733aa6dee00e71763ccad120a6b.html.

⑥ 联合国网站. 印度人口预计本月将超过中国，成为世界第一人口大国 [EB/OL]（2023-04-11）[2023-11-02].https://news.un.org/zh/story/ 2023/04/1117297.

⑦ 新华网. 九亿劳动力：从"人口红利"迈向"人才红利"[EB/OL]（2020-07-09）[2023-11-02].https://www.xinhuanet.com/politics/2020-07/09/c_1126214462.htm.

的说法有点过于乐观。于是，政界、学界纷纷为"人口红利不再"而出谋划策，其中最引人注目的是"从‘人口红利’迈向‘人才红利’"的建议。

但是，当我们对人口政策的注意力聚焦在人口老龄化、少子化以及"人口红利""人才红利"之时，我们是否意识到，另一种潜在的问题可能被忽视。如果对中国人现有的文化程度和平均受教育年限进行分析，我们可以发现，"人才红利"的背后，可能隐藏着很大的隐忧。

"七普"数据告诉我们：在 2020 年的全国人口中，拥有大学文化程度的人口为 218 360 767 人，占总人口的 15.13%；拥有高中文化程度的人口为 213 005 258 人，占总人口的 14.76%；拥有初中文化程度的人口为 487 163 489 人，占总人口的 33.75%；仅有小学及以下文化程度的人口为 524 967 864 人，占总人口的 36.35%。从以上数据看，"大学和高中""初中""小学及以下"的三个人群大约各占三分之一，但"大学和高中"是三分之一弱，"小学及以下"是三分之一强。同时，"七普数据"又告诉我们：全国人口中，15 岁及以上人口平均受教育年限为 9.91 年。[①]与前面的数据相呼应，其实中国 15 岁及以上人口的"平均文化程度"也就是初中水平。

还有一个相关数据可以与上述数据互为印证，《2021 年农民工监察调查报告》告诉我们"在全部农民工中，未上过学的占 0.8%，小学文化程度占 13.7%，初中文化程度占 56.0%"。加总起来，在农民工中，初中以下文化程度的要占全部农民工的七成以上。从某种意义上说，在工业时代，初中程度的劳动力是非常适用的。一直以来，我国 3 亿～5 亿人口的文化水平是初中，这也是我们的"人口红利"的一个亮点。

---

① 国务院第七次全国人口普查领导小组办公室．第七次全国人口普查公报（第六号）[EB/OL]（2021-05-11）[2023-11-02]. https://www.gov.cn/xinwen/2021-05-11/content_5605789.htm.

就当前的劳动力市场而言，初中毕业的劳动力性价比是最高的，这其实也是中国"人口红利"的一部分。郭冠男的意见有道理，在今后一段时间内，中国还可以凭借这样的"人口红利"参与国际竞争。但是，在科学技术飞速发展的明天，5 年后、10 年后、20 年后……初中文化程度的劳动力还能跟得上就业市场的需要吗？再说，在这部分劳动力人口中，又有多少人是能够通过继续教育和技术培训再度跟上不断发展的就业形势的？那么，当一部分人"升级"为人才后，不能"升级"的那一部分人，可能还是一大部分人，又该怎么办？这种情况是客观存在的，我们不能不未雨稠缪。

当今世界科学技术的发展可谓日新月异，习近平指出："进入 21 世纪以来，全球科技创新进入空前密集活跃的时期，新一轮科技革命和产业变革正在重构全球创新版图、重塑全球经济结构。"具体而言，"以人工智能、量子信息、移动通信、物联网、区块链为代表的新一代信息技术加速突破应用，以合成生物学、基因编辑、脑科学、再生医学等为代表的生命科学领域孕育新的变革，融合机器人、数字化、新材料的先进制造技术正在加速推进制造业向智能化、服务化、绿色化转型，以清洁高效可持续为目标的能源技术加速发展将引发全球能源变革，空间和海洋技术正在拓展人类生存发展新疆域。"①

然而，如今看来，人类社会在任何领域的任何一点进步，都可能造成两种截然不同的后果。尤瓦尔·赫拉利（Yuval Harari）在《未来简史》一书中提出了一个尖锐的问题：一旦拥有高等智能而本身没有意识的算法接手几乎一切工作，而且要比有意识的人做得更好时，人类还能做什么？

---

① 习近平. 努力成为世界主要科学中心和创新高地 [EB/OL]（2021-03-15）[2023-11-02]. https://www.gov.cn/xinwen/2021-03/15/content_5593022.htm.

因此，他认为：21世纪经济学最重要的问题，可能就是多余的人能有什么功用？[①]

事实上，赫拉利提出的问题在中国已经出现苗头。在很多行业，人工智能替代人力资源的情况很普遍。在就业市场上，求职者的能力与需求不匹配的问题也已存在多年。在农村，贺雪峰最近的研究表明，一部分文化程度低、适应能力差的农民滞留农村，他们对生活的变迁表现出不知所措甚至产生无意义感，导致了赌博、迷信活动、地下宗教、人情泛滥、无序竞争，以及其他以感官刺激为基础的各种低俗文化的泛滥。[②]贺雪峰将上述情况与大量的"闲暇时间"联系到一起，这种闲暇时间是否可以理解为"多余的时间"？从这个意义上说，这些拥有大量"多余的时间"的人，与赫拉利所说的"多余的人"在本质上究竟有多大的区别？

《未来简史》中的说法显然是以经济学的"成本与效率"的眼光看待和衡量一切，而前文中讨论的"关怀（Caring）""同理心（Empathy）"和伦理道德均被漠视了。如果是这样，被人工智能和算法控制的人类社会的前景就会很暗淡，也许是大部分人被极少数精英奴役（包括精神奴役），也许是整个社会自行走向灭亡。所以，"关怀"和"同理心"不仅是不可或缺的道德伦理评判，而且完全可以在操作层面首先以照护型社会的模式来实践之。

三、照护型社会的政策创意及实践基础

对中国社会来说，老龄社会应该并没有坊间传说的那么可怕，因为这

---

① 赫拉利.未来简史[M].林俊宏，译.北京：中信出版集团，2017：275-286.
② 贺雪峰.大国之基[M].北京：东方出版社，2019：116.

道难题是有解的。中国社会年龄结构的发展趋势，总体上还是属于"友好型"的。改革开放后，中国经济起飞和工业化、城镇化需要大量劳动力时，我们有了足足 40 多年的人口红利。进入 21 世纪 20 年代，当中国社会转向"高质量发展"，科学技术潜能的发挥意味着不再需要那么多劳动力了，于是我们的人口和劳动力恰好开始逐渐减少。同时，作为 14 亿人口的大国，历史的惯性使然，劳动力在相当长时间内仍然会保持庞大的规模，这意味着要做调整会有足够的空间。

但是，人口结构中的另一个问题——文化程度的问题确实是我们需要未雨绸缪的——问题的集中显现大概在 10 年以后。当然，按赫拉利的说法：将来军事和经济确实都不需要那么多人力了。但是，就算这些"多余的人"什么也不做，整个社会也有能力供养这些人，让他们活下去。"然而，什么事能让他们打发时间，获得满足感？人总得做点什么，否则肯定会无聊的发疯。"[1] 其实，贺雪峰的农村调查已经揭示了现实中与此相关的社会问题。

现在我们重新回到照护型社会的话题上，就像国际劳工组织在其最近面世的一个文件中所说：照护工作中的人文关怀和亲情慰藉性质"限制了机器人和其他技术替代人类劳动力潜在的可能性。"[2] 现在我们要做的事情有三件：

首先，就是要让政府和社会承认照护是一项社会劳动，在家里看孩子、照护老人、照护病人残疾人，应该被承认是在从事社会劳动，是在对国家、对社会做贡献。但在中国，这些劳动一直被看作"家务劳动"而非

---

① 赫拉利. 未来简史 [M]. 林俊宏，译. 北京：中信出版集团，2017：294.

② International Labor Office. *Care Work and Care Jobs: for the Future of Decent Work* [R]. Geneva: International Labor Office, 2018: xxvii.

社会劳动，有些专家甚至认为，老年人在家带孙子孙女是人力资源的浪费。新的理念应该是：以"关怀"为基本理念，家庭照护也是工作，也是就业，也应该获取劳动报酬。

其次，要建立一个庞大的"照护产业"。这个照护产业是以社区和家庭为基本单位和工作场所的，散布很广，利润很薄，但可以创造巨大的GDP。一个国家、一个社会很需要这样收支相抵、略有盈余但可以广泛安排就业的产业，这个产业就是把社会目标放在第一位的"社会企业"。老年照护产业不是不能盈利，但一定是薄利，要走"准市场"的路子，其终极目标则是"人人享有"。从未来解决社会上"多余的人"的角度看，这样的社会企业更是不可或缺。

最后，具体而言，将来的照护服务，不会是现在一些政策设计者设想的"院舍式"的机构服务。将来老年照护的理想模式，基点应该在社区，把社区作为一个平台。社会企业性质的专业机构应该要求专业人员下到基层、下到社区去，从社区这个平台去推动居家服务。居家服务首先是培训有需要的老年人的家属，以及愿意照护老人亲友或邻居作为非正式照护者，把一些必要的技术传授给他们，并主要由他们来照护老年人。但是，一定要给这些在家庭照护工作者发放津贴，以覆盖他们为此付出的经济成本和机会成本。

这个政策创意的根据可以参考第四次全国城乡老年人生活状况调查的数据：实际上，中国需要照护的老年人中有95%左右能够获得照护，但是提供照护的主体并不是机构，也不是社会化的或市场化的社区及居家照护，而是家庭内部成员提供的照护。数据显示，在照护服务提供中，配偶提供的比重最高，超过了40%，其次是儿子和儿媳，两者也占到了40%，女儿提供的比重也在10%左右。再加上孙子女以及其他家属，家庭内部成员提供的照护服务已经占到了 95% 以上。其他所有的家庭外部的服务提供，包括养老照护机构、社区、家政服务等，全部加起来占了不到 5%。①

最近又有一个新的动向，就是中国出现了"全职子女"。朱昌俊认为：这种新型的脱产生活方式，指的是年轻人脱产寄居父母处生活，并通过付出一定的劳动换取经济支持，同时保持学习，尝试找到职业目标……在这里"打工人"打工的对象是他们的父母或者祖辈，"陪伴"和"做家务"则是他们的劳动内容。② 对此再作两点解读：其一，如果承认照护工作也是社会劳动，基本的理论问题就顺理成章了。其二，事实上，这仅仅是在完全自愿的前提下家庭内部的再次分配，并且在伦理上很符合中国的传统。

在此基础上，我们提出一个不成熟的政策方案，以求抛砖引玉：（1）劳动者家中如果有失能老人、婴幼儿、残疾人、病人等，可提出申请，经过评估批准获得"照护假"，回家照护家人，同时领取政府提供的照护津贴。（2）政府的照护服务基金可用社会保险的方式筹集和给付，也可以政府财政或其他基金来支付。（3）家庭照护者在假期中，必须加入一个专业照护机构，成为其员工。照护机构要对照护者提供技术培训和喘息服务，并在评估合格后提供照护津贴。（4）家庭照护者在假期中可与原单位保持联系，也可承担一些可以在家中完成的"部分时间"的工作。以便完成照护任务后，再回原单位上班。（5）劳动者在工作年龄中可以有 1～2 次机会，如何安排利用，可与家人商量。（6）可以考虑劳动者每使用一次照护假，退休时间便适当后移。

---

① 王震．我国长期照护服务供给的现状、问题及建议 [J]．中国医疗保险，2018（09）：27.

② 朱昌俊．读懂"全职儿女"现象背后的真问题 [EB/OL]．（2023-04-26）[2023-11-02]．http://views.ce.cn/view/ent/202304/26/t20230426_38519680.shtml.

社会资本视角下我国老年人跌倒预防策略研究

杨　乐　程景民　王红漫①

摘　要： 本研究从中国老年健康影响因素跟踪调查（CLHLS）第八轮调查数据中筛选6537名符合研究要求的老年人，通过采用二元Logistic回归分析法从人际信任、社会参与（正式与非正式）、社会支持评估社会资本与老年人跌倒之间的关联。在控制社会人口学特征、健康行为与健康状况相关混杂因素后，模型分析结果显示，人际信任与老年人跌倒呈现负相关（*OR*=0.904，*P*<0.001），即人际信任水平越低，跌倒发生可能性越大。未见正式社会参与、非正式社会参与、社会支持与老年人跌倒之间的显著关联。研究发现人际信任是影响老年人跌倒的重要因素，在未来老年人跌倒防控措施制定中应予以重视。

关键词： 社会资本；跌倒；老年人；人际信任

---

① 杨乐，副教授，硕士生导师，山西医科大学管理学院，主要从事健康社会学、人群健康等方面的研究；程景民，教授，博士生导师，山西医科大学管理学院，主要从事卫生管理与卫生政策、食品安全、健康科普等方面的研究；王红漫，博士，北京大学教授，博士生导师；主要研究方向：健康与社会发展理论与实证研究、公共政策与全球健康治理、高校素质教育与对策研究。

基金项目：国家自然科学基金青年项目（72204152）；2020年度山西医科大学博士启动基金（XD2042）；2020年度山西医科大学省级博士启动基金（SD2029）。

一、背景与现实

跌倒是老年人群面临的重要健康问题[①]。随着年龄增加，老年人跌倒发生率不断升高[②③]，而老年人跌倒往往给其身心健康和生命质量带来巨大影响，是导致老年人死亡和患病的主要原因之一[④⑤⑥]。据调查，每年约有三分之一的 65 岁以上老人跌倒，80 岁以上老人的跌倒率更是高达 50%[⑦⑧]。跌倒在我国老年人群中的发生率同样处于较高水平，是我国 ≥ 65 岁老年人因伤死亡的首要原因[⑨⑩]。因此，明确老年人跌倒影响因素，并制定相应预防

①　Rubenstein LZ. Falls in older people: epidemiology, risk factors and strategies for prevention[J]. Age Ageing, 2006,35(suppl 2):ii37-41.

②　Beijing Hospital, National Geriatrics Center, China Geriatrics Research Association Aging Health Service and Standardization Branch, et al. Guidelines for home (nursing) elderly falls intervention[J]. Chin J Geriatr Car., 2018,16(03):32-34.

③　LATHOUWERS E, DILLEN A, DÍAZ MA, et al. Characterizing fall risk factors in Belgian older adults through machine learning: a data-driven approach[J]. BMC Public Health, 2022,22(01):2210.

④　LIU-AMBROSE T, DAVIS JC, BEST JR, et al. Effect of a home-based exercise program on subsequent falls among community-dwelling high-risk older adults after a fall: a randomized clinical trial[J]. JAMA, 2019,321(21):2092-2100.

⑤　YANG Y, YE Q, YAO M, et al. Development of the home-based fall prevention knowledge (HFPK) questionnaire to assess home-based fall prevention knowledge levels among older adults in China[J]. BMC Public Health, 2022,22(01):2071.

⑥　MING Z, MIN Y, SHANKUAN Z. The epidemiology and prevention for falls in community-dwelling older age[J]. Inj Med (Electron Ed), 2018,7(01):61-66.

⑦　STEVENS JA. Falls among older adults—risk factors and prevention strategies[J]. J Saf Res., 2005, 36(04): 409-411.

⑧　GANZ DA, LATHAM NK. Prevention of falls in community-dwelling older adults[J]. N Engl J Med., 2020,382(08): 734‑743.

⑨　康宁，于海军，陆晓敏，等 . 中国老年人跌倒发生率的 Meta 分析 [J]. 中国循证医学杂志，2022，22（10）：1142-1148.

⑩　张田田，丰志强，王婉晨，等 . 中国老年人跌倒现状及影响因素研究 [J]. 中华疾病控制杂志，2022，26（05）：502-507.

干预措施，降低老年人跌倒风险，对于提高老年人健康水平、促进老年人健康尤为重要。

多项研究围绕老年人跌倒相关影响因素开展分析，并发现老年人跌倒的多重因素交织作用的结果。世界卫生组织将影响老年人跌倒的因素归为四大类，分别是生物因素、行为因素、环境因素和社会经济因素[1]。随着相关研究不断深入，深植于老年人社会关系中可利用的社会资本逐渐受到关注。关于社会资本对老年健康积极影响的研究者认为，社会资本及其所涵盖的要素能够影响老年人的众多参与行为，并影响老年人健康与生活满足感和幸福感[2]。有研究发现社会资本能够提升老年人体育活动水平[3]，从而增加老年人平衡力，降低跌倒风险[4]。然而，由于不同研究所选择的社会资本测量维度和指标、健康结果、人群、研究地区层次不同，不同社会资本与老年健康关联性的研究结论也不尽相同。例如，许多研究都发现了社会信任与老年健康之间的关联性，但吕楠和彭长敏（2017）的研究表明信任与自我健康评估的关系不显著，邻里间的互惠水平、本地社区组织的支持水平以及老年人在本地公共事务的参与水平都与老年人自我健康水平显著相关[5]。总体而言，目前社会资本与我国老年人跌倒关联性研究仍较为缺乏。本研究旨在从人际信任、社会参与、社会支持三方面来探讨社会资本与老

① WHO. Global report on falls prevention in older age [R]. Geneva: World Health Organization, 2008.

② LEI X, SHEN Y, SMITH JP, ZHOU G. Do social networks improve chinese adults' subjective well-being[J]? Journal of the Economics of Ageing, 2015, 6:57-67.

③ HO EC, HAWKLEY L, DALE W, et al. Social capital predicts accelerometry-measured physical activity among older adults in the U.S.: a cross-sectional study in the National Social Life, Health, and Aging Project[J]. BMC Public Health, 2018, 18(1):804.

④ THOMAS E, BATTAGLIA G, PATTI A, et al. Physical activity programs for balance and fall prevention in elderly: A systematic review[J]. Medicine (Baltimore), 2019,98(27):e16218.

⑤ 吕楠，彭长敏. 社会资本理论视角下的健康老龄化：基于苏州市的实证研究 [J]. 社会建设，2017，4（06）：47-54.

年人跌倒之间的关联，为老年人跌倒防控的可干预的社会经济决定因素相关研究和措施制定提供理论参考和科学依据。

二、对象与方法

（一）研究对象

本研究数据来源于中国老年健康影响因素跟踪调查（CLHLS）的2017—2018 年第八轮调查，共包含 15 874 名调查对象。CLHLS 调查涵盖全国范围内 23 个省 / 市 / 自治区，于 1998 年进行基线调查，随后每 2～3 年开展后续的跟踪调查。本研究以 65 岁以上人群为研究对象，根据研究目的，将跌倒情况（406 名）、人际信任（438 名）、社会参与（78 名）、社会人口学特征（3458 名）、健康行为与健康状况（4957 名）等相关变量的异常值和缺失值剔除，最终纳入有效对象 6537 名。

（二）变量

1. 社会资本

本研究主要采用人际信任、社会参与和社会支持来测量社会资本。其中，人际信任以问题"您是不是经常会觉得周围的人都不值得信任？"来测量，变量赋值从 1 到 5 分别对应"从未觉得"到"总是觉得"。社会参与从非正式社会参与和正式社会参与两个方面来进行测量，非正式社会参与通过问题"您是否经常与邻居串门、与朋友交往？"来测量；正式社会参与通过问题"您是否经常参加有组织的社会活动？"来测量，非正式社会参与和正式社会参与均为二分类变量。社会支持通过工具支持来进行测量，数据来源问题为"目前，当您身体不舒服时或生病时主要是谁照料您？"，根据其回答情况划分为二分类变量。

2. 跌倒情况

本研究通过自我报告跌倒情况"您在过去的一年里跌倒过吗？"来对老年人跌倒情况进行测量，跌倒情况为二分类变量。

3. 控制变量

主要涵盖社会人口学特征，包括性别、年龄、居住地、受教育年限、婚姻状况、家庭年收入情况；健康行为与健康状况，包括睡眠质量、吸烟、饮酒、锻炼、慢病患病情况、身体质量指数（Body Mass Index，BMI）、认知水平、活动能力、抑郁水平。认知水平由简明社区痴呆筛查量表进行测量，活动能力由日常活动能力量表测量，抑郁情况由抑郁量表（流调用抑郁自评量表，10-item Center for Epidemiologic Studies Short Depression Scale，CES-D）测量 [1][2]。其中，性别、居住地、婚姻状况、睡眠质量、吸烟、饮酒、锻炼、慢病患病情况为分类变量；年龄、受教育年限、BMI、认知水平、活动能力、抑郁水平为连续变量。家庭年收入情况根据研究对象报告情况，分为高、中、低三个水平。

（三）数据分析方法

描述性统计以均值 / 标准差（SD）或频数 / 百分比表示。通过卡方检验或 T 检验进行单因素分析。采用二元 Logistic 回归分析进行多因素分

① ZHANG Y, XIONG Y, YU Q, et al. The activity of daily living (ADL) subgroups and health impairment among Chinese elderly: a latent profile analysis[J]. BMC Geriatr., 2021, 21(01):30.

② SHEN K, ZHANG B, FENG Q. Association between tea consumption and depressive symptom among Chinese older adults[J]. BMC Geriatr., 2019,19(01):246.

析。模型 1~3 为控制了不同的混杂变量集后的分析结果，旨在检验不同情况下社会资本各要素与老年人跌倒之间的关联。模型 1 中仅包含社会资本各变量（人际信任、非正式社会参与、正式社会参与、社会支持），以评估未增加任何控制变量下社会资本与老年人跌倒的关联。在模型 2 中，社会人口学特征作为控制变量，而在模型 3 中，研究将社会人口学特征、健康行为和健康状况作为控制变量，进一步探究所有混杂因素控制下社会资本与老年人跌倒的关联。$P<0.05$ 认为差异具有统计学意义。所有统计分析由 SPSS 24.0 完成。

三、结果

（一）调查对象基本情况

本研究共纳入 6537 名老年人（表 3-3）。其中男性 2952 人，占 45.2%；农村老年人占比较高（42.1%）；调查对象平均年龄为 83.51±11.53 岁；平均教育年限为 3.82±4.55 年；婚姻状况方面，占比最高的是丧偶老年人（51.9%）。

表 3-3 老年人跌倒的不同特征分布概况

变量	过去一年是否跌倒		χ^2/t	P
	是	否		
性别			27.644	< 0.001
男	545（39.0）	2407（46.8）		
女	854（61.0）	2731（53.2）		

续表

变量	过去一年是否跌倒		χ^2/t	P
	是	否		
居住地			3.815	0.148
城市	411（29.4）	1395（27.2）		
城镇	428（30.6）	1552（30.2）		
农村	560（40.0）	2191（42.6）		
年龄	86.09（11.48）	82.81（11.44）	9.492	< 0.001
家庭年收入			0.671	0.715
< =14 000	474（33.9）	1712（33.3）		
14 001—60 000	501（35.8）	1810（35.2）		
60 001+	424（30.3）	1616（31.5）		
教育年限	3.32（4.50）	3.95（4.55）	−4.607	< 0.001
婚姻状况			48.886	< 0.001
已婚与配偶居住	535（38.2）	2471（48.1）		
分居	13（0.9）	63（1.2）		
离婚	5（0.4）	12（0.2）		
丧偶	840（60.0）	2554（49.7）		
未婚	6（0.4）	38（0.7）		
睡眠质量			48.763	< 0.001
非常好	248（17.7）	967（18.8）		
好	459（32.8）	2008（39.1）		
一般	441（31.5）	1538（29.9）		
差	201（14.4）	544（10.6）		
非常差	50（3.6）	81（1.6）		
目前是否吸烟			12.759	< 0.001
是	170（12.2）	823（16.0）		
否	1229（87.8）	4315（84.0）		
目前是否饮酒			0.423	0.516
是	213（15.2）	819（15.9）		
否	1186（84.8）	4319（84.1）		

续表

变量	过去一年是否跌倒		χ^2/t	P
	是	否		
目前是否锻炼			8.439	< 0.01
是	418（29.9）	1747（34.0）		
否	981（70.1）	3391（66.0）		
是否患慢病			8.278	< 0.01
是	1076（76.9）	3756（73.1）		
否	323（23.1）	1382（26.9）		
BMI	22.15（4.80）	22.81（4.71）	−4.625	< 0.001
认知水平	23.40（6.91）	24.91（6.16）	−7.375	< 0.001
活动能力	7.18（2.36）	6.70（1.96）	7.023	< 0.001
抑郁水平	7.56（3.30）	7.01（3.01）	5.690	< 0.001
非正式社会参与			16.016	< 0.001
是	641（45.8）	2049（39.9）		
否	758（54.2）	3089（60.1）		
正式社会参与			1.897	0.168
是	1195（85.4）	4311（83.9）		
否	204（14.6）	827（16.1）		
人际信任			45.591	< 0.001
从不	445（31.8）	1795（34.9）		
很少	490（35.0）	2085（40.6）		
一般	198（14.2）	536（10.4）		
有时	155（11.1）	384（7.5）		
总是	111（7.9）	338（6.6）		
获得帮助			2.022	0.155
是	1374（98.2）	5072（98.7）		
否	25（1.8）	66（1.3）		
合计	1399（21.4%）	5138（78.6%）		

（二）调查对象跌倒的分布情况

老年人是否跌倒的单因素分析结果显示，社会人口学特征方面，不同性别、年龄、教育年限、婚姻状况的老年人分布不同，存在显著统计学差异（$P<0.05$）；健康行为与健康状况方面，不同睡眠质量、吸烟、锻炼、患慢病、BMI、认知水平、活动能力、抑郁水平的老年人分布不同，且差异具有统计学意义（$P<0.05$）；社会资本方面，非正式社会参与、人际信任水平不同的老年人之间存在显著统计学差异（$P<0.05$）。

（三）社会资本与跌倒关联性分析

以老年人是否跌倒作为因变量，社会资本各测量变量作为自变量，模型 1 不纳入任何控制变量，模型 2 纳入部分控制变量，模型 3 纳入所有控制变量，以发生跌倒为参照，自变量以低值为参照，实施二元 Logistic 回归分析。在未添加任何控制变量时，人际信任水平低的老年人未发生跌倒的可能性更低（$OR=0.881$，$95\%CI$: $0.839\sim0.925$）；有非正式社会参与的老年人未发生跌倒的可能性更高（$OR=1.268$，$95\%CI$: $1.122\sim1.433$）。在控制部分混杂因素后，人际信任水平仍与老年人跌倒存在显著关联（$OR=0.875$，$95\%CI$: $0.833\sim0.919$），而非正式社会参与同老年人跌倒之间的关联不再显著。控制所有混杂因素后，人际信任与老年人跌倒呈现负相关，人际信任水平低的老年人未发生跌倒的可能性低（$OR=0.904$，$95\%CI$: $0.859\sim0.951$）。

表 3-4　社会资本与研究对象跌倒关联的二元 Logistic 回归分析结果

变量	模型 1	模型 2[a]	模型 3[b]
人际信任	0.881*** （0.839~0.925）	0.875*** （0.833~0.919）	0.904*** （0.859~0.951）
获得帮助	1.392 （0.873~2.218）	1.510 （0.941~2.424）	1.372 （0.847~2.221）
非正式社会参与	1.268*** （1.122~1.433）	1.046 （0.917~1.193）	0.973 （0.847~1.117）
正式社会参与	1.059 （0.893~1.256）	0.900 （0.748~1.083）	0.914 （0.758~1.103）

*$P<0.05$，**$P<0.01$，***$P<0.001$

a. 模型 2 将性别、年龄、居住地、受教育年限、婚姻状况、家庭年收入情况作为控制变量。

b. 模型 3 将性别、年龄、居住地、受教育年限、婚姻状况、家庭年收入情况、睡眠质量、吸烟、饮酒、锻炼、慢病患病情况、BMI、认知水平、活动能力、抑郁水平作为控制变量。

四、讨论

本研究所纳入的老年人中，在过去一年发生跌倒的总体占比为 21.4%，较前期相关文献中三分之一的 65 岁以上老年人跌倒发生率要低。从社会资本各指标情况来看，人际信任方面，老年人信任水平普遍较高（73.7%，包括"从未不信任"和"很少不信任"）；社会参与方面，老年人非正式社会参与水平较高（58.8%），而正式社会参与水平较低（15.8%）；社会支持方面，老年人普遍能够获得相应的支持和帮助（98.6%）。本研究所纳入的样本为基于 CLHLS 第八轮调查数据筛选后数据，跌倒相关情况的询问为过去一年的跌倒情况，故可能存在回忆偏倚。

本研究发现人际信任水平越低，老年人跌倒可能性越高。人际信任在诸多研究中都被证实与老年人身心健康密切相关[1][2][3]。结合相关文献和我国社会文化实际情况，研究认为人际信任可能通过以下路径作用于老年人跌倒发生。首先，人际信任将影响老年人心理健康状况[4][5]，高信任水平能够很好地缓冲压力事件所带来的负面影响[6]，进一步有益于老年人躯体健康状况，降低跌倒风险。例如，当老年人人际信任水平较低时，他们无法很好地面对压力事件，从而影响他们的睡眠质量[7]，而睡眠质量较差的老年人，跌倒风险将显著升高[8]。其次，人际信任将影响老年人社会融入情况，缺乏信任会降低老年人的安全感，致使他们与社会互动交往意愿更低，进一步导致其健康行为依从性较低，同时缺乏相应的健康信息来源，如跌倒预防相关知识、跌倒急救知识、跌倒护理知识等，从而增加跌倒风险，并进一步影响其跌倒后续康复状况[9]。最后，人际信任水平低的老年人可能为独居

[1] 李甲森，冯星淋.基于多水平模型的社会资本对中老年人健康的影响研究[J].医学与社会，2016，29（12）：4-7.

[2] 阙霜，曾雁冰，方亚.基于logistic回归与决策树模型的社会资本对老年人自评健康的影响研究[J].中国卫生统计，2022，39（02）：186-191.

[3] 杨乐，田步伟，王竞，等.社会资本对农村户籍老年人健康的影响与性别差异研究[J].卫生软科学，2022，36（03）：37-42.

[4] 李甲森，冯星淋.基于多水平模型的社会资本对中老年人健康的影响研究[J].医学与社会，2016，29（12）：4-7.

[5] 黄涛，高华.新型冠状病毒肺炎疫情期间居民人际信任对心理健康的影响[J].中国健康心理学杂志，2021，29（11）：1693-1697.

[6] PHONGSAVAN P, CHEY T, BAUMAN A, et al. Social capital, social-economic status and psychological distress among Australian adults[J]. Social Science & Medicine, 2006, 63: 2546-2561.

[7] XIAO H, ZHANG Y, KONG D, et al. Social capital and sleep quality in individuals who self-isolated for 14 days during the coronavirus disease 2019 (COVID-19) outbreak in january 2020 in China[J]. Medical Science Monitor: international medical journal of experimental and clinical research, 2020, 26: e923921.

[8] LEE S, CHUNG JH, KIM JH. Association between sleep quality and falls: a nationwide population-based study from South Korea[J]. Int J Gen Med., 2021, 14:7423-7433.

[9] YANG L, WANG H, CHENG J. Association between social capital and sleep duration among rural older adults in China[J]. BMC Public Health, 2022, 22(01):12.

老年人[1]，而独居会显著增加老年人跌倒风险及其后续再次跌倒可能性[2][3]。独居老年人将是未来跌倒预防策略的重点关注对象，如何促进其人际信任水平提升是跌倒预防策略的重要切入点。

综上，研究发现人际信任与我国老年人跌倒情况密切相关。提升老年人人际信任水平可作为进一步降低老年人跌倒风险的手段与策略之一。从家庭层面来看，随着年龄增加，老年人跌倒风险较大，除了对家庭内部环境进行适老化改造之外，应加大对老年人身心的关注度，减少老年人社会剥离感，尤其是独居老年人。从社区层面来看，要加强对老年群体的关心与关爱，进一步丰富老年人相关社区服务内容，更加精准地把握老年人的实际生活服务需求和精神心理需求，从而更好服务于老年群体，让老年人在有困难时可以寻求帮助、愿意寻求帮助、能够寻求帮助。从社会层面来看，应营造敬老爱老的良好社会氛围，加大对违法犯罪行为的打击力度，提升社会道德水平，制定和实施惠老政策，让老年人生活得更加舒心、幸福。

———————

① DU Q, GONG N, HU Q, et al. Why do older adults living alone in cities cease seeking assistance? A qualitative study in China[J]. BMC Geriatr., 2022, 22(01):540.

② DAS GUPTA D, KELEKAR U, RICE D. Associations between living alone, depression, and falls among community-dwelling older adults in the US[J]. Prev Med Rep., 2020, 20:101273.

③ 王磊. 独居老人的养老风险及其规避分析 [J]. 重庆理工大学学报（社会科学），2020, 34（12）：64-70.

整合视角下的社区康养现状与发展趋势

汪晓凡　李瑞锋　刘亚敏　王鸿蕴　曾婧菱[①]

摘　要：我国正处于老龄化加速的阶段，在社区养老服务需求快速增长、需求服务类型从一般养老服务转向康养服务以及养老服务相关政策密集出台的背景下，逐渐形成了多种类型的社区康养发展模式，社区康养服务主体进一步实现多元化，支持性行业蓬勃兴起，社区康养的创新模式开始吸引资本的关注。但仍存在服务供给结构性失衡、专业人才不足制约服务供给、服务复杂性较高导致多头管理困境和传统模式资金匮乏的问题。未来，整合视角下社区康养的发展趋势是：依托大型企业实现产业资源整合，标准化与差异化融合的连锁经营模式将获得更大发展，保险企业将进一步发挥主业协同力量助力解决资金匮乏问题，互联网企业将在社区康养领域发挥越来越重要的作用。

关键词：整合；社区康养；医养结合

---

①　汪晓凡，博士学位，北京中医药大学管理学院，副教授；研究方向：老年健康行为。李瑞锋，博士学位，北京中医药大学管理学院，院长，教授；研究方向：中医药健康服务。刘亚敏，硕士学位，北京中医药大学管理学院，助理研究员；研究方向：学科管理。王鸿蕴，硕士学位，北京中医药大学管理学院，助理研究员；研究方向：教学管理。曾婧菱，北京中医药大学管理学院在读硕士研究生；研究方向：中医药管理。

社区康养是指通过全面整合与社区相关的养老资源、医疗服务资源以及其他健康产品和健康服务资源，为满足社区老年人对健康和养老的多方面需求而提供的综合性服务。社区康养既具有公共服务的性质，又融入市场化元素，在老年人群健康养老需求日益多元和加速升级的形势下逐步显示出其重要作用。

社区康养的最初形态是社区养老服务，后随着养老服务需求中对医疗服务的强调而形成社区医养结合服务，近年来随着康养概念的出现与发展，社区医养结合服务结合了更多健康产品和服务资源，形成了社区康养服务。

一、发展社区康养的时代背景

（一）需求群体数量持续上升

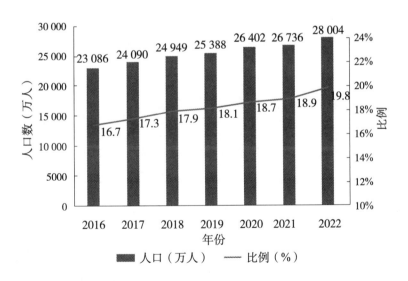

图 3-11　2016—2022 年全国 60 周岁及以上老年人口数量及占全国总人口比重

我国正面临严峻的人口老龄化挑战。老年人口数量持续增长，截至 2022 年年末，我国 60 岁和 65 岁以上老年人口数量在总人口数量中的占比分别达到 19.8% 和 14.9%[①]。相应地，社区康养服务的需求群体数量持续上升。

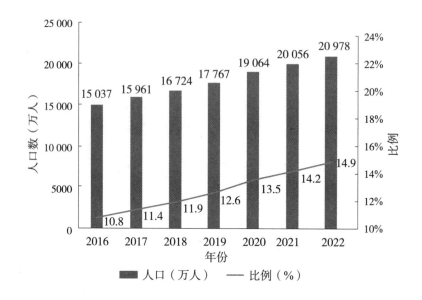

图 3-12　2016—2022 年全国 65 周岁及以上老年人口数量及占全国总人口比重

（二）基于社区的养老服务需求快速增长

由于中国老年人的养老观念和习惯的原因，居家养老依然占据养老服务市场的主要地位，但社区养老和机构养老的需求也在逐步提升，尤其是社区养老服务，近年来受到越来越多的青睐。在居家养老逐渐难以适应家庭小型化和服务专业化需求的情况下，随着社区养老服务设施的日益完善，更多居民愿意根据自身健康状况，选择社区日托或全托形式的社区照料中

---

① 　数据来源：《中华人民共和国 2022 年国民经济和社会发展统计公报》。

心满足自身的多元化养老需求。当身体状态良好时更多采用居家养老，而在身体状况下降时随时选择社区照料中心。基于社区的养老服务不需要老年人离开原有的熟悉环境，允许其在原有居家的基础上主动掌握和控制生活节奏，按需接受服务，提高自我效能，形成邻里互助，不仅有助于老年人的身心健康，还提高了服务的可选择性和适用范围。模块化的服务提供相较于机构养老的打包服务在价格上也更具优势，降低了接受服务的门槛，减少了不必要的养老成本。同时，基于社区的养老服务能够充分依靠社区平台，整合社会和家庭养老资源，使原有的社区基础设施、场地和志愿者力量得到更充分的利用。

（三）需求服务类型从一般养老服务转向康养服务

在老龄化加剧的背景下，高龄、失能和患病老年人的绝对数量增长，且共病患者占比越来越高，单纯的养老服务已经无法满足老年人更多的医疗健康需求，因而社区养老服务需求呈现从一般养老服务转向与医养、康养服务相结合的演变过程。这种需求的演变一方面来源于老年人年龄增长和健康状况下降带来的更高的医疗服务要求，另一方面来源于老年人健康意识提高带来的对健康管理与教育和中医药健康服务的需求。具体表现为高龄、失能和患病老年人对医护人员上门提供专业医疗和护理服务的需求较高；而健康状况相对较好的老年人希望获得更多的健康资讯和养生保健技能，通过科学合理的饮食、运动等维护自身健康水平。此外，由于老年人的健康风险意识逐步提高，无论是健康状况良好还是健康状况不佳的老年人，都对健康实时监测和紧急医疗救助服务有一定需求。同时，老年人在关注身体健康的同时也更加重视心理健康，对心理咨询服务需求也逐渐提高。

图 3-13   老年养老服务需求类型的转变

资料来源：自行整理。

二、中国社区康养的发展现状

（一）形成了多种类型的社区康养发展模式

在政策支持和需求增长的双重驱动下，我国逐步形成了多种类型的社区康养发展模式，包括基层医疗卫生机构运营社区养老设施、综合性康养服务机构运营社区养老设施、社区养老服务机构与医疗机构签订协议、以社区为单位的家庭医生签约，以及康养社区等发展模式。

1. 基层医疗卫生机构运营社区养老设施

基层医疗卫生机构运营社区养老设施模式是指基层医疗卫生机构和社区养老设施一体化运作。基层医疗卫生机构直接建立社区养老设施或对社区养老设施进行委托管理，实现医疗服务、养老服务和基本公共卫生服务的连续性提供，通过同步管理满足老年人的医养需求。在这种模式下，老年人及其子女家属基于对基层医疗卫生机构的信任而更愿意选择社区养老设施，在一定程度上解决了社区养老设施利用率不足和功能受限的问题，通过共享模式提高了资源配置效率，实现多方共赢。

2. 综合性康养服务机构运营社区养老设施

综合性康养服务机构运营社区养老设施模式是指由大型专业化康养服务机构建立或管理社区养老设施。这一模式要求运营主体具备提供社区居家养老和面向不同健康水平老年人的康复护理服务的专业化水平和经验，能够在合理成本下应对社区分散需求，提供高质量康养服务。在这种模式下，老年人及其子女家属主要基于对康养服务机构的品牌信任而选择由其建立或管理的社区养老设施。

3. 社区养老服务机构与医疗机构签订协议

社区养老服务机构与医疗机构签订协议模式是指双方各自独立运作，通过签订协议的方式绑定养老服务和医疗服务，满足老年人的多元化需求。该模式从最初的社区养老服务机构与基层医疗卫生机构签约，逐步发展为社区养老服务机构与各级各类医疗机构签约，体现了医疗机构从医联体向医康养联合体发展的趋势，根据老年人的实际健康状况在联合体内实现医养互转和各级医疗机构之间的双向转诊，为老年人提供更为便捷的康养服务。

4. 以社区为单位的家庭医生签约

以社区为单位的家庭医生签约模式是指医疗机构与有需求的老年人签订家庭医生服务协议，由以往老年人到医疗机构接受医疗服务转变为医护人员到老年人家中提供医疗服务。这一模式充分体现了以老年人为中心的服务理念，实现了个性化和定制化康养服务的提供。该模式也从最初的基层医疗卫生机构家庭医生签约逐步发展为更多级别医疗机构家庭医生签约，康养服务的定制化范围逐步扩大。

5. 康养社区

康养社区（Continuing Care Retirement Community，CCRC），是指

提供持续照料服务的退休社区。区别于医疗机构或护理院的照护模式，这一模式主张老年人从健康时入住，并安享终身。其服务具有综合性和连续性特征：综合性体现为集一般养老服务、精神文化娱乐休闲服务和健康服务为一体；连续性体现为在老年人身体和心理的健康状况变化时，可以为其提供不同层级的照护服务。社区为老年人提供完善的适老化环境，可选的居住条件，并配备能够满足一般健康需求的医疗服务机构和设施，同时通过签约合作实现医疗服务的多元化、可靠性和便利性。

（二）社区康养服务主体进一步实现多元化

社区康养服务的提供主体包括养老服务组织、医疗卫生服务机构和社区康养服务平台三大类。其中养老服务组织包括社区养老服务组织和综合养老服务组织；医疗卫生服务机构主要包括基层医疗卫生服务机构，近年来也延伸至二级或更高级别的医院；社区康养服务平台主要通过资源整合和信息提供配合基层社区工作。从服务主体的性质来看，公立机构、国有企业和民营企业共同构成了康养服务的提供主体，越来越多的社会力量进入康养服务领域，养老服务组织中的民营企业占有较大份额，医疗卫生服务机构中的民营医院也逐步参与到康养服务中，社区康养服务平台也聚集大量社会力量。从服务主体依托的行业类型来看，既涵盖传统的养老服务行业和医疗卫生行业，也包括房地产业、保险业和互联网业等多种类型，呈现多元化特征。

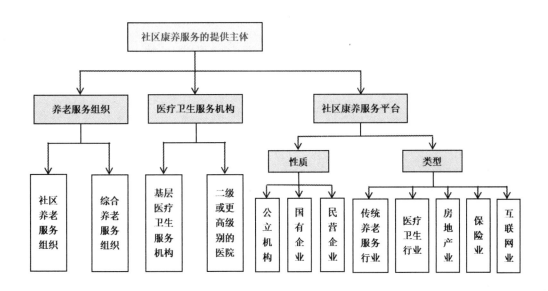

图 3-14　社区康养服务主体多元化

资料来源：作者自行整理。

（三）社区康养的支持性行业蓬勃兴起

社区康养的支持性行业主要包括：生活照料、餐饮服务、清洁服务、心理咨询、健康管理、委托代办、康复辅具、康养旅游、文化教育和休闲娱乐等。其中生活照料行业包括起居照料、个人卫生整理、助浴和出行照料等服务；餐饮服务行业包括协助订餐、送餐、助餐和上门制餐等服务；清洁服务行业包括居住场所清洁和衣物清洁等服务；心理咨询服务行业包括陪伴服务、专业心理疏导与建设服务和心理健康教育与干预服务；健康管理服务包括健康信息采集、健康咨询、体征监测和助医服务等；委托代办服务行业包括生活用品代购、物资代取代送、生活费用代缴、车票门票代订以及法律事务代办等服务；康复辅具行业包括康复辅具的提供、配置与使用指导以及康复训练与指导等；康养旅游包括生态旅游、健身旅游、养生旅游、中医药旅游等服务；文化教育和休闲娱乐包括老年大学、老年研学、老年培训、老年棋牌、老年音乐、养生锻炼和老年社交媒体等。

上述行业中的企业在康养服务中以供应商形式出现，分为独家业务型和部分参与型两种类型。独家业务型是专门面向康养服务供应链提供专业化服务，部分参与型是在本行业中面向各种市场需求，康养相关服务仅是其部分业务。

（四）社区康养的创新模式开始吸引资本的关注

近年来，康养产业投融资市场逐渐升温，全球市场规模和中国市场规模均屡创新高。从全球康养产业投融资市场来看，投资方向主要包括老年康复辅具、社区居家养老、老年护理、健康管理、老年教育、康养旅游等领域。

在众多投资方向中，涉及到社区居家养老和老年康复辅具的投资最多，其中尤以社区居家养老领域最具吸引力。典型案例是，福寿康智慧医疗养老服务（上海）有限公司从 2017 年 3 月获得来自岭南投资的种子轮投资后，继而在 2018 年至 2022 年完成来自华医资本、复容投资等、启明创投等、红杉中国、铱创投资、腾讯投资和国寿大养老基金的天使轮、A轮、B 轮、B+ 轮、preC 轮、C 轮和 C+ 轮融资。其备受资本青睐的主要原因是兼顾社会价值与企业价值的共同提升：从社会价值角度来看，该机构运用了自主研发的社区养老服务交互系统，以护理站为核心，覆盖周边社区和街道，打通居家、社区、医院、养老院的全闭环服务场景，为社区中老、弱、病、残人士提供"互联网＋医护康养"的全程服务；从企业价值角度来看，他们试图通过升级现有的长期护理业务体系，构建了一种"长护险＋商保＋自费"相结合的创新支付体系。除了长期护理保险，根据系统积累的十万余名老年人的健康及照护需求数据分析并设计增值服务产品，并与商保公司合作，推出了长者照护增值服务包[①]。

三、中国社区康养的挑战

（一）社区康养服务供给存在结构性失衡

社区服务供给的结构性失衡主要体现在服务种类、服务地区和服务人群三个方面。从服务种类来看，在社区康养的连续性一体化服务中，最主要制约因素就是核心医疗护理资源不足。尽管各类养老服务不断进入社区康养领域，但却难以满足老年人在社区康养服务中最为重视的医疗护理服务需求。从服务地区来看，各省市社区康养服务的供给存在较为明显的差异，经济发达地区的社区康养发展较快，而经济欠发达地区较多停留于一般养老服务阶段；与之类似的是，社区康养服务提供的城乡差异也较大，城市的社区康养服务供给和服务水平远高于农村。从服务人群来看，存在明显的两极分化情况，目前社区康养服务的主要目标受众有两种，一是高龄、失能、贫困等康养需求迫切的老年人群体；二是高净值老年人群体，而处于二者中间地带的大量老年人群所获得的社区康养服务有限。

（二）专业人才不足制约社区康养服务供给

专业人才不足主要体现在两方面：一是社区康养服务服务管理人才匮乏，二是社区康养专业技术人才尤其是面向社区的医疗护理人才不足。管理人才方面，截至 2023 年 12 月，全国共有 19 所高校开设养老服务管理

[①] 资料来源：福寿康智慧医疗养老服务（上海）有限公司官方网站 [EB/OL].（2023-01-05）[2023-11-01] https://www.zhaohu365.com/gsjj/.

专业[①]，广西医科大学最早于 2017 年开设，其他 10 所高校均在 2020 年以后开设，且招生人数较少，目前 18 所高校尚未有毕业生，预计最早毕业时间在 2024 年。此外，68.42% 开设该专业的高校招收外省生源，如表 3-5 所示。

表 3-5　开设养老服务管理专业的高等学校

高校名称	专业名称	招生开始年份	是否招收外省生源	现有学生数	是否有毕业生	第一批毕业生毕业年份
广西医科大学	养老服务管理	2017（2019、2020 停招）	是	——	是	2021
山东女子学院	养老服务管理	2020	是	399	否	2024
上海工程技术大学	养老服务管理	2020	是	——	否	2024
安徽医科大学	养老服务与管理	2021	否	90	否	2025
桂林医学院	养老服务管理	2021	是	23	否	2025
乐山师范学院	养老服务管理	2021	是（22 年开始招收外省）	120	否	2025
齐鲁医药学院	养老服务管理	2021	是	113	否	2025
南京中医药大学	养老服务管理	2021	否	160	否	2025
四川文理学院	养老服务管理	2021	否	140	否	2025
辽宁对外经贸学院	养老服务管理	2021	是	184	否	2025
新乡学院	养老服务管理	2021	是	135	否	2025
中华女子学院	养老服务管理	2021	是	——	否	2025
上海建桥学院	养老服务管理	2021	是	285	否	2025
遵义医科大学	养老服务管理	2021	否	150	否	2025
贵州中医药大学	养老服务管理	2022	否	76	否	2026
沈阳医学院	养老服务管理	2022	是	60	否	2026
西安文理学院	养老服务管理	2022	——	——	否	2026
吉林财经大学	养老服务管理	2022	是	56	否	2026
锦州医科大学	养老服务管理	2023	是	35	否	2027

资料来源：根据相关高等院校官方网站信息收集整理。

① 资料来源：阳光高考网站 [EB/OL].（2023-04-20）[2023-11-01] https://gaokao.chsi.com.cn/zyk/zybk/ksyxPage?specId=qxbg85dalsi59qd5.

专业技术人才方面，长期以来，在医疗护理人才市场上，基层医疗卫生服务机构相较于级别较高的医疗机构在吸引专业技术人才上处于劣势，而康养机构相较于医疗机构更不具备吸引专业技术人才的优势。也就是说，社区康养服务是人才需求端最弱势的环节，主要原因在于社区康养服务工作负荷大、晋升机会少，且收入偏低，也无法获得较高的社会地位。难以吸引高素质、高水平医护人员，使社区康养领域在满足高龄、失能老年人的医疗需求时面临较大挑战，也进一步导致了服务供给的不均衡。

（三）服务复杂性较高导致多头管理

由于社区康养服务的提供主体多元且涉及行业众多，在社区医疗服务和养老服务的基础上，还要结合健康产品与服务，才能实现对老年人的连续性关怀，因而社区康养服务具有较为明显的跨职能、跨行业和跨部门特征，具有较高的复杂性和动态性。在政策制定、实施与监管层面，涉及的主管部门包括民政部门、卫生健康管理部门、工商行政管理部门、人力资源和社会保障部门、教育部门、文化和旅游部门等多个部门。在提供整合式康养服务的过程中，容易出现职权重叠、多头管理的情况，协调合作成本相对较高。

（四）社区康养传统模式依然面临资金匮乏

尽管如前所述，社区康养开始受到资本的关注，但由于资本本身所具有的局限性，其投资主要集中在盈利能力较高的领域，而非具有公共服务性质的传统社区康养服务上。传统社区康养服务依然在较大程度上面临资金匮乏的窘境。传统社区康养服务，主要依靠政府补贴、服务收入和社会捐赠几个方面的收入来维持运营，由于其具有一定的公共服务性质，部分服务为无偿或低偿提供，这部分由政府补贴进行补偿，但由于康养服务需求对服务标准有较高的要求，服务成本居高不下且有进一步提高的趋势，政府补贴难以完全弥补成本，同时由于大部分老年人的支付能力和支付意愿有限，他们对于付费服务普遍持谨慎态度，市场机制也无法让面向一般收入老年人群的社区康养服务获得较高收入。因此，建立可持续的收入保障机制，解决传统社区康养服务资金匮乏现状已成为一个难题。

四、整合视角下社区康养的发展趋势

（一）依托大型企业实现产业资源整合

整合型社区康养服务符合老年人需求和国际趋势，全链条连续性服务需求将促使行业集中度进一步提高，未来依托大型企业实现产业资源整合的模式将获得较好的发展前景，央企入局养老行业，将成为激活资产、整合资源的主要力量。在各地方政府结合国企改革和区域产业发展的背景下，成立省级、市级康养平台公司已成为一种主要方式。同时，建设城市康养产业链，这与国企改革中各地方发展建设链长企业的改革方向相契合。这也意味着，此类康养平台公司，将不仅仅肩负单一业态的服务，而是全面整合城市资源进行全方位产业链建设，成为推动康养从"民生型"向"市场型"转变的有力方式。

（二）标准化与差异化融合的连锁经营模式将获得更大发展

由于社区康养服务涉及种类繁多且专业要求较高的模块，单点运营要满足老年人的个性化需求就会面临盈利困境，因而打造标准核心产品和服务，再根据地区差异化进行模块增减，实现大规模定制的专业化、集团化、连锁化经营盈利前景较好，会获得更大发展。未来"标准核心产品和服务 + 地区差异化"的连锁经营模式将获得更多探索。标准核心产品和服务部分应尽快基于综合性的需求评估制定相关标准，为老年人提供医疗和照护服务，使业内企业能够有章可循，通过标准化实现范围经济，并能够在差异化部分获得更多的盈利机会。目前相关标准规范主要适用于医养结合机构或机构内服务，尚未出台社区康养或居家社区医养结合服务规范[①]。因此，开发和制定相关标准将成为一个重要的研究和政策发展方向。

（三）保险企业将进一步发挥主业协同力量助力解决资金匮乏

养老与保险业有着天然的结合点。保险企业身处金融行业，具有强大的资金实力，又由于其产品特征，积累了大量老年客户群体，这是他们涉足养老业务的先天优势，未来差异化的产品设计和服务输出也成为企业的竞争焦点。近年来，国内保险公司纷纷进军养老领域，投资的养老社区项目遍布于东部沿海以及中部的 20 余个省市区，险资在养老及养老产业上下游医疗、健康行业领域也多有布局。2023 年，仅中国太保、中国太平、泰康保险三家大中型险企就有预计超过 10 个养老社区投入市场[②]。保险企业可以将保险服务与康养服务有机结合，有效解决养老消费资金的痛点难题，形成资金与服务的良好互动机制。

① 赵君，王芳，汝小美，等.我国居家社区医养结合服务现状研究——基于 34 家机构的定性访谈资料 [J].中国卫生政策研究，2022，15（08）：11-16.

② 肖扬.养老新政不断释放利好 险企多方探索养老产业 [N].金融时报，2023-07-05（012）.DOI:10.28460/n.cnki.njrsb.2023.003350.

（四）互联网企业将在社区康养领域发挥越来越重要的作用

互联网企业进入社区康养领域，促进社区康养的数字化、智慧化发展，大幅降低人工成本，在一定程度上解决社区康养人力资源不足的问题，更多释放专业人才的时间和精力用于解决无法替代的专业问题，将会成为社区康养解决服务水平和盈利水平悖论的重要方向。"互联网＋"社区康养以大数据和数字化技术为支撑，若能够逐步建立覆盖老年人口的数据库，将在需求端实现老年人康养需求的快速识别与分类，在供给端实现养老服务资源与需求的快速精准匹配。老年人身体状况实时监测系统和呼叫系统将助力老年人应急医疗服务需求的满足，智能居家系统和安全监测系统可以大幅降低安全巡视活动的成本，提高社区康养服务的效率。

积极开发老龄人力资源参与社区老龄服务和社区治理

向春玲 李 赟①

摘　要： 人口老龄化是社会发展的大趋势，我国是世界上老年人口规模最大的国家，也是世界上老龄化速度最快的国家之一，中国已正式迈入中度老龄社会。党的二十大报告指出要推进健康中国建设，实施积极应对人口老龄化国家战略。从健康老龄化、积极老龄化维度看，我国积极开发老龄人力资源旨在推进老有所养、老有所乐的基础上，进一步推进老有所为，不仅有利于老年人身心健康、实现老年人社会价值、提高老年人生活质量，也为社区老龄化服务和社区治理增加力量。

关键词： 老龄人力资源；老龄服务；社区治理

① 向春玲，中共中央党校（国家行政学院）科学社会主义教研部教授，博士生导师，主要研究方向为社会治理、社会建设；李赟，中共中央党校（国家行政学院）博士研究生，主要研究方向为社会治理。

人口老龄化是 21 世纪世界各国共同面临的人口结构问题。随着全球人口老龄化进程的不断加快，老年人的主观幸福感与养老质量已成为社会普遍关注的议题。新世纪以来，健康老龄化、积极老龄化概念和相关理论应运而生。健康老龄化是一个涵盖生理、心理与社会层面的综合性概念，在健康老龄化理念下，提升老年人幸福感不仅与老年人的物质生活条件及身体健康有关，还与老年人的情感需求、社会支持、生活质量、自我实现等方面有密切关系。积极老龄化在健康、保障基础上，更加强调社会参与，即老年人能够根据自己的爱好和兴趣以及自身的条件，参与到社会经济生活中的各个方面。积极老龄化理论为我国提出的"六个老有"，即"老有所养、老有所医、老有所为、老有所学、老有所教、老有所乐"提供了重要的理论支撑[①]。党的十九届五中全会通过的《中共中央关于制定国民经济和社会发展第十四个五年规划和二〇三五年远景目标的建议》提出，实施积极应对人口老龄化国家战略，开发老龄人力资源[②]。《中共中央国务院关于加强新时代老龄工作的意见》提出"促进老年人社会参与""鼓励老年人继续发挥作用[③]。"《"十四五"国家老龄事业发展和养老服务体系规划》提出要在全社会倡导积极老龄观，引导老年人根据自身情况，积极参与家庭、社区和社会发展[④]。目前我国 60～69 岁的低龄老年人口数量占 60 岁及以上

---

① 马瑞丽. 积极老龄化的理念与路径 [EB/OL].（2023-12-29）[2024-1-22]. https://www.cssn.cn/skgz/bwyc/202312/t20231229_5723482.shtml.

② 中共中央关于制定国民经济和社会发展第十四个五年规划和二〇三五年远景目标的建议 [M]. 北京：人民出版社，2020：35.

③ 中华人民共和国中央人民政府. 中共中央 国务院关于加强新时代老龄工作的意见 [EB/OL].（2021-11-24）[2024-1-22]. https://www.gov.cn/zhengce/2021-11/24/content_5653181.htm.

④ 中华人民共和国中央人民政府. 国务院关于印发"十四五"国家老龄事业发展和养老服务体系规划的通知 [EB/OL].（2022-2-21）[2024-1-22].https://www.gov.cn/zhengce/content/2022-02/21/content_5674844.htm.

人口总数的 55.83%[①]，可见，积极开发老龄人力资源，尤其是开发低龄老年人口人力资源潜力巨大。社区居家养老是我国养老服务体系的重要方式，社区治理是我国社会治理的基本单元，面临快速增长的老龄服务需求，在社区可以通过时间银行的方式引导鼓励低龄老年人参与社区老龄服务，构建基层社区互助式养老；通过支持低龄老年人组建乡贤组织，参与基层社区治理，有助于一些老年志愿者在社区公共服务、社会矛盾纠纷化解和促进社区文明等方面发挥重要作用。

一、老龄人力资源开发的意义

老龄人力资源是指身体健康、有劳动能力且有劳动意愿的老年人口。根据世界银行和联合国教科文组织的通用标准和我国目前的现实情况，可以将老龄人力资源开发的重点定位在低龄、有劳动能力、有意愿继续工作的老年人口，也包括少数身体健康状况良好、有意愿有能力的中高老年人口[②]，开发老龄人力资源在实现健康老龄化、促进基层社区居家养老服务和社区治理方面将发挥重要作用。

（一）老龄人力资源开发有助于实现健康老龄化

对于有劳动能力的人来讲，获得劳动条件并且在劳动中建立一定的社会关系是构成一个人健康的重要因素。健康老龄化即从生命全过程的角度，从生命早期开始，对所有影响健康的因素进行综合、系统的干预，营造有

[①] 老龄健康司 . 2020 年度国家老龄事业发展公报 [EB/OL].（2021-10-15）[2024-1-22]. http://www.nhc.gov.cn/lljks/pqt/202110/c794a6b1a2084964a7ef45f69bef5423.shtml.

[②] 向春玲 . 积极开发老龄人力资源 激发老龄化正面效应 [N]. 学习时报，2021-04-07（6）.

利于老年健康的社会支持和生活环境，以延长健康预期寿命，维护老年人的健康功能，提高老年人的健康水平[1]，是我国应对人口老龄化成本最低、效益最好的途径[2]。老年人的正式社会参与是健康老龄化的一个重要维度。老年人就业是老年人社会参与的一种重要形式，不仅有利于通过再就业形式充分发挥老年人的技能、经验、文化等方面的独特优势，更重要的是体现了全社会对老年人终身社会参与权利的认可和保护，这将进一步提升老年人的获得感、幸福感与安全感[3]。作为一种生活方式，老年人积极选择就业有助于老年人"社会适应良好"，有助于提升老年人的生活质量，满足老年人尊重的需要、自我价值实现的需要，促进健康老龄化，实现老年人的全面发展。

（二）老龄人力资源开发对于社区居家养老服务的意义

社区居家养老服务是指政府和社会力量依托社区，为居家的老年人提供生活照料、家政服务、康复护理和精神慰藉等方面服务的一种服务形式。当前我国养老服务主要分为家庭养老、社区居家养老和养老机构养老三种，社区居家养老是对传统家庭养老模式的补充与更新，是我国发展社区服务，建立养老服务体系的一项重要内容。据预测，2025 年我国空巢老人规模

---

① 中华人民共和国国家卫生健康委员会 . 关于印发"十三五"健康老龄化规划的通知 [EB/OL].（2017-3-17）[2024-1-22].http://www.nhc.gov.cn/jtfzs/jslgf/201703/63ce9714ca164840be76b362856a6c5f.shtml.

② 宣传司 . 国家卫生健康委员会 2022 年 9 月 20 日新闻发布会文字实录 [EB/OL].（2022-9-20）[2024-1-22].http://www.nhc.gov.cn/xcs/s3574/202209/ee4dc20368b440a49d270a228f5b0ac1.shtml.

③ 中华人民共和国国家发展和改革委员会 . 老年人再就业释放人口红利 [EB/OL].（2023-5-30）[2024-1-22].https://www.ndrc.gov.cn/fggz/jyysr/jysrsbxf/202305/t20230530_1356850.html.

将达到 1.13 亿人，2050 年达到 2.25 亿人 ^①，少子老龄化的状况使得家庭养老功能不断弱化，社区居家养老日益成为国家倡导并解决养老问题的重要途径。在中共中央、国务院印发的《关于加强新时代老龄工作的意见》中特别强调要"依托社区发展以居家为基础的多样化养老服务"，"推动老龄工作重心下移、资源下沉，推进各项优质服务资源向老年人的身边、家边和周边聚集 ^②。"开发老龄人力资源是发展社区居家养老服务的一条重要途径。首先，开发老龄人力资源将使得社区居家养老效率变高，成本降低。从社区的概念来谈，社区更为强调地域性，即社区形态总是存在于一定的地理空间中 ^③。老人生活在社区，也是社区的一分子，因此老人既可以是服务的对象，也可以成为服务的主体，在无需大量投入老年服务设施和资金的情况下，鼓励支持引导低龄健康、有相关工作经验的老年人参与社区居家养老服务，成为社区居家养老服务的供给主体将进一步提高社区居家养老的服务效率，降低养老服务成本。其次，开发老龄人力资源将进一步增强社区居家养老的针对性。不同于机构养老，社区居家养老模式在以居家养老为基础的模式上，更为注重社区生活关系的紧密性。人们在社区生活中的交往频率更高，也更容易产生更为紧密的社会联系，更容易产生信任感。而低龄健康、有参与意愿的老年人就生活在社区，对于本社区的高龄、有特殊需求的老年人情况更为了解，因此充分发挥自身的工作、生活以及相应的健康管理经验将有助于进一步提高社区居家养老服务的针对性，从而更好地服务高龄老年人。最后，开发老龄人力资源将进一步提升社区的

---

① 胡雯 . 城市社区居家养老服务体系的政策网络治理——以政府购买公共服务模式为例 [J]. 行政管理改革，2023（01）：51-59.

② 中华人民共和国中央人民政府 . 中共中央 国务院关于加强新时代老龄工作的意见 [EB/OL].（2021-11-24）[2024-1-22].https://www.gov.cn/zhengce/2021-11-24/content_5653181.htm.

③ 郑杭生 . 社会学概论新修（第五版）[M]. 北京：中国人民大学出版社，2019（01）：248-249.

凝聚力和归属感，营造社区居家养老的社区氛围。社区居家养老意在充分发挥社区的地域生活共同体优势，联合社区、社会、家庭等资源来为居家老年人提供相应的养老服务，社区内低龄健康、有相应工作经验的老年人通过为高龄居家老年人提供相应的服务将进一步密切本社区老年人的联系，从而建立紧密的社区关系网络，满足老年人的情感和精神需求，营造良好的社区居家养老的氛围。

（三）老龄人力资源开发对于社区治理的重要意义

当前，我国社会治理的重点在基层城乡社区[①]，随着治理重心的下移和居民对于美好生活需要的增加，城乡社区成为提供公共管理和公共服务、维护社会稳定、促进社会文明发展的基础单元。据测算，预计"十四五"时期，60岁及以上老年人口总量将突破3亿人，占比将超过20%，2035年左右，60岁及以上老年人口将突破4亿人，在总人口中的占比将超过30%[②]。从积极的角度来看，老龄社会的来临意味着目前有大量的老龄人力资源可供开发使用。当前，低龄老年人口是老年人口的主体，在《关于加强新时代老龄工作的意见》中明确提出充分发挥低龄老年人作用，鼓励各地建立老年人才信息库，为有劳动意愿的老年人提供职业介绍、职业技能培训和创新创业指导服务[③]。低龄老年人往往刚退休不久，在身体健康状况允许的前提条件下仍可以为社会做出贡献，积极老龄观在健康的基础之上，更为强调老年人的社会参与，使老年人在机体、社会、心理方面保持良好

---

① 向春玲. 70年来中国社会治理的"四大转变"[J]. 人民论坛，2019（29）：41-43.

② 胡乐乐. 以积极老龄观大力开发老龄人力资源 [N]. 工人日报，2022-09-26（7）.

③ 中华人民共和国中央人民政府. 中共中央 国务院关于加强新时代老龄工作的意见 [EB/OL].（2021-11-24）[2024-1-22]. https://www.gov.cn/zhengce/2021-11/24/content_5653181.htm.

状态，提高老年人的生活质量，实现老有所为[①]。从这一视角来谈，老年人不仅不是社会的负担，开发得当的话将是社会经济发展的一笔宝贵财富。因此，充分发挥低龄老年人的作用，积极开发老龄人力资源参与社区治理将有助于提高社区治理水平。首先，积极开发老龄人力资源有助于优化社区公共服务。党的二十大报告提出："完善网格化管理、精细化服务、信息化支撑的基层治理平台，健全城乡社区治理体系[②]。"随着社会主要矛盾的转变，城乡居民对于高品质生活的需求越来越强烈，社区不仅是城乡居民重要的生活空间，也是提供优质公共服务的重要平台。我国现有离退休科技人员500多万人，60~70岁的约占70%，其中具有中高级技术职称、身体健康、有能力继续发挥作用的约占70%左右[③]。可见，充分开发这部分老年人的技能将为社区带来优质的教育资源、科技资源、医疗资源等，极大提高基层社区居民的生活质量。其次，积极开发老龄人力资源有助于化解基层社区矛盾。人民调解制度是现代社会治理体系的重要组成部分，在矛盾纠纷多元化解机制中发挥着基础性作用[④]，充分发挥人民调解的力量有助于将矛盾化解在基层城乡社区。在退休老年人中有部分具备丰富的调解工作经验，在退休之后可以成为人民调解员的重要组成部分，助力基层矛盾纠纷调解。例如宁波的"来发老娘舅"调解工作室作为一个专为百姓排忧解难、免费化解矛盾的"解忧客厅"，在基层社会矛盾纠纷调解工作经

①　王杰秀.把积极老龄观落实到乡村[J].中国民政，2023（10）：30-32.

②　习近平：高举中国特色社会主义伟大旗帜 为全面建设社会主义现代化国家而团结奋斗——在中国共产党第二十次全国代表大会上的报告[M].北京：人民出版社，2022：54.

③　胡乐乐.以积极老龄观大力开发老龄人力资源[N].工人日报，2022-09-26（7）.

④　光明网.人民调解在社会治理现代化中的作用[EB/OL].（2020-11-16）[2024-1-22].https://theory.gmw.cn/2020-11/16/content_34370390.htm.

验中起到了重要的作用[①]。最后，积极开发老龄人力资源有助于培育基层社区文明。刚刚退休之后的低龄老年人往往精力旺盛，在身体健康状况允许的条件下乐于参与各项文艺活动，在锻炼身体的同时，也丰富了退休之后的文化娱乐活动。充分发挥低龄、健康有意愿的老年人参与社区文艺活动，可以在基层社区政策宣讲、丰富城乡居民精神文化生活等方面发挥重要作用。

二、老年志愿者通过"时间银行"机制参与社区互助养老服务

时间银行是指志愿者将参与公益服务的时间存进时间银行，当自己需要时就可以从中支取"被服务时间"。时间银行最早由埃德加·卡恩于1980年正式提出[②]，他将时间银行定义为：对别人一小时的善举可以赚取一个单位的时间货币，从而换来别人对自己一小时的帮助，一小时等于一小时，这就是数学逻辑[③]。时间银行的特征为以互助服务为主，以时间为计量单位，以志愿服务精神为核心[④]。时间银行作为社区组织和居民之间发展社会资本、改善社区人际关系、增强社区凝聚力的一种工具，可以应用在社区服务的不同场景，其中，社区养老服务是我国目前时间银行应用的主要场景。随着实践的发展，"时间银行"的内涵和外延也在不断发展变化，出现了广义和狭义的时间银行概念。广义的时间银行就是指不同年龄阶段的

---

① 澎湃新闻：所有的烦恼，都有解药——"来发老娘舅"调解工作室落户宁波江北矛调中心 [EB/OL].（2020-8-3）[2024-1-22]. https://www.thepaper.cn/newsDetail_forward_8563709.

② 陈友华，施旖旎.时间银行：缘起、问题与前景 [J].人文杂志，2015（12）：111-118.

③ EDGAR S. CAHN, Time banking: an idea whose time has come? [EB/OL].（2011-11-18）[2024-1-22].http://www.yesmagazine.org/new—economy/time—banking—an—idea—whose—time—has—come.

④ 蔡俊.时间银行：一种公益积分体系及其应用 [M].北京：团结出版社，2023（03）：4-5.

志愿者参加志愿服务活动。狭义上的时间银行指低龄老人在力所能及的范围内，为高龄老人或失去自理能力的老人提供服务，为自己成为高龄老人时换取别人的服务做好准备[①]，本文从狭义上对时间银行进行界定。时间银行作为一种新型的养老模式，打破了原有无偿纯义务性的志愿服务机制，引入了有报酬且可在将来兑换服务的激励机制。随着我国老龄化程度的不断加深，调查显示，我国九成以上的老人倾向于选择传统的不离开家人、不离开自己熟悉环境的居家养老模式[②]，但是，市场化、工业化和城镇化的快速发展，家庭成员特别是中青年成员流动很大，家庭结构也在由联合家庭演变成核心家庭，由家庭成员为主照料老人的居家养老不能完全满足老龄人的需求，于是调动社区各种力量参与的社区居家养老模式成为适应现代社会发展的新趋势。在社区众多参与养老力量中，我国 60～69 周岁的低龄老年人口 14 740 万人，在老年人口中占比为 55.83%[③]，开发低龄老年人口参与社区养老服务潜力巨大。时间银行机制的构建是低龄老年人参与社区互助养老服务的有效途径。

（一）组建参与社区养老的时间银行服务团队

时间银行互助养老模式作为在居家养老、社区养老和机构养老之余，缓解养老服务供给不足的新型平台[④]，将调动低龄老年人参与社区养老服务，进一步提高社区养老服务的供给水平。首先，志愿热情较高、身体健

① 李明，曹海军．老龄化背景下国外时间银行的发展及其对我国互助养老的启示 [J]．国外社会科学，2019（01）：12-19．

② 新华网．如何让老人在"家门口"幸福养老？[EB/OL]．（2023-10-23）[2024-1-22]．http://www.zj.xinhuanet.com/20231023/f674e8965e81427289d02477f8d92df0/c.html．

③ 老龄健康司．2020 年度国家老龄事业发展公报 [EB/OL]．（2021-10-15）[2024-1-22]．http://www.nhc.gov.cn/lljks/pqt/202110/c794a6b1a2084964a7ef45f69bef5423.shtml．

④ 王琛，杨家文．时间银行助力社区居家养老的运营机制研究：以张家港市为例 [J]．中国软科学，2023（12）：70-79．

康、有一定组织经验的低龄老年人可以通过组建社区养老时间银行服务团队，定期对社区高龄老年人提供相应的养老服务。北京市怀柔区渤海镇六渡河村志愿服务站是北京市第一家农村"时间银行"，该村"时间银行"志愿者主要由低龄老年人组成，主要为高龄老人提供餐食配送、陪同就医、洗衣打扫、家政维修等服务[①]。低龄老年人在帮助高龄老年人过程中往往更有耐心，也更容易获得高龄老年人的信任，从而可以充分发挥互助养老的优势。其次，"心有余力且足"的低龄老年人可以报名成为时间银行协调员。时间银行协调员是时间银行运营过程中重要的角色，其作用主要有招募时间银行新成员，建立与当地组织和企业的合作关系，拓展时间银行资源；掌握加入时间银行的个人和组织基本信息；组织活动为成员提供交流机会，保持成员兴趣；解答用户使用过程中的问题；保障时间银行正常运转等[②]。低龄老年人中不乏有刚退休工作经验丰富，社区社交达人的高活力老人，这部分老年人了解社区基本情况，热心社区服务事业，可以积极联系所在街道社区通过正规的报名、应聘等方式成为时间银行协调员，发挥余热，通过自身的社交活动影响带动更多老年人参与时间银行的运作，服务高龄老年人。最后，低龄老年人可以通过多种途径进行基层养老时间银行教育培训，使自身学习常态化[③]，不断提高自身服务技能。例如，积极参与街道社区和专业社会组织举办的专业养老时间银行教育培训，由专业的讲师系统讲授养老服务时间银行的理论与实践知识，包括服务高龄老年人的流程、注意事项、时间积分兑换流程等，通过系统学习服务高龄老年人的服务技能和相关知识，从而降低服务风险。

---

① 新浪网.怀柔区渤海镇六渡河村建立全市首家村级时间银行志愿服务站[EB/OL].（2021-1-14）[2024-1-22].https://k.sina.com.cn/article_6470477109_181aba53502001hkp5.html.

② 蔡俊.时间银行：一种公益积分体系及其应用[M].北京：团结出版社，2023：54.

③ 向春玲.积极开发老龄人力资源 激发老龄化正面效应[N].学习时报，2021-04-07（6）.

（二）搭建社区养老时间银行供需数字化平台

卡恩在时间银行的实践中主要通过运用时间货币这种形式，在闲置的人力资源和未满足的需求之间寻求连接①。当前，各地在基层养老实践过程中纷纷建立基层社区养老时间银行供需平台，例如南京市时间银行，上海市虹口区养老服务时间银行，广州市南沙区社区服务宝等平台。基层社区养老时间银行供需平台的建立有助于将闲置的低龄老龄人力资源与需要被服务的高龄老人、空巢老人等对象进行匹配，提高基层社区互助养老的服务效率。低龄老年人通过运用线上线下相结合的基层社区养老时间银行供需平台，可以高效便捷地服务高龄老年人。其一，运用大数据、云计算、区块链等数字技术搭建基层社区养老时间银行数字平台，通过这一平台，低龄老年人可以便捷地对高龄老人进行志愿服务。在青岛市养老服务时间银行 APP 上，市民可以根据自身需要注册成为时间银行志愿者和服务对象，也可以两种身份同时注册，通过这一软件可以发布服务需求、提供志愿服务，目前平台主要包括五类非专业服务项目：助餐、助医、助浴、助洁、助急，服务结束后被服务者可以对服务者进行评价，截至目前，青岛养老服务时间银行平台已注册服务对象 3866 人，已注册志愿者 4086 人，且志愿者多以低龄老年人为主②。可见通过运用养老时间银行数字平台可以便捷实现养老服务的供需对接，极大方便了低龄老年人进行志愿服务的需求。其二，低龄老年人可以充分运用街道社区养老时间银行服务点，积极参与街道社区发布的养老时间银行服务。自 2017 年起，北京市老年志愿

① 陈友华，施旖旎 . 时间银行：缘起、问题与前景 [J]. 人文杂志，2015（12）：111-118.

② 青岛民政 . 服务 19 分钟获 0.25 小时时间币！记者体验青岛"时间银行"：成为志愿者仅需两分钟 [EB/OL].（2021-4-13）[2024-1-22]. http://mz.qingdao.gov.cn/xw/mtbd/202111/t20211111_3794942.shtml.

者协会在西城区大栅栏街道开展"时间储蓄"养老志愿服务项目试点，将入户巡视、理发、健康咨询、垃圾分类、文化宣教等各类志愿服务纳入，在线发布任务。低龄老年人作为街道养老服务银行主体，参与积极，在为老服务上能够发挥很多作用[①]。由此，低龄老年人通过参与线上基层社区养老时间银行数字平台和线下街道社区养老时间银行服务点的活动，可以充分调动低龄老龄人力资源参与为老服务，缓解社区老年人非专业化养老服务需求，既可以将自身的时间得到有价值的利用，也可以拉近社区老龄人群的关系，增强社区的紧密性和凝聚力，强化社区社会资本，促进老有所为同老有所养相结合。

（三）整合资源增强社区养老时间银行的可持续性

当前我国时间银行在实践过程中出现机构工作人员流动性较大，人员数量少、待遇差，运营资金高度依赖政府，同时机构发展也面临缺乏专有场地及物资保障的困难，时间银行发展没有必要的人、财、物支持，最终导致时间银行难以为继[②]。低龄老年人口可以通过充分整合社会资源来为时间银行提供必要的支持，促进时间银行的持续发展，为高龄老年人享受可持续的养老志愿服务提供重要的保障条件。首先，低龄老年人可以调动发挥老年同伴、工作同事、身边亲友的养老志愿服务积极性，吸引更多年龄段的人参与养老时间银行的志愿服务过程中，为养老时间银行提供必要的人力资源支持。一般而言，刚刚退休的低龄老年人拥有基本的生活保障，

---

① 人民网.把老有所为同老有所养相结合 探索"时间银行"模式 倡导互助养老服务（健康焦点）[EB/OL].（2021-12-24）[2024-1-22].http://health.people.cn/n1/2021/1224/c14739-32315737.html.

② 袁志刚，陈功，高和荣，等.时间银行：新型互助养老何以可能与何以可为[J].探索与争鸣，2019（08）：4-36+197.

在经济方面并没有太多的欲望，可以在充裕时间内做自己愿意做的事①，养老志愿服务与自身利益息息相关，通过在老年兴趣社团、退休工作交流群、家庭聚会活动中对养老时间银行进行宣传，扩大养老时间银行的知晓度和参与度，进而带动更多的人参与养老志愿服务，实现老有所为。其次，低龄老年人可以充分发挥自身社会资源，联络政府相关部门、银行、民营企业等组织参与到养老时间银行运行过程中，为养老时间银行提供必要的资金支持。在低龄老年人中，有一部分老年人具有高学历，特别是高等教育学历者，他们具有大量的知识、技能、经验的积累，志愿意愿较高，具有继续参与生产活动、社会活动的条件②。通过充分运用他们的社会工作经验，积极与政府相关部门、银行、民营企业等机构进行交流对接，开展资金募捐活动，为基层社区养老时间银行的运行争取更大的政策资金支持、拓展养老时间银行活动的丰富性和多样性。最后，低龄老年人充分挖掘自身学习潜力，结合自身丰富的实践经验，可以联合街道社区举办养老时间银行宣讲、与高龄老年人结对子互助等活动，为养老时间银行的发展提供重要的活动支持。烟台市公安局退休工作人员于占芬退休之后，积极热心社区志愿服务，带领志愿者们为社区内部分孤寡失独、高龄失能老人以及残疾人提供基本生活保障，在社区党委支持下，开展了"我家党员厨房"精准养老服务项目，受到辖区居民欢迎③。

① 陈友华，詹国辉. 中国老龄人力资源开发：现状、问题与出路 [J]. 晋阳学刊，2023（02）：44-53.

② 王伶鑫. "十四五"时期老龄人力资源开发潜力与实现路径研究 [J]. 北京劳动保障职业学院学报，2023，17（02）：9-14.

③ 中国社区志愿服务网，烟台：七旬老党员发挥余热 退休进社区志愿奉献 [EB/OL]. （2018-10-10）[2024-1-22]. https://www.cncv.org.cn/content/2018-10/1539138245393.html.

三、老年志愿者通过乡贤机制参与基层社区治理

"乡贤"一词肇始于东汉，是国家对有所成就的官员，或者为社会发展做出重大贡献、在社会上具有崇高威望的社会贤达去世之后赐予他们的荣誉称号。其品德、才学为乡人所推崇敬重[①]。在传统社会中，乡贤的职能比较广泛，主要承担社会教化和乡村矛盾的解决，推崇主流意识形态，具有教化乡里的功能，是社会秩序的维护者和公序良俗的继承者，承载着主持民间宗教、风俗仪礼、婚丧嫁娶等方面的职能[②]。国家"十三五"规划中首次提出要"培育新乡贤文化[③]"，有学者指出新乡贤是指在社会主义现代化建设新时期，与特定的乡村有一定关联、积极践行和弘扬社会主义核心价值观、支持农业农村现代化建设的贤达之士[④]，无论是传统乡贤还是新乡贤都致力于为本地经济社会发展贡献力量，因此成为基层治理的重要资源，在人口老龄化的背景下，身体健康、有劳动能力且有劳动意愿的老年人口[⑤]通过加入乡贤组织参与基层社区治理，可以优化基层社区服务、促进基层社区稳定和培育基层社区文明。

① 吴晓燕，赵普兵.回归与重塑：乡村振兴中的乡贤参与[J].理论探讨，2019（04）：158-164.

② 于韬，蒲娇.社会转型期背景下新乡贤当代价值的建构与重塑[J].吉首大学学报（社会科学版），2019，40（S1）：65-69.

③ 中华人民共和国国民经济和社会发展第十三个五年规划纲要[M].北京：人民出版社，2016：87.

④ 徐学庆.新乡贤的特征及其在乡村振兴中的作用[J].中州学刊，2021（06）：67-71.

⑤ 向春玲.积极开发老龄人力资源 激发老龄化正面效应[N].学习时报，2021-04-07（6）.

（一）建立乡贤咨询工作室，优化基层社区服务

社区服务是人民群众家门口的服务，关系民生、连着民心[①]，不断优化基层社区服务是向人民群众提供高品质生活的重要保证。在低龄健康老年人中，有一部分老年人如退休老干部、医生、大学老师、社会组织负责人等，他们在退休前拥有完整的专业知识架构，具备丰富的社会实践经验，继续工作意愿较强，具有继续参与生产活动、社会活动的条件，他们被称为高人力资本老年人[②]，他们可以通过组建乡贤咨询工作室的方式，积极为提供优质的基层社区教育、医疗、就业、环境等公共服务建言献策，链接资源。广东省揭阳市玉滘镇谢坑村于 2017 年 10 月成立乡贤咨询委员会，由 70 多位外出乡贤组成"智囊团"，在乡村咨询委员会的群策群力下，先后筹资为村里铺设了水泥路、晒谷场、体育公园，为美丽乡村建设献智出力。此外，近年来，谢坑村还大力倡导村民践行文明村规民约，睦邻友善、守法相助[③]。在浙江平湖市，为解决乡村地区医疗卫生人才短缺的现状，平湖市以"云平台问诊 + 下沉式服务"模式，联合平湖籍在外名医大力开展"百贤名医·送康结对"活动，推动优质医疗资源下村，先后成立嘉兴首个"乡贤名医集体工作室""名医回乡义诊服务团"，建立 5 个"名医工作室"以及 2 个"海归专家家乡工作站"，切实推动了优质医疗资源进乡村，提高

---

① 中华人民共和国中央人民政府网.不断强化社区为民、便民、安民功能——《"十四五"城乡社区服务体系建设规划》解读 [EB/OL].（2022-2-9）[2024-1-22].https://www.gov.cn/zhengce/2022-02/09/content_5672811.htm.

② 王伶鑫."十四五"时期老龄人力资源开发潜力与实现路径研究 [J].北京劳动保障职业学院学报，2023，17（02）：9-14.

③ 揭阳文明网.玉滘镇谢坑村：乡贤乐当"智囊团"助力乡村谋振兴 [EB/OL].（2019-3-28）[2024-1-22].http://www.jywenming.cn/news_detail.asp?id=3591.

了乡村的医疗服务水平[①]。由此可见，高人力资本老年人依据自身专业知识技能可以通过建立乡贤咨询工作室的方式，切实助力基层社区公共服务，在这一过程中，一方面自身的专业技能得到了更好的施展，另一方面也可以链接优质公共服务资源进基层社区，切实服务城乡居民。

（二）成立乡贤乡情议事团，促进基层社区稳定

当前，我国进入社会矛盾多发期，党的二十大报告提出，要在社会基层坚持和发展新时代"枫桥经验"，完善正确处理新形势下人民内部矛盾机制，及时把矛盾纠纷化解在基层、化解在萌芽状态[②]。在低龄健康老年人中，有一部分具有较强社会参与意愿、活动参与度较高，并且退休之前在公检法系统中工作或者从事律师、心理咨询师等职业，依托于丰富的矛盾纠纷调解经验和专业的知识技能，他们可以成立乡贤乡情议事团，将矛盾纠纷调解在诉前，促进基层社区的稳定。乡情议事团中的乡贤拥有德高望重的内生权威和卓越精英的学识素养，能站在超越于纠纷各方的中立立场，以协调者与建议者的身份与不同视角和利益的人们进行理性分析，权衡各方，调控冲突，最终消除分歧达成和解[③]。在杭州市拱墅区，他们积极组建了"乡情议事团"，通过培育新乡贤"智囊团"，建立"同心·基层民主协商工作室"，促进了基层善治。例如康桥街道与杭州电视台明珠频道"小区大事"栏目合作建立的"康康大家说"平台，新乡贤联谊会会长杨秋年在线上录制节目参与讨论议事，代表人士在线下"同心·基层民主协商工作

① 澎湃网. 平湖市广聚乡贤名医人才 打造群众身边的"医靠"力量 [EB/OL].（2023-7-24）[2024-1-22].https://www.thepaper.cn/newsDetail_forward_23974499.

② 习近平：高举中国特色社会主义伟大旗帜 为全面建设社会主义现代化国家而团结奋斗——在中国共产党第二十次全国代表大会上的报告 [M].北京：人民出版社，2022：54.

③ 孙丽珍. 新乡贤参与乡村治理探析——以浙江省为例 [J]. 江西社会科学，2019，39（08）：225-233.

室"内讨论解决楼道堆积物、高空抛物等小区难题。通过发挥新乡贤参与邻里协调、民情联络、矛盾调解、文明教化等方面的独特作用，积极推动邻里间"大事化小，小事化了[①]。"此外，在基层治理过程中，一些社区居民由于缺乏法律素养、心理健康问题等原因，容易与社区居民产生矛盾，因此依托于乡贤乡情议事团，有相关工作经验和知识技能的低龄老年人例如法官、律师、心理咨询师等人员可以联合街道社区开展法律知识大讲堂、心理健康咨询讲座等活动，丰富社区居民的法律知识，促进社区居民的心理健康，将矛盾纠纷解决在萌芽状态，促进基层社会的和谐稳定。

（三）组建乡贤文明宣讲队，培育基层社区文明

社区文化生活是城乡社区居民日常生活的重要组成部分，加强和改进社区文化建设，是构建和谐社会、培育文明风尚的重要内容[②]。开展丰富多彩的社区精神文化活动是提高社区凝聚力、增强社区居民认同感和归属感、促进社区文明和谐的重要措施。在低龄健康老年人中，有一些他们具有较强的社会参与意愿，对于社区文艺活动参与度较高，在日常与社区居民打交道的过程中与社区居民建立了良好的人际关系，在社区中积累了良好的声望，德高望重，他们可以通过组建乡贤文明宣讲队的形式，以本地方言、家乡戏等通俗易懂的形式开展政策理论宣讲、倡导移风易俗、树立文明乡风等活动。在河北唐山滦南县，以县新时代文明实践中心、各镇新时代文明实践所（站）为阵地，号召全县德高望重的贤人志士、离退休干部、道德模范和带头致富的精英人物加入各镇、村乡贤志愿服务团体，多方面开

---

① 澎湃网.【新乡贤工作】拱墅区"新乡贤 +"模式绘就共富新图景 [EB/OL].（2022-5-15）[2024-1-22]. https://www.thepaper.cn/newsDetail_forward_18106915.

② 向春玲.城市基层社会治理改革与创新——以成都市锦江区为例 [M].北京：中共中央党校出版社，2018：17.

展了各类志愿服务活动。例如坨里镇蒋各庄村"惠民村村行"乡贤文艺志愿服务队，自编自演现代评剧《好家风》《领航新时代·夸咱坨里新农村》用身边的人和事引导、教育群众。程庄镇组建"笑夕阳乡贤文艺宣传队"，建立"莲花落"大舞台，通过红歌联唱、快板书、皮影调、评剧等曲艺形式，编排"好家风""移风易俗树新风"等主题节目[①]。可见，低龄老年人以组建乡贤文明宣讲队的形式，可以在丰富群众精神文化生活的同时，也潜移默化地使居民受到道德滋养，从而促进基层社区善治。

四、结语

伴随着长寿时代的到来，人口老龄化是人类社会发展的客观趋势。习近平强调："要积极看待老龄社会，积极看待老年人和老年生活，老年是人的生命的重要阶段，是仍然可以有作为、有进步、有快乐的重要人生阶段[②]。"人口老龄化在给我国经济社会发展带来诸多风险和挑战的同时，也蕴藏着巨大的发展机遇，国家强调，要把积极应对人口老龄化和促进经济社会发展相结合。其中，积极应对老龄化，需要树立积极老龄观，把"老有所为"同"老有所养"结合起来，充分开发老龄人力资源，引导身体健康良好、有意愿的老年人以志愿服务形式积极参与基层公共服务、基层民主监督、家庭教育、家风传承、民事调解等活动，充分释放老龄社会潜能，激活老龄社会的活力，推动我国老龄化社会健康发展。

---

① 河北文艺网.唐山滦南："乡贤＋移风易俗"传播文明新理念 引领社会新风尚[EB/OL].（2023-9-13）[2024-1-22]. http://www.hbswl.org.cn/system/2023/09/13/030249314.shtml.

② 民政部编写组.深入学习习近平关于民政工作的重要论述[M].北京：人民出版社，2023：58.

公共性发展金融推进积极应对人口老龄化国家战略：基于新结构经济学自主理论创新的分析框架

徐佳君①

摘　要： 为了探索出一条符合国情、助力实现全面建成社会主义现代化强国的中国式老龄化之路，我国亟须统筹谋划、系统施策推进积极应对人口老龄化的国家战略。从新结构经济学自主理论创新的分析框架出发，中国式人口老龄化应促成经济结构系统性变革，形成"有为政府、有效市场、有情社区、有爱家庭"的合力，将人口老龄化的时代挑战转化为战略机遇。公共性发展金融是实现上述目标的关键抓手，在落实积极应对人口老龄化的国家战略方面具备如下的比较优势：制定全局的中长期战略规划、提供大额的中长期资金、克服先行者挑战。建议公共性发展金融机构致力于如下三个着力点：打造康养示范项目、建设普惠型养老服务体系、推动银发经济高质量发展。

关键词： 人口老龄化；公共性发展金融；新结构经济学

---

①　徐佳君，博士，北京大学医学人文学院；主要研究方向：中国式现代化、新结构经济学、公共性发展金融、全球治理和中国特色财政金融体系支持银发经济、康养经济和养老服务体系建设研究。

一、亟须统筹谋划、系统施策，推进积极应对 人口老龄化国家战略

人口老龄化已成为我国当前以及未来较长时期内的基本国情。我国人口老龄化的特征包括：规模大、进程快、老龄化水平城乡差异明显、人口质量不断提高。[①] 第一，我国老龄人口规模庞大，居世界第一位。我国 65 岁及以上人口 1.9 亿人，是位居第二位的印度老龄人口的 2 倍，第三位美国的 3 倍，第四位日本的 5 倍。[②] 第二，老龄化进程明显加快，远高于世界平均水平。自我国于 1999 年进入老龄化社会以来，2000—2009 年 65 岁及以上人口上升了 1.5 个百分点，2010—2019 年上升 3.4 个百分点，仅过去三年（2020—2022 年）就上升了 1.1 个百分点。截至 2022 年末，65 岁及以上人口占比高达 14.9%。相比而言，上述三个时段世界范围内老龄人口比例分别仅增长了 0.7、1.5 和 0.4 个百分点。[③] 第三，乡村 65 岁及以上老人的比重分别为 17.7%，比城镇高出 6.6 个百分点。第四，老龄人口受教育水平明显提升，人口预期寿命持续提高。60 岁及以上的老龄人口中高中及以上文化程度的人口比重为 13.9%，比十年前提高了 5 个百分点。2020 年 80 岁及以上人口占总人口的比重为 2.5%，比 2010 年的比重提高了 1 个百分点。根据联合国人口署的预测，我国将在 2030 年前后步入"超老龄社会"，65 岁及以上老年人口将达到总人口的 20%，且老龄化程度

---

① 国家统计局 . 第七次全国人口普查主要数据结果新闻发布会答记者问 .（2021-05-11）[2023-1-24]. https://www.stats.gov.cn/sj/sjjd/202302/t20230202_1896483.html.

② 世界银行基于联合国人口署世界人口展望（2022 年版）的估算。数据来源：世界银行 . 健康营养和人口统计数据库；民政部、全国老龄办 . 2022 年度国家老龄事业发展公报 .

③ 数据来源：联合国人口署 . 世界人口展望 .（2022）[2024-01-31]. https://population.un.org/wpp/.

将会持续加深。①

　　人口老龄化的基本国情为实现中国式现代化带来不容忽视的挑战，也带来前所未有的机遇。一方面，赡养负担将持续加重。截至 2022 年年底，全国 65 周岁及以上老年人口抚养比高达 21.8%，相比于十年前新增近 9 个百分点。② 截至 2022 年年末，我国 60 岁及以上老年人达到 2.8 亿人，其中失能、半失能老年人大约 4400 万人。预测到 2030 年，我国失能老人规模将超过 7700 万人。③ 这些老年人家庭往往面临着"一人失能、全家失衡"的窘境。另一方面，人口年龄结构的变迁有望迎来"第二次人口红利"，成为培育经济发展新动能、助力银发经济的大发展。④ 创造第二次人口红利的关键在于提高人力资本和老年人的劳动参与率以促进提高全要素生产率、保持较高的投资回报率，带动经济结构升级实现经济稳健增长。⑤ 保守估计，到 2035 年，我国银发经济规模有望达到 20 万亿元，占 GDP 比重约为 10%，潜力巨大。⑥

　　为了将人口老龄化的时代挑战转化为战略机遇，我国亟须统筹谋划、系统施策推进落实党的十九届五中全会所制定的积极应对人口老龄化国家战略，把应对人口老龄化作为关系全局的重大战略任务来落实。然而，已有研究发现，"现有治理模式及制度安排仍缺乏结构化和系统性的反应与适

---

　　① 数据来源：联合国人口署. 世界人口展望.（2022）[2024-01-31]. https://population. un.org/wpp/.

　　② 数据来源：国家统计局，https://www.stats.gov.cn/sj/。

　　③ LUO Y, SU B, ZHENG X. Trends and challenges for population and health during population aging — China, 2015-2050 [J]. China CDC Weekly. 2021 Jul 9;3(28):593-598. doi: 10.46234/ccdcw2021.158.

　　④ 国务院办公厅. 关于发展银发经济增进老年人福祉的意见. 国办发〔2024〕1 号.（2024-01-15）[2024-01-16]. https://www.gov.cn/zhengce/content/202401/content_6926087.htm.

　　⑤ 蔡昉. 如何开启第二次人口红利？[J]. 国际经济评论，2020（02）：9-24.

　　⑥ 复旦大学老龄研究院. 中国银发经济发展研究报告 [R]. 2022.

应，相应治理研究亦遭遇困境"。[①] 为了探索出一条符合国情、助力实现全面建成社会主义现代化强国的"第二个百年目标"的中国式老龄化之路，我国亟须从全局性、系统性、前瞻性的视角出发谋划推进积极应对人口老龄化的国家战略。

本文从新结构经济学自主理论创新的分析框架出发，剖析其关于中国式人口老龄化的分析视角，重点阐述公共性发展金融推进积极应对人口老龄化国家战略的比较优势和着力点。

二、新结构经济学关于中国式人口老龄化的分析视角

新结构经济学就旨在以马克思主义为指导、运用现代经济学的方法，总结中国式现代化经验，通过自主理论创新建立一门关于国家发展、转型与运行的一般化的现代化理论体系。[②] 其研究对象是经济结构及其变迁的决定性因素，因此被称之为"结构经济学"。之所以加上"新"字，是为了区分于第二次世界大战后在拉丁美洲等发展中国家所盛行的结构主义思潮。结构主义思潮主张发展中国家政府直接干预经济，采取进口替代战略，培育资本密集型重工业以替代来自发达国家的进口，实现赶超发达国家的目标。但是，实践中由于优先发展的产业违反比较优势，其在开放竞争的市场中缺乏自生能力，由此导致赶超战略影响下的重工业发展通常以失败告终。20 世纪 80 年代新自由主义的理论思潮替代了结构主义，奉自由市场为圭臬。然而，受新自由主义思潮而采取市场化、私有化和去管制化改革

---

① 胡湛，彭希哲. 应对中国人口老龄化的治理选择 [J]. 中国社会科学，2018（12）：134-155，202.

② 林毅夫，付才辉. 中国式现代化：蓝图、内涵与首要任务——新结构经济学视角的阐释 [J]. 经济评论. 2022（06）：3-17.

的发展中国家却再次付出沉重的代价，以发达国家的制度蓝本的改革大多以失败告终。新结构经济学反思了前两波思潮的局限，力图将结构内生性的分析视角引入现代经济学。[①] 新结构经济学强调以经济体的要素禀赋结构作为分析的起点，剖析该经济体所适宜的生产结构（包括产业结构和技术结构），以及与之相匹配的制度结构。新结构经济学在历史唯物主义基本原理的指导下，致力于立足中国及其他发展中国家的发展实践，实现自主理论创新，被国际学界誉为第三代发展思潮。

从新结构经济学的分析视角出发，中国式人口老龄化是中国式现代化的重要组成部分，需要立足国情走出中国特色的人口老龄化之路。为了化挑战为机遇，中国式人口老龄化应促成经济结构系统性变革，形成"有为政府、有效市场、有情社区、有爱家庭"的合力。

（一）中国式老龄化之路应促成经济结构系统性变革

关于中国人口老龄化所带来的挑战与机遇，已有研究往往侧重于人口老龄化对养老服务体系等所带来的直接压力，探讨在医疗卫生和社会保障相关领域中的应对措施。[②] 上述研究视角固然有助于思考如何解决人口老龄化问题所带来的迫切挑战，但是它缺乏从全局和系统的视角来剖析如何前瞻性做好经济结构的系统性变革以适应人口老龄化这一可预期的底层人口年龄结构的变迁。

新结构经济学提议从全局和系统性的视角出发研判人口年龄结构这一要素禀赋结构的变迁如何改变该经济体的潜在比较优势，推动生产结构的

---

① 林毅夫. 新结构经济学：反思经济发展与政策的理论框架 [M]. 北京：北京大学出版社，2012.

② The Lancet. Ageing in China: a ticking bomb[J]. Lancet. 2016, 388(10056): 2058.

适老化演进，进而引发整个经济结构的适老化系统性变革。新结构经济学强调以要素禀赋结构作为分析的切入口，劳动力是要素禀赋的重要组成部分。劳动力是年龄依赖型的要素禀赋，那些随着年龄增长而劳动生产率下降的工种更容易被机器人或其他自动化技术所替代，而那些依赖丰富经验劳动力或者随着年龄增长而创造更大价值的产业部门在经济汇总的比重将会上升。除了现有产业的适老化改造之外，人口年龄结构的变化也将引起需求结构的系统性变化，培育新的前景好、潜力大的银发经济产业。在适时调整生产结构和相应制度安排的同时，新结构经济学强调需要全力推动人口数量红利向质量红利的转变，通过加快构建高质量的教育体系和健康体系，提升人口质量和人力资本水平，实现人口高质量发展，进而加速推进生产结构的升级。[①]

（二）探寻中国式老龄化之路需要形成"有为政府、有效市场、有情社区、有爱家庭"的合力

探寻中国式老龄化的实现路径需要处理好政府与市场之间的关系。主流经济学往往陷入政府与市场非此即彼的两极化论争，要么强调政府应强有力地干预经济以克服市场失灵，要么强调政府自身会陷入寻租腐败的泥沼，政府失灵的代价比市场失灵的代价还要大。然而，上述主流观点忽视了政府与市场之间的合力。新结构经济学反思了国际主流理论的局限性，提出成功的经济体既需要有效的市场，也需要有为的政府：在任何特定发展阶段，市场对资源配置都起基础性的作用，政府在产业升级和结构转型过程中需要发挥因势利导作用。新结构经济学提出，"市场有效以政府有为

---

① 林毅夫，付才辉，张皓辰，等．中国式老龄化：新结构经济学的新见解[J]．学术论坛．2024（01）：1-15.

为前提，政府有为以市场有效为依归"。如果没有"有为的政府"，那么就无法培育形成有效的市场；反过来，政府的有为是有界限的、有方向的，要以促进"有效市场"的形成为目标。①

老龄事业具有公益属性，需要政府发挥关键作用，构建起普惠型养老服务体系，以确保养老服务对象的普遍性、服务供给的可及性、服务质量的可靠性、服务价格的可承受性。否则，单纯依赖市场力量会导致进一步加剧养老服务体系在城乡、地区之间的不平衡不充分的结构性矛盾。政府的财力是有限的，在满足基本养老需求的基础上，需要引导社会资本进入养老服务业，以满足个性化、多样性、高层次的养老需求，提高养老服务的供给效率。与此同时，养老产业等的发展过程中存在市场失灵的挑战，需要政府发挥因势利导的作用，培育市场，做大做强银发经济。②

在处理好政府与市场关系的同时，新结构经济学强调需要进一步发挥社区和家庭等微观单元在实现中国式老龄化方面的积极作用，形成"有为政府、有效市场、有情社区、有爱家庭"之间的合力。我国传统孝道伦理文化所塑造的社会文化禀赋结构有助于建成老年友好型社会，助力实现居家社区机构相协调的养老服务体系。③

---

① 王勇，华秀萍．详论新结构经济学中"有为政府"的内涵——兼对田国强教授批评的回复[J]．经济评论，2017（03）：17-30．

② 林毅夫，付才辉，卓唯佳．中国式老龄化：从健康奇迹到养老奇迹[J]．商业经济与管理．2023，8（382）：5-19．

③ 付才辉，卓唯佳，林毅夫．中国式老龄化社会治理——基于新结构老龄化理论的视角[J]．社会治理．2023（05）：4-20．

三、公共性发展金融是落实积极应对人口老龄化
国家战略的关键抓手

公共性发展金融[①]是介于政府和市场之间的金融制度安排，有助于发挥有为政府和有效市场的合力，成为落实积极应对人口老龄化国家战略的关键抓手。

（一）公共性发展金融的内涵及其重要性辨析

公共性发展金融机构是由政府创立、以实现公共政策为使命的公共金融机构。"公共性"揭示了该类机构在使命定位和组织架构方面的核心特征，即积极主动的公共政策导向，政府掌舵其机构战略定位。"金融"点明了其作为金融机构的基本特征，即以有偿性的金融工具（如贷款、股权投资、担保等）为主要的金融产品和服务，资金来源不仅仅依赖于定期的财政转移支付。[②]

在新时代开启全面建设社会主义现代化国家的时代背景下，我国亟须解决一个迫在眉睫的实践挑战是我国应如何改革优化公共性发展金融以更好地实现经济社会发展的远景目标，助力实现中国式人口老龄化。然而，关于公共发展性金融的定位和使命却存在较大争议，缺乏顶层的战略设计和立法保障，以至于我国在实践中面临着"公共性发展金融向何处去"的迷思。信奉自由市场的西方主流经济学派认为，公共性发展金融机构容易

---

① 公共性发展金融在国内的政策文件中常称之为"政策性金融"或"开发性金融"。
② 徐佳君，雷吉斯·马罗唐，茹新顺，等．什么是公共性发展金融机构？界定标准、特征事实与发展趋势 [J]．经济学（季刊），2023（06）：2387-2402．

遭受政府失灵,因此发展中国家政府不应该成立此类机构。[①] 进而,主流观点认为,高收入经济体拥有发达的资本市场和完备的商业银行体系,不再需要公共性发展金融机构,应该被关闭或私有化商业化改制。在"十四五"规划期间,我国有望将在 2025 年之前跨过人均收入 12 535 美元的门槛变成一个高收入经济体。我国应遵循这一主流的药方大幅削减甚至关闭或改制国家开发银行、中国进出口银行和中国农业发展银行吗?

基于北京大学新结构经济学研究院所发起搭建的全球首个公共性发展金融机构数据库[②],我们发现公共性发展金融机构在全球范围内普遍存在,且体量巨大。来自全球 150 多个国家的 530 多家公共性发展金融机构的总资产高达 23 万亿美元,占世界投资的 10%。而且发达国家并未关闭此类公共金融机构,反而正在加大力度强化其公共性发展金融体系,以应对绿色金融、养老金融等融资挑战。不同于主流的自由市场理论,新结构经济学强调无论是发达国家还是发展中国家都需要由政府所创立和支持的发展融资且需要随着不同发展阶段实体经济的融资需求特性和市场失灵的属性来适时调整公共性发展金融机构的使命定位。

为此,我们需要加快构建中国特色的公共性发展金融体系,与时俱进地瞄准公共性发展金融在服务实体经济、国家战略方面的着力点。具体而言,一是,做好战略预判,立足新发展阶段的融资需求特性,提前布局好公共性发展金融的着力点;二是,改革公共性发展金融的评估考核机制,确保其适时退出成熟的融资领域,并激励其勇于探索高风险、充满不确定

① World Bank, Long-term Finance [R]. Global Financial Development Report, 2015.

② 北京大学新结构经济学研究院,法国开发署. 公共性发展金融机构数据库. http://www.dfidatabase.pku.edu.cn/zh/. https://doi.org/10.1016/j.ceqi.2021.10.001. XU J, MARODON R, RU X, et al. What are public development banks and development financing institutions?——qualification criteria, stylized facts and development trends[J]. China Economic Quarterly International, 2021, 1(04): 271-294.

性以及亟待培育的新兴领域。

（二）公共性发展金融落实积极应对人口老龄化国家战略的比较优势

思路决定出路，实践界关于公共性发展金融定位的迷思亟待理论界深化发展习近平新时代中国特色社会主义思想，践行自主理论创新，以拨开云雾深化改革优化我国公共性发展金融机构。

从新结构经济学的分析框架出发，我们需要在理论层面明晰公共性发展金融在落实积极应对人口老龄化的国家战略方面的比较优势。一方面，我们需要剖析清楚我国商业性金融和资本市场在服务积极应对人口老龄化战略方面所面临的市场失灵的属性，找准"有为政府"的着力点，做到"不缺位"。另一方面，我们需要进一步剖析政府应如何有为，相比于其他政府介入金融体系的方式（比如依托国有商业银行提供普惠金融等），公共性发展金融在弥补市场失灵和培育市场方面的比较优势，做到"不越位"。理清公共性发展金融同公共财政和商业性金融的边界，有助于优化中国特色的公共性发展金融体系，发挥财政金融体系的整体协同效应。

1.制定全局的中长期战略规划

公共性发展金融机构不仅仅是资金的提供者，更是具备行业技术专家优势的"专家银行"。[①] 发挥专家优势，制定全局的中长期战略规划，才能在中长期内实现整个经济结构的适老化系统性变革。否则，零碎化、短期化的措施只能临时性应对当前老龄化带来的挑战。例如，国家开发银行秉承"规划先行"的理念，发挥融智融资的优势，推动同部委和地方政府建立多层次合作机制，前瞻性地制定中长期规划，加速了我国的工业化、城

---

① de Aghion BA. Development banking[J]. Journal of Development Economics, 1999（58）：83-100.

镇化和国际化的进程。①

2. 提供大额的中长期资金

在由私营商业银行构成的银行体系中，长期信贷往往供不应求。商业银行吸收居民储蓄存款，作为其主要资金来源，由于期限错配等挑战，追求利润最大化的商业银行通常以提供短期贷款为主要业务。为了弥补上述市场失灵，政府成立了公共性发展金融机构。公共性发展金融机构通常不接受短期居民储蓄存款，而是依托主权信用在资本市场上发行债券，以便续短期为长期，积小额为大额，为经济社会发展提供大额中长期的资金支持。② 稳定且明朗的政府债信支持政策是确保公共性发展金融机构可以筹集到大额、长期和廉价资金来源的关键保障。③

3. 克服先行者挑战

新兴产业领域的投资往往伴随着高风险和不确定性，面临着先行者的挑战。商业性金融机构可能存在风险厌恶的市场失灵问题，不乐意为高风险项目提供融资支持。而政府创立且掌舵的公共性发展金融机构通常有更大的风险承受能力，为高风险项目提供资金支持，填补融资缺口。④ 公共性发展金融机构通过投贷联动、风险信贷等业务模式为创新型发展项目提供资金支持。⑤

———————————

① 陈元．政府与市场之间：开发性金融的中国探索 [M]．北京：中信出版社，2012．

② SCHCLAREK A, XU J, YAN J. The maturity lengthening role of national development banks[J]. International Review of Finance, 2023(23):130−157.

③ 王可第，徐佳君．债信政策不确定性何以影响公共性发展金融机构的债券融资？——来自中国国家开发银行的证据 [J]．经济学（季刊），2023，23(06): 2437−2453.

④ GONG D, XU J, YAN J. National development banks and loan contract terms: evidence from syndicated loans[J]. Journal of International Money and Finance, 2023(130): 102763.

⑤ CARRERAS M, GRIFFITH−JONES S, OCAMPO J, XU J. Implementing innovation policies: capabilities of national development banks for innovation financing[R]. New York: Inter−American Development Bank, 2022.

（三）公共性发展金融支持积极应对人口老龄化的着力点

基于公共性发展金融的比较优势分析，公共性发展金融机构可致力于如下三个着力点，助力落实积极应对人口老龄化的国家战略。

1.打造康养示范项目

在制定全局的中长期战略规划的基础上，公共性发展金融机构可以致力于同民政部等相关部委和地方政府通力协作，签署战略合作协议，打造康养示范项目，引领带动社会资本涌入养老康养领域，促成适老化的结构性变革。

国家开发银行同民政部于 2021 年签署《关于"十四五"期间利用开发性金融支持养老服务体系建设的通知》，强调了公共性发展金融的规划引领、示范带动以及机制创新的作用。[①] 国家开发银行在广西柳州建设了该市首个集智慧养老、健康护理、医疗保健、老年社区管理为一体的养老服务综合体项目。[②] 通过示范型项目等做好解决方案的先行先试，凝练模式，总结经验，以便在全国范围内推广居家社区机构相协调、医养康养相结合的机制体制。

2.普惠型养老服务体系建设

普惠型养老服务项目存在回报周期长、投资回报率低、初创期增信措施不足等特点。现阶段普惠型养老项目较少受到产业资本或金融资本青睐，商业贷款动力不足，整体信贷规模有限。[③] 单纯依靠市场的力量不足以满足普惠型养老服务项目的融资需求。公共性发展金融机构需要在强有力的政

---

① 民政部、国家开发银行关于"十四五"期间利用开发性金融支持养老服务体系建设的通知.（2021-11-26）[2022-06-30]. https://www.gov.cn/zhengce/zhengceku/2021-12/03/content_5655643.htm.

② 资料来源：国家开发银行 2022 年年报，第 36 页。

③ 汪小亚，张宇，宫瑞.培育和发展普惠型养老金融[J].中国金融，2022（03）.

府债信支持等政策的支持下拓展融资渠道、降低融资成本，为普惠型养老服务体系的建议提供大额、相对廉价的中长期资金支持。公共性发展金融机构的融资支持对于初创期的养老服务项目尤为关键，可以起到培育市场带动社会资本的催化剂作用。

3. 银发经济高质量发展

我国银发经济尚处于起步阶段，潜力巨大。银发经济的高质量发展需要有为政府和有效市场的合力，而公共性发展金融机构则是落实政府的适老化产业政策的重要抓手。发展银发经济，需要开发适老技术和产品，培育智慧养老等新业态。而培育上述经济新动能会面临风险和不确定性。公共性发展金融机构可以主动培育市场主体，克服先行者挑战，实现银发经济的提质增效。银发经济的高质量发展还需要提供相应的基础设施，促进潜在比较优势转化为竞争优势，而基础设施的供给往往具备正外部性，私营部门往往缺乏供给的意愿。公共性发展金融机构可以结合政府关于银发经济的产业发展规划，提供配套的基础设施支持。

最后需要强调的是，为了充分发挥公共性发展金融体系在落实积极应对人口老龄化国家战略的潜力，我们需要强化制度保障以确保公共性发展金融在弥补市场失灵的同时避免自身遭受政府失灵，实现有为政府与有效市场之间的合力。一方面，有为政府需要掌舵公共性发展金融机构的战略定位，避免其同商业性金融机构开展不正当竞争，以弥补市场失灵；另一方面，公共性发展金融机构需要具备一定的专业自主性，避免政府干预其微观信贷决策，以规避政府失灵。实现这一制度保障的重要抓手是，在国家战略层面推进公共性发展金融立法，明晰其战略定位，加强政策支持和监管机制保障，助力公共性发展金融成为实现中国式人口老龄化之路的中坚金融力量。

中国适老化改造行业发展报告

人民康养《康养这十年：适老化改造》课题组[①]

摘　要： 中国经济发展自改革开放以来，经历了 1978 年至 2010 年长达 33 年双位数的超高速增长，由于这个阶段中国正处于成年型人口年龄结构，我们并没有真实预见即将面对的老龄化问题，产业发展并没有在银发经济领域布局。2013 年中国"养老服务元年"开启了产业发展方向以年轻人为中心，向以老年人为中心的转变，其中适老化改造行业也应运而生。本报告从中国适老化改造行业发展的背景、特点、国际经验及未来展望等方面，阐述了这个新兴的产业的重要性。

关键词： 人口老龄化；银发经济；适老化改造；养老产业

---

① 课题组组长张晋，中国健康养老集团研究院院长，中国老龄产业协会老年宜居养生委员会主任。主要成员：李文捷，国家一级注册建筑师；于贵红，中国老龄产业协会老年宜居养生委员会执行主任；马丹妮，中国健康养老集团研究院院长助理；贾雪华，中国健康养老集团研究院教培部总经理；武雨晴，中国健康养老集团研究院教培部总经理助理。本文为课题组阶段性成果，《康养这十年：适老化改造》课题于 2022 年 11 月立项，至 2024 年 2 月结项。

第一节　适老化改造的背景与起源

适老化，顾名思义就是所有的产品、技术和服务适合老年人的需求，满足老年人衣食住行等各方面需求。

根据世界卫生组织统计：全球每年大约有 30% 的 65 岁以上老人发生跌倒，15% 的 65 岁以上老人跌倒 2 次以上，每年有将近 30 余万人因跌倒死亡[①]。中国疾病监测系统的数据显示，跌倒已经成为 65 岁以上老年人伤残失能、伤害死亡的第一因素。

据统计，老年人跌倒多数发生在室内[②]。居住环境未能充分考虑人口老龄化，居家环境不安全、不适老、不好用、不健康，是一个非常普遍的问题，安全隐患比比皆是，老年人伤害等恶性事件频频发生。

随着人口老龄化的加速，老年人口数量逐年增加，如何让老年人在家中安享晚年成为了一个亟待解决的问题。适老化改造行业应运而生，它旨在通过对老年人居住环境的改造，提高老年人的生活质量和安全性，使他们能够在家中舒适、安全地度过晚年。

首先，适老化改造行业有助于提高老年人的生活质量。随着年龄的增长，老年人的身体机能逐渐减退，对生活环境的要求也越来越高。居家适老化改造行业通过对老年人居住环境进行改造，如安装无障碍通道、扶手、坐便器等设施，使老年人在日常生活中能够更加方便、舒适地生活。此外，适老化改造还可以根据老年人的兴趣爱好和需求，为他们提供个性化的居

---

① 央视网 . 全球每年近 40 万人跌倒死亡 60 岁以上占一半 [EB/OL]. （2014-09-17）[2024-02-22]. https://news.cntv.cn/2014/09/17/ARTI1410942882798125.shtml.

② 国家卫健委 . 社区老年人跌倒预防控制技术指南 .（2021-12）[2024-02-26]. https://m.zhangyue.com/readbook/12862597/3?p2=116732.

住环境，如设置阅读角、健身区等，丰富他们的精神生活。

其次，适老化改造行业有助于提高老年人的安全性。老年人由于身体机能减退，容易发生跌倒、摔伤等意外事故。居家适老化改造行业通过消除家中的安全隐患，如安装防滑地板、防撞角、紧急呼叫系统等，降低老年人在家中发生意外事故的风险。同时，适老化改造还可以提高老年人在家中的自理能力，如安装高低床、护理台等设施，使他们在需要时能够自己完成一些日常生活任务，减少对他人的依赖。

再次，适老化改造行业有助于减轻家庭和社会的负担。随着老龄化社会的到来，养老问题成为了一个严重的社会问题。传统的养老方式主要是将老年人送往养老院，但这种方式不仅给家庭带来经济压力，还可能导致老年人与家人的感情疏远。居家适老化改造行业通过改善老年人的居住环境，使他们能够在家中安享晚年，减轻了家庭和社会的养老负担。同时，适老化改造还可以提高老年人的生活质量，使他们在家中度过一个愉快的晚年，有利于维护家庭和谐。

复次，适老化改造行业还有助于推动相关产业的发展。随着老龄化社会的到来，适老化改造行业逐渐成为了一个新兴的产业领域。居家适老化改造行业的实施，为适老化改造行业提供了广阔的市场空间，推动了相关产业的发展。同时，适老化改造还可以带动家居、建材、医疗等相关产业的发展，促进经济的繁荣。

最后，适老化改造行业有助于提高政府的社会管理水平。随着老龄化社会的到来，政府在养老问题上面临着巨大的压力。居家适老化改造行业的实施，使政府能够更好地关注老年人的需求，提高养老服务的质量。同时，适老化改造还可以提高政府在应对老龄化问题上的能力和水平，提升政府的社会管理水平。

居家适老化改造行业对于提高老年人的生活质量、安全性具有重要意义，有助于减轻家庭和社会的养老负担，推动相关产业的发展，提高政府的社会管理水平。因此，我们应该高度重视居家适老化改造行业的实施，为老年人提供一个舒适、安全的居住环境，让他们能够在家中安享晚年。

第二节　适老化改造定义与特点

适老化改造，通俗地讲，就是针对日常生活环境中老年人不适应的硬件设施及软件系统进行改造升级，增加相应的设施设备，提高老年人的生活自理能力，增强老年人生活设施设备的安全性、便利性和舒适性，提升老年人的整体生活品质。改造的主要方式有硬件设施施工改造、设施配备、辅具适配、软件系统改造升级等。适老化改造从实施范围看主要分为三个层面：城市公共环境的适老化改造、社区环境的适老化改造和居家环境的适老化改造。

城市公共环境及社区环境的适老化改造主要由政府推动。政府主导的适老化改造从城市公共环境层面看，主要是针对交通、建筑、通信网络、教育、医疗、文化等方面存在的不适老问题开展改造，营造老年友好型城市公共环境；从社区环境层面看，适老化改造主要是通过通行无障碍改造、公共空间适老化改造、完善适老化公共服务设施、建立软件操作系统及增加社区养老服务等，提升社区环境适老化水平。居家环境的适老化改造则由政府、市场、家庭自发同时推动，目前以政府推动为主，家庭自发为补充，市场推动则是未来的发展趋势。

一、政府主导的居家适老化改造

（一）内容

目前，政府主导的居家适老化改造主要是针对低收入困难家庭。内容主要包括以下方面：建筑硬件改造、家具家装改造、康复辅助器具适配、智能化助老服务设施配备等。老年人需求量较大的康复辅助器具主要有助餐类、助行类、如厕类、助浴类、康复类、照护类等。智能化助老服务设施配备主要有智能家居系统、紧急救援呼叫系统、远程监控系统、物联网健康管理系统等。

（二）特点

1. 基础保障作用突出

民政部等9部委联合印发的《关于加快实施老年人居家适老化改造工程的指导意见》（民发〔2020〕86号）中明确提出，2020年年底前，推进符合条件的特殊困难老年人家庭实施居家适老化改造，为决战决胜脱贫攻坚提供兜底保障。居家适老化改造以符合条件的老年人家庭为对象，同时国家鼓励各地可根据条件逐步扩大适用对象范围。

2. 清单式改造

各地政府在实施改造时，向老年人家庭列出了居家适老化改造行业和老年用品配置推荐清单。所列项目分为基础项目及可选项目，政府根据不同情况给予相应补贴；针对老年用品配置推荐清单，老年人根据个人家庭情况和自身健康状况，自主选择。

3. 批量化推进

各地政府在实施居家适老化改造时，根据规划部署，制定计划，从少到多、由点到面、逐步落实、批量化推进。根据规划，"十四五"时期国家将完成200万户家庭的适老化改造，民政部已将具体任务划分到各地。

4. 轻改造、重辅具

各地政府在实施改造时，因地制宜，因人而异，按照自愿、安全、便利、经济的原则，不大拆大改，开展小改造、微改造，轻改造、重辅具，为有需要的家庭配置各类老年辅助用具和智能产品。

二、市场推动的居家适老化改造

（一）内容

市场推动的居家适老化改造内容主要包括：提供硬件改造、老年辅器具的适配、老年智能化产品的配置等。

居家适老化改造中，开展居家适老化改造的服务商主动作为，积极在居民中推广居家适老化改造。市场上一些知名装修企业有针对性地为老年人家庭提供居家适老化改造服务，提供针对性个性化改造套餐。有的服务商如康养服务企业等注意加强与物业企业、居委会、干休所等沟通协调，对有需要的老年人家庭开展居家适老化改造，提供系统性改造，配备相关的设施设备和各类智能化产品。许多大型家居卖场、电商平台、家居用品企业、老年产品生产企业甚至家电企业等都非常看好适老化改变这一领域，积极向消费者推广适老化产品和服务。

（二）特点

1.行业认知度和接受度、产业化市场化程度不高

从老年人口数量和老旧房存量看，我国居家适老化改造市场规模十分巨大，前景广阔。居家适老化改造涉及面广，参与的服务商比较多，热情也比较高。但由于我国尚处于适老化改造的初期阶段，居民对开展居家适老改造的重视程度普遍不高，有的还存在许多模糊认识甚至错误认识，所以适老化改造的行业认识度和接受度偏低，市场上真正有广泛影响的大企业还不多，产业化整体推进进程仍然较慢，市场化程度处于较低水平。

2.标准的统一与质量

目前，我国在适老化改造及相关适老产品标准质量等方面主要是企业标准和地方标准，还缺乏统一的国标、行标。适老化改造中，各服务商的服务流程标准等各不相同，质量也参差不齐。

3.相关支持配套政策措施

目前，国家对不在补贴范围的老年人家庭的支持力度还比较小。同时，国家对投入居家适老化改造的各服务商的政策扶持力度正在进一步增强。

三、适老化改造行业存在的问题

首先，适老化改造行业的供需不匹配。

一方面是老年人口基数巨大，老年人家庭环境适老化改造的需求巨大。另一方面，专业从事适老化改造业务的创新性企业较少，我国自有知识产权的老年用品不足。适老行业仅处于萌芽阶段，市场机制不健全，服务水平参差不齐，老年产品量质双低，产业扶持政策几乎没有，缺乏行业标准，没有完整的教育培训，专业化人才队伍奇缺。供需呈现严重不匹配，

急需供给侧结构性改革。

其次，适老化改造行业的客群认知不匹配。

供需不匹配的根本原因是认知不匹配。一方面，老年人和家庭并不了解适老化。老人需求是多样性的，身体状况、个性需求、支付能力、文化品位、子女意愿、户型空间、建筑结构、老旧程度、分布位置……每家每户问题不同。另一方面，企业不懂适老化，不了解老人特点、不会和老人沟通、不会做适老设计、不会精细化施工、不了解辅具适配、缺乏专业人才、采购成本高、工期安排不可控、没有多任务项目群统筹能力，等等。

所以，要解决上述两大难题，有必要展开国情教育和行业教育，提高供需双方的认知；同时进行供给侧结构性改革，制定产业扶持政策，提高适老行业整体发展水平。

第三节　适老化改造的政策法规与标准

1982 年，第一届老龄问题世界大会通过《老龄问题维也纳国际行动计划》，将"住宅和环境"列为老年人的七项特殊需求之一。1996 年 8 月 29 日八届全国人大常委会第 21 次会议通过《中华人民共和国老年人权益保障法》。2012 年 6 月，国务院颁布我国第一部无障碍建设专项法规《无障碍环境建设条例》。2012 年 12 月，《中华人民共和国老年人权益保障法》修订新增了"宜居环境"专章，提出"推进宜居环境建设，为老年人提供安全、便利和舒适的环境"，这是我国在国家层面推动相关工作的开端。从2013 年开始，国家及地方不断发布政策文件大力支持老龄事业、产业发展。特别是 2019 年后，随着社会老龄化程度的不断加深，相关政策法规与标准更是密集性出台。民政、住房城乡建设、交通运输、市场监管、残联等部门单位加快形成协调有力、运行高效的体制机制。

一、适老化改造的政策法规

中国政府高度重视老龄事业的发展，制定了一系列政策措施，如由全国老龄办等 25 个部委于 2016 年 10 月联合印发《关于推进老年宜居环境建设的指导意见》（全国老龄办发〔2016〕73 号）、住房城乡建设部、民政部等部门于 2014 年 2 月联合印发了《关于加强养老服务设施规划建设工作的通知》（建标〔2014〕23 号）等，为适老化发展提供了政策支持。

2013 年 9 月，国务院办公厅发布的《国务院关于加快发展养老服务业的若干意见》〔（国发〔2013〕35 号），以下简称《意见》〕是一个标志性文件。《意见》强调要大力发展养老服务，提供方便可及、价格合理的各类养老服务和产品，满足养老服务多样化、多层次需求。同时，《意见》要求推动和扶持老年人家庭无障碍设施的改造，加快推进坡道、电梯等与老年人日常生活密切相关的公共设施改造。

2014 年 7 月，住建部、民政部、财政部、中国残联、全国老龄办联合印发《关于加强老年人家庭及居住区公共设施无障碍改造工作的通知》（建标〔2014〕100 号），要求提高认识，切实推进老年人家庭及居住区公共设施无障碍改造，要为改造提供资金保障并加强资金使用的审核和监管。

2015 年 2 月，民政部、发改委等部门联合印发《关于鼓励民间资本参与养老服务业发展的实施意见》（民发〔2015〕33 号），鼓励民间资本参与老年公寓和居住区养老服务设施建设以及既有住宅适老化改造。

2016 年 11 月，全国老龄办、发改委等 25 个部委联合印发《关于推进老年宜居环境建设的指导意见》（全国老龄办发〔2016〕73 号）。这是我国发布的第一个明确提到"老年宜居环境建设"的指导性文件。

2017年6月，国务院办公厅发布《关于制定和实施老年人照顾服务项目的意见》（国办发〔2017〕52号），提倡在推进与老年人日常生活密切相关的公共设施改造中，适当配备老年人出行辅助器具，加强社区、家庭的适老化设施改造，优先支持老年人居住比例高的住宅加装电梯等。

2019年4月，国务院办公厅印发的《关于推进养老服务发展的意见》（国办发〔2019〕5号）强调实施老年人居家适老化改造工程。2020年年底前，采用国家补贴等形式，对所有纳入特困供养、建档立卡范围的高龄、失能、残疾老年人家庭实施适老化改造。有条件的地方可积极引导城乡老年人家庭进行适老化改造。

2020年2月，国家统计局发布《养老产业统计分类（2020）》（国家统计局令第30号），正式把"住宅适老化及无障碍改造""公共设施适老化及无障碍改造"纳入养老产业分类中。

2020年7月，民政部、住建部、全国老龄办等9部委联合印发《关于加快实施老年人居家适老化改造工程的指导意见》（民发〔2020〕86号），要求2020年年底前，采用国家补贴等形式，对列入分散供养特困人员和建档立卡贫困人口范畴的高龄、失能、残疾老年人家庭实施居家生活适老化改造，并提出了居家适老化改造行业和老年用品配置推荐清单，明确7项基础类项目和23项可选类项目。

2020年11月，国务院办公厅印发《关于切实解决老年人运用智能技术困难实施方案的通知》（国办发〔2020〕45号）；12月，工信部印发《互联网应用适老化及无障碍改造专项行动方案》（工信部信管〔2020〕200号）。上述方案要求切实采取措施，帮助老年人跨越"数字鸿沟"。

2022年2月，国务院发布《关于印发"十四五"国家老龄事业发展和养老服务体系规划的通知》（国发〔2021〕35号）强调支持普惠养老服务发展，完善社区养老服务设施配套，推进公共环境无障碍和适老化改造，有序推进城镇老旧小区改造，完善社区卫生服务中心、社区综合服务设施等适老化改造。2022年2月，民政部、财政部、住建部、中国残联联合印发《关于推进"十四五"特殊困难老年人家庭适老化改造工作的通知》（民办发〔2022〕9号）要求对纳入分散供养特困人员范围的高龄、失能、残疾老年人家庭实施居家适老化改造，有条件的地方可以将改造对象范围逐步扩大，明确提出支持200万户特殊困难高龄、失能、残疾老年人家庭实施适老化改造，并纳入重点工程调度。2023年2月，民政部召开现场推进会，指导督促各地加快工作进度。

2023年6月28日，全国人大常委会审议通过《中华人民共和国无障碍环境建设法》。残疾人和老年人无障碍环境建设列入《国家基本公共服务标准》，特殊困难老年人家庭适老化改造纳入《国家基本养老服务清单》。

二、适老化改造行业标准

现行标准涉及老年人居住建筑设计规范，以及社区老年人日间照料中心、老年人能力评估、既有建筑改造技术规范、老年人照料设施标准等。近年来，北京、上海、广州市及部分省份制定了针对"适老化改造"的地方标准法规或技术导则。

2022年7月，民政部、市场监管总局《关于全面推进新时代民政标准化工作的意见》（民发〔2022〕58号）中强调：应对人口老龄化国家战略，开展养老服务标准化专项行动。在居家社区养老、机构养老、农村养老、智慧养老等领域，推动制定一批与国际接轨、体现中国特色、适应服务管理需要的养老服务标准，促进适老化改造标准研制与实施推广。2023 年 2 月民政部牵头的《适老化环境评估导则》等 2 项国家标准获批立项。

中国适老化发展的历程是一个不断探索、不断创新的过程。在政府的政策引导下，中国适老化建设取得了显著成效，为老年人提供了更加便利、舒适的生活环境。未来，中国将继续加大适老化建设的力度，为老年人提供更加优质的养老服务，让老年人安享幸福晚年。

第四节　适老化改造的国际经验

较早步入老龄化的一些北欧国家及西方发达国家已普遍实施居家适老化改造以促进居家养老。然而，由于各国家福利政策和国情的不同，适老化改造实践方式和内容也有很大的不同。

一、日本：全面推行适老化改造

日本是全球老龄化最严重的国家之一，其适老化改造经验丰富。日本政府在 2000 年就提出了"银发经济"战略，将适老化改造作为国家战略，全面推行。日本的适老化改造主要包括以下几个方面。

（1）住宅适老化改造：日本政府鼓励住宅建设者在设计阶段就充分考虑老年人的需求，如设置无障碍通道、扶手、坡道等。此外，政府还推出了一系列补贴政策，鼓励老年人进行住宅适老化改造。

（2）交通设施适老化改造：日本对公共交通设施进行了适老化改造，如设置无障碍电梯、扶手、盲道等。此外，日本还推广了老年人专用出租车服务，方便老年人出行。

（3）公共服务适老化改造：日本政府对公共服务设施进行了适老化改造，如设立老年人专用窗口、提供老年人专用服务设施等。此外，日本还推广了老年人专用手机，方便老年人使用。

（4）社区适老化改造：日本政府鼓励社区进行适老化改造，如设置老年人活动中心、养老院等。此外，日本还推广了老年人互助服务，鼓励老年人互相帮助，共同生活。

（5）适老化人才培养：日本在2000年推出《介护保险法》来保障老年人享有有人格尊严的生活，同时在养老人才培养方面建立了完整的教培体系，其中有老人及残疾人居住环境的改造和公共区域无障碍化的课程，并且授予"住宅改造士"的职位。

二、欧美国家：政府主导，多方参与

欧美国家的适老化改造经验主要体现在政府主导、多方参与的模式上。这些国家通过立法、政策引导、资金支持等手段，推动社会各界共同参与适老化改造。具体表现在以下几个方面。

（1）立法保障：欧美国家通过立法保障老年人的权益，为适老化改造提供法律依据。如美国的《老年人法》《残疾人法》等，都明确规定了老年人和残疾人的权益，为适老化改造提供了法律保障。

（2）政策引导：欧美国家通过政策引导，推动社会各界共同参与适老化改造。如英国政府推出了"老年友好城市"计划，鼓励城市进行适老化改造；美国政府推出了"老年人住房改善计划"，鼓励住宅建设者进行适老化改造。

（3）资金支持：欧美国家通过资金支持，推动适老化改造的实施。如德国政府设立了专门的养老基金，用于支持适老化改造项目；美国政府设立了专门的老年服务基金，用于支持老年服务设施的建设和运营。

（4）社会参与：欧美国家鼓励社会各界参与适老化改造，形成了政府、企业、社会组织、个人共同参与的局面。如美国的非营利组织"老年之家"就积极参与适老化改造项目，为老年人提供各种服务。

三、借鉴与启示

从国际适老化改造经验来看，我们可以得出以下几点借鉴与启示。

（1）制定全面的适老化改造战略：各国政府应将适老化改造作为国家战略，制定全面的适老化改造规划，明确目标、任务和措施。

（2）加强立法保障：各国政府应加强立法保障，为适老化改造提供法律依据。同时，还应加强对老年人权益的保护，确保老年人的合法权益不受侵犯。

（3）发挥政府主导作用：各国政府应发挥主导作用，通过政策引导、资金支持等手段，推动社会各界共同参与适老化改造。

（4）引入科技创新：各国政府应引入科技创新，推动适老化改造的智能化、信息化发展。同时，还应加强科技人才培养，提高科技创新能力。

（5）建立多元化的合作机制：各国政府应建立多元化的合作机制，鼓励政府、企业、社会组织、个人共同参与适老化改造，形成合力。

总之，适老化改造是应对全球老龄化趋势的重要手段，各国政府和社会应共同努力，推动适老化改造的发展，为老年人提供更好的生活环境和服务。

第五节　适老化改造行业发展展望

中国老龄科学研究中心发布的《老龄蓝皮书：中国城乡老年人生活状况调查报告（2018）》指出，中国老年人口变动趋势整体向好，但人口老龄化程度持续加深，全民对老年期生活准备不足。未来将加快推进适老化改造行业的发展，一方面要提升老年人家庭适老化改造的意识，另一方面要探索完善适老化改造行业化推进的机制。

第一，随着中国人口老龄化进程的加速，老年人口数量不断增加，对适老化改造的需求也日益增长，适老化改造行业具有巨大的市场潜力和发展空间。根据国家统计局公布的第七次全国人口普查主要数据结果，到2020年年底，我国60岁及以上的老年人口已经超过2.5亿人，占总人口的近18%。预计到2035年，老年人口将达到4亿人，占人口总数的接近三成[①]。据测算，我国居家环境的适老化改造直接市场份额已经达到3万亿元，我国家庭适老化必将迎来新一轮的革新[②]。

第二，家庭适老化改造将成为主流趋势。传统的养老院模式并不适合所有老年人，许多老年人更愿意在家中度过晚年。因此，家庭适老化改造将成为满足老年人居家养老需求的重要途径。家庭适老化改造包括对房屋结构、设施设备、安全措施等方面的改造，以提高老年人居住的安全性、舒适性和便利性。

---

①　国家卫生健康委员会就党的十八大以来老龄工作进展与成效举行新闻发布会.（2022-09-20）[2024-02-26]. http://www.nhc.gov.cn/xwzb/webcontroller.do?titleSeq=11480&gecstype=1&wd=&eqid=dd0d1a9b00076c1400000004656c7330.

②　中国社会报.居家适老化改造：有待被充分认识的"硬需求".（2020-09-22）[2024-02-26]. https://www.mca.gov.cn/n152/n166/c42612/content.html.

第三，政府将加大对适老化改造行业的支持力度。政府将通过财政补贴、税收优惠、金融支持等政策措施，鼓励和支持企业投资兴办适老化改造行业。同时，政府还将加强对适老化改造行业的监管，确保产品和服务质量。此外，政府还将加强与社会组织、企事业单位的合作，共同推动适老化改造行业的发展。

第四，科技创新将为适老化改造行业提供强大动力。随着科技的不断进步，越来越多的智能化、信息化技术应用于适老化改造领域。例如，利用物联网技术实现家居设备的远程控制和智能管理；利用大数据和人工智能技术为老年人提供个性化的健康服务；利用虚拟现实技术为老年人提供丰富的娱乐活动等。这些创新技术的应用将极大地提高适老化改造的效果和水平。

第五，适老化改造行业链将逐步完善。随着适老化改造行业的发展，相关产业链也将得到进一步完善。从设计、施工、材料供应到售后服务等环节，都将形成一个完整的产业链条。这将有助于降低适老化改造的成本，提高产业的整体竞争力。

第六，适老化改造行业将与其他产业融合发展。随着社会经济的发展和人们生活水平的提高，老年人对于生活品质的要求也在不断提高。因此，适老化改造行业将与养老、医疗、教育、旅游等相关产业深度融合，为老年人提供更加全面、优质的服务。

中国适老化改造行业未来发展前景广阔，市场需求巨大。政府、企业和社会各界应共同努力，加快适老化改造行业的发展，为老年人提供更加安全、舒适、便捷的生活环境，助力中国老龄事业和养老服务体系的建设和发展。

Ⅳ 积极老龄观 健康老龄化 区域篇

北京市人口老龄化现状、发展及对策建议

包路芳 龙昊廷[①]

摘 要： 人口是一个国家或地区经济社会发展最基础要素。首都北京是率先步入老龄化社会的大城市之一，老年人口总量大且增速较快，人口结构向老龄化纵深发展。规模庞大的老年人口是全体人民共同富裕进程中不可忽视的群体，北京市已经初步形成了解决超大城市养老问题的北京方案。随着老年人口需求多样化和需求结构从生存型向发展型转变，围绕"建设一个什么样的首都，怎样建设首都"这一重大时代课题，需要进一步积极应对人口老龄化，建设与人口老龄化进程相适应的老龄事业和养老服务体系，促进人口长期均衡发展和经济社会高质量发展。

关键词： 人口老龄化；北京市；老龄工作；养老服务；高质量发展

---

① 包路芳，北京市社会科学院社会学所研究员、所长，主要研究方向为社会建设、城市治理；龙昊廷，中共中央党校研究生院，博士研究生，主要研究方向为社会治理。

人口是一个国家或地区经济社会发展最基础要素。自 2000 年进入老龄化社会以来，我国老龄化程度持续加深。2022 年我国出生人口首次低于 1000 万人，人口老龄化问题日益严峻，成为我国人口高质量发展面临的主要矛盾。党的二十大报告提出要实施积极应对人口老龄化的国家战略，发展养老事业和养老产业，优化孤寡老人的服务。2024 年 1 月 15 日，国务院办公厅印发《国务院办公厅关于发展银发经济增进老年人福祉的意见》[1]，推动实现所有老年人都能享受到基本养老服务。北京是率先步入老龄化社会的大城市之一，是中国老龄化态势最具代表性的城市之一，老龄化程度位居全国第二，面临着超大城市人口老龄化的特殊问题。

一、北京市人口老龄化现状

在 1990 年进入老龄化城市以来，经过 30 余年的发展，北京市老年人口总量大且增速较快。按照国际通行标准，从 2021 年起北京市跨入中度老龄化社会，已经成为全国人口老龄化最严重的地区之一，人口结构进一步呈现向老龄化纵深发展的特征。

（一）户籍人口老龄化现象更加突出

截至 2022 年年底，北京市的户籍总人口约为 1427.7 万人，其中 60 岁及以上的老年人口数量最多，约为 414.0 万人，占户籍总人口的 29.0%。与 2021 年相比，60 岁及以上的户籍老年人口增加了约 25.7 万人，增幅为

---

① 中华人民共和国中央人民政府.国务院办公厅关于发展银发经济增进老年人福祉的意见[EB/OL].（2024-01-15）[2024-2-21].https://www.gov.cn/zhengce/content/202401/content_6926087.htm.

6.6%。同时，65 岁及以上的户籍老年人口数量约为 301.8 万人，占总人口的 21.1%，占户籍老年人口的 72.9%。与 2021 年相比，65 岁及以上的户籍老年人口增加了约 22.6 万人，增幅为 8.1%（见图 4-1）。

北京市常住人口中，60 岁及以上的老年人口数量约为 465.1 万人，占常住总人口的 21.3%。与 2021 年相比，60 岁及以上的常住老年人口增加了约 23.5 万人，增幅为 5.3%，同时，65 岁及以上的常住老年人口数量约为 330.1 万人，占常住总人口的 15.1%。与 2021 年相比，65 岁及以上的常住老年人口增加了约 18.5 万人，增幅为 5.9%（见图 4-1），2022 年成为近十年来北京市户籍老年人口增量最多、增幅最大的一年，北京市人口老龄化程度进一步加深。

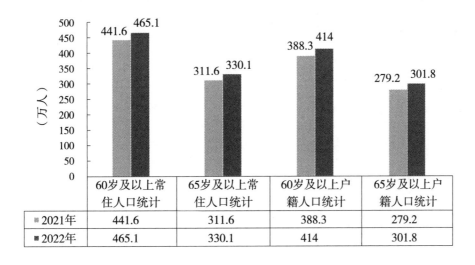

	60岁及以上常住人口统计	65岁及以上常住人口统计	60岁及以上户籍人口统计	65岁及以上户籍人口统计
2021年	441.6	311.6	388.3	279.2
2022年	465.1	330.1	414	301.8

图 4-1 2021—2022 年北京市常住和户籍老年人口变动情况 [①]

---

① 数据来源：根据 2021 年《北京统计年鉴》与 2022 年常住人口有关数据为全国统一组织开展的 2022 年人口变动情况抽样调查推算数，调查标准时点为 2022 年 11 月 1 日零时。

（二）中心城区老龄化增速高于郊区

北京市 60 岁及以上的户籍人口中，朝阳区、海淀区和西城区的老年人口数量位列前三，分别为 69.8 万人、60.5 万人和 47.3 万人（见 4-2）。与 2021 年相比，这三个区及丰台区的老年人口数量增长幅度最大，分别增加了 4.3 万人、3.9 万人、2.7 万人和 2.7 万人。

2022 年年底全市常住人口中，80 岁及以上的高龄老年人数量同比增加了 1.4 万人，增长了 2.1%。北京市 16 个区在老龄化程度上的差异显著，朝阳区、海淀区和西城区的户籍老年人口位列前三，而丰台区、石景山区、东城区、门头沟区和朝阳区、西城区的户籍老年人口占该区总人口比例高于全市平均水平。随着人口老龄化程度的不断加深，老年人口占区域总人口的比重呈现上升趋势，特别是中心城区老龄化增速更加明显。

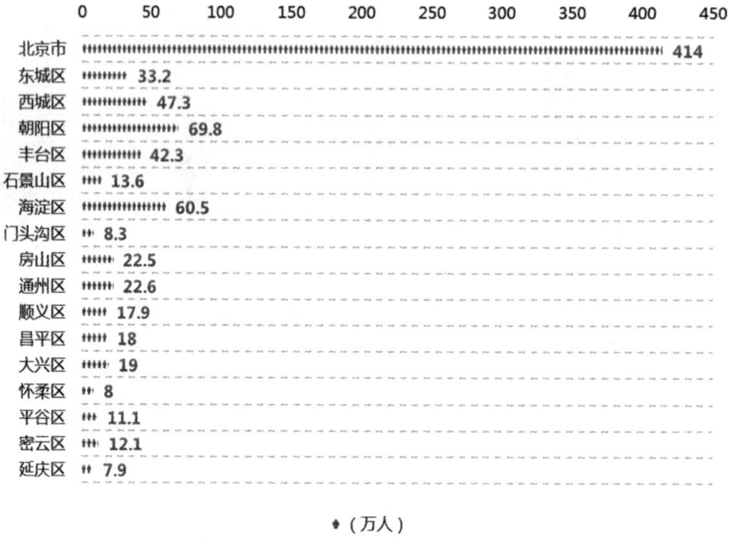

区域	老年人口（万人）
北京市	414
东城区	33.2
西城区	47.3
朝阳区	69.8
丰台区	42.3
石景山区	13.6
海淀区	60.5
门头沟区	8.3
房山区	22.5
通州区	22.6
顺义区	17.9
昌平区	18
大兴区	19
怀柔区	8
平谷区	11.1
密云区	12.1
延庆区	7.9

（万人）

图 4-2　2022 年北京市 16 区 60 岁以上户籍人口（万人）[①]

① 数据来源：据《北京区域统计年鉴（2022）》计算得出。

（三）老年抚养系数持续上升

依照当前人口老龄化发展速度，未来几年北京市内老龄化程度还将继续加深，并且有加速趋势。2010年"六普"时，北京市80岁以上高龄老年人口的数量为30.2万人，占总人口的比重为1.5%。到了2020年"七普"时，北京市高龄老年人口的数量达到67.3万人，占常住人口的比重达到3.1%，高龄老年人口的绝对规模正快速扩大，人口老龄化伴随高龄化的特征凸显。

2022年北京市60岁及以上老年人口抚养系数为51.1%，这意味着每两名劳动年龄人口需要抚养一名老年人。2018至2022年的五年间，60岁及以上老年人口抚养系数从42.2上升到51.1（见表4-1）。至2022年，按15~59岁劳动年龄户籍人口抚养60岁及以上户籍人口计算，北京市老年抚养系数为51.1%，比2018年增加了8.9个百分点；按15~64岁劳动年龄户籍人口抚养65岁及以上户籍人口计算，老年抚养系数为32.7%，比2018年增长7.9个百分点。总体来看，北京市老年抚养系数的增速高于少儿抚养系数，随着人口老龄化的加速，北京市的老年抚养压力也在逐步加深。

表4-1 2018—2022年北京市户籍人口抚养系数变动情况[①]

抚养系数	2018年	2019年	2020年	2021年	2022年
少儿抚养系数（0~14岁）	22.5%	23.7%	24.6%	25.0%	25.1%
老年抚养系数（60岁及以上）	42.2%	44.3%	46.1%	47.3%	51.1%
总抚养系数（0~14岁，60岁以上）	64.7%	68.0%	70.7%	72.3%	76.2%
少儿抚养系数（0~14岁）	19.8%	20.8%	21.6%	22.0%	22.0%
老年抚养系数（65岁以上）	24.8%	26.8%	28.3%	30.0%	32.7%
总抚养系数（0~14岁，65岁以上）	44.6%	47.5%	49.9%	52.0%	54.7%

注：少儿抚养系数为少年儿童人口数除以劳动年龄人口数；老年抚养系数为老年人口数除以劳动年龄人口数；总抚养系数为少儿抚养系数加老年抚养系数。

---

① 数据来源：据《北京市老龄事业发展报告（2022）》计算得出。

（四）女性高龄老年人口数量显著

至 2022 年年底，北京市 60 岁及以上的户籍人口中，男性人口为 196.8 万人，占总人口的 47.5%，女性人口为 217.3 万人，占总人口的 52.5%，性别比为 90.6。这意味着每 100 位女性，对应的男性数量为 90.6 人。年龄段方面，60～69 岁的人口为 226.5 万人，其中男性占 49%，女性占 51%；70～79 岁的人口为 117.6 万人，其中男性占 46.9%，女性占 53.1%；80～89 岁的人口为 58.4 万人，其中男性占 43.7%，女性占 56.2%；90 岁及以上的人口为 11.5 万人，其中男性占 43.5%，女性占 56.5%。男性高龄老年人口的比重随着年龄增长呈现降低趋势，年龄越大，女性高龄老年人口占比越高。

从 2019 年至 2021 年，北京市老年人口的性别比持续下降，从 90.6 降至 89.7（见图 4-3），这表明女性老年人在老年人口中的占比越来越高。同时，随着年龄的增长，老年人口的性别差异更加显著，高龄老年人的性别比连续下降幅度更大，从 82.4 降至 77.4。这也表明随着年龄的增长，女性老年人的预期寿命更长。

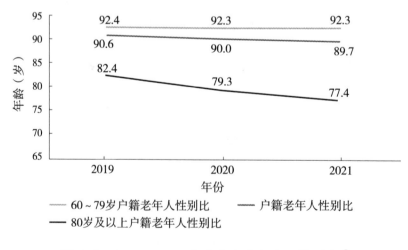

图 4-3　2019—2021 年北京市老年人口性别比 [①]

---

①　数据来源：据《北京区域统计年鉴（2022）》计算得出。

二、北京市老龄工作的发展

人口的快速老龄化对北京市的养老服务模式、养老设施、社会化养老，以及养老服务政策等都提出新的要求。近年来，北京市不断优化养老服务顶层设计，整合养老服务资源，加快推进养老服务设施布局，先后建立起市、区、街道乡镇和社区四级养老服务体系，初步形成了解决超大城市养老问题的"北京方案"。

（一）顶层设计不断优化

为了加强新时代首都老龄工作，北京市委市政府印发《北京市积极应对人口老龄化实施方案（2021年—2025年）》《北京市"十四五"时期老龄事业发展规划》《北京市养老服务专项规划（2021年—2035年）》《关于开展北京市社区老年健康服务规范化建设工作的通知》《北京市养老服务时间银行实施方案（试行）》等30余项涉老政策，老龄工作整体的制度化和规范化水平进一步提升。特别是在《关于加强新时代首都老龄工作的实施意见》中，提出了28项具体举措，旨在实现老有所养、老有所医、老有所为、老有所学、老有所乐的目标。此外，北京市制定了积极应对人口老龄化能力指数，并将其纳入全市高质量发展综合绩效评价体系，这一系列举措有力推动了老年人生活质量的提升。其中，北京市朝阳区、石景山区被选为国家积极应对人口老龄化重点联系城市，在服务体系创新和业态模式创新方面取得了显著成效。这些创新措施不仅提升了养老服务的质量和效率，也为其他城市提供了有益的借鉴和参考。

社区居家养老方面，重视构建综合、区域化、嵌入式居家社区养老服务网络，建立了街道乡镇养老服务联合体机制，以解决养老服务责任不落实、政策不落地、资源缺乏整合等问题。北京市实施了《北京市社区养老服务驿站管理办法》和《北京市社区养老服务驿站运营扶持办法》，对驿站的功能进行了调整和优化。这些措施突出了为基本养老服务对象提供保障的功能，包括定期巡视探访、个人清洁、提供养老顾问、紧急呼叫服务等四项基本养老服务。2019 年北京市《居家养老服务规范》出台，填补了国内居家养老行业的服务标准空白。2021 年印发了《北京市基本养老服务清单（2021 年版）》，对城乡特困老年人，本市户籍低保、低收入家庭中的失能、失智、高龄老年人以及失能老年人、失智老年人、重度残疾老年人、计划生育特殊家庭老年人、全体老年人等 8 类服务对象，按照现行政策规定的基本养老服务项目进行梳理分类，进一步精准明确老年人基本养老公共服务项目，切实保障全市在册 24.7 万名居家基本养老服务对象。2022 年 10 月，西城区广安门街道依托北京康养集团，率先启动了创新完善养老服务模式的试点工作，推动实现机构养老向居家社区机构养老协调发展的战略转型，以社会化、市场化的方式破解大城市养老难题。

养老服务标准化方面，北京市民政局高度重视养老服务的标准化建设和质量提升，制定了《北京市养老机构服务质量星级评定管理办法（试行）》和《北京市社区养老服务驿站服务质量星级评定管理办法（试行）》，对养老机构和社区养老服务驿站进行质量评估和监督，发布并实施了《养老机构老年人生活照料操作规范》等 3 项地方标准，以提升养老服务的专业水平。这些标准化措施将有助于提高养老服务的质量，为老年人提供更优质、专业的服务。

养老餐饮方面，北京市民政局、市财政局等 5 个部门联合发布了《关于提升北京市养老助餐服务管理水平的实施意见》和《北京市对区养老助餐服务考评办法（试行）》。这两个文件建立了基本养老服务对象就餐补贴和养老助餐点运营补贴制度，并支持各区建立具有本区特色的养老助餐服务体系。同时，通过对各区养老助餐工作的考评，压实各区的主体责任，在满足老年人基本饮食需求的基础上，提升养老助餐服务水平。

养老服务监管方面，北京市强化养老服务综合监管，加强养老机构监督管理体系制度建设，推进养老服务监管的规范化。印发了《北京市民政局关于养老机构重大事项报告的有关规定》，起草了《全市养老机构综合监管体系信息化平台建设方案》，并修订了《北京市养老服务合同（养老机构版）》示范文本等一系列政策文件，加强对养老机构的监督和管理，提高养老服务的质量和安全性。北京市各级政府和各部门的养老服务责任逐渐明晰，养老服务监管实现从监管软弱项向协同监管的转变，不断推动北京市养老服务监管体系建设。

（二）社会保障水平持续提升

北京市人力资源和社会保障局、北京市财政局、北京市民政局联合发布了《关于调整 2022 年城乡居民养老保障相关待遇标准的通告》。从 2022 年 1 月起，全市享受基础养老金和福利养老金待遇的人员，人均每月将增加 40 元。基础养老金的标准提高到人均每月 900 元，而老年保障福利养老金的标准则提高到人均每月 815 元。[①] 继续上调退休人员养老金、城乡居民基础养老金和福利养老金，惠及全市 400 余万人，并加大对退休时间早、连续工龄和缴费年限长的退休人员政策倾斜力度，使其更多享受社会

---

① 北京市人民政府网。本市发布 2022 年社保待遇标准调整方案 企退人员当月及补发养老金 7 月 15 日发放到位 [EB/OL]，（2022-07-15）[2024-2-21].https://www.beijing.gov.cn/fuwu/bmfw/sy/jrts/202207/t20220715_2772002.html.

发展成果。

北京市民政局等 5 部门修订出台了《北京市老年人能力评估实施办法（试行）》，评估主体由社会组织调整为执业医师、专业护士。优化了评估流程，增设了街道（乡镇）初步调查、评估结果事前公示程序，规定自受理之日起 28 个工作日内完成，并设定了评估结论有效期。取消了失能老年人护理补贴消费限制，失能老年人护理补贴可在全市 1.1 万余家养老助残服务商任意消费使用。北京市卫生健康委员会、北京市财政局也印发了《关于调整计划生育特别扶助金标准的通知》，将符合政策条件的全市计划生育家庭独生子女伤残、死亡特别扶助金分别提高到每人每月 740 元、900 元。[①] 同时，对于领取北京市独生子女死亡特别扶助金的人员，加快推进住院护理补贴保险工作，每位被保障人在遭受意外或因病住院期间可获得相应的住院护理补贴。海淀区、顺义区等已开展此项工作的区，可根据经济发展水平逐步提高保障标准，未开展的区可按 200～300 元 / 天的保额标准制订方案，一年累计理赔天数不少于 90 天。[②]

北京市医保局、市民政局等部门联合发布了《关于健全重特大疾病医疗保险和救助制度的实施意见》。从 2023 年 1 月 1 日起，参加北京市基本医保的社会救助对象在全市基本医保定点医疗机构治疗后，将实现基本医保、大病保险和医疗救助"一站式"即时报销。北京市医疗救助全面覆盖民政部门认定的社会救助对象以及因病致贫重病患者家庭，取消重大疾病救助病种限制，重大疾病享受住院救助待遇。因病致贫家庭救助封顶线由

① 北京市卫生健康委员会官方网站．北京市卫生健康委员会 北京市财政局 关于调整计划生育特别扶助金标准的通知 [EB/OL]，（2022-11-01）[2024-2-21].https://wjw.beijing.gov.cn/zwgk_20040/zcwj2022/gfxwj/202303/t20230321_2965573.html.

② 北京市卫生健康委员会官方网站．关于加快推进计划生育特殊家庭 住院护理补贴保险工作的通知 [EB/OL]，（2022-05-20）[2024-2-21]，https://wjw.beijing.gov.cn/zwgk_20040/zcwj2022/gfxwj/202303/t20230321_2965573.html.

8 万元提升至 15 万元，救助比例不变。① 这些措施旨在帮助医疗困难群体得到及时有效的医疗救助，减轻其经济负担。研究制定《关于做好老年人养老服务补贴与长期护理保险试点衔接工作的通知》，推进失能护理补贴与长期护理保险有序衔接。例如，石景山区长期护理保险试点覆盖人数 42.2 万人，为符合护理条件的 3228 名重度失能人员提供服务。②

（三）医养结合提质增效

北京市在优化老年人医疗环境方面取得了快速进展。472 家医疗机构被创建为老年友善医疗机构，6 家医疗机构转型建设安宁疗护中心，10 家医疗机构转型建设老年护理中心。③ 全年有 84 家社区卫生服务中心成为"社区老年健康服务规范化"建设达标单位。这些措施显著提高了老年人医疗服务的可及性和质量。在家庭医生签约服务方面，北京市扩大了服务覆盖面，提升了老年人健康管理服务质量。这一举措有助于确保老年人能够及时获得必要的医疗照顾和健康管理服务。此外，北京市还加强了老年医学人才队伍建设培养，尤其是中医健康养老护理人才队伍的建设，提升了基层医养结合医务人员服务能力。为了提高老年医学领域的专业水平和服务质量，北京市加强市区两级老年健康和医养结合服务指导中心的建设（图 4-4）。这些中心将统筹指导本辖区内的医养结合服务、老年健康服务、人才队伍建设、老年友善医疗机构建设以及安宁疗护服务等工作。通过这

① 中国政府网.北京：医疗救助保障全面覆盖基本医保 因病致贫家庭全年救助封顶线提升至 15 万元 [EB/OL]，（2023-05-16）[2024-2-21].https://www.gov.cn/lianbo/difang/202305/content_6874076.htm.

② 北京市人民政府官方网站.北京市石景山区人民政府办公室关于印发〈石景山区长期护理保险制度试点方案（试行）〉的通知 [EB/OL]，（2018-03-15）[2024-2-21]，https://www.beijing.gov.cn/zhengce/zhengcefagui/201905/t20190522_60978.html.

③ 中国政府网.北京迈入中度人口老龄化社会 基本建立老年健康支撑体系 [EB/OL]，（2022-09-30）[2024-2-21].https://www.bj.chinanews.com.cn/news/2022/0930/88184.htm.

些措施的实施，不仅为老年人提供更全面、更专业的医疗和养老服务，也将促进老年医学领域的发展和进步。

图 4-4　北京市市区两级老年健康和医养结合中心建设

老年友善医疗机构建设方面，由北京老年医院牵头编制的地方标准《老年友善医疗机构评定技术规范》（DB11/T 1964-2022）[①]正式发布，该标准旨在指导各级各类医院、康复医院、护理院、临终关怀机构、社区卫生服务机构、医养结合机构等开展老年友善医疗机构创建活动。《关于开展2022 年老年友善医疗机构建设和复评工作的通知》的印发，使得老年友善医疗机构评价子系统增加了复评模块，进一步推进了评定工作的平稳开展。截至 2022 年年底，北京市已有 472 家医疗机构创建为老年友善医疗机构，创建率达到 81.2%。北京市还采取了一系列措施优化候诊就诊秩序、服务流程。[②]例如，三级医院分时段预约挂号全部精确到 30 分钟以内，102 家三级医院在重点科室候诊区装上电子叫号系统，市属医院均已实现社保卡"亮码就医、脱卡就医"。这些措施全面改善了候诊、就诊秩序，提高了老

---

① 北京市卫生健康委员会官方网站，老年友善医疗机构评定技术规范 [EB/OL]，（2022-03-24）[2024-2-21]. https://wjw.beijing.gov.cn/zwgk_20040/zcwj2022/dfbz/202304/t20230408_2992960.html.

② 中国新闻网，北京迈入中度人口老龄化社会 基本建立老年健康支撑体系 [EB/OL]，（2022-09-30）[2024-2-21].https://www.bj.chinanews.com.cn/news/2022/0930/88184.htm.

年人的医疗服务体验，为老年人提供了更加友好、便利的医疗环境和服务。

老年护理中心转型建设方面，北京市财政投入专项资金用于老年护理中心转型建设，取得了积极的成果。具体而言，该项资金用于以下几个方面：通过资金投入，建设了200张老年护理床位，为老年人提供了更多的护理服务资源，为了提高老年护理服务的质量，北京市通过专项资金支持培养了50名专业的老年护理人员。①在转型建设过程中，北京市还注重完善老年护理中心的相关规范和标准，确保服务质量和安全性。通过资金支持和示范引领，带动了二级及以下医疗机构和社区卫生服务机构开展老年护理工作，提高了全市的老年护理服务覆盖率。此外，北京市还在全国15个老年医疗护理服务试点省份中率先推动社区卫生服务中心转型升级，进一步增加基层老年医疗护理与长期照护服务供给。同时，改进基层医养结合服务补短板工作，为老年人提供更加全面、便捷的医疗护理和长期照护服务。

北京市推进"互联网＋医疗服务"取得了显著进展。截至2022年年底，全市已有互联网医院32家，提供互联网诊疗服务的医疗机构131家，全年在线服务患者约30万人次。这一数字令人瞩目，显示了北京市在发展互联网医疗服务方面的积极努力和成效。为了更好地满足老年群体的需求，北京市卫生健康委发布了《北京市互联网居家护理服务项目目录（2022版）》，该目录涉及健康评估与指导、临床护理、母婴护理、专科护理、康复护理、中医护理和安宁疗护7大类别60项护理项目。相较于2019年版服务目录，护理项目由39项进一步新增、细分，如中医护理项目细分为刮

① 北京市人民政府官方网站.北京市老龄工作委员会关于印发〈北京市"十四五"时期老龄事业发展规划〉的通知[EB/OL].（2021-11-10）[2024-2-21].https://www.beijing.gov.cn/zhengce/zhengcefagui/202111/t20211126_2545746.html.

痧、拔罐（真空罐）等，其中新增中药外敷技术。这些细化和新增的服务项目将为老年群体提供更加全面、专业的居家护理服务，部分项目人员资质也由执业医师和执业护士改为执业护士等。这一举措将进一步推动"互联网＋医疗服务"的发展，提高老年群体的医疗护理服务水平和生活质量。

（四）全面推进老年友好型社会建设

北京市致力于打造老年宜居环境，采取了一系列措施来推广友好型城市经验做法和解决老年人的"数字鸿沟"问题。大力推广全市交通友好、社区环境友好、公共服务友好等，以打造老年宜居环境。包括建立完善的公共交通体系、建设无障碍设施、提高社区环境的宜居性和舒适性、提供便捷的公共服务等。积极开展智慧助老行动，通过提供数字技术支持和培训，帮助老年人更好地适应数字化社会，解决在信息使用技术方面遇到的问题，提高社会各界对老年友好型社会的认知。

积极推进老年友好型社区建设，2021年北京市老龄委印发《北京市推进老年友好型社区建设行动方案（2021—2023）》，明确了居家生活、家庭关系、社区环境、健康支持等九个方面的33项老年友好型社会具体建设任务。2021—2022年，北京市共创建全国示范性老年友好型社区61个，分布在包括经开区在内的17个区，社区类型覆盖胡同、普通商品房小区、保障房小区、农村自建房、单位家属院和别墅区等多种类型，通过两年多的实践，北京市在创建过程中的部门合作、评分标准、系统应用、专家资源等方面积累了宝贵经验，北京市的老年友好型社区创建工作走在全国前列。

三、应对北京市人口老龄化的相关建议

人口老龄化是人类社会发展的客观趋势。北京市老年人口规模大，老龄化速度快，老年人口需求结构正在从生存型向发展型转变，老龄事业和养老服务还存在发展不平衡不充分等问题，主要体现在居家社区养老和优质普惠服务供给不足、专业人才特别是护理人员短缺、农村养老服务水平不高、科技创新和产品支撑有待加强、事业产业协同发展尚需提升等方面。规模庞大的老年人口是全体人民共同富裕进程中不可忽视的群体，围绕"建设一个什么样的首都，怎样建设首都"这一重大时代课题，北京市需要进一步积极应对人口老龄化，促进人口长期均衡发展和经济社会高质量发展。

（一）完善养老服务政策体系，优化养老资源布局

进一步完善养老服务政策体系，通过制定更加优惠的税收、财政、土地等政策措施，吸引更多的企业、社会组织和个人投入到养老服务行业中来。厘清政府、市场、社会各方的权责边界，发挥各自优势，形成政府主导、社会参与、市场运作的养老服务新格局。提高居家、社区和机构养老服务的衔接性，提升养老服务产业、事业和慈善的协调性及城区、郊区和农村养老服务的均衡性。

深化落实《北京市养老服务专项规划（2021年—2035年）》要求，推动各区通过现有设施挖潜改造或扩建、优质闲置资源优先补缺等多种方式，实现一处或多处400床以上的区属养老机构；提高乡镇敬老院建设标准和养护床位比例，加强街乡镇属公办养老机构及养老照料中心建设，补

齐公办养老机构设施缺口。针对城乡养老服务供需倒挂问题，核心区以非首都功能疏解整治促提升为契机，推动腾退闲置空间优先用于养老服务兜底性保障。加强"碎片化"腾退闲置空间更新利用，并按照"小规模、高密度"思路打造街乡镇养老服务联合体，生态涵养区重点健全完善农村养老服务体系，大力推进邻里互助养老服务点与农村幸福晚年驿站、乡镇养老照料中心有机融合，综合施策优化养老机构布局。

（二）满足多元化养老服务需求，提供多层次的养老服务

随着北京市经济社会的快速发展，养老需求呈现出多元化、差异化的特征。为满足不同层次老年人养老服务的需求，养老服务的供给首先要考虑不同老年群体的养老需求，基于数字社会新常态下不同老年群体的需求，立足基本养老服务，发展智慧养老服务，聚焦居家社区养老，基于传统互助文化大力发展北京市乡村养老、城乡互助养老等新型养老服务模式，不断提升北京农村养老服务质量。同时，加快推进养老助餐点全覆盖，推进数字化助餐平台建设试点及护理保险推进工作。此外，在人才资源配备上实施养老服务人才队伍技能提升行动，完善养老护理员的薪酬待遇政策，加强服务人才队伍建设，为养老照护的专业化发展提供可持续的资源。

（三）推动建立志愿养老服务常态化机制，完善社区养老互助平台

通常情况下，养老服务对象的健康状况、经济收入和生活水平处于相对弱势，需要借助专业化的力量整合资源并进一步形成合力，特别是要注重在日常生活中常态化地开展为老服务事务。结合老年人的需求，在助医、助药、助行、助购等方面给予充分辅助，提供长期且相对稳定的帮助。在可及和普惠化基础上因时因地灵活拓展个性化养老服务内容。同时，充分发挥"志愿北京"平台枢纽作用，形成老志愿服务数据资源库，基于已有志愿组织拓展志愿服务队伍，以团队对接的方式充实到街道社区，强化社区养老志愿者培训体系和赋能机制。建立低龄老人服务高龄老人的社区互助平台，进一步完善"时间银行"和可持续互助机制，积极营造互助养老的社会氛围。

（四）关注失能老人，构建支持失能老人的家庭照护政策

《北京市"十四五"时期老龄事业发展规划》指出，大力发展社区嵌入式长期照护服务，推进家庭照护床位建设，为失能失智、重度残疾老年人家庭提供支持服务，推进养老机构护理型床位建设。[①]根据"七普"数据，北京市"不健康，生活不能自理"的老年人口占 2.85%，目前，北京市约有 27 万失能半失能老人，绝大多数在居家照护。失能老人是老年人口中的弱势群体，失能老人家庭照护是养老服务的重要组成部分，也是应对人口老龄化的重要力量。提高对失能老人家庭照护的社会支持具有现实的紧迫性，需要加强对居家失能老人家属和照护者的技能培训，对失能老人家庭分类提供经济补贴和税收优惠支持，探索以"支持家庭为重点"的长期照护政策。通过完善相关制度、规范现有做法，推进制度出台，逐步建立失能老人家庭照护的经济支持、就业支持、服务支持等政策，以有效促进失能老人家庭照护作用的发挥。

---

① 北京市人民政府门户网站，北京市老龄工作委员会关于印发《北京市"十四五"时期老龄事业发展规划》的通知（2021-11-11）[2024-2-21]. https://www.beijing.gov.cn/zhengce/zhengcefagui/202111/t20211126_2545746.html.

（五）合理规划，积极开发老年人力资源

随着北京市人口健康水平持续提升，人均预期寿命从 2010 年的 80.81 岁提高到了 2021 年的 82.47 岁，高于同期全国水平。人口受教育程度持续提升，北京市人口平均受教育年限从 2010 年"六普"时的 11.71 年，上升至 2020 年"七普"时的 12.64 年，远高于同期全国普及水平。据估算，在北京市 25 岁及以上大学专科以上受教育程度人口中，60 岁及以上老年人口的比重随预测年份的推移呈现增加的趋势。在预测期内，25 岁及以上大学专科及以上受教育程度人口中，60 岁及以上老年人口的比重，从 2020 年的 11.17% 增至 2050 年的 28.24%。此外，表明老年人力资源的开发具有很强的必要性。当前北京市老年人力资源开发还处于初步探索阶段，需要科学合理规划，充分释放老年人力资本收益预期，尽可能防止老年人力资本浪费。

推进健康老龄化的北京实践

王小娥①

摘　要：北京市已经进入中度老龄化社会，人口老龄化伴随的健康问题对经济社会发展的影响不断加大。推进健康老龄化是最经济、最有效、最可持续、最符合国情市情的积极应对人口老龄化的举措。近年来，北京市在健康老龄化方面积极探索，从政策、理念、设施、服务4个层面进行顶层设计，积极构建包括健康教育、预防保健、疾病诊治、康复护理、长期照护、安宁疗护六个环节为主要内容的老年健康服务体系。2030年以前是建立和完善老龄化应对体系的机会窗口期，成功应对老龄化需要最大程度地延长老年人的健康余寿从而实现健康老龄化。健康老龄化的北京策略包括：坚持"一条主线"，强化"两个转化"以及完善老年健康服务体系"四个重点"。

关键词：人口老龄化；健康老龄化；北京实践

---

① 王小娥，现任北京市卫生健康委员会一级巡视员，主要从事积极应对人口老龄化和老年健康领域的研究。

北京是全国老龄化发展较早、速度较快的城市，其人口基数较大，老龄化程度较高，发展速度较快。为满足老年人日益增长的多层次、多样化的健康服务需求，近年来北京市坚持秉承健康老龄化的发展理念，以全生命周期健康服务需求为导向，从开展老年健康服务、推进医养结合服务高质量发展等方面着手，加快构建"预防、治疗、照护"三位一体的老年健康服务模式，推动老龄健康事业向高质量发展迈进，为老年人提供适用、便捷、可及的健康服务。

一、新时代首都人口老龄化的新形势

（一）北京进入老年人口快速增长的新阶段

《北京市2022年国民经济和社会发展统计公报》显示，截至2022年年底，北京市常住总人口2184.3万人，比上年减少了4.3万人。[1]但是，老年人口却增加了23.5万人，增幅5.3%，是近五年增量最多、增长幅度最大的一年，首次出现总人口与老年人口增长趋势的"剪刀差"。北京从新中国成立到进入轻度老龄化用了41年时间，从轻度老龄化到中度老龄化用了31年时间。据预测，2035年前后老年人口将达到700万人，进入重度老龄化，还有12年的时间。[2]如果叠加上新中国第二次人口生育高峰出生人口开始进入老年阶段、低生育率带来的人口负增长等因素，北京的老龄

---

[1] 国家统计局北京调查总队.北京市2022年国民经济和社会发展统计公报 [N/OL].北京市统计局，2023-03-21.https://tjj.beijing.gov.cn/tjsj_31433/sjjd_31444/202303/t20230320_2940009.html.

[2] 北京市老龄工作委员会.北京市"十四五"时期老龄事业发展规划 [N/OL].北京市卫生健康委员会，2021-11-26.https://wjw.beijing.gov.cn/zwgk_20040/ghjh1/202111/t20211126_2545316.html.

化进程还有可能会进一步加快。随着老龄化形势的发展，老年人的多样化、多层次的需求将显著增加，对首都经济社会发展的影响将进一步加大，对首都率先实现中国式现代化形成挑战。

（二）健康对经济社会发展的影响进一步加大

截至 2021 年，北京人口预期寿命是 82.47 岁，达到了世界发达国家水平，但是"长寿不健康"的问题越来越突出。国家卫生健康委员会发布的《2021 年我国卫生健康事业发展统计公报》显示，有 75% 以上的老人有一种以上的慢性病。[①] 根据民政部门评估数据显示，北京市重度失能老年人 21.59 万人。

据预测，到 2050 年前后，老年人的就诊率将是总人口平均水平的 2.1倍，住院率是 2.4 倍，医疗费用支出是总人口平均水平的 3～5 倍。中国老年人的慢性病患者将增长到 3 亿例，就诊人次增长到 36.8 亿人次，老年人口的医疗卫生消费占 GDP 的比重，将达到 5% 以上。[②] 人口老龄化带来社会医疗卫生服务需求和疾病经济负担大幅增加，对医疗保障和医疗服务体系带来巨大压力。

（三）推进健康老龄化是破解人口老龄化影响的着力点

2021 年重阳节前夕，习近平总书记对老龄工作作出重要指示强调：把

① 规划发展与信息化司.2021 年我国卫生健康事业发展统计公报 [N/OL]. 中华人民共和国国家卫生健康委员会，2022-07-12.http://www.nhc.gov.cn/guihuaxxs/s3586s/202207/51b55216c2154332a660157abf28b09d.shtml.

② 全国老龄工作委员会办公室.第四次中国城乡老年人生活状况抽样调查总数据集 [M].北京：华龄出版社，2018.

积极老龄观、健康老龄化理念融入经济社会发展全过程。[①] 党的二十大报告也指出：推进健康中国建设。[②] 把保障人民健康放在优先发展的战略位置，完善人民健康促进政策。党中央、国务院先后印发了《国家应对人口老龄化中长期规划》《关于加强新时代老龄工作的意见》《"十四五"健康老龄化规划》等文件，强调要完善老年人健康支撑体系。

2023 年 5 月 5 日下午，习近平总书记主持召开二十届中央财经委员会第一次会议，对当前我国人口形势作出最新研判，并强调应以人口高质量发展支撑中国式现代化。会议指出，当前我国人口发展呈现少子化、老龄化、区域人口增减分化的趋势性特征，必须全面认识、正确看待我国人口发展新形势。要着眼强国建设、民族复兴的战略安排，完善新时代人口发展战略，认识、适应、引领人口发展新常态。[③] 会议首次从人口高质量发展的角度、以实现中国式现代化为目标的战略高度、提出了以系统观念统筹谋划人口高质量发展支撑经济社会发展的新理念、新思维。

按照中央要求，结合人口老龄化的形势，要打好主动仗、整体仗，推进健康老龄化是最经济、最有效、最可持续、最符合国情市情的积极应对人口老龄化的举措。

① 习近平. 贯彻落实积极应对人口老龄化国家战略 让老年人共享改革发展成果安享幸福晚年 [N]. 人民日报，2021–10–14.

② 习近平. 高举中国特色社会主义伟大旗帜 为全面建设社会主义现代化国家而团结奋斗 [N]. 人民日报，2022–10–17.

③ 习近平. 加快建设以实体经济为支撑的现代化产业体系 以人口高质量发展支撑中国式现代化 [N]. 人民日报，2023–05–06.

二、北京推行健康老龄化的探索

（一）在政策上，统筹推进健康老龄化

（1）纳入全市中心工作统筹发展。强化老年健康服务顶层设计，以市委市政府名义制定印发《关于加强新时代首都老龄工作的实施意见》，以市老龄委名义制定《北京市"十四五"时期老龄事业发展规划》，经市政府同意制定《北京市建立完善老年健康服务体系的实施方案》《北京市关于进一步推进医养结合发展的实施方案》等多个政策文件，把完善老年健康服务体系，推进实施健康老龄化作为重要内容纳入全市发展规划进行部署，统筹推进全市老年健康服务体系建设。

（2）纳入卫生健康中心工作统筹推进。把推进老年健康服务体系建设融入医改、改善医疗服务、公共卫生三年行动计划等卫生健康中心工作统筹推进。同时，我们还把老年健康重点任务、重要指标列入全市卫生健康工作绩效考核，2022年和2023年，百分制考核中老年健康和医养结合在31个处室中指标分值占比为6%和7%，引导和促进各区及各级各类医疗机构老年健康服务的开展。

（3）纳入全市老年健康服务设施专项规划统筹推进。针对老年人日益增加的健康服务需求，北京市今年启动《老年健康服务设施专项规划》编制工作，从全市层面规划完善老年健康服务设施，明确各区老年健康服务设施的规划布局，明确2025年、2035年两个阶段性目标，推动全市老年健康服务体系有序发展。

（二）在理念上，注重预防强化关口前移

（1）聚焦老年人失能早期预防。在全市开展失能健康管理项目，对健康老人开展早期评估指导，维持好健康状态；对有失能风险的老年人，协助做好危险因素干预，减缓或避免失能发生；对已经失能的老年人，提供健康服务，改善生活质量。截至2022年底，累计筛查重点老年人32.4万人次，为失能老年人提供健康服务7.8万人次。

（2）聚焦老年人痴呆预防。开展脑健康体检（痴呆风险筛查）项目。通过科普宣教、专业人员培训、脑健康体检、个体化健康指导、健康风险持续监测与管理，有针对性地开展痴呆高风险人群健康管理与干预服务。截至2022年年底，累计筛查92.2万人次。

（3）聚焦老年人口腔健康。在全市试点开展老年人"口福"项目。宣传普及老年人口腔健康知识，指导老年人树立早防早治的理念；为基层口腔医护人员提供业务培训，提升基层专业服务能力。截至2022年年底，已累计为6万余名老年人提供免费口腔健康检查。

（4）聚焦老年人心理健康。选取全市70个社区（村）作为老年人心理关爱项目试点，开展老年人心理健康评估。对评估结果显示有心理健康问题的老年人，进行针对性的心理干预，改善心理健康状况。截至2022年年底，累计提供老年人心理关爱服务1.6万人次。

（5）聚焦落实老年人基本公共卫生服务。全市社区卫生服务机构与65岁及以上老年人签约242万人，提供健康管理服务187万人；为60岁以上老年人建立健康档案418万份；连续7年为符合条件的老年人免费接种流感疫苗、肺炎疫苗。

这些措施主要聚焦老年人功能维护、聚焦健康状态的保持、聚焦健康

预防和干预的关口前移，通过这些干预措施，让老年人少生病、晚发病、少失能、不失能，在享受高质量老年生活的同时，也减轻家庭的支出、社会的供给、政府的投入压力。

（三）在设施上，突出重点加大供给

（1）推进康复机构建设。分四批完成 19 家公立医疗机构向康复机构转型。截至 2022 年年底，全市康复服务床位 1.03 万张，248 家医疗机构设置康复医学科，每千人口康复床位达 0.47 张。到 2023 年年底，北京市将实现"各区至少设有 1 家二级及以上康复医院或 1 至 2 家达到二级康复医院标准的康复转型医疗机构"。

（2）推进老年护理中心建设。2022 年起，累计推动高碑店社区卫生服务中心、羊坊店社区卫生服务中心等 21 家医疗机构转型建设老年护理中心，每家护理中心床位不少于 20 张。让三级医院和专科医院的老年患者能够转的下来，居家和养老机构的老年患者能住的进去，基层医疗机构对老年患者的护理需求能够支撑得住，解决失能、术后老年人长期护理资源不足问题。

（3）推进安宁疗护中心建设。北京市全区域纳入国家安宁疗护第三批试点，统筹优质服务资源，推动全市安宁疗护开展。确定北京医院、北京协和医院 2 家安宁疗护指导中心；遴选北京老年医院、海淀医院等 14 家示范基地以及蒲黄榆社区卫生服务中心等 10 家示范中心。海淀医院、鼓楼中医医院、蒲黄榆社区卫生服务中心等 12 家转型建设的安宁疗护中心已全部投入使用，提供安宁疗护服务的床位将近 1000 张；到 2025 年，全市每区至少设立 1 家安宁疗护中心，提供安宁疗护服务的床位将不少于 1800 张。以社区和居家为基础、机构为补充，综合连续、机构和居家相衔接的安宁疗护服务体系初步构建。

通过这些措施，既满足了老年人健康服务多样化、个性化的服务需求，也优化了现有医疗资源的配置，减轻了三级医院、专科医院的压力，盘活了一、二级医疗机构及社区卫生服务中心的资源，降低了政府新建机构的投入压力，又提升了老年人及其照护者的安全感。

（四）在服务上，加强老年健康服务能力提升

（1）创新工作机制。以充分调动发挥北京医疗机构优质资源为抓手，依托北京老年医院和各区辖区优质医疗资源，建立市区两级老年健康和医养结合服务指导中心，构建起"1+17+N"的老年健康服务新体系，统筹协调、组织指导、示范引领各类医疗机构、医养结合机构开展老年健康服务和医养结合服务。

（2）倡导友善服务。以建设老年友善医疗机构为抓手，在全市综合医院、中医（中西医结合）医院、康复医院、护理院和社区卫生服务中心等医疗机构开展老年友善医疗机构建设，围绕友善文化、友善服务、友善环境、友善管理4个方面持续改善老年人的就医服务。截至2022年年底，全市已有561家医疗机构创建为老年友善医疗机构，比例达到95%。

（3）提升基层能力。以社区老年健康服务规范化建设为抓手，围绕老年健康服务体系的六个环节，强化社区卫生服务中心规范开展全流程老年健康服务。截至2022年年底，全市有324家社区卫生服务中心完成老年健康服务规范化建设，达标率达到96.1%。

通过这些举措，改变医疗机构以病为中心向以人为中心转变，持续改善老年人的就医服务，让医院更有温度，让老年人更有获得感。

三、以健康老龄化为目标的北京策略

（一）坚持"一条主线"

推进健康老龄化是最经济、最有效、最可持续、最符合国情市情的积极应对人口老龄化的举措。转变养老被动的发展理念，引导全社会树立积极老龄观、健康老龄化的新时代积极应对人口老龄化的主动发展理念，深入实施健康中国战略和积极应对人口老龄化国家战略，坚持以健康老龄化为抓手，不断完善包括健康教育、预防保健、疾病诊治、康复护理、长期照护、安宁疗护在内的综合连续、覆盖城乡、就近就便的老年健康服务体系。

（二）强化"两个转变"

（1）"以治病为中心"向"以健康为中心"转变。进一步强调关口前移，强化个人是健康的第一责任人、家庭是健康的第一道关口，推进早防早治，维持好老年人的健康状态，提升老年期的生活质量。

（2）向全生命周期转变。"人的一生是从出生、成长、成熟、衰退到死亡的全部过程，不同阶段是相互关联、彼此重叠的。一个人年老时面临的问题，在很大程度上是一个人中年、青年甚至少儿时期发展不全面所造成的多种问题的延续。因此，要将人不同年龄阶段联系起来考虑，从站在全生命的长周期视角出发，从婴幼儿期、儿童少年期、青年期、中年期、低龄老年期、高龄老年期各个阶段统筹考虑，要让每一个人、每一位市民都树立起全生命周期的养老准备理念，让每一个人做到生得要优、养得要壮、过得要好、活得要长、老得要慢、病得要晚、走得要有尊严，实现一辈子要有意义，从而拥有一个幸福圆满的人生。

（三）完善老年健康服务体系"四个重点"

（1）完善老年人的健康保障制度，提升老年人和家庭的支付能力。目前，全市社会化退休人员退休金不到 5000 元 / 月，社会保险、商业保险、企业年金、个人养老金、慈善捐助等制度还不健全，老年人有需求但支付能力弱的现象还比较普遍，急需像长护险、普惠健康保等补充性质的保障措施出台，进一步完善综合保障体系，提升老年人的支付能力。

（2）加强分层分类的精准服务，提升老年人和照护者的获得感。在抓好兜底普惠的同时，结合老年人的身体状况、经济条件、服务需求等实际，针对失能、失智、失独、高龄、空巢等"三失一高一独"重点群体，优化资源配置，提供针对性的健康服务，解决他们的刚需，提升老年人的获得感。

（3）建立多元参与的发展模式，促进事业和产业的协同发展。厘清政府、社会、家庭、个人以及企业、市场的边界和责任，在发挥好政府主导、公立医疗机构主体作用的同时，鼓励社会、企业参与推进健康老龄化的社会服务，建立多元参与的发展机制，激发市场活力，丰富保障形式、服务的供给，促进事业和产业协同发展。

（4）加大智能科技的应用，实现健康老龄化的高质量发展。当前，云计算、大数据、移动互联等人工智能技术正广泛应用于医疗健康领域，为推动健康老龄化的应用奠定了坚实基础，我们将积极推动互联网医疗等新模式的加速落地，加快智慧家医、远程医疗、"互联＋护理"等服务的推广，让科技为推动健康老龄化赋能，推进首都健康老龄化的高质量发展。

江苏省体医养融合社区慢病老人运动
干预新模式

——南京江北新区普斯康健养老服务中心实践

张肖敏 贺 勤 梁 爽 戴玉玲①

摘 要： 习总书记指出要"推动全民健身和全民健康深度融合"、"为老年人提供连续的健康管理和医疗服务"。社区"体医养融合"是指社区"体医融合"与"医养结合"模式的交叉与整合，其内涵就是面向全体社区居民，将体育健身融入疾病预防、医疗保健、照护康复、精神慰藉之中，以健康促进的服务方式，对老年人的生命全周期进行全覆盖的、分层次健康服务与管理的新时代健康老龄化的新型养老模式。本文通过南京江北新区普斯康健养老服务中心实践，探索社区体医养融合发展的创新模式及实施路径。

关键词： 社区体医养融合；社区慢病干预；运动干预；普斯康健

---

① 张肖敏，社会学博士，东南大学国际老龄化研究中心主任，江苏省道德发展智库专家，研究员，主要从事人口老龄化研究；贺勤，公卫硕士，南京江北新区普斯康健养老服务中心副理事长，助理研究员，主要从事社区体医养融合、老年健康服务研究；梁爽，社会学博士，江苏省卫生健康发展研究中心副研究员，主要从事健康促进与人口老龄化研究；戴玉玲，公共管理本科，南京江北新区普斯康健养老服务中心主任，主要从事社区医养结合、体医融合服务实践。

随着我国人口老龄化的加剧，老年人健康需求日益增长。习总书记指出要"为老年人提供连续的健康管理和医疗服务""推动全民健身和全民健康深度融合。"为此迫切需要老年健康促进模式的创新。

社区"体医养融合"是指社区"体医融合"与"医养结合"模式的交叉与整合，其内涵就是面向全体社区居民，将体育健身融入疾病预防、医疗保健、照护康复、精神慰藉之中，以健康促进的服务方式，对老年人生命全周期进行全覆盖、分层次健康服务与管理的新时代健康老龄化新型养老模式。

一、国内外研究

（一）国内研究

研究显示，中国老年人群两种及以上慢性病患病率为57%～74%，慢性病已经成为我国老年人突出的公共卫生问题之一。[①]究其原因，主要是静坐少动的生活方式，处方药物一统天下的思维定式与认知模式。党的二十大指出，以人民健康为中心，主动健康为导向，健康关口前移，进行全方位的健康影响因素干预，将"治已病"转向"治未病"。

近年，我国政府主导积极推进"医养结合"与"体医融合"模式，一方面大力推行社区医疗保健、康复照护、养老服务相结合，把老年人的健康医疗公共服务放在重要位置，将老人日常照料、上门服务、心理慰藉融为一体的养老服务模式。另一方面，积极提倡老年运动处方与慢病管理相

---

① 徐小兵，李迪，孙扬，等．中国城乡老年人慢性病共病及其影响因素的差异性研究［J］.中国慢性病预防与控制，2023，31（06）：427-432.

结合的体医融合模式，对健康养老、积极养老赋予新的健康价值观与新时代预防为主的新理念。

近年来，上海、江苏、山东、广西积极探索了社区体医养融合，社区老人运动干预的创新模式。它是整合了"医养结合""体医融合"两种模式的基础上，融合"运动是良医"的理念，整合体育健身、医疗保健、健康养老服务的优势，使老人获得整合性的全面健康服务，通过社区体医养融合服务的发展方式，实现健康老龄化，建设健康中国；[①] 同时，针对我国老龄人口多、未富先老、社会养老服务碎片化等国情而提出新的体医养服务模式，也是社区老年健康服务供给侧结构改革的创新之举。

（二）国外研究

20 世纪中期，Martti Karvonen 博士提出运动频率，运动强度，运动时间，运动方式 4 要素。1953 年，美国生理学家首次给予运动处方定义：是指符合个人状况的运动程序。1980 年美国卫生与公共服务中心通过倡导"体医结合"的理念，将国民体质增强确定为主要健康目标。[②] 20 世纪 70 年代，美国通过了针对老年健康的各种改革方案，2011 年出台了《促进 50 岁以上成年人身体活动》蓝皮书，将临床治疗康复向以运动为主要手段转变。

瑞典体医融合模式 [③] 称为国际典范，由国家战略推动，通过体育与运动开发运动处方知识库，纳入初级医疗保健体系，多方共同参与，倡导资

① 张艳玲 ."十三五"健康老龄化规划：实现健康老龄化 建设健康中国［EB/OL］.（2017-03-21）［2019-03-23］. http://news.china. com. cn/txt/2017-03/21/content.40481070.htm.

② 王刚军，李晓红，王伯超 . 社区"体医结合 + 医养结合"养老服务研究 [J].佛山科学技术学院学报（自然科学版），2019，37（06）：63-67.

③ 刘晓旭，车磊 . 瑞典体医融合服务模式经验及启示 [J].体育文化导刊，2024（01）：48-55.

源整合。一方面国家颁布指南，侧重于改变生活方式，推荐使用"体力活动处方"；另一方面，瑞典有效设立多项研究项目，网络机制与合作平台且明确只有持证的卫生保健医生经培训后才能开具运动处方。其重点是建立政策系统与建立社区网络，注重以老人为中心的长期生活方式的改变，且在医疗保健健康养老环境中持续追踪监管。

二、社区"体医养融合"服务的理论依据

（一）生命在于运动：中国传统生命观、运动观

两千多年前，《黄帝内经》曰："是故圣人不治已病，治未病。"《灵枢·病传》和《素问·奇病论》分别记载了导引、按摩、气功等调身的方法，这是中国文化中体育健身的萌芽。[1]直至东汉时期的华佗发明了"五禽戏"，真正形成了系统的古代体育健身疗法。这些都是中国传统文化中的生命观和运动观的思想缘起和理论基础。

（二）"运动是良医"理念

2007年，美国运动医疗学会和美国医学会共同发起运动健康促进项目，提出"运动是良医"的理念。[2]老年人可以通过科学地增强体力活动，适当运动的方式，达到预防治疗慢性疾病的目的。在社区倡导"运动是良医"的主动健康理念，使社区慢病老年居民健康预防意识与行为前移，并

---

[1] 盛国光.中医治未病学术思想浅议.[J].中医药学刊，2005，07（23）：1182.

[2] 王正珍，冯炜权，任弘，等.Exercise is Medicine——健身新理念［J］.北京体育大学学报，2010，33（11）：1-4.

对坚持运动产生粘着力，引导老年居民形成良好生活方式，提升健康行为水平。

（三）健康老龄化理念

习近平总书记指出："积极应对人口老龄化，构建养老、孝老、敬老政策体系和社会环境，推进医养结合，加快老龄事业和产业发展。"[①]为积极应对人口老龄化提供了理论支撑。

三、普斯康健"体医养融合"服务的构建方式

普斯康健树立大健康观、大体育观，整合社区体育、医疗卫生、养老服务等优质资源，结合社区慢病老人的生活现状，以社区慢病老人需求为导向，采用科学运动与精准医疗相结合的方式，切实为他们提供针对性、个性化的运动促进健康服务。

普斯康健在社区嵌入式"医养结合"服务中，注重老年人健康体检、慢病治疗与健康管理，针对高龄及失能老年人的医疗、康复和生活照护等需求问题，实施运动处方后将老年健康问题提前干预，在预防先于治疗的理念下建立老年健康管理档案，将健康促进理念和运动处方实施于老年慢性病的预防和治疗的整个过程，形成"体育 + 医疗 + 养老"融合三位一体的养老服务模式。[②]

实施过程中，通过社区卫生服务机构（家庭医生工作室）、社区运动

① 谌业维，石钰鑫，余睿，等.遵义市主城区老年人对医养结合的认知及意愿研究 [J].卫生职业教育，2021，39（15）：137-140.

② 王刚军，李晓红，王伯超.社区"体医结合 + 医养结合"养老服务研究佛山科学技术学院学报（自然科学版），2019，37（06）：63-67.

促进健康中心（站）和社区养老服务机构三方融合互动，共同推动家庭医生、运动处方师签约服务，为社区居民提供健康促进、运动处方指导、上门照护服务，以满足老年人健康服务的需求。这种体医养融合的服务模式[①]着重以非药物干预手段预防及治疗慢性病，开具运动处方实施老年慢性病的早期干预，可以获得显著的健康经济收益，降低医疗费用，提高老人生活质量与健康水平，使社区居民居家就能获得全生命周期的全程服务。

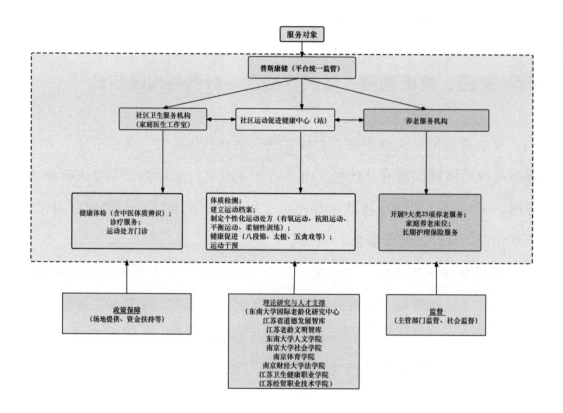

图4-5　普斯康健社区体医养融合服务模式

---

① 蓝敏萍.广西体医结合与医养结合深度融合探析[J].经济与社会发展，2019，17（04）：42-47.

四、普斯康健实践

（一）背景

南京市江北新区泰山街道明发社区目前常住人口 38 361 人，其中 60 岁以上老人数量 3415 人，多为低龄活力老人。南京江北新区普斯康健养老服务中心（以下简称普斯康健）自 2016 年组建以来，坚持"社区居家"和"医养结合"为发展方向，以"上门照护、运动康复"为特色，不断拓展和创新为老服务范围和内容，向居民提供"专业化、个性化、标准化"的社区医养结合服务。为此构建综合型服务矩阵，成立养老服务实体机构、医疗机构、社会工作服务机构。普斯康健目前共有 8 家社区居家养老服务中心，5 家社区医疗机构，运营及管理 2 家家庭医生工作室，1 家残疾人之家，1 家社会工作服务机构。拥有医师、执业护士、持证社工、养老护理员等 43 名。

普斯康健作为实施医养结合有机联动、连锁化、专业化、品牌化的社区养老服务运营实体，在社区实现了政府主导、社会组织协调、企业和公众参与、医养结合公共服务供给侧改革的新模式与新业态。创新的社区医养结合服务模式被江苏老龄委评为 2019 年度全省老龄工作十佳案例，并被收录于《中国健康老龄化发展蓝皮书 2022》《老龄文明蓝皮书 2022》《医学社会学》教材中。创新的社区慢病老人运动干预新模式被江苏省卫健委评选为 2023 年江苏省老年健康服务优秀案例特等奖。被江苏省体育局列入 2022 年度江苏省运动促进健康中心建设试点单位并通过验收。

（二）需求分析

2018 年起，普斯康健组建家庭医生服务团队，为明发社区居民开展家庭医生签约等基本公共卫生服务和诊疗服务，每年为 2200 多名老年人提供健康体检，为 1200 多名高血压病、糖尿病患者进行慢病精细化管理。2022 年起，普斯康健增设体质和健康检测设备、健康生活方式和慢病风险评估设备、力量训练设备，并配置健康信息综合管理系统，新建家门口的社区运动促进健康中心。

（三）实施路径

1. 政府主导搭建社区体医养融合发展平台

南京江北新区普斯康健养老服务中心作为 2022 年度江苏省运动促进健康中心建设试点单位，2023 年 6 月顺利通过验收。

泰山街道明发社区在普斯康健试点建设期间为其增设置 600m² 场地，设置（体质和健康检测区、评估指导区；运动健康服务区；管理和后勤保障区）四个功能区。各功能区设置必要的无障碍设施，地面采用防滑材料和标识。同时根据实际需要配置健康信息综合管理系统，体质和健康检测设备，健康生活方式和慢病风险评估设备，力量训练设备，功率自行车、中医治疗、物理治疗仪器，急救必备常规医疗设备，互联网智能健身康复与运动教学设备。普斯康健在江苏省运动促进健康中心建设试点单位通过验收后新增智能肌少症评测系统、臂带终端控制器、智能臂带等设备。

2. 普斯康健成立专职综合性服务团队

普斯康健组建包括医生、护士、运动处方师、康复技师、社会工作者等多专业的 12 人综合性专职服务团队。团队成员围绕体质检测、运动设备使用、疾病与运动干预、参观学习运动干预服务经验等内容开展 10 次培训。同时团队 3 人参加"运动处方师"培训并通过考核，2 人参加南京市体育局、南京市卫健委举办的"二级社会体育指导员"培训并通过考核。

3. 引进第三方企业共同成立运动处方库

普斯康健引进国家级高新技术企业南京宽乐健康科技有限公司，双方共同针对老年人因体力活动与运动不足而导致的各类健康问题在社区建立包括测试、评估、指导、干预、康复的全流程运动健康管理，开发全流程管理系统，同时将健康、亚健康人群、慢病病人和老年人等各类人群的基础健康体检数据、体适能测试数据、运动处方、运动干预数据汇总形成运动健康档案，通过互联网、大数据、5G、人工智能等技术，以运动处方为主线，建成运动干预大数据平台和运动处方库，为体医养服务机构管理人员提供智能化工具，帮助老年人通过科学运动防治慢病、提高生活质量，进一步提升老年人群健康水平。

4. 线上线下相结合开展服务宣传

普斯康健利用线上线下渠道，广泛宣传主动健康新理念，培育居民"治未病""运动是良医"的健康意识。2023 年，通过线上公众号进行运动健康知识宣传 20 篇，获得《新华日报》等省级媒体报道 4 篇。联合中大医院专家、江苏省红十字会等在社区开展 101 场健康生活方式、慢病防治讲座、义诊等线下活动，惠及 4437 人。

5. 社区运动干预及赛事保障

普斯康健不断规范完善运动干预流程，运用线下集中指导和信息化手段对运动干预对象进行指导。2023 全年共开具运动处方 1955 条；慢病运动治疗 220 人，2975 人次。增强服务可及性，为辖区学校运动会、篮球运动赛事、江苏省残疾人文化体育指导中心（国家队、江苏队残运会赛前南京集训）提供保障服务 12 场。

6. 积极开展科研课题研究

普斯康健积极申报省、市体育科研课题，开展理论研究与实践相结合的模式探索，同时积极与医疗机构相关主管部门、医疗机构等合作开展老年病、慢病社区相关干预策略研究。2023 年获批省、市体育局 2 项课题立项，共计 12.6 万元经费支持。一是江苏省体育局重大体育科研课题《社区体卫融合运动促进健康体系建设》；二是南京市体育局体育科研局管课题《社区体卫融合运动促进健康服务模式与方法路径研究》。9 月，与全球首家肌肉外甲公司（远也科技）合作成立主要为中老年人和脑卒中患者等有行动功能障碍的人群开展下肢康复训练段的"社区脑卒中智能训练工作室"。

2024 年与江苏省省级机关医院共同开展肌少—骨质疏松症患者社区筛查及运动干预省级课题研究，以期获得医疗机构对社区养老服务机构专业化指导，提升服务的科学性。

7. 规范干预流程

一是开设运动处方门诊，聘请中大医院康复医学专家和南京体育学院运动医学团队参与项目设计，制定《体医养运动干预流程》《心血管危险因素评估表》，对入选人员联合进行危险因素评估及筛查，签署知情同意书，完成《运动前健康筛查问卷 AHA/ACSM》《PAR-Q+ 体力活动准备问卷》等相关问卷并建立档案。二是对入选人员进行身体成分、心肺功能及肌力测试等体适能测试。三是运动处方师对慢病老人开具有氧运动、抗阻运动、平衡运动、柔韧性训练综合运动处方。四是由运动处方师、康复师、护士现场指导，并收集运动数据及主要医学指标。

（四）成效

1. 重塑理念，构建体医养融合新机制

党的十九大报告提出"实施健康中国战略"，体医养融合体现了"以促进健康为中心"的大健康观，努力让人民群众不得病、少得病、治未病、治好病，真正增进人民健康福祉，提高人民健康水平。在实施过程中，江北新区卫生健康和民政局、泰山街道建立统筹协调小组，打破部门碎片化管理壁垒，建立跨部门协调机制，鼓励社会力量参与，为实行社区公共服务供给侧结构改革打下坚实的基础。

2. 强化供给，健全支撑服务体系

泰山街道明发社区提供开设运动促进健康中心的工作场所，每年设立专项资金，保障运动处方在社区居民中推广，推进社会力量提供运动器械及信息化技术，健全全民健身数据平台，为居民建立电子健康档案，努力实现民政、卫生、体育部门的健康养老信息化共享，积极接受主管部门组织的技术培训，共为社区培养 3 名运动处方师，2 名二级社会体育指导员。

3. 运动干预慢病效果显著

普斯康健运动干预项目执行期间共为适宜进行运动干预的 234 人建立"运动档案"。其中高血压 143 人，糖尿病 66 人，高血压合并糖尿病 25 人。项目成果显示运动干预对 2 型糖尿病及糖前期患者效果明显，参与项目的受试者中，糖尿病及糖前期患者共 91 人，运动干预 2 型糖尿病 67 人，糖前期 24 人；2 型糖尿病 58 人减量降糖药，有效率 86.56%；糖前期患者 22 人血糖下降 3 个点以上，有效率 91.6%。运动干预对高血压患者有明显改善作用，2 级高血压（73 人）以及 1 级高血压（95 人）共 168 人。2 级高血压患者运动干预 3 月后 4 人停药，57 人减药，有效率 83.56%；1

级高血压患者运动运动干预 3 月后 73 人降压效果明显，有效率 76.84%。运动干预对血脂异常有降低甘油三脂和提升高密度脂蛋白有较明显效果，在 2 型糖尿病、糖前期以及 1 级 2 级高血压患者中，合并有甘油三酯异常共 164 人，运动干预后 89 人降低，有效率 54.26%；高密度脂蛋白偏低 151 人，运动干预后 76 人升高，有效率 50.33%。

五、展望

（一）探索建立体医养融合发展基金，推动体医养服务公益产业化

目前社区体医养融合还仅是打破部门之间公共服务职能的边界，下一步有必要实行供给融合，推进社区供给侧结构的改革，优化公共健康产品与建立公共健康服务供给体系，形成新的健康产业业态。多途径促进社会资本与金融机构参与设立体医养融合发展基金，推动体医养服务公益产业化。

（二）加速实施体医养复合型人才培训，建立职业认证体系，创新人才培养渠道

体医养复合人才是推动事业发展的人力保障和关键。人社及有关主管部门正加快建立适合中国国情的体医养职业认证体系进程，以进一步适应老年人体医养健康模式的变革。**一方面**为社区加快培养实施体医养服务的复合型人才。**另一方面**加强社会体育指导员、康复治疗师、护士等相关职业的职前交叉培训，从而满足老年人日益增长的健康服务需求。

深圳市健康养老模式探索实践

王利玲①

摘　要： 深圳作为全国改革开放的排头兵和中国特色社会主义先行示范区，即将迎来老龄人口爆发式增长，深圳市各区均在进行健康养老模式的探索，积极"备老"以迎接人口老龄化的挑战。本研究以详实的数据、全面的分析、详细介绍了深圳市光明区、罗湖区、龙岗区通过强化家庭养老功能、推进社区养老服务、提高机构养老服务质量，同时加强政策引导和支持、人才培养和队伍建设、促进老年人社会参与等系列措施推动深圳市养老事业的发展和完善。以期为各地区健康养老模式探索提供参考。

关键词： 深圳市；人口老龄化；养老模式；健康老龄化实践

---

① 王利玲，硕士研究生导师，现任深圳市宝安区中心医院党委书记，广东省护士协会副会长；主要研究方向：社区护理、社区健康服务管理、医院管理。

人口老龄化已经成为 21 世纪重要的社会趋势，据世界卫生组织数据显示[①]，从 2020 年到 2030 年，预计全球 60 岁以上的人口将从 10 亿人增加到 14 亿人，占总人口的六分之一。到 2050 年，这个数字将增至 21 亿人。中国第七次人口普查数据显示，60 岁及以上人口为 2.64 亿人，占 18.70%，其中 65 岁及以上人口为 1.9 亿人，占 13.50%[②]。在过去的十年里，中国经历了第一个快速的人口老龄化期，并将很快面临一个更快速的老龄化期，这主要是由于 20 世纪 50 年代第一次出生高峰所形成的人口队列相继进入老年期。在"十四五"时期，20 世纪 60 年代第二次出生高峰所形成的更大规模人口队列将进入老年期，这会使中国的人口老龄化水平从最近几年相对缓速的演进状态扭转至增长的"快车道"[③]。

根据中国社科院于 2021 年 12 月 28 日发布的《积极应对人口老龄化战略研究报告 2021》指出，我国人口老龄化表现为如下五大特点：一是人口老龄化程度继续提高，高龄化趋势明显；二是人口老龄化速度明显加快；三是人口老龄化城乡差异快速扩大；四是人口老龄化地区差异加大；五是人口老龄化程度与经济发展水平出现一定程度的背离[④]。其中第五点尤其值得深思，虽然理论上经济发展水平高的地区通常会较早经历人口转变，从而拥有更高的人口老龄化程度，但实际情况是，由于发达地区吸引了大量劳动年龄人口流入，这延缓了人口老龄化的发展速度。因此，中国各地区

① 世界卫生组织网.老龄化与健康 [EB/OL].（2022-10-01）[2023-11-30]. https://www.who.int/zh/news-room/fact-sheets/detail/ageing-and-health.

② 国家统计局.第七次全国人口普查公报（第五号）[EB/OL].（2021-05-11）[2023-11-30]. https://www.stats.gov.cn/sj/tjgb/rkpcgb/qgrkpcgb/202302/t20230206_1902005.html.

③ 国家统计局.第七次全国人口普查公报解读 [EB/OL].（2021-05-12）[2023-11-30]. https://www.stats.gov.cn/sj/sjjd/202302/t20230202_1896484.html.

④ 中国社会科学院.《积极应对人口老龄化战略研究报告 2021》发布 [EB/OL].（2021-12-30）[2023-11-30]. http://www.cass.cn/yaowen/202112/t20211230_5386059.shtml.

人口老龄化程度与经济发展水平之间出现了很大程度的背离，而深圳，就是经济发展与人口老龄化背离的重要代表之一。

一、深圳市人口老龄化现状

（一）即将步入老龄化社会，且老龄化速度极快

根据《深圳市人口普查年鉴2020》数据所示，深圳市总人口17 560 061人，其中60岁以上人口940 716人，占总人口的5.36%；而65岁以上人口为565 217人，占总人口的3.22%[①]。按照2020年深圳市人口数据，深圳即将步入老龄化社会（按照老龄化社会标准，60岁以上老人≥10%，或者65岁以上老人≥7%）。20世纪七八十年代，大量的年轻人涌入深圳，使深圳的人口结构得到改变，而40年过去，第一批来深建设者即将同步老去，预计在不久的将来老龄人口将面临爆发式增长。

（二）低龄老人占比高

根据数据显示[②]，深圳市60~69岁的低龄老年人口占常住老年人口的比例高达70.4%，明显超过全国平均水平（56.1%）。与此同时，户籍低龄老年人占据户籍老年人总数的60.7%，而非户籍低龄老年人则占非户籍老年人口的75.7%。这一数据表明，在深圳市，低龄老年人的比例相较于其他地区更为显著。低龄老年人群体对于参与经济社会活动以及保持个体活

---

① 深圳统计局. 深圳市人口普查年鉴2020[EB/OL].（2023-06-30）[2023-11-30]. http://tjj.sz.gov.cn/zwgk/zfxxgkml/tjsj/tjnj/content/post_10688160.html.

② 深圳统计局. 深圳市人口普查年鉴2020[EB/OL].（2023-06-30）[2023-11-30]. http://tjj.sz.gov.cn/zwgk/zfxxgkml/tjsj/tjnj/content/post_10688160.html.

力方面表现出较高的需求。这一趋势可能反映了深圳市老年人口中，低龄老年人更加积极参与社会生活的倾向。这也提示我们应当更加关注并满足这一年龄段老年人的特殊需求，以更好地促进他们的社会参与和个体发展。

（三）各区老龄化情况存在较大差异

根据年鉴数据所示，深圳市各行政区中60岁以上人口超10万人的有5个，分别为福田、南山、宝安、龙岗、龙华，其中龙岗区60岁以上人口达20万人以上，而深汕合作区60岁以上人口则不足1万人，各区的人口老龄化进程差异明显，见图4-6。

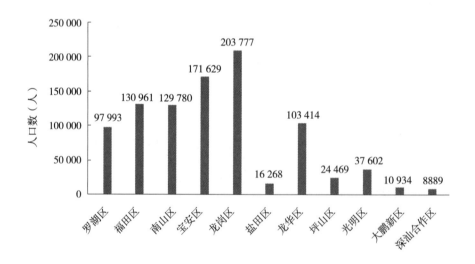

图 4-6　深圳各区 60 岁以上人口情况

（四）老年人口分布密度高

据人口普查所测算的数据显示，深圳市的老年人常住人口密度为每平方千米471人，仅次于上海市的917人，却超过广州市的287人和北京市的262人。由此可见，深圳市的老年人分布密度相当高，因此在养老服务设施的规划和土地利用方面提出了更为紧迫的要求。

（五）老龄户籍与非户籍人口比例倒置

不同于其他地区，从户籍结构分析，深圳市常住老年人口约为户籍老年人口的 2.6 倍，深圳老年人口户籍与非户籍结构倒挂明显，公共服务均等化背景下养老服务面临较大挑战[①]。

（六）文化程度及消费水平较高

自改革开放以来，深圳市一直在大力引进人才，吸引了来自全国各地的优秀人才来深发展。尤其是早期来到深圳参与建设的人员占据了相当大的比重，这些人的整体受教育程度较高，因此深圳的老年人文化水平高于全国平均水平。在发达国家进入老龄化社会时，人均国内生产总值（GDP）约为 1 万美元；而进入深度老龄化社会时，人均 GDP 约为 2 万美元；再进入超级老龄化社会时，人均 GDP 约为 4 万美元。根据深圳市统计部门的统计数据，截至 2021 年年底，深圳市的人均可支配收入为 70 847.32 元，国内生产总值达到 3.06 万亿元，人均 GDP 达到 17.3 万元，按当前汇率折算约为 2.4 万美元[②]。因此，深圳展现出了明显的"渐富渐老"特征。

我国 65 周岁及以上老年人口逐年增加，劳动力短缺、人口红利消失，我国面临着严峻的养老问题。习近平总书记在党的十九大报告中指出，"中国特色社会主义进入新时代，我国社会主要矛盾已经转化为人民日益增长的美好生活需要和不平衡不充分的发展之间的矛盾。"社会主要矛盾的转

---

①　深圳民政网 . 深圳市民政局 2021 年人大建议答复内容公开 [EB/OL].（2021－12－03）[2023－11－30]. http://mzj.sz.gov.cn/cn/xxgk_mz/jytabl/rdjybl/content/post_9427181.html.

②　深圳政府在线网 . 深圳统计年鉴 2022[EB/OL]. [2023－11－30]. http://www.sz.gov.cn/cn/xxgk/zfxxgj/tjsj/tjnj/content/post_10390921.html.

变提示我们养老工作不仅是满足基本的生活需求，更需要满足人民日益增长的美好生活需要，需保证老年人享有均等的养老服务，从"老有所养"到"老有颐养"[①]。

二、健康养老方案与政策

（一）国家政策

近年来，国家颁布了一系列应对人口老龄化的政策、措施、方针等，给予地方各省市以指导。2019 年，中共中央、国务院印发《国家积极应对人口老龄化中长期规划》，将积极应对人口老龄化上升为国家中心工作之一。2019 年 8 月，《中共中央国务院关于支持深圳建设中国特色社会主义先行示范区的意见》明确要求，构建高水平养老服务体系，实现"老有颐养"，打造"民生幸福标杆"[②]。2023 年 5 月，中共中央办公厅、国务院办公厅印发的《关于推进基本养老服务体系建设的意见》指出基本养老服务在实现老有所养中发挥重要基础性作用，推进基本养老服务体系建设是实施积极应对人口老龄化国家战略，实现基本公共服务均等化的重要任务[③]。

---

① 杨浩勃，倪赤丹，赵冰，等.深圳养老服务蓝皮书：深圳养老服务发展报告（2022）[M].北京：社会科学文献出版社，2022.

② 中国政府网.中共中央国务院关于支持深圳建设中国特色社会主义先行示范区的意见 [EB/OL].（2019-08-09）[2023-11-30]. https://www.gov.cn/gongbao/content/2019/content_5425325.htm.

③ 中国政府网.中共中央办公厅 国务院办公厅印发《关于推进基本养老服务体系建设的意见》[EB/OL].（2023-05-21）[2023-11-30]. https://www.gov.cn/zhengce/202305/content_6875435.htm.

（二）深圳市出台相关养老方案及养老政策

为落实"老有颐养"的政策目标，2019年10月，《深圳市人民代表大会常务委员会关于构建高水平养老服务体系的决定》出台，对深圳养老服务做出长远性、全面性的部署，以行使重大事项决定权的形式，提出"有备而老"的一系列新举措[①]。2020年7月出台了《深圳市构建高水平"1336"养老服务体系实施方案（2020—2025）》（以下简称《深圳"1336"实施方案》），其政策目标是实现"老有颐养"[②]。2020年10月，习近平总书记出席深圳经济特区建立40周年庆祝大会并做出重要指示，要求深圳建设好中国特色社会主义先行示范区，拿出更多改革创新举措，把养老等民生问题一个一个解决好，努力让人民群众的获得感成色更足、幸福感更可持续、安全感更有保障[③]。2020年10月，深圳市人民代表大会常务委员会审议通过《深圳经济特区养老服务条例》，从规划与建设、居家与社区养老服务、机构养老服务、医养康养结合、保障措施、监督管理、法律责任等方面进行阐述，提出以法治化为基础，坚持养老服务以政府为主导，居家养老为基础，社区养老为依托，机构养老为支撑，形成有深圳特色的养老服务框架与体系。统筹社区养老服务体系的建设，建立健全智慧养老服务和监督体系；加大养老领域专业人员的培训力度，为养老服务工作提供人才储备；全力推进医养结合工作，在社区养老机构中配置医疗服务，提升老年人的安全感和幸福感[④]。

---

① 中国政府网.养老新政密集发布新一轮投资窗口期将启 [EB/OL].（2019-11-28）[2023-11-30]. https://www.gov.cn/zhengce/2019-11/28/content_5456678.htm.

② 深圳政府在线网.深圳市政府新闻办新闻发布会（迈向老有颐养专场）[EB/OL].（2020-07-30）[2023-11-30]. http://www.sz.gov.cn/cn/xxgk/xwfyr/wqhg/20200730/.

③ 中国政府网.习近平：在深圳经济特区建立40周年庆祝大会上的讲话 [EB/OL].（2020-10-14）[2023-11-30]. https://www.gov.cn/xinwen/2020-10/14/content_5551299.htm.

④ 深圳经济特区养老服务条例 [Z].国家法律法规数据库网站，（2020-11-05）.

三、深圳市光明区、罗湖区、龙岗区健康养老模式探索

推动养老服务事业高质量发展，是我们在中国式现代化新征程上必须答好的关键民生"考题"。目前，为践行"老有颐养"的历史使命，深圳已初步形成上述一系列决定、方案、条例等在内的制度性安排，打出法治引领、监督问效、代表助力、市区联动等工作"组合拳"，为深圳市各区积极探索不同的养老模式提供了制度支持和保障，推动深圳市养老服务加速从"老有所养"向"老有颐养"转变。深圳全市各区结合各自实际展开一系列探索，已进行了部分新型养老模式的探索，如时间银行、喘息服务、长者食堂、智慧养老、15 分钟养老服务圈……等亮点纷呈的养老服务新探索、新路径。下面，将主要介绍深圳市光明区、罗湖区、龙岗区的养老服务模式。

（一）光明区智慧养老服务体系

光明作为深圳最年轻的行政区，随着科学城建设的推进，带来了光明人口数量和结构的迅速质变，人口增速位列深圳市第一，给养老服务带来严峻挑战。同时，深圳市光明区是一座创新之城，被赋予"建设世界一流科学城和深圳北部中心"的重任。光明区以打造世界一流科学城和深圳北部中心的标准，"高质量、高颜值"统筹推进养老、康养、医疗等民生工程。光明区聚焦机构、社区、居家三级养老领域，不断探索建设高质量的养老服务项目品牌，近年来推出了许多养老服务创新亮点项目，在养老服务体系建设方面不断探索①。

---

① 光明区政府在线.深圳光明：依托科学城打造一流智慧养老服务体系[EB/OL].（2023-09-16）[2023-11-30]. http://www.szgm.gov.cn/wgkzl/fwgk/gzdt/content/post_10890739.html.

1. 在机构方面，差异化发展

目前，光明区已建成一家综合性、示范性的中高端养老机构光明社会福利院，与辖区内公明福利院、宝田玉荫养护院差异化发展，推动打造机构服务矩阵。福利院的建设精准聚焦老龄生活的身心健康、人际关系、社会生活等多维需求，配套全面成熟，实现健康、乐活、幸福的颐养生活圈。此外，深高速独创的"137"康养服务模型，也在光明社会福利院首次亮相，包括 1 个高品质康养服务平台，医康养结合、高品质服务、智慧康养 3 大特色，以及医、康、养、食、乐、智、居 7 个服务体系。位于光明社会福利院的智慧养老调度中心，将实现科技赋能养老，以此为基地，辐射周边社区，为辖区内居家长者提供居家适老化改造服务。通过智慧养老调度中心这一"智慧大脑"的连接，为居家养老提供 24 小时响应服务，形成以点带面、点面结合的多层次养老服务。

2. 在社区方面，聚焦"一老一小"，营造老幼"代际融合"社区

光明区聚焦"一老一小"，首建了两个"光明荟"试点①。"光明荟"是"完整社区"的创新探索，于 2022 年 5 月试点建成了光明街道光明新村和凤凰街道凤凰玖龙台 2 个涵盖老中青幼的多元化社区综合体。

光明荟依托政府公配物业，统筹协调民政、人资、文体、卫健等部门资源，整合了老年人日间照料中心、婴幼儿托育中心等平台功能，将为社区居民提供集"老幼共托、医养结合、智慧互联、助餐尚善"于一体的民生服务，更好满足群众对高品质生活的需求。为区域居民提供老幼共托、医养照护、职业培训、社交娱乐、助餐爱善等全生命周期的一站式社区综

---

① 深圳市光明区民政局网站. 托稳"一老一小"的幸福！光明区社区综合服务中心正式启用 [EB/OL].（2022-05-19）[2023-11-30]. http://www.szgm.gov.cn/gmtzhshjs/gkmlpt/content/9/9799/post_9799187.html#11091.

合服务；在实践中体现了融合发展的优势，聚焦老年人、残疾人、婴幼儿等群体，营造老幼"代际融合"社区生活场景，打造全生命周期人群共融生态。

3. 居家方面，创新推出"两床融合"试点项目

光明区创新推出"两床融合"试点项目，将家庭养老床位和家庭病床服务融合起来，以居家医养照护的群众需求为导向，探索医养资源协同融合的"光明路径"[①]。该实践立足光明区实际，以重度失能居家老年人的医康养服务需求为导向，整合家庭养老床位和家庭病床资源而形成的一种制度创新。该试点项目将着力破解医养结合的堵点痛点，把优质的医养结合服务送到老年人家中。整合医疗保险、适老化改造、福彩公益金、智慧养老四根支柱，通过家庭养老床位和家庭病床之间的转介、融合和衔接，为老年人提供 N 种养老服务及医疗服务。

光明区对养老服务模式进行了积极探索，依托科学城优势，打造与之匹配的智慧养老服务体系[②]。并在实践过程中将智慧技术运用到管理中，提高了工作效率，增强了安全保障。

（二）罗湖区医养融合医院养老模式

罗湖区是深圳全市老年人口比重最大、空间分布最多的城区，内有比较多早期建立的小区，养老问题十分突出。近年来，罗湖区高度重视医养融合工作，不断加大政策扶持、投入支持资金，机构、社区和居家医养融

---

① 柳艳. 光明区启动"两床融合"试点，打造高质量居家养老服务 [EB/OL]. 南方 Plus，（2023–03–22）[2023–11–30]. https://static.nfapp.southcn.com/content/202303/22/c7483252.html.

② 光明区政府在线. 深圳光明：依托科学城打造一流智慧养老服务体系 [EB/OL].（2023–09–16）[2023–11–30]. http://www.szgm.gov.cn/wgkzl/fwgk/gzdt/content/post_10890739.html.

合发展，不断提升辖区健康养老服务品质。2014年，罗湖区率先起步进行"医养结合"的探索，在全国率先成立医养融合医院——罗湖区医养融合老年病专科医院，在医养护一体化基础上提供老年人个性化"医养融合"服务，开启深圳健康养老新模式。经过多年探索，罗湖区医养融合医院形成了以"三种融合"为基础的模式，提供了可推广可复制的可能性[①]。

1. 管理融合，多个机构一体化运作

在保持民政部门主管社会养老框架不变的前提下，区民政、卫健等部门整合区内医疗资源和公办养老资源，设立了全国首家在福利中心内部的老年病专科医院——老年病医院，这是医疗与养老管理融合的代表。

2. 服务融合，建设多元化医养服务

在现代医学专业分科越来越精细的情况之下，老年病医院根据老人多疾病共存、系统功能性衰退的特点，反行其道对各专科医疗、护理及生活照顾进行跨学科、跨领域的融合，以"老人为中心"的服务理念，根据老年人的不同需求而提供相对应的多元化服务。2016年，罗湖区卫计局出台《罗湖区医养融合家庭病床工作方案》《罗湖区医养融合家庭病床工作指南》，居家养老的老人，老年病医院通过为其建立健康档案与家庭病床，由家庭医生服务团队，上门提供医养服务，情况严重时，可直接转入老年病医院住院，做到"小病不离床，大病不出院"。

3. 资源融合，创建多方共建养老模式，医疗与科研资源融合

在针对老年人容易跌倒的风险，老年病医院与中国科学院深圳先进技

---

① 罗湖区人民医院网站．入选全国医养结合典型经验，罗湖区医养融合老年病医院凭什么？[EB/OL]．（2019-12-18）[2023-11-30]．http://www.szlhyy.com.cn/info/1247/9025.htm.

术研究院合作，共建"医养融合运动健康技术转化基地"，同时还携手先进院及深圳市有益家健康促进中心共同打造的科研 + 医院 + 社会服务机构"三位一体"模式。公办与民营资源融合。黄贝岭养护中心是由黄贝岭股份公司出资建设、罗湖医院集团运营管理，该公司自筹资金两千多万元，在村里建起 10 层楼高的医养融合服务中心，实现了社康和养老一体化，是社会资本与公立医院资源的融合代表。老年病医院助力罗湖区打造医养结合大数据信息化平台，实现远程医疗。罗湖区正开发医养结合信息化管理系统，可精准评估老人健康状况，确定健康管理方案。

2023 年，罗湖区积极申报创建全国医养结合示范区和全国医养结合示范机构，并以此为契机，促进医养融合服务能力和服务质量双提升，有效满足辖区长者健康养老需求[1]。自 2014 年来，罗湖区不断探索，打造出"医中有养、养中有医、机构支撑、社区示范、居家签约、互联网 +"六种健康养老模式，有效化解"养老院里看不了病，医院里不能养老"的矛盾，形成了良性和多赢的格局[2]。形成"健康宣教、预防保健、疾病诊治、康复护理、长期照护、安宁疗护"六大服务体系。依托罗湖医改的丰硕成果，老年病医院不断地完善了组织架构，让老人就医不出"大院"，将医疗和养老服务资源辐射到社区，深圳市罗湖区的"医养融合"让养老充满"医"靠。

① 健康罗湖 . 罗湖区"医养融合"服务让老年人更有"医"靠 [EB/OL]. （2023.03.28）[2023-11-30]. https://baijiahao.baidu.com/s?id=1761575871170266904&wfr=spider&for=pc.

② 宫芳芳，孙喜琢，李亚男 . 中国养老的"罗湖模式"实践与展望 [J]. 卫生软科学，2020，34（03）：6-9.

（三）龙岗区"幸福家园 老有颐养"养老服务体系

龙岗区老龄人口数量为全市之最，养老形势严峻。据深圳市统计局发表的相关数据，2020 年龙岗区常住人口约为 398 万人，其中 60 岁以上人口为 20.8 万人，占比 5.25%。为进一步推进龙岗区养老体系的建设，龙岗区人大常委会在 2022 年 9 月审议通过的《龙岗区"幸福家园 老有颐养"行动计划（2022—2025 年）》①，该计划明确了健全养老制度体系、完善养老服务体系、健全老年健康支撑体系、大力发展新兴养老产业、强化发展要素支撑体系、营造孝亲敬老社会氛围等 6 大行动，作为推动养老事业高质量发展的总纲领。

基于此，龙岗区制订了"幸福家园 老有颐养"行动计划。主要通过养老机构的构建、社区养老服务设施的完善及家庭适老化改造、提升居家养老服务质量、引导社会力量共同参与等方面打造具有龙岗特色的"养老机构 + 社区 + 居家"的链式养老服务新模式。

1. 养老机构的构建

目前龙岗区养老床位严重不足，公办养老服务设施短板明显，据深圳民政局发布相关数据②，截至 2023 年 11 月 23 日，龙岗区有 12 家养老机构，总床位数 1893 张，护理型床位数 1163 张，见表 4-2。

① 龙岗政府在线 . 共同创建"幸福家园"全面实现"老有颐养"——广东省深圳市龙岗区人大全力推动养老服务事业高质量发展纪实 [EB/OL]. （2022-09-29）[2023-11-30]. http://www.lg.gov.cn/bmzz/rdjg/xwzx/rdyw/content/post_10137195.html.

② 深圳民政网 . 深圳市养老机构基本信息 [EB/OL]. （2024-01-19）[2023-11-30]. http://mzj.sz.gov.cn/cn/ywzc_mz/jjyl/bmfw/content/post_2939842.html.

表4-2 深圳市龙岗区养老机构基本信息一览表

序号	辖区	机构名称	性质（公办/民办/公建民营）	地址	床位（张）	护理型床位（张）
1	龙岗区	深圳市龙岗区布吉街道敬老院（布吉街道长者服务中心）	公办	深圳市龙岗区布吉镇龙岭东路福康街2号	74	68
2	龙岗区	深圳市龙岗区横岗街道敬老院（横岗街道长者服务中心）	公办	深圳市龙岗区横岗街道富康路103-1号	32	32
3	龙岗区	深圳市龙岗区任达爱心护理院（龙岗街道长者服务中心）	公建民营	深圳市龙岗区龙岗街道南联社区龙溪路1号	196	196
4	龙岗区	深圳市南联颐养中心	民办	深圳市龙岗街道南联路46号	600	105
5	龙岗区	深圳市龙岗区群爱园老年人服务中心	民办	深圳市龙岗区横岗街道松柏路140号	40	0
6	龙岗区	深圳市龙岗区利群颐养院	民办	深圳市龙岗街道龙岗村龙河路4号	200	200
7	龙岗区	深圳市共享之家养老服务有限公司龙城店	民办	深圳市龙岗区龙城街道天昊华庭配套组团3、组团4	100	100
8	龙岗区	深圳市龙岗区第七人民医院简竹护理院	公办	深圳市龙岗区南湾街道吉厦社区简竹路2号	15	15
9	龙岗区	深圳市龙岗区杏健老年护理院	民办	深圳市龙岗区坪地街道年丰社区围肚老屋村68号	58	58
10	龙岗区	深圳市龙岗区益寿康颐养院	民办	深圳市龙岗区宝龙街道宝龙社区宝龙七路2号	527	371
11	龙岗区	龙城街道长者服务中心	公建民营	深圳市龙岗区龙城街道京基御景中央二期4栋01C	30	18
12	龙岗区	南湾街道长者服务中心	公建民营	深圳市龙岗区南湾街道南岭村社区综合市场4楼	21	0

结合第七次全国人口普查数据统计结果，龙岗区每千人老年人平均养老床位数为15.6张，远低于2020年我国每千名老人的养老床位数25.3

张。显然龙岗区目前养老机构从床位数量及区域分布情况来看，仍无法满足本区内自身老龄化需求，为此，龙岗区正大力推进公办养老示范机构的建设，包括以兜底保障养老服务为主的龙岗区第一养老护理院、以医养结合（含中医）为主的龙岗区第六人民医院二期医养结合项目、龙岗区第二中医院医养结合项目。

2. 社区养老服务设施的完善及家庭适老化改造

大力组织老年人体检，对老年人进行健康等级评估，在了解不同年龄群体的身体状态及养老需求的前提下，在龙城街道试点，打造了示范性的"街道－社区－小区"三级居家社区养老服务设施，且对相关试点家庭进行了适老化改造。

3. 提升居家养老服务质量

为提高居家养老服务的质量，龙岗区编制了 25 项居家社区养老服务系列标准规范，涵盖了生活照料、康复保健、认知障碍照护以及精神慰藉等 75 项目服务操作指引，在针对居家社区养老服务中存在的缺乏统一的软硬件建设标准、服务质量参差不齐等问题，提出具有针对性的解决方案。此外，龙岗区还积极探索并推动智慧健康养老模式的发展，鼓励基层组织打造即时监护、应急呼叫等养老服务智慧化应用场景，以满足老年人对于智能化、便捷化的养老服务需求。在这一点上，平湖、布吉、横岗街道等地区已经取得了显著的成果，被评为"全国智慧健康养老应用试点示范街道"。这些示范街道在智慧健康养老模式的应用上，为其他地区提供了可借鉴的经验和范例。

4. 引导社会力量共同参与

老龄化作为全社会的、多领域、多层次的共同问题，需要社会的共同参与，为此龙岗区政府积极引导委托连锁化、专业化、品牌化的机构运营，打造政企协同的养老模式。

四、关于提升深圳市健康养老模式的思考

随着社会经济的快速发展和人口老龄化的加剧，养老问题成为城市发展面临的重大挑战之一。目前，深圳市养老模式主要包括家庭养老、社区养老和机构养老等几种形式。然而，这些模式在实践中存在一些问题，如家庭养老功能逐渐弱化、社区养老服务不够完善、机构养老服务质量参差不齐等。针对目前养老模式探索结果的现状可以提出了以下思考与建议。

1. 强化家庭养老功能

鼓励家庭成员更多地关心和照顾老年人，提供家庭照护培训和支持，增强家庭养老的能力和责任感。

2. 推进社区养老服务

加强社区养老服务设施建设，提高服务质量和覆盖面。建立以社区为核心的养老服务体系，包括日间照料、康复护理、精神慰藉等方面，满足老年人的基本生活需求。

3. 提高机构养老服务质量

加强机构养老服务的规范化、标准化管理，提高服务质量和水平。同时，鼓励社会力量参与机构养老服务，增加养老机构的多样性，为老年人提供更多选择。

4. 强化政策引导和支持

制定更加积极的养老政策，加大对养老服务的投入力度，鼓励社会资本进入养老服务领域。同时，加强政策宣传和实施监督，确保政策的有效落地。

5. 促进老年人社会参与

建立健全老年人社会参与机制，为老年人提供更多的社会活动机会和平台。加强老年人权益保护，关注老年人的心理健康和精神需求。

6. 加强人才培养和队伍建设

加大对养老服务领域的人才培养力度，提高服务人员的专业素质和服务能力。同时，鼓励医护人员、志愿者等社会力量参与养老服务，形成多元化的服务队伍。

7. 创新科技应用

利用 AI 等现代科技手段提高养老服务的便利性和效率。例如，推广远程医疗、智能家居等技术的应用，为老年人提供更加便捷、个性化的服务。

8. 构建多层次养老服务体系

针对不同老年人群体的需求差异，构建多层次的养老服务体系。包括高端豪华型、中档舒适型和实惠可及型等不同类型的养老服务机构，以满足不同老年人群体的实际需求。

9. 加强国际合作与交流

学习借鉴国外先进的养老经验和技术手段，加强与国际组织的合作与交流。通过引进国外优秀的养老服务理念和模式，不断提升深圳市养老服务的水平和质量。

10. 建立综合评估和监督机制

对各类养老服务机构进行综合评估和监督，确保服务质量和安全。同时，定期向社会公布评估结果和监督报告，增加透明度和公信力。

深圳市作为中国最具活力和创新性的城市之一，健康老龄化模式的选择和发展对于城市未来的可持续发展具有重要意义。面对日益严峻的人口老龄化形势，深圳市应积极探索和创新适合本地区的养老模式。通过强化家庭养老功能、推进社区养老服务、提高机构养老服务质量等多方面努力，共同构建一个多元化、全方位的养老服务体系。同时，加强政策引导和支持、促进老年人社会参与以及加强人才培养和队伍建设等措施的实施力度将有助于推动深圳市养老事业的发展和完善。

黑龙江省人口老龄化特征与中医药康养发展对策

孙一鸣　王红漫①

摘　要： 在实现中国式现代化的进程中，人口老龄化这一基本国情省情要素，将与黑龙江省经济社会发展相容相随，黑龙江省委省政府高度重视，2023年、2024年黑龙江省政府工作报告都强调了"实施积极应对人口老龄化战略"，2024年黑龙江省政府工作报告更是将养老与卫生健康事业一同置于段首。通过调研分析，本文提出整合"医康养"三大资源，贯彻人文管理，保障康养诊疗服务质量，打造专业化康养人才队伍，推进老龄化中医康养模式，积极主动应对人口老龄化黑龙江省中医药康养发展方案。

关键词： 黑龙江省；人口老龄化；中医药康养；发展对策

---

① 孙一鸣，博士，黑龙江省中医药科学院，教授，博士后导师；主要研究方向：中医药治疗男科疾病，老年病康复，中医药康养。王红漫，博士，北京大学教授，博士生导师；主要研究方向：健康与社会发展理论与实证研究、公共政策与全球健康治理、高校素质教育与对策研究。

2013年9月，国务院印发了《关于加快发展养老服务业的若干意见》，提出加快发展养老服务业，2016年，中共中央、国务院出台的《"健康中国2030"规划纲要》，到国家"十四五"规划及2035年远景目标纲要的通过，国家层面的政策不断出台，引导我国康养产业高质量发展，"坚持中西医并重，大力发展中医药事业""培育养老新业态，构建居家社区机构相协调、医养康养相结合的养老服务体系"为中医药和医养康养结合事业与产业的高质量发展迎来了新的历史机遇。

2022年，学界发布了《中国健康老龄化发展蓝皮书—积极应对人口老龄化研究与施策（2022）》，着力破解老龄化难题。为制定"健康老龄化"政策，保障"健康中国行动"有效实施，以及社会各界参与"健康老龄化"领域的研究与实践提供有益的智库理论和经验参照。这本蓝皮书从我国社会发展现实出发，涉及到社会保障、养老服务体系、健康支撑体系等方方面面，提出了许多切实可行的方案。

黑龙江省委省政府高度重视"实施积极应对人口老龄化国家战略，积极应对本省老龄化"。2022、2023、2024三个年度的省政府工作报告发布相关政策，2022年，黑龙江省先后出台了《中共黑龙江省委黑龙江省人民政府关于加强新时代老龄工作的实施意见》[1]《黑龙江省养老托育服务业发展专项行动方案（2022—2026年）》（黑政办发〔2022〕45号）[2]、《黑龙江省人民政府办公厅关于建立健全养老服务综合监管制度的实施意见》（黑政办规〔2022〕2号）[3]、《黑龙江省"十四五"中医药发展规划》（黑政办规

① 中共黑龙江省委黑龙江省人民政府关于加强新时代老龄工作的实施意见 [EB/OL]. (2022.02.22) [2024.02.28] https://heilongjiang.dbw.cn/system/2022/02/22/058829395.shtml.

② 黑龙江省人民政府办公厅关于印发黑龙江省养老托育服务业发展专项行动方案（2022—2026年）的通知 [EB/OL]. (2022.11.24) [2024.02.28] https://www.hlj.gov.cn/hlj/c107886/202212/c00_31455778.shtml.

③ 黑龙江省人民政府办公厅关于建立健全养老服务综合监管制度的实施意见 [EB/OL]. (2022.03.21) [2024.02.28] https://www.hlj.gov.cn/hlj/c107902/202203/c00_31200295.shtml.

〔2021〕42号）^①等政策文件。2024年省政府工作报告更是将养老与卫生健康事业一同置于段首，体现黑龙江省委省政府对老龄化重视程度的增强^{②③④}。

如何与时俱进，提供更加完备的健康养老服务这一话题再度升温。结合我国国情省情，采用具有我国特色的养生养老智慧和措施来有效应对老龄化问题，具有前所未有的紧迫性和必要性。

2023—2024年，北京大学健康中国理论与实证研究课题组与黑龙江省中医药科学院开展"黑龙江省人口老龄化特征与中医药康养发展对策"研究，形成阶段性报告《黑龙江省人口老龄化特征与中医药康养发展对策（2023—2024）》，摘要如下。

一、黑龙江人口老龄化特征

（一）步入老龄社会，老龄化速度快

根据第四、第五、第六和第七次全国人口普查数据，黑龙江省老龄化程度逐年加深，且速度不断加快，2010年前，黑龙江省65岁以上老年人口占比低于全国，而到2020年第七次全国人口普查时，其60周岁和65周岁及以上老年常住人口分别为739.56万人和497.18万人，人口占比分

① 黑龙江省"十四五"中医药发展规划 [EB/OL].（2021.12.31）[2024.02.28] http://tcm.hlj.gov.cn/zwgk-pdetail/1-1-1/15?nid=1.

② 黑龙江省2022年政府工作报告 [EB/OL].（2022.02.08）[2024.02，.28] https://www.hlj.gov.cn/hlj/c111100/202202/c00_30646279.shtml.

③ 黑龙江省2023年政府工作报告 [EB/OL].（2023.02.03）[2024.02.28] https://www.hlj.gov.cn/hlj/c108465/202302/c00_31524958.shtml.

④ 黑龙江省2024年政府工作报告 [EB/OL].（2024.01.31）[2024.02.28] https://www.hlj.gov.cn/hlj/c108465/202401/c00_31706519.shtml.

别为 23.22% 和 15.61%，分别高于国家平均水平 4.52 和 2.13 个百分点 [①]，黑龙江省人口老龄化程度居全国第三位。

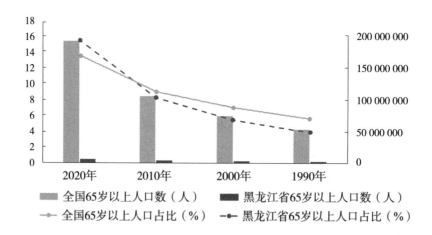

图 4-7　全国 65 岁以上人口与黑龙江省 65 岁以上人口对比图 [②③④⑤⑥⑦⑧]

资料来源：根据国家统计局和黑龙江省统计局 1900—2020 公报数据绘制。

① 中新社．国务院第七次全国人口普查领导小组办公室负责人接受中新社专访 [EB/OL]．（2021-05-13）[2024-02-18]. https://www.stats.gov.cn/sj/zxfb/202302/t20230203_1901094.html.

② 黑龙江省统计局．黑龙江省 2010 年第六次全国人口普查主要数据公报 [EB/OL]．（2011-5-5）[2024-2-20]．https://www.stats.gov.cn/sj/tjgb/rkpcgb/dfrkpcgb/202302/t20230206_1902068.html.

③ 国家统计局．第五次全国人口普查公报（第 1 号）[EB/OL]．（2001-5-15）[2024-2-20]．https://www.stats.gov.cn/sj/tjgb/rkpcgb/qgrkpcgb/202302/t20230206_1901984.html.

④ 国家统计局．2010 年第六次全国人口普查主要数据公报（第 1 号）[EB/OL]．（2011-4-28）[2024-2-20]．https://www.gov.cn/guoqing/2012-04/20/content_2582698.htm.

⑤ 国家统计局．2020 年第七次全国人口普查主要数据 [EB/OL]．（2021-5-27）[2024-2-20]．https://www.stats.gov.cn/sj/pcsj/rkpc/d7c/.

⑥ 黑龙江省统计局．2020 年黑龙江省第七次全国人口普查主要数据公报 [EB/OL]．（2021-5-27）[2024-2-20]．https://www.hlj.gov.cn/hlj/c108419/202105/c00_31186898.shtml.

⑦ 黑龙江省统计局．黑龙江省 2000 年第五次全国人口普查主要数据公报 [EB/OL]．（2001-4-8）[2024-2-20]．https://www.stats.gov.cn/sj/tjgb/rkpcgb/dfrkpcgb/202302/t20230206_1902034.html.

⑧ 国家统计局．第四次全国人口普查公报（第 1 号）[EB/OL]．（1990-10-30）[2024-2-20]．https://www.stats.gov.cn/sj/tjgb/rkpcgb/qgrkpcgb/202302/t20230206_1901990.html.

（二）各市区老龄化情况存在差异

根据黑龙江省第七次全国人口普查数据显示，黑龙江省 13 个城市地区 65 岁以上老年人口占比均超过 14%，步入老龄社会。伊春市、牡丹江市和鸡西市的 65 岁以上老年人口占比已高达 17% 以上，接近超老龄社会的标准（根据世界卫生组织定义，65 岁以上人口占比达到 20% 以上的地区或国家被认为进入超老龄社会），占比超过 16% 的有大兴安岭地区、鹤岗市、双鸭山市和齐齐哈尔市，占比超过 15% 的城市有七台河市、黑河市、佳木斯市和绥化市，哈尔滨市和大庆市 65 岁以上人口占比分别为 14.65% 和 14.33%，黑龙江省内部各地级市的老龄化情况存在着一定差异。此外，根据第六次和第七次人口普查对比发现，黑龙江省各地区人口均存在人口数量降低，即近年来青年人口流失的情况加剧人口老龄化。

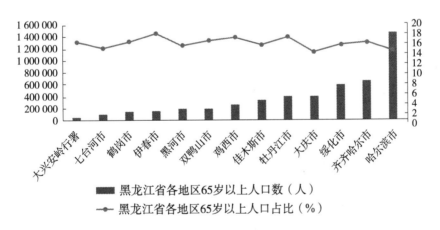

图 4-8　2020 年黑龙江省第七次人口普查各地区老龄人口状况[①]

资料来源：根据 2020 年黑龙江省第七次人口普查整理绘制。

[①]　黑龙江省统计局 . 2020 年黑龙江省人口普查年鉴 [EB/OL].（2021-5-27）[2024-2-20].http://tjj.hlj.gov.cn/tjjnianjian/2020rkpc/zk/indexce.htm.

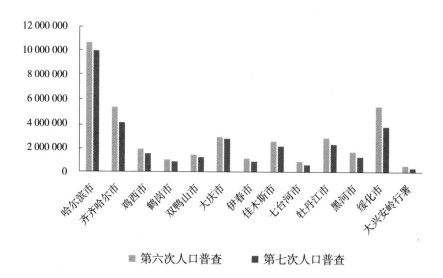

图 4-9　黑龙江省第六次人口普查与第七次人口普查人口数量变化 [1][2]

资料来源：根据 2020 年黑龙江省第七次人口普查、2010 年黑龙江省第六次人口普查整理绘制。

（三）老年人口分布密度低

根据国家统计局和黑龙江省统计局发布的第七次全国人口普查数据，黑龙江省 60 岁以上人口密度为每平方千米 15.7 人 [3]，低于我国 60 岁以上人口密度 27.5 人每平方千米 [4]。

---

[1]　黑龙江省统计局 . 黑龙江省 2010 年第六次全国人口普查主要数据公报 [EB/OL].（2011-5-5）[2024-2-20]. https://www.stats.gov.cn/sj/tjgb/rkpcgb/dfrkpcgb/202302/t20230206_1902068. html.

[2]　黑龙江省统计局 . 2020 年黑龙江省第七次全国人口普查主要数据公报 [EB/OL].（2021-05-27）[2024-02-27].http://tjj.hlj.gov.cn/tjj/c106736/202105/c00_30334037.shtml.

[3]　黑龙江省统计局 . 2020 年黑龙江省第七次全国人口普查主要数据公报 [EB/OL].（2021-05-27）[2024-02-27].http://tjj.hlj.gov.cn/tjj/c106736/202105/c00_30334037.shtml.

[4]　国家统计局 . 第七次全国人口普查公报（第三号）[EB/OL].（2021-05-11）[2024-02-27]. https://www.stats.gov.cn/sj/tjgb/rkpcgb/qgrkpcgb/202302/t20230206_1902003.html.

二、黑龙江省中医药康养发展情况

（一）养老模式，整合"医康养"三大资源

根据国家统计局公布的数据显示，2022年全国居民人均可支配收入增长速度受到疫情等多种因素的影响而逐渐减缓。然而，全国居民医疗保健人均消费支出及其占比呈现持续上升态势。与此同时，越来越多的人开始重视健康养老规划和相关问题，并且他们对于自身健康意识不断加强，并伴随着消费水平提高，在推动高质量康养产品发展方面起到了积极作用；从市场需求来看，当前健康市场主要聚焦于亚健康、养老服务、中医药养生三个领域。康养产业已经成为经济发展的新引擎，在未来20年将成为一个具有爆发力的蓝海市场。同时，黑龙江省十分重视康养项目的融合发展，提出要着力促进旅居、中医药康养、休闲旅游、老年用品等产业协同发展；支持面向老年人的健康管理与多业态深度融合，促进中医药资源广泛服务老年群体，并开展针对老年人设计的运动健康服务；鼓励各类机构设立老年大学，提升满足老年人学习需求的能力[①]。然而，黑龙江省康养项目在产业支撑、品牌引领与科技奠基等方面存在一些不足之处，尚未形成完善的产业体系，康养产业亦面临发展瓶颈。

现有的三种养老模式各有其优势和短板[②]，为了最大程度地发挥其长处并避免缺陷，需要更好地整合医疗、康复、养老这三个领域的资源，并针

① 黑龙江省人民政府.黑龙江省"十四五"促进养老托育服务健康发展实施方案[EB/OL].（2021-12-09）[2024-03-03].https://www.hlj.gov.cn/hlj/c107910/202112/c00_30633876.shtml.

② 郭雨艳，夏丽娜，王晨，等.中医药特色"医康养"一体化养老模式探究[J].山西中医学院学报，2018，19（06）：68-69+73.

对不同健康状况的人群提供相应的服务，以满足不同需求层次。"医康养"一体化养老模式与传统的养老服务有所不同，它不仅包含生活起居、日常照护、文体娱乐等基础服务，更为重要的是涵盖了疾病诊治、康复理疗、慢病管理以及临终关怀等一系列专业的医疗卫生健康和人文关怀服务。因此，在中医药康养方针的指导下，培育一批更具竞争力的中医药健康养生文化品牌成为时代趋势，传承精华，守正创新，黑龙江省锚定进行有效规划以打造出独特的中医药特色规划。

（二）因地制宜，打造本地独特康养资源

黑龙江省老年人群心脑血管病等慢性病发病率较高。由于气候寒冷，冬季长而夏季短，导致呼吸系统疾病、风湿性关节炎等疾病的患者比例偏高，尤其是失能、半失能和高龄老年人的养老问题亟待解决。然而，黑龙江省拥有丰富的自然和人文资源，并具备中医医养结合产业发展的良好基础。

夏季气候宜人，特别是伊春地区，空气富含负氧离子，并拥有广阔的绿色森林氧吧资源。这不仅能促进人体脏腑平衡，还具备中医养生之效，吸引了南方"候鸟"老年人前来休闲避暑。伊春也被定为黑龙江省五个综合旅游集群之一，以森林导向的自然和生态旅游、康养和户外运动旅游作为主要发展方向，成为黑龙江省生态康养旅游的首选之所[①]。黑龙江省内盛产人参和鹿茸等名贵中药材，黑土地沃野千里盛产五味子、刺五加、板蓝根等道地药材，初步展现了中药资源的集群效应。

黑龙江中医药大学和相关中医药研究院所历史悠久，科研成果丰硕，

---

① 黑龙江省人民政府．黑龙江省全域旅游发展总体规划（2020—2030年）[EB/OL].（2020-08-28）[2024-03-03].https://www.hlj.gov.cn/hlj/c108376/202008/c00_31185697.shtml.

在地区乃至全国享有盛誉，甚至吸引了部分日韩和俄罗斯患者纷纷前来探寻养生治疗良方，如"龙江医派"治疗和康复技艺精湛，并已成为北国著名的中医药人文标识。地区应善于发挥自然和人文两方面优势，加强政策完善和行业协同机制，进一步保护和开发相关资源，把绿水青山转化为金山银山，同时利用丰富而独特的中草药资源奠定老年人康养结合模式所需的物质基础。

（三）人文管理，保障康养诊疗服务质量

人文管理是基于人文关怀理念构建的一种现代化管理方式。老年人康养服务内容独特，许多中医特色治疗方案需要经过医生和护士进行全面健康指导，以提升患者的认可度，确保康养执行方案的顺利开展。良好的人文管理有助于提高康养服务行业从业人员的健康教育水平，同时改善他们的服务意识和服务行为，以确保康养诊疗活动的服务质量。中医药康养全面推行人文管理制度，可加强从业人员的业务能力。人文关怀精神养成教育，通过优化流程来为工作提供指导，完善中医药康养制度；良好的人文管理可加强从业者工作行为约束力，同时加强质控工作，鼓励工作中遇到的问题进行反馈，确保人文管理质量的持续改进。医养结合服务：医养结合是应对老龄化的重要举措，是"医"与"养"的一种结合，通过医疗资源和养老资源的整合对各个层次的老年人提供精准化、差异化的服务，医疗、养老机构间的合作就是其外在表现形式。具体合作方式为：第一，养老机构若具备设置医务室的条件，附近的综合医院及社区卫生服务中心在资源充足、条件具备的情况下，应多参与社区养老服务。根据相关规定派驻人员提供相关的服务项目，在责任、义务、服务方式等方面与养老机构进行协商，通过签约合作的形式进一步明确，其中，提供的服务项目和内

容主要和老年人护理、医疗和保健相关，如中医养生保健和保健咨询，健康管理以及医疗巡诊、预约就诊、急诊急救等，使老年医疗护理供需不平衡问题得到缓解。第二，在区域卫生规划中纳入医养结合内容，即医疗机构入驻养老机构。相关部门应对入驻医疗机构的养老机构进行备案，监督提供的医疗机构卫生服务是否依法依规。对于规模较大的养老机构，应多鼓励其引进医疗机构，从而满足老年人对康复、医疗护理以及临终关怀等方面的需求。

（四）积极建设稳步推进中医康养服务

中医康养服务概念虽然提出的时间早，但它的内容其实是与时俱进的。从狭义上看，可以看做是"健康""养老"与"服务"三个概念共同构成，即以"健康"为前提、"养老"为目的、"服务"为方式。具体地说，以"健康"为前提并不仅仅意味着身体健康，随着人均年龄的提高和生活环境的改善，老年人的心理健康更为人们所重视；"养老"强调自己是个人健康安全的受益者和承担者，与自身健康状况直接相关联，注重老年人的参与，提高晚年的幸福感和获得感；"服务"则是为提高老年人健康水平，摆脱疾病困扰而提供的一系列生活和医疗服务，主要有预防保健服务、医疗服务、康复服务等，此外也提供一些日常娱乐活动来给予老年人精神关照。

中医药健康养老服务与健康养老服务两个概念既有相同之处，又存在本质区别。相同之处是中医药健康养老服务也是一种健康养老服务，两者目的相同，都是为了提高老年人的健康水平，使老年人能够在晚年生活中老有所医、老有所养、老有所乐、老有所学、老有所为、老有所教。而不同之处在于，中医药与健康养老服务的结合是新时代养老服务的发展与创新，是康养产业的重要组成部分，虽然只多了三个字，具体实施起来却是大相径庭。中医药健康养老服务是以中医药理论为指导，运用中医药理念、方法和技术，其服务内容主要有中医预防、健康养老、养生保健以及旅游等服务，持续地将身心保养、疾病预防及治疗、体质提升、健康维护等中医药健康管理及医疗服务提供给老年人，同时重视中医药健康养老专业人才的培养，大力促进能够提供中医药养老服务的医疗及非医疗机构的建设和发展。

积极推进老龄化康养观念：在老龄化日益严峻的背景下，1999 年世界卫生日的主题为 Active Ageing Makes the Difference，倡导"积极健康的老年生活"[①]。该理论强调积极老龄化的目标是提高老年人的生活品质，为此，应该关注老年人的健康状况、积极推进老年人的社会参与、保障老年人的生理和心理健康安全。由此可以看出，该理论明确提出了积极老龄化的对象、目的以及途径。其中对象为老年人，目的是提高生活质量，途径有三个，分别是健康、参与和保障机制。具体来说，健康指在晚年生活中，通过一系列行为减少疾病带来的困扰，延长寿命期限，从而达到身体和心理的健康。参与是老年人在退休的日子里，主动尽自己所能为社会做贡献，实现自我价值保障机制强调当老年人不能完全自理或者完全不能自理时，各个主体如政府、市场、社会组织等多方联动，保障老年人生活，为他们的晚年生活保驾护航[②]。老龄化趋势已经不可逆转，积极应对老龄化问题，并提出积极养老理论强调以健康为前提的养老，为老年人的日常生活、社会参与和安全归属创造了良好的机会。

黑龙江省 2024 年政府工作报告提出"积极应对人口老龄化，推动发

① 张文康部长在 1999 年"世界卫生日"上的讲话 [J]. 中国医院，1999（05）9–11.

② 王越冉，毕明深. 吉林省老年健康管理模式下养老服务 [J]. 中国老年学杂志，2020，40（17）：3796–3799.

展银发经济……增强老年人基本民生保障能力"①。

本文以提高老年人的生命质量和健康质量为目的，重点研究了中医药参与养老服务对老年人身体健康发挥的作用，具体表现为预防、医疗、康复三方面。除了注重外在的身体健康外，心理健康也十分重要，只有身心都健康才会没有后顾之忧，更好地为社会发挥余热。中医药健康养老服务以促进身体健康和心理健康的统一为原则，简、便、廉、验的特色对提高老年人健康发挥有效作用。因此，这需要政府、社会等多主体在政策、资金、服务等多方面提供支持，进一步提高老年人的健康和生活质量。

中医药健康养老服务是应对伴随人口老龄化发展而日益深化的养老压力的有效方式，其中国家层面承担了主要责任，分别从政策、资金等各个方面给予支持，为老年生活提供多层次的福利保障。如今老龄化趋势愈发严重，单纯依靠政府的力量已经行不通，应注重提供福利主体的多元化，为减轻养老压力共同发挥作用。如发挥市场主体优势，吸引市场中有能力的投资者加入融资，为老年人提供多样化的养老和医疗服务；加强志愿组织、公益组织以及互助养老等各种形式的合作对养老服务业进行治理，为医养结合发展构建多元化的帮扶体系。中医康养有助于改善老年人慢性病和亚健康问题，通过逐步调理老人的慢性病，促使其走向康复，使中医药的优势能充分发挥出来。老年人身体器官及脏腑功能正逐渐走向老化和衰退，导致各种慢性病的产生。中医药整体观念和辨证论治理论对于老年慢性病有显著优势，并且已逐渐深入到老年病的防治中。老年慢性病服用中医药特色药物，加上药浴辅助、针灸拔罐等对于调理老年慢性病具有明显效果。例如在治疗慢阻肺患者稳定期时，可以采用导引的方法，事实证明

---

① 黑龙江省 2024 年政府工作报告 [EB/OL].（2024.01.31）[2024.02.28]. https://www.hlj.gov.cn/hlj/c108465/202401/c00_31706519.shtml.

他们在接受了健身气功联合基础治疗之后，无论是肺功能，还是运动耐力、生活质量都获得大幅提升，而一些慢性疾病，如因长期虚损引起的老年人颈肩腰腿痛或者是中风后遗症等，可以采用针灸、推拿、理疗等方法进行治疗，这些方法都有其独到之处，对老年人的康复具有巨大帮助。

三、对已开展与着手开展的工作对策建议

（一）打造专业化康养人才队伍

中医老龄化康养的发展，专业人才是产业发展的根本所在。在医学教育中注重老年基础医学、老年临床医学、老年康复医学、老年社会医学、老年心理学、老年预防医学等六大门类的课程开发。侧重应用型人才的专业技能教育，突出中医特色养生优势，加强教学内容的中医要素导入，有针对性地设计学历教育和继续教育的人才培养方案，建立与健康服务产业相适应、与人才市场需求紧密对接的专业体系，实施医养结合健康养老产教融合实践育人计划。

（二）强化专业化师资团队的建设工作

在对老师的日常要求中，在教学之余设计合理的康养工作绩效指标，从而引导临床带教老师参与老年护理。中医经典博大精深，鼓励医护人员在《黄帝内经》等中医典籍中汲取养生保健之道。教师是教育教学的源动力，需要在资格遴选过程中强调临床一线工作经历，大力招选副高级以上职称的医护人员参与专业教学，强化实战经验分享和案例分析教学效果，提升临床技能实习质量，才能培养出更适应临床实战的康养人才队伍。

推广医养结合专业在相关院校的开设，将医养结合人才储备方案做到中长期的规划，强化对实习学生的中医技术的培训以及对老年护理技巧指导，加强对学生心理健康教育及医养结合理论的教育。建立完善医养结合临床教育基地的监督评价机制，制定合理的医养结合临床基地统一评价标准、监察基地带教老师的准入及淘汰机制，使教育教学行为更加规范，促使各层次专业人才得到多维度的教育管理后，进入老龄人康养行业中。

发展中医药老龄化康养就要有高维度产业融合，工作中以发展校企培养中医康养人才的模式为主。高校主动与康养机构深化合作，学校为企业提供学习场所、教学资源和师资力量，并在课程设置、教材编写、技能培养、实习实训、创新创业等方面紧密融合；企业积极把专业技术、设备设施、实践经验、管理方法融入理论和实习教学中，共同促进中医药康养人才培养与开发。

（三）构建中医药特色康复标准

中医药特色康复标准的构建要跨越现代医学对康复定义的局限，应当包括但不仅限于针对失能、半失能老年人功能障碍，还应着重于慢性疾病后期机体功能的改善、生活质量的提高，以及康复过程中老年人心理状态的改变等。老年人康复理疗应与传统疗法相结合，是集十种治疗方式与疗法于一体的综合性疗法[①]，评判康复的标准应在康复评定方法的基础上融入中医诊断方法，发挥中医特色注重整体与局部的关系，同时从中医理论出发把握老年人机体情况。

现代医学辅助检查手段日益发展，诊断疾病愈加便利，中医特色康复

---

① 郭雨艳，夏丽娜，王晨，等．中医药特色"医康养"一体化养老模式探究[J]．山西中医学院学报，2018，19（06）：68-69+73．

应在使用现代先进诊疗仪器的基础上，四诊合参辨别病因病机。针对不同疾病，发挥中医辨证论治特色，制定出相应的中西融合的临床治疗路径，以达到临床最佳疗效。在判断老年人治疗情况时，也应将临床辅助检查手段与中医辨证论治结合起来，探查其脏腑功能和阴阳状态，以便对疾病的预后转归，以及老年人日后的生活能力及生活质量做出判断。

（四）设立中医药特色的养老机构

按照"医、康、养"一体化新模式，着力打造融合医疗、康复、养老为一体的中医药特色医疗养老机构，包括以中医药健康养老为主的护理院、疗养院，开展传统疗养技术、情志养生、功法养生、饮食养生等康养项目，有条件的养老机构设置以老年病、慢性病防治为主的中医诊室，为老年人提供中医健康状态辨识与评估、咨询指导、健康管理等服务。中医传统疗养技术包括针刺疗养、灸法疗养、推拿疗养、刮痧拔罐疗养、中药药浴熏蒸疗养等，其在高血压、糖尿病、关节退行性改变、前列腺增生等慢性老年病防治中可起到良好作用。中医药治疗前列腺疾病有独特的优势，能够在不影响正常男性生理的情况下对前列腺疾病进行辨证论治。通过中药内服、中药穴位注射、中药保留灌肠、中药坐浴等单元式中医药特色疗法治疗前列腺疾病，并从心理、饮食、情绪、社会等诸多方面予以调节，缩短病程，降低复发率。实现健康老龄化需要一系列综合的、高效的措施，从而让老年人可以按照自己的需求、意愿和能力积极参与社会、经济、文化和公共事业，并且得到充分的社会保障，让所有老年人都能老有所养、老有所依、老有所乐、老有所安是我们追求的目标。结合国情省情，借鉴我国古代智慧和岐黄之术，构建中医食养、中医运动调养、中医康养旅游等中医康养体系，积极主动应对人口老龄化。

（五）全面发展中医药服务

大力推进"南病北治、北药南用"工作，开发中医药健康旅游养老路线，加快"北药"产品研发推广。重点支持哈尔滨利民生物医药产业园区建设，推进大庆生物产业园规模化、集约化发展，加快牡丹江市、伊春市、大兴安岭地区等地特色医药产业园区建设，构建创新型生物医药产业集群。鼓励珍宝岛北药产业园打造中国北药交易中心，加快哈尔滨三棵树国家级中药材批发市场建设，打造成东北地区最大的中药材集散地。促进有实力的社会办营利性中医诊所和门诊部（中医馆、国医堂）等机构做大做强，实现跨地区连锁经营、规模发展，打造中医药文化氛围浓郁的中医药服务区域，并推动多元化服务。发挥黑龙江省中医药资源优势，打造特色鲜明、具有竞争力和影响力的健康服务产业集聚区[①]。

（六）发展中医药健康旅游

牢固树立"绿水青山就是金山银山，冰天雪地也是金山银山"理念，推动中医药健康服务与旅游业深度融合。依托黑龙江省森林氧吧、温泉冷泉、湿地绿肺等独特自然资源优势，实施"中医药+"旅游行动，开辟中医药和民族医药健康旅游路线，提供体验性强、参与度广的中医药健康旅游产品，使游客能够更健康、更积极、更多参与性的体验黑龙江省康养旅游，将黑龙江省打造成为中国北方中医药养生、矿泉疗养、森林康养旅游目的地，推动中医药健康旅游高质量发展[②]。

---

① 黑龙江省人民政府.黑龙江省支持社会力量提供多层次多样化医疗服务发展健康产业实施方案 [EB/OL].（2018-03-13）[2024-03-03] https://www.hlj.gov.cn/hlj/c108003/201803/c00_30645151.shtml.

② 黑龙江省人民政府.黑龙江省"十四五"中医药发展规划 [EB/OL].（2021-12-31）[2024-03-03]. https://www.hlj.gov.cn/hlj/c111009/202112/c00_30640988.shtml.

Ⅴ 健康老龄化经验方法篇

（联合国工作语言）[①]

[①] 联合国工作语言包括阿拉伯文、中文、英文、法文、俄文、西班牙文。《康寿幸福之乡评定标准和实施办法》中文版见《中国健康老龄化发展蓝皮书——积极应对人口老龄化研究与施策（2022）》。

康寿幸福之乡评定标准和实施办法

北京大学"健康中国理论与实证研究课题组"

The "*Criteria and Methods for Recognizing Happiness and Blue Zones*" is not only an evaluation criterion or mechanism, but also a deepening development of the transformation of health concepts in the era, a method system for the precise implementation of health policies, and a practical criterion for the multi-dimensional construction of ecological civilization. Its multilingual release is the answer given by China to the times based on its national conditions and world situation. It proposes China's ideas and plans for globally "*Healthy Aging*". fully leveraging China's wisdom, contribution, and influence, and playing a positive promoting role in building a community of human health and realizing global "lucid waters and lush mountains".

Criteria and Methods for Recognizing Happiness and Blue Zones

Issued by Peking University Research Group of Theoretical and Empirical Research on Healthy China

Abstract: Faced with the increasing trend of global aging, the health of seniors and the high-quality construction and evaluation criteria of the physical-psychological-social service mode for seniors are particularly important. In the new era, under the social background, environment, and social identity dominated by health, the criteria and guidelines for *"Happiness and Blue Zones"* urgently need to be constructed. While emphasizing how to let older people enjoy healthy aging, the criteria pay more attention to the specific settings of the infiltration of traditional culture and advanced culture, and the Exponential growth of people's happiness. Through the participation of seniors, leveraging their strengths, realizing individual value, creating a good community atmosphere, and showcasing the social value of older people. The criteria emphasize horizontal comparison while also focusing on vertical improvements, such as adding consideration of the rate of improvement in average life expectancy based on the evaluation of average life expectancy indicators. This is realistic and more forward-looking for adapting to the current social development situation of China in the new era and the unremitting pursuit of people's trust in health, and comprehensively promoting the high-quality development of the construction of *Healthy China*.

Main Drafters: Wang Hongman, Ma Yuhe, Yang Le, etc.

1. SCOPE

This standard specifies specific requirements such as terminology, identification principles, composition and weight of the identification index system, identification tables, identification procedures, and statistical requirements.

This standard applies to the determination of counties, districts, cities, or administrative divisions (excluding the Special Administrative Regions of Taiwan, Hong Kong, and Macau) within the territory of the People's Republic of China.

2. DEFINITION

2.1 Blue zones

Blue zone refers to the county, district, city and administrative division whose average life expectancy, healthy life expectancy, percentage of centenarians and senior citizens are higher than the domestic average and whose many indicators such as the quality of the ecological environment and the care conditions for older people are better than the higher levels in the country.

2.2 Average life expectancy

The number of years that an individual is expected to live as determined by statistics.

2.3 Healthy life expectancy

Average number of years that a person can expect to live in "full health" by taking into account years lived in less than full health due to disease and/or injury.

2.4 Centenarian/The Longevous

A person who is 100 years of age or older and the domestic longevous.

2.5 Senior population ratio

The proportion of the population aged 80 and over to the population aged 60 and over, the proportion of healthy population, and the proportion of people with labor capacity in his/her 60 to 69 years old.

2.6 Longevity Index

The proportion of older people over the age of 90 to the population over 65.

2.7 Forest cover rate

Refers to per capita public green space (square meters).

2.8 Ambient air quality

Ambient air quality refers to the status of air quality in a region identified according to national environmental air quality standards. Specifically, it can be expressed as the ratio of days with excellent air quality in cities at the prefecture level and above, the concentration of fine particulate matter (PM2.5) falling in the prefecture levels and above, the proportion of surface water reaching or better than Class III water, water quality compliance rate of important rivers, lakes and water functional areas, and pesticides per unit of arable land area, etc.

2.9 Environmental quality standard for surface water

The status of the quality of surface water in an area identified according to national surface water environmental quality standards.

2.10 Income equity

The relatively fair distribution of income among members of society.

2.11 Health management rate

The proportion of older people receiving health management services.

2.12 Traditional and advanced culture infiltration

The effect of traditional culture and advanced culture on domestic economy.

3. RULE

3.1 Voluntariness

Adhere to local voluntary declarations, the organization accept and recognize according to conditions.

3.2 Openness

Adhere to open standards, procedures, data, and results.

3.3 Fairness

Adhere to objective neutrality, seek truth from facts, and fully respect the certification opinions of the expert group and the verification opinions of third parties.

3.4 Standardization

Adhere to the standards, standardize operations, and strictly follow procedures for certification.

4. CORE AND SUPPORT INDEX （100 points）

4.1 Core index (60 points)

4.1.1 Average life expectancy of different gender (10 points)

4.1.2 Healthy life expectancy of different gender (10 points)

4.1.3 Proportion of Centenarian of different gender (per 100 000)(10 points)

4.1.4 Senior population ratio and longevity Index of different gender (10 points)

4.1.5 Proportion of healthy population over to the longevous (10 points)

4.1.6 Proportion of people with labor capacity in his/her 60 to 69 years old (10 points)

4.2 Support index (40 points)

4.2.1 Forest cover rate (5 points)

4.2.2 Ambient air and surface water quality (5 points)

4.2.3 Income equity (5 points)

Including domestic per capita income /year, Gini Coefficient, Theil Index, Engel Coefficient.

4.2.4 Elderly preferential treatment and subsidy system (5 points)

Including implementation of national policies, establishment of local preferential policies, and subsidy standards for older people.

4.2.5 Elderly health support and social care services (5 points)

Including local health care service security system, medical and nursing mode with local characteristics, proportion of nursing beds, health management rate of 65-year-old and Smart Senior Care (at least having one of advanced enterprise, street, community, town or base).

4.2.6 Good social environment for older people (5 points)

Including issue of proportion of older people participated in further education, sports facility coverage, mutual support for the older adults (time bank, volunteer etc.), prevalence, impact and active effect of Chinese traditional and advanced culture, and the increase of public happiness index.

4.2.7 Average health level of older people (5 points)

Including assessment of daily living ability (Barthel index), Nutrition risk screening (NRS 2002), Psychometric score (SCL—90), proportion of regular medical examination in older people.

4.2.8 Educational level of older people (5 points)

Including years of education, health literacy and death education.

5. TABLE OF INDICATORS

First-level indicators	Weight	Second-level indicators	Third-level indicators	Score (points)
Core index	10	Healthy life expectancy of different gender	Healthy life expectancy (years)	3
			Healthy life expectancy +2 (years)	6
			Healthy life expectancy +4 (years)	10
	10	Average life expectancy of different gender	Average life expectancy (years)	3
			Average life expectancy +2 (years)	6
			Average life expectancy +4 (years)	10
	10	Proportion of Centenarian of different gender(per 100 000)	[0,1.61]	2
			(1.61,2.06]	4
			(2.06,4.13]	6
			(4.13,7.63]	8
			> 7.63	10

continue

First-level indicators	Weight	Second-level indicators	Third-level indicators	Score (points)
Core index	10	Senior population ratio and longevity Index of different gender	Proportion of seniors over 80 to those over 60	
			[9.231,11.345]	0.6
			(11.345,12.616]	1.2
			(12.616,13.893]	1.8
			(13.893,16.864]	2.4
			> 16.864	3
			Ratio of the number of 90-99 seniors to 80-89 seniors	
			< 0.12	0.6
			[0.12,0.14]	1.2
			(0.14,0.16]	1.8
			(0.16,0.18]	2.4
			> 0.18	3
			Longevity index	
			< 0.01	0
			[0.01,0.015]	1
			(0.015,0.02]	2
			(0.02,0.03]	3
			> 0.03	4
	10	Proportion of healthy population over to the longevous	< (median-SD)	1
			(median-SD)-(median)	4
			(median)-(median + SD)	7
			> (median + SD)	10
	10	Proportion of people with labor capacity in his/her 60 to 69 years old	< (median-SD)	1
			(median-SD)-(median)	4
			(median)-(median + SD)	7
			> (median + SD)	10
Forest cover rate	5	Higher than the national average level	Not reach	0
			Higher than 5% or above	5
Ambient air and surface water quality	5	Ambient air	Good air quality days compliance rate	
			(80%,60%]	1
			(90%,80%]	2
			≥ 90%	3
		surface water	the proportion of surface water reaching or better than Class III water	
			not reach	0
			reach	2

continue

First-level indicators	Weight	Second-level indicators	Third-level indicators	Score (points)
Income equity	5	domestic per capita income /year	US dollar 9732-12 475	1
			US dollar 12 476 and above	2
		Gini Coefficient	> 0.3	0
			(0.2,0.3]	1
			≤ 0.2	2
		Theil Index	(0.5,1]	0
			[0,0.5]	1
		Engel Coefficient	> 40%	0
			(30%,40%]	1
			≤ 30%	2
Seniors' preferential treatment and subsidy system	5	Implementation of national policies and	No/ Incomplete	0
			Implement	1
		Establishment of local preferential policies	No/ Incomplete	0
			Yes	1
		Subsidy standards for older people VS the national standard	[100%,120%]	1
			(120%,150%]	2
			> 150%	3
Seniors' health support and social care services	5	Domestic health care service security system	No/ Incomplete	0
			Yes	1
		Medical and nursing mode with local characteristics	No/ Incomplete	0
			Yes	1
		Proportion of nursing beds	< 50%	0
			≥ 50%	1
		Health management rate of 65 year-old and above	< 80%	0
			≥ 80%	1
		Smart Senior Care (at least having one of advanced enterprise, street, community, town or base)	No/ Incomplete	0
			Yes	1

continue

First-level indicators	Weight	Second-level indicators	Third-level indicators	Score (points)
Good social environment of care for seniors	5	Proportion of older people participated in further education	< 20%	0
			≥ 20%	1
		Sports facility coverage	< 100%	0
			100%	1
		Mutual support for the older adults (time bank, volunteer etc.)	No	0
			Yes	1
		Prevalence, impact and active effect of Chinese traditional and advanced culture	No	0
			Yes	1
		Increase of public happiness index	No	0
			Yes	1
Average health level of older people	5	Barthel index	Proportion of older people with independent living ability	
			< 60%	0
			[60%,100%)	1
			100%	2
		NRS 2002	> 3 points	0
			Average score ≤ 3points	1
		SCL–90	Proportion of older people with healthy psychological state	
			< 60%	0
			[60%,100%)	1
			100%	2
		Proportion of regular medical examination	< 100%	0
			100%	1
Educational level of older people	5	Years of schooling	< 5	0
			[5,9)	1
			≥ 9	2
		Health Literacy	Proportion of older people with health knowledge	
			< 25%	0
			[25%,30%)	1
			≥ 30%	2
		Death education	No	0
			Yes	1

6. PROCEDURE

6.1 Application. The people's governments of counties, districts, and municipalities or other units of administrative divisions that have the requirements for certification voluntarily submit applications with application forms (with official seals), application reports, and corresponding statistical data.

6.2 Accepted. *Peking University Research Group of Theoretical and Empirical Research on Healthy China* will conduct preliminary review of submitted application reports and statistical data. After passing the preliminary examination, the people's governments of counties, districts, and municipalities or other units of administrative divisions will be notified. The application then enters into the stage of organizational certification.

6.3 Accreditation. *Peking University Research Group of Theoretical and Empirical Research on Healthy China* will establish an accreditation expert group and determine the chairman and members of the accreditation expert group, assess the application one by one in accordance with the principles and indicators. The data of each reference index was provided by the relevant departments of the local government and verified by the accreditation expert group. Where there is a need to engage a third party to verify and conduct a field survey, a third party will be commissioned to verify and a field investigation will be conducted by the accreditation expert group. For the submission of false materials and data, the application will be revoked, and no further application shall be made within three years.

6.4 Conclusion and release. The final result is determined by the total score of each indicator and the scores of the two categories of indicators, which are jointly determined by the final decision of the accreditation expert group. The total score of those who pass the accreditation is not less than 90 points, of which the core indicator score is equal to 60 points and the support indicator score is not less than 30 points. If it is certificated, it will be reported to the society's executive council for approval and posted on the society's website for one month. If there is no objection, it will be formally released by *Peking University Research Group of Theoretical and Empirical Research on Healthy China*.

7. STATISTICAL REQUIREMENTS

7.1 All demographic data are permanent residents.

7.2 Time point of data

The average life expectancy of the population and the proportion of older people population are based on the latest national census or national annual sample survey data, other data are based on government statistics at the end of the previous year when applying.

7.3 Information Sources

Relevant information extracted from documents published by the government, including the following information:

7.3.1 Basic population information, including average life expectancy, composition of older people population, health information of older people, etc.

7.3.2 Regional natural environment and human environment, including forest, air, water and other environmental quality data.

7.3.3 Basic socio-economic conditions, including at least data on GDP per capita in the last year.

7.3.4 Important government policies and measures in the last year to promote the social cause of aging and industrial development.

7.3.5 Basic status and main characteristics of the culture of social support for older people.

7.4 Supporting material

All data must be provided with supporting materials recorded in detailed statistical tables, specific requirements shall be implemented in accordance with *Criteria and Methods for Recognizing Happiness and Blue Zone.*

7.5 The weight of each indicator is the highest score. The assessment of the accreditation expert group should be scored based on objective data and judgment. The score of each indicator should be less than or equal to the weight score.

This Criteria and Methods should be explained by "Peking University Research Group of Theoretical and Empirical Research on Healthy China" and "Expert Group of *Blue Book of Elderly Health: Research and Policy Implementation of Healthy Aging in China*".

Norme et méthode d'évaluation de la zone bleue et heureuse

Université de Pékin «Groupe de recherche théorique et empirique sur la Chine saine»

Résumé: Face à la tendance croissante du vieillissement mondial, la santé de la population âgée, l'établissement de haute qualité et la norme d'évaluation d'un mode de services physique- psycho-social de la population âgée sont particulièrement importants. Dans le contexte social de la nouvelle ère dominé par la santé , la norme d'évaluation de «la zone bleue et heureuse» doit être construit d'urgence. Cette norme vise à souligner comment permettre aux personnes âgées de profiter d'un vieillissement en bonne santé, et en même temps, d'accorder plus d'attention à la pénétration de la culture traditionnelle et de la culture avancée, à la croissance de l'indice de bonheur, etc. Grâce à la participation des âgés, on peut donner plein jeu à leurs forces, réaliser leurs valeurs individuelles, créer une bonne atmosphère communautaire, et montrer la valeur sociale des personnes âgées. La norme met l'accent sur la comparaison horizontale et met également l'accent sur l'amélioration verticale, par exemple, sur la base de l'évaluation de l'indicateur d'espérance de vie moyenne, on ajoute la considération du taux d'augmentation de la durée de vie moyenne. Cette norme est réaliste et clairvoyante pour s'adapter à la situation actuelle du développement social dans la nouvelle ère de la Chine et à la poursuite inlassable de la santé et du bonheur du peuple, et promouvoir globalement le développement de haute qualité de la construction d'une Chine saine.

Rédacteurs principaux: Wang Hongman, Ma Yuhe, Yang Le, etc.

Norme et méthode d'évaluation de la zone bleue et heureuse

1. Sphère

Cette norme précise des exigences spécifiques telles que la terminologie, les principes d'identification, la composition et le poids du système des indicateurs d'identification, le tableau d'indentification, la procédure d'indentification et les exigences statistiques.

Cette norme s'applique aux districts, villes ou subdivisions administratives situées au sein du territoire de la république populaire de Chine (la région de Taiwan, les régions administratives spéciales de Hong Kong et de Macao ne sont pas momentanément comprises dans la portée de l'évaluation).

2. Termes et définitions

Les termes et les définitions suivants s'appliquent à cette norme

2.1 Zones bleues et heureuses (Happiness and blue zones)

Il s'agit des districts, des villes ou des unités subdivision administrative où l'espérance de vie moyenne de la population, l'espérance de vie en santé, la proportion de centenaires et la population âgée sont plus élevées que le niveau national moyen; la qualité de l'environnement écologique, les conditions de soins aux personnes âgées et d'autres indicateurs sont meilleurs que le niveau national élevé; la culture traditionnelle et la culture ethnique avancée régionale sont innovées et développées.

2.2 Espérance de vie moyenne (Average life expectancy)

L'espérance de vie dans le groupe d'âge 0 (c'est-à-dire à la naissance) est le nombre moyen d'années de survie, ou le taux de son augmentation, d'une génération hypothétique née en même temps.

2.3 Espérance de vie en santé (Healthy life expectancy)

L'espérance de vie en santé est égale à la somme pondérée de l'espérance de vie de divers états de santé, dans laquelle la partie saine et la partie malsaine de l'espérance de vie sont également identifiées.

2.4 Les centenaires/Les longevous (Centenarian/The longevous)

Les personnes âgées de 100 ans ou plus et les personnes très âgées dans la région.

2.5 Proportion de la population très âgée (Senior population ratio)

La proportion de personnes âgées de 80 ans et plus par rapport à celles de 60 ans et plus, et la proportion de personnes en bonne santé. La proportion de personnes âgées de 60 à 70 ans qui sont capables de travailler.

2.6 Indice de longévité (Longevity index)

La proportion de la population âgée de plus de 90 ans par rapport à celle de plus de 65 ans.

2.7 Le couvert forestier et végétal (Forest cover rate)

Le pourcentage de la superficie forestière et végétale dans une zone.

2.8 Qualité de l'air ambiant (Ambient air quality)

L'état de l'air dans la zone est identifiée par les normes nationales de qualité de l'air ambiant. Il peut être indiqué concrètement par la proportion de jours avec une bonne qualité des villes, la baisse de la concentration de particules fines (pm2,5) dans les villes, la proportion d'eau de surface atteignant ou dépassant la classe III, la proportion d'eau de surface inférieur à la classe V, la proportion de bonne qualité de l'eau des rivières et des lacs importants dans les zones fonctionnelles, la qualité des sources d'eau potable dans les villes atteignant ou dépassant la classe III, la proportion de conformité de la qualité de l'eau dans les zones importantes pour la fonction de l'eau des rivières et des lacs, la proportion de l'eau en bonne qualité dans les côtières (qui atteint première et deuxième classe), les taux d'utilisation sécurisée des terres cultivées polluées, la quantité de l'utilisation d'engrais chimique par unité de surface cultivée, la quantité de l'utilisation de pesticides par unité de surface cultivée, etc.

2.9 Qualité environnementale des eaux de surface (Environmental quality standard for surface water)

L'état des eaux de surface dans une région, qui est déterminé par les normes nationales sur la qualité environnementale des eaux de surface.

2.10 Equité des revenus (Income equity)

La répartition relativement équitable des revenus entre les membres de la société.

2.11 Taux de gestion de la santé (Health management rate)

La proportion de personnes âgées bénéficiant de services de gestion de la santé.

2.12 Pénétration de les cultures traditionnelle et avancée

L'influence de la culture traditionnelle chinoise et de la culture avancée régionale sur l'économie locale.

3. Principes d'identification

3.1 Principe de volonté

Insistant sur la déclaration volontaire locale, le groupe d'experts de « groupe de recherche théorique et empirique de la Chine saine » et «Livre bleu de la Chine sur le développement d'un vieillissement sain —— recherches et mesures actives pour répondre au vieillissement de la population» accepte et évalue les demande selon la norme.

3.2 Principe d'ouverture

Rester fidèle aux normes ouvertes, procédures ouvertes, données ouvertes et résultats ouvertes.

3.3 Principe de masse

Il reflète pleinement l'objectif, du parti et du gouvernement, de mettre le peuple en premier et de rechercher le bonheur pour le peuple, évalue et améliore le niveau de la santé et du bonheur du peuple. Nous devons donc adhérer au principe de la masse, mobiliser pleinement la population locale pour participer à la construction d'une zone bleue et heureuse et aux activités de développement durable, permettre à chacun de développer de bonnes habitudes de vie et de bons comportements moraux. Les représentants de la population locale sont invités à participer à l'ensemble du processus de travail d'évaluation, dans le but de rendre les masses informées, satisfaites et bénéficiaires.

3.4 Principe de l'équité

Maintenir la neutralité objective, rechercher la vérité à partir des faits et respecter pleinement les avis de vérification du groupe d'experts et ceux-ci de tiers.

3.5 Principes de conformité

Rester fidèle aux normes, opérer selon les standards, identifier en stricte conformément à la procédure.

4. Composition du système des indicateurs pondérés (score complet: 100)

4.1 Indicateurs de base (60 points)

4.1.1 Espérance de vie moyenne par sexe (10 points)

4.1.2 Espérance de vie en bonne santé par sexe (10 points)

4.1.3 Proportion de centenaires de différents sexes (personnes / 100 000 personnes)(10 points)

4.1.4 Proportion de la population âgée de différents sexes et indice de longévité (10 points)

4.1.5 Proportion de la population saine dans la population âgée (10 points)

4.1.6 Proportion de personnes âgées de 60-69 ans ayant une capacité de travail (10 points)

4.2 Indicateurs de soutien (40 points)

4.2.1 Couvert forestier et végétal (5 points)

4.2.2 Qualité de l'air et de l'eau de surface (5 points)

4.2.3 Revenu et son équité (5 points)

Il comprend le revenu par habitant par an, le coefficient de Gini, l'indice de Theil et le coefficient Engel.

4.2.4 Niveau de la culture de la piété filiale, le système et la critère de privilège et de subvention pour les personnes âgées (5 points)

Il s'agit de la mise en œuvre des politiques nationales, l'établissement des politiques régionales du privilège, les critères de subvention pour les personnes âgées.

4.2.5 Services de soutien à la santé et des soins aux personnes âgées (5 points)

Il comprend le système régional de sécurité des services de santé, la combinaison du mode médical et infirmier aux caractéristiques locales, la proportion de lits de soins infirmiers, le taux de gestion de la santé des personnes âgées de plus de 65 ans, la pension intelligente (au moins avec une entreprise exemplaire de soins de santé intelligents, ou un quartier ou un bourg exemplaire de soins de santé intelligents, ou une base exemplaire de soins de santé intelligents).

4.2.6 Société de la zone bleue et heureuse (5 points)

Il comprend la proportion de éducation continue pour les personnes âgées, le taux de couverture des installations sportives, l'entraide pour les personnes âgées (comme la banque de temps, le service bénévole, etc.), la vulgarisation, le renforcement d'influence et l'utilité positive de la culture chinoise traditionnelle et de la culture régionale avancée, et l'augmentation de l'indice de bonheur du peuple.

4.2.7 L'état de santé moyen des personnes âgées (les maladies physiques, les fonctions cognitives, les activités sociales, la psychologie, etc.) (5 points)

Il comprend l'évaluation de la capacité de vie quotidienne (indice de Barthel), le dépistage des cas de malnutrition (NRS 2002), le score psychométrique (SCL-90) et la proportion de personnes âgées bénéficiant d'examens médicaux réguliers

4.2.8 Niveau d'éducation des personnes âgées (5 points)

Il comprend le nombre d'années de scolarisation, le niveau de connaissances sur la santé, l'éducation à la mort.

5. Tableau d'identification

Indicateurs de niveau 1	Pondération	Indicateurs de niveau 2	Indicateurs de niveau 3	Score
Indicateurs de base	10	Espérance de vie en bonne santé de la population par sexe	Espérance de vie moyenne en bonne santé (an)	3 points
			Espérance de vie moyenne en bonne santé + 2 (ans)	6 points
			Espérance de vie moyenne en bonne santé + 4 (ans)	10 points
	10	Espérance de vie moyenne de la population par sexe	Âge moyen (an)	3 points
			Âge moyen + 2 (ans)	6 points
			Âge moyen + 4 (ans)	10 points
	10	Proportion de centenaires par sexe dans la population totale (/100 000 personnes)	[0, 1.61]	2 points
			(1.61, 2.06]	4 points
			(2.06, 4.13]	6 points
			(4.13, 7.63]	8 points
			>7.63	10 points
	10	Proportion de personnes âgées de différents sexes et indice de longévité	Population âgée de plus de 80 ans par rapport à la population âgée de plus de 60 ans	
			[9.231, 11.345]	0.6 point
			(11.345, 12.616]	1.2 point
			(12.616, 13.893]	1.8 point
			(13.893, 16.864]	2.4 points
			>16.864	3 points
			Rapport de la population âgée de 90 à 99 ans au total de la population âgée de 80 à 89 ans	
			<0.12	0.6 point
			[0.12, 0.14]	1.2 point
			(0.14, 0.16]	1.8 point
			(0.16, 0.18]	2.4 points
			>0.18	3 points

Encore

Indicateurs de niveau 1	Pondération	Indicateurs de niveau 2	Indicateurs de niveau 3	Score
Indicateurs de base	10	Proportion de personnes âgées de différents sexes et indice de longévité	Population âgée de plus de 90 ans par rapport à la population âgée de plus de 65 ans (Indice de longévité) <0.01 [0.01, 0.015] (0.015, 0.02] (0.02, 0.03] >0.03	 0 point 1 point 2 points 3 points 4 points
	10	Proportion de la population en bonne santé parmi les personnes âgées	< (moyenne -1 écart-type) [(moyenne - 1 écart-type), moyenne) (moyenne, (moyenne + 1 écart-type)] > (moyenne + 1 écart-type)	1 point 4 points 7 points 10 points
	10	Proportion de personnes âgées de 60 à 69 ans ayant la capacité de travailler	< (moyenne - 1 écart-type) [moyenne, (moyenne -1écart-type)) (moyenne, (moyenne + 1 écart-type)] > (moyenne + 1 écart-type)	1 point 4 points 7 points 10 points
Couvert forestier et végétal	5	Supérieur à la moyenne nationale	Non Supérieur à 5%	0 point 5 points
Qualité de l'air et de l'eau de surface	5	Qualité de l'air	Taux de réalisation des jours de bonne qualité de l'air (80%, 60%] (90%, 80%] Plus de 90%	 1 point 2 points 3 points
		Qualité de l'eau de surface	Qualité de l'eau des principales sections fluviales de la région atteint ou dépasse standard national de niveau III. Non Oui	 0 point 2 points

Encore

Indicateurs de niveau 1	Pondération	Indicateurs de niveau 2	Indicateurs de niveau 3	Score
Revenu et son équité	5	Revenu par habitant dans la région par an	9732 - 12475 dollars	1 point
			12476 dollars et plus	2 points
		Coefficient de Gini	Plus de 0.3	0 point
			(0.2, 0.3]	1 point
			0.2 et moins	2 points
		Indice de Theil	0.5 - 1	0 point
			0 - 0.5	1 point
		Coefficient Engel	Plus de 40%	0 point
			(30%, 40%]	1 point
			30% et moins	2 points
Système et critère de privilège et de subvention pour les personnes âgées	5	Mise en œuvre des politiques nationales	Non ou incomplet	0 point
			Mise en œuvre	1 point
		Établissement des politiques régionales du privilège	Non ou incomplet	0 point
			Établi	1 point
		Critères de subvention pour les personnes âgées	[100%, 120%]	1 point
			(120%, 150%]	2 points
			Plus de 150%	3 points
Services de soutien à la santé et des soins aux personnes âgées	5	Système régional de sécurité des services de santé et de retraite	Non ou incomplet	0 point
			Établi	1 point
	5	Mode de combinaison de soins médicaux et infirmiers aux caractéristiques locales	Non ou incomplet	0 point
			Établi	1 point
		Pourcentage de lits de soins infirmiers	Moins de 50%	0 point
			50% et plus	1 point
		Taux de gestion de la santé des personnes âgées de plus de 65 ans	Moins de 80%	0 point
			80% et plus	1 point
		Pension intelligente (au moins avec une entreprise exemplaire de soins de santé intelligents, ou un quartier ou un bourg exemplaire de soins de santé intelligents, ou une base exemplaire de soins de santé intelligents)	Non ou incomplet	0 point
			Établi	1 point

Encore

Indicateurs de niveau 1	Pondération	Indicateurs de niveau 2	Indicateurs de niveau 3	Score
Société de la zone bleue et heureuse	5	Proportion de éducation continue pour les personnes âgées	Moins de 20% 20% et plus	0 point 1 point
		Taux de couverture des installations sportives	Moins de 100% 100%	0 point 1 point
		Entraide pour les personnes âgées (comme la banque de temps, le service bénévole, etc.)	Non établi Établi	0 point 1 point
		La vulgarisation, l'influence et l'utilité positive de la culture chinoise traditionnelle et de la culture régionale avancée	Non Oui	0 point 1 point
		Croissance de l'indice de bonheur des gens	Non Oui	0 point 1 point
L'état de santé moyen des personnes âgées	5	Indice de Barthel	Personnes âgées qui prennent Moins de 60% [60%, 100%) soin d'elles-mêmes 100%	0 point 1 point 2 points
		NRS 2002	Score moyen du dépistage Plus de 3 points nutritionnel ≤ 3points	0 point 1 point
		SCL-90	Moins de 60% [60%,100%) Taux de santé mentale 100%	0 point 1 point 2 points
		Proportion de personnes âgées bénéficiant d'examens médicaux réguliers	Moins de 100% 100%	0 point 1 point
Niveau d'éducation des personnes âgées	5	le nombre d'années de scolarisation	Moins de 5 ans 5 à 9 ans Moyenne 9 ans et plus	0 point 1 point 2 points
		Niveau de connaissances sur la santé	Moins de 25% [25%, 30%) 30% et plus	0 point 1 point 2 points
		Éducation à la mort	Non Oui	0 point 1 point

6. Procédure d'identification

6.1 Présentation de la demande. Le gouvernement d'un district ou d'une ville ou d'une unité de la subdivision administrative qui a besoin d'une identification présente volontairement le formulaire de demande (tamponné du sceau officiel), le rapport de demande et les données statistiques correspondantes.

6.2 Réception. Le groupe de recherche théorique et empirique sur la Chine saine effectue un examen préliminaire des rapports de demande soumis et des données statistiques. Après avoir réussi l'examen préliminaire, le gouvernement du district et de la ville ainsi que l'unité de la subdivision administrative sont avisés et la demande entre au stade de l'identification d'organisation.

6.3 Identification. Le groupe de recherche théorique et empirique sur la Chine saine forme un groupe de travail des experts de l'identification et détermine le président, qui est le responsable du travail, et les membres du groupe. Ils font la notation de chaque proposition selon les principes d'identification et les indicateurs d'identification. Les données de chaque indicateur de référence sont fournies par les services compétents du gouvernement local et vérifiées par le groupe de travail d'experts sur l'identification. Si une vérification par une tierce partie et une enquête sur le terrain sont nécessaires, le travail de vérification sera confiée à une tierce partie, et le groupe de travail d'experts mènera l'enquête sur le terrain. Pour ceux qui soumettent de faux documents et données, la demande est révoquée et ne pourra être déclarée à nouveau dans les trois ans.

6.4 Conclusion et publication. Le résultat final est déterminé par le score total, le score des deux catégories d'indicateurs et la décision finale du groupe d'identification. Le score total de ceux qui réussissent l'identification est d'au moins 90 points, le score de l'indicateur de base est égal à 60 points, et le score de l'indicateur de soutien est d'au moins 30 points. Ceux qui passent l'identification seront soumis au groupe de recherche théorique et empirique sur la Chine saine pour la délibération et l'approbation, et seront publiés sur le site web pendant un mois. S'il n'y a pas d'objection, il sera officiellement publié par le groupe de recherche théorique et empirique sur la Chine saine.

7. Règles statistiques

7.1 Toutes les données sur la population sont collectées des résidents permanents.

7.2 Délais de la collecte des statistiques

L'espérance de vie moyenne, l'espérance de vie en bonne santé, la proportion de la population âgée, la proportion de la population en bonne santé, la population centenaire et d'autres données sont fondées sur les données du dernier recensement national ou de l'enquête nationale annuelle par l'échantillonnage; toutes les autres données sont basées sur les statistiques gouvernementales à la fin de l'année précédente au moment du dépôt.

7.3 Sources d'information

L'information provient de documents gouvernementaux, notamment les suivants:

7.3.1 Les informations essentielles sur la population, qui comprennent l'espérance de vie moyenne, la composition de la population des personnes âgées, les informations sur la santé des personnes âgées, etc. Celles-ci peuvent faire référence aux données publiées par les services gouvernementaux compétents au niveau du district et de la ville.

7.3.2 L'environnement naturel régional et l'environnement humain, qui comprennent la qualité de la forêt, de l'air, de l'eau et d'autres.

7.3.3 Conditions économiques de base, qui comprennent le PIB par habitant de l'année précédente et d'autres données.

7.3.4 Politiques et mesures importantes mise en œuvre par le gouvernement pour promouvoir les projets et le développement industriel destinés aux personnes âgées au cours de la dernière année.

7.3.5 La situation générale et les principales caractéristiques du développement social de la culture traditionnelle et de la culture avancée.

7.4 Documents justificatifs

Toutes les données doivent accompagner des documents justificatifs détaillés, en fonction de « Le règlement de <Norme d'identification et mesures de mise en œuvre de la zone bleue et heureuse>».

7.5 le poids de chaque indicateur est le score le plus élevé, et le score des experts du groupe d'identification devrait être noté en fonction des données objectives et du jugement, et le score de chaque indicateur devrait être inférieur ou égal au score de poids.

Cette méthode est interprétée par le groupe de recherche théorique et empirique sur la Chine saine et le groupe d'experts de «Livre bleu de la Chine sur le développement d'un vieillissement sain —— recherches et mesures actives pour répondre au vieillissement de la population».

Стандарт Ассоциации

Критерии и Методы Идентификации «Голубых Зон Здорового Долголетия и Счастья»

Выпущен, Реализован с

Стандарт подготовлен совместно:
Исследовательской группой Пекинского университета по теоретическим и эмпирическим исследованиям по здоровому Китаю
Экспертной группой «Синей книги исследований здоровья пожилых людей и политики в области здорового старения в Китае»
Обществом по проблемам старения и здоровья Китайской Ассоциации экономики здравоохранения

«Критерии и методы идентификации «Голубых Зон Здорового Долголетия и Счастья»» — это не только стандарт или механизм оценки, но и углубленное развитие и трансформация концепции здоровья в современном Китае. Это методы для точного осуществления национальной политики в области здравоохранения, а также практические критерии для многомерного строительства экологической цивилизации. «Критерии и методы идентификации «Голубых Зон Здорового Долголетия и Счастья»» были опубликованы на нескольких языках, как ответ Китая вызовам на вызов современного мира, в котором описываются идеи и планы Китая в международной сфере здорового старения, что безусловно, сыграет положительную роль в формировании сообщества здоровья человека и реализации глобальной концепции «зеленой воды» и «зеленых гор». «Критерии и методы идентификации «Голубых Зон Здорового Долголетия и Счастья»» ожидается, что она будет постоянно пересматриваться, обогащаться и совершенствоваться в процессе использования.

Критерии и Методы Идентификации «Голубых Зон Здорового Долголетия и Счастья»

Подготовлены исследовательской группой Пекинского университета по теоретическим и эмпирическим исследованиям здоровья в Китае

Criteria and Methods for Recognizing Happiness and Blue Zones

Аннотация: В условиях усиливающейся тенденции глобального старения особенно важно здоровье пожилого населения, стандарты оценки и качественное построение модели физико-психологического социального обслуживания пожилых людей. В новую эпоху, когда социальный фон, окружающая среда и социальная идентичность доминируют над здоровьем, необходимо своевременно разработать стандарты и рекомендации по критериям и методам идентификации «Голубых Зон Здорового Долголетия и Счастья». Данный стандарт не только разъясняет, как обеспечить здоровое существование пожилых людей, но и уделяет больше внимания конкретным условиям проникновения и влияния традиционной и передовой культуры на жизнь людей, а также росту индекса счастья населения. Социальная ценность пожилых людей проявляется благодаря их участию в жизни общества, использованию их сильных сторон, реализации индивидуальной ценности и созданию хорошей атмосферы в обществе. В то время как стандарт делает упор на горизонтальное сравнение, также обращает внимание на вертикальное улучшение, например, на основе оценки индекса средней продолжительности жизни добавляется учет темпов роста средней продолжительности жизни. Данный стандарт является необходимым для всестороннего содействия высококачественному развитию строительства здорового Китая, а также адаптации к текущей ситуации социального развития Китая, в процессе которого люди неустанно стремятся к здоровью и счастью. Это реалистичный и перспективный подход, позволяющий адаптироваться к статус-кво социального развития Китая в новую эпоху и неустанному стремлению людей к здоровью и благополучию, а также всесторонне содействовать высококачественному развитию строительства здорового Китая.

Основные составители: Ван Хунмань, Ма Юйхэ, Ян Лэ и др.

Критерии и методы идентификации «Голубых Зон Здорового Долголетия и Счастья»

1. ОБЛАСТЬ ПРИМЕНЕНИЯ

Настоящий стандарт устанавливает специальные требования, такие как терминология, принципы оценки, состав и весовые коэффициенты систем оценочных показателей, таблицы оценки, процедуры оценки, статистические требования и т.д.

Настоящий стандарт распространяется на уезды, районы, города или административные единицы, расположенные на территории Китайской Народной Республики (специальные административные районы о. Тайвань, Гонконг и Макао временно не входят в область оценки).

2.ТЕРМИНЫ И ОПРЕДЕЛЕНИЯ

В настоящем стандарте применяются следующие термины и определения.

2.1. Счастье и «Голубая зона» (Happiness and blue zones)

Имеются в виду уезды, районы, города и административные единицы, в которых средняя продолжительность жизни, продолжительность здоровой жизни, доля столетних и пожилых людей выше, чем в среднем по стране, а такие показатели, как качество экологической среды и условия ухода за пожилыми людьми, превосходят высокий национальный уровень, инновационность и продвижение традиционной культуры и передовой этнической культуры в Китае.

2.2. Средняя ожидаемая продолжительность жизни (Average life expectancy)

Ожидаемая продолжительность жизни при рождении — это количество лет, которое в среднем предстоит прожить человеку, родившемуся в данный год.

2.3. Ожидаемая продолжительность здоровой жизни(Healthy life expectancy)

Это расчетный индикатор, который показывает, в течение какого периода человек сможет обладать хорошим самочувствием и не страдать от хронических болезней.

Данный индикатор равен взвешенной сумме различных ожидаемых продолжительностей жизни с учетом состояния здоровья.

Ожидаемая продолжительность здоровой жизни, которая равна сумме взвешенных ожидаемых продолжительностей жизни по различным состояниям здоровья — это дополнительное определение здоровых и нездоровых компонентов продолжительности жизни на основе показателя ожидаемой продолжительности жизни.

2.4. Столетний долгожитель (Centenarian/The Longevous)

Человек в возрасте 100 лет или старше.

2.5 Доля населения пожилого возраста (Senior population ratio)

Доля населения в возрасте 80 лет и старше к населению в возрасте 60 лет и старше, а также доля здоровых людей.

Доля трудоспособного населения в возрасте 60-70 лет.

2.6 Индекс долголетия (Longevity index)

Доля пожилого населения в возрасте 90 лет и старше к населению в возрасте 65 лет и старше.

2.7 Коэффициент лесистости Лесной и растительный покров(Forest cover rate)

Процентное соотношение площади лесов и растительности к площади суши в регионе.

2.8 Качество окружающего воздуха (Ambient air quality)

Оно относится к состоянию качества воздуха в регионе на основе национальных стандартов качества окружающего воздуха для определения преимуществ и недостатков качества воздуха, которые могут быть выражены как соотношение дней хорошего качества воздуха в городах уровня префектуры и выше, содержание мелких твердых частиц (PM2.5) не соответствует стандартам городов уровня префектуры и выше, снижение концентрации поверхностных вод до уровня или лучше, чем доля водоемов класса III, доля плохих поверхностных вод V водоемов, уровень соответствия качества воды функциональных зон важных рек и озер, доля качества воды централизованных источников питьевой воды на уровне префектуры и выше. Доля городских централизованных источников питьевой воды, качество воды в которых достигает или превосходит III класс, доля прибрежных вод хорошего качества (I и II класс), коэффициент безопасного использования загрязненных пахотных земель, использование удобрений на единицу площади пахотных земель, использование пестицидов на единицу площади пахотных земель и т.д.

2.9. Стандарт качества окружающей среды для поверхностных вод (Environmental quality standard for surface water)

Состояние качества поверхностных вод в районе, определенное в соответствии с национальными стандартами качества окружающей среды поверхностных вод.

2.10. Равенство в распределении доходов (Income equity)

Относительно справедливое распределение доходов между членами общества.

2.11. Показатель медицинского контроля (Health management rate)

Доля пожилых людей, получающих медицинские услуги.

2.12. Проникновение традиционной и передовой культуры (Traditional and advanced culture infiltration)

Относится к влиянию традиционной китайской культуры и развитой региональной культуры на местную экономику.

3. ПРИНЦИП ИДЕНТИФИКАЦИИ

3.1 Принцип добровольности

Придерживаясь местной добровольной декларации, экспертная группа «Исследовательской группы теории и доказательств здорового Китая» и «Синей книги здоровья пожилых людей - исследование и разработка политики в области здорового старения в Китае» принимает и оценивает заявки в соответствии с условиями.

3.2. Открытость информации

Придерживаться принципов открытости стандартов, процедур, данных и результатов.

3.3. Принцип массового участия

Он в полной мере воплощает цель партии и правительства ставить народ на первое место и добиваться счастья для народа, а также оценивает индекс для улучшения здоровья, счастья и уровня жизни людей, поэтому необходимо придерживаться принципа массового участия, полностью мобилизовать местное население на участие в строительстве здорового и счастливого родного города и различных мероприятиях по устойчивому развитию, а также воспитывать у всех хорошие привычки и нравственное поведение. Мы приглашаем местных представителей к участию для оценки и делаем все возможное, чтобы люди были осведомлены, удовлетворены и получили пользу.

3.4. Принцип справедливости

Придерживаться объективности, нейтральности, искать истину из фактов, полностью уважать мнения об аутентичности и сторонние проверочные заключения экспертной группы.

3.5. Нормативные принципы

Придерживаться стандартов как основы, стандартизировать деятельность и строго соблюдать процедуру сертификации.

4. СОСТАВ И ЗНАЧЕНИЯ СИСТЕМЫ ИДЕНТИФИКАЦИОННЫХ ИНДЕКСОВ (100 БАЛЛОВ)

4.1. Основные показатели (60 баллов)

4.1.1. Средняя продолжительность жизни населения разного пола (10 баллов)

4.1.2. Продолжительность здоровой жизни населения разного пола (10 баллов)

4.1.3. Доля столетних людей разного пола в общей численности населения (чел./100 000 чел.) (10 баллов)

4.1.4. Доля пожилого населения разного пола и индекс долголетия (10 баллов)

4.1.5. Доля здорового населения среди пожилого населения (10 баллов)

4.1.6. Доля трудоспособного населения в возрасте 60-69 лет (10 баллов)

4.2. Вспомогательные показатели (40 баллов)

4.2.1. Покрытие лесом и растительностью (5 баллов)

4.2.2. Качество санитарной обстановки воздушной и поверхностной воды (5 баллов)

4.2.3. Экономический доход и справедливость доходов (5 баллов)

Включает доход на душу населения/год, коэффициент Джини, индекс Тиля и коэффициент Энгеля в рамках региона доходов пожилого населения.

4.2.4. Культурный уровень сыновней почтительности, система преференций и субсидий, а также стандарты для пожилых людей (5 баллов)

Включает реализацию национальной политики, создание льготной политики для регионов, установление стандартов субсидирования пожилых людей.

4.2.5. Медицинская поддержка пожилых людей и услуги по уходу за пожилыми людьми (5 баллов)

Включает региональную систему гарантий медицинского обслуживания и ухода за пожилыми людьми, модель интеграции медицинского обслуживания и ухода за пожилыми людьми, характерную для региона, долю коек сестринского ухода за пожилыми людьми, уровень управления здоровьем пожилых людей старше 65 лет, а также «умный» уход за пожилыми людьми (хотя бы одно из демонстрационных предприятий «умного» ухода за пожилыми людьми, демонстрационные улицы/города «умного» ухода за пожилыми людьми или демонстрационные базы «умного» ухода за пожилыми людьми).

4.2.6. Здоровая и счастливая социальная среда (5 баллов)

Сюда входит доля непрерывного образования для пожилых людей, охват спортивными сооружениями, взаимопомощь по уходу за пожилыми людьми (например, банки времени, волонтерские службы и т.д.), популяризация традиционной китайской культуры и передовой региональной культуры, улучшение влияния и положительного эффекта, рост индекса счастья людей.

4.2.7. Оценка среднего уровня здоровья пожилых людей (включая физические заболевания, когнитивные функции, социальную активность, психологию и т.д.) (5 баллов)

Входит оценка способности к повседневной жизни (индекс Бартела), скрининг риска по питанию (NRS 2002), оценка психологических показателей (SCL-90), а также доля пожилых людей, проходящих регулярные медицинские осмотры.

4.2.8. Уровень грамотности пожилых людей (5 баллов)

Включая количество лет обучения, уровень медицинской грамотности и просвещение по вопросам смерти.

5. Таблица показателей

Показатели первого уровня	Вес	Показатели второго уровня	Показатели третьего уровня	Оценки
Основные показатели	10	Ожидаемая продолжительность здоровой жизни представителей разных полов	Средняя продолжительность здоровой жизни (лет)	3 балла
			Средняя продолжительность здоровой жизни +2 (года)	6 баллов
			Средняя продолжительность здоровой жизни +4 (года)	10 баллов
	10	Средняя продолжительность представителей разных полов	Средний возраст (лет)	3 балла
			Средний возраст + 2 (года)	6 баллов
			Средний возраст +4 (года))	10 баллов
	10	Доля столетних людей разного пола в общей численности населения (/100 000 человек)	[0, 1.61]	2 балла
			(1.61, 2.06]	4 балла
			(2.06, 4.13]	6 баллов
			(4.13, 7.63]	8 баллов
			> 7.63	10 баллов
	10	Доля пожилого населения по полу и индексы долголетия9	Доля населения в возрасте 80 лет и старше по отношению к населению в возрасте 60 лет и старше	
			[9.231, 11.345]	0.6 балла
			(11.345, 12.616]	1.2 балла
			(12.616, 13.893]	1.8 балла
			(13.893, 16.864]	2.4 балла
			> 16.864	3 балла

продолжение

Показатели первого уровня	Вес	Показатели второго уровня	Показатели третьего уровня	Оценки
Основные показатели	10	Доля пожилого населения по полу и индексы долголетия9	Отношение численности пожилого населения в возрасте 90-99 лет к общей численности населения в возрасте 80-89 лет	
			< 0.12	0.6 балла
			[0.12, 0.14]	1.2 балла
			(0.14, 0.16]	1.8 балла
			(0.16, 0.18]	2.4 балла
			> 0.18	3 балла
			Отношение численности населения в возрасте 90+ к численности населения в возрасте 65+ (индекс долголетия)	
			< 0.01	0 баллов
			[0.01, 0.015]	1 балл
			(0.015, 0.02]	2 балла
			(0.02, 0.03]	3 балла
			> 0.03	4 балла
	10	Доля здорового населения среди пожилых людей	<(Среднее-1 стандартное отклонение)	1 балл
			[(Среднее-1 стандартное отклонение),Среднее)	4 балла
			(Среднее, (Среднее+1 стандартное отклонение)]	7 баллов
			> (среднее+1 стандартное отклонение)	10 баллов
	10	Доля трудоспособных лиц в возрасте 60-69 лет	< (среднее-1 стандартное отклонение)	1 балл
			[Среднее, (среднее-1 стандартное отклонение)])	4 балла
			(среднее, (среднее+1 стандартное отклонение))	7 баллов
			> (среднее, (среднее+1 стандартное отклонение))	10 баллов
Процент лесистости	5	Выше среднего уровня по стране	Не достигнуто	0 баллов
			Более 5%	5 баллов

продолжение

Показатели первого уровня	Вес	Показатели второго уровня	Показатели третьего уровня	Оценки
Качество окружающего воздуха и поверхностных вод	5	Качество воздуха	Показатель достижения дней хорошего качества воздуха	
			(80%, 60%]	1 балл
			(90%, 80%]	2 балла
			90% и более	3 балла
		Экологическое качество поверхностных вод	Мониторинг качества воды на основных участках рек региона соответствует или превышает национальный стандарт качества воды категории 3. Мониторинг качества воды на основных участках рек региона соответствует или превосходит национальный стандарт качества воды категории 3.	
			Не достигнуто	0 баллов
			Достигнуто	2 балла
Экономический доход и равенство распределения доходов	5	Доход на душу населения в регионе/год	9732-12 475	1 балл
			12 476 долл. и выше	2 балла
		Коэффициент Джини (мера статистической дисперсии)	Более 0.3	0 баллов
			(0.2, 0.3]	1 балл
			0.2 и ниже	2 балла
		Индекс Тирелла	0.5-1	0 баллов
			0-0.5	1 балл
		Коэффициент Энгеля	Выше 40%	0 баллов
			(30%, 40%]	1 балл
			30 процентов и ниже	2 балла
Система льгот и субсидий для пожилых людей	5	Реализация национальной политики	Не выполнено/незавершено	0 баллов
			Выполнено	1 балл
		Формирование политики льготного кредитования в регионе	Не выполнено/незавершено	0 баллов
			Выполнено	1 балл
		Стандарты субсидирования пожилых людей	[100%, 120%]	1 балл
			(120%, 150%]	2 балла
			Более 150 процентов	3 балла

продолжение

Показатели первого уровня	Вес	Показатели второго уровня	Показатели третьего уровня	Оценки
Медицинская поддержка и уход за пожилыми людьми	5	Региональная система гарантии услуг здорового возраста	Не выполнено/незавершено Выполнено	0 баллов 1 балл
		Местные характеристики модели интеграции здравоохранения	Не выполнено/незавершено Выполнено	0 баллов 1 балл
		Процент коек сестринского ухода	Менее 50% 50% и выше	0 баллов 1 балл
		Уровень управления здоровьем людей старше 65 лет	Менее 80% 80% и выше	0 баллов 1 балл
		Умный уход за пожилыми людьми (по крайней мере существует один из следующих: образцово-показательное предприятие по охране здоровья и уходу за пожилыми людьми, демонстрационные городские/поселковые комитеты по уходу за пожилыми людьми)	Нет/Неполный Есть	0 баллов 1 балл
Здоровый образ жизни и счастливая социальная среда	5	Доля непрерывного образования для пожилых людей	Менее 20% 20% и выше	0 баллов 1 балл
		Покрытие территори спортивными объектами	Менее 100% 100%	0 баллов 1 балл
		Взаимопомощь в пожилом возрасте (например, тайм-банкинг, волонтерство и т.д.)	Нет Есть	0 баллов 1 балл
		Популяризация, усиление влияния и положительный эффект традиционной китайской культуры и региональной передовой культуры	Нет Есть	0 баллов 1 балл
		Рост индекса народного счастья	Нет Есть	0 баллов 1 балл

продолжение

Показатели первого уровня	Вес	Показатели второго уровня	Показатели третьего уровня	Оценки
Средний уровень здоровья пожилых людей	5	Индекс Бартеля	Пожилые люди, живущие Ниже 60%	0 баллов
			[60%, 100%]	1 балл
			самостоятельно 100%	2 балла
		NRS 2002	Средний балл скрининга Более 3 баллов	0 баллов
			питания ≤ 3 баллов	1 балл
		SCL--90	Уровень психического Ниже 60%	0 баллов
			[60%, 100%]	1 балл
			здоровья 100%	2 балла
		Доля пожилых людей, проходящих регулярные медицинские осмотры	Менее 100%	0 баллов
			100%	1 балл
Уровень грамотности пожилых людей	5	Уровень образования	Менее 5 лет	0 баллов
			От 5 до 9 лет	1 балл
			Среднее 9 лет и более	2 балла
		Уровень медицинской грамотности	Ниже 25%	0 баллов
			[25%, 30%].	1 балл
			30% и выше	2 балла
		Просвещение по вопросам смерти	Нет	0 баллов
			Есть	1 балл

6. ПРОЦЕДУРА

6.1 Заявка.

Народные правительства округов, районов и городов или административные единицы, которые соответствуют указанным требованиям, добровольно подают заявления, отправляют форму заявки (с официальными печатями), отчет и соответствующие статистические данными.

6.2 Прием заявки.

Исследовательская группа Пекинского университета по теоретическим и эмпирическим исследованиям здоровья в Китае проводит предварительную проверку представленных отчетов в заявках и статистических данных. После прохождения предварительной экспертизы народные правительства округов, районов и городов, а также административные единицы получать соответствующее уведомление. Далее заявка вступает в стадию идентификации.

6.3 Оценка

Исследовательская группа Пекинского университета по теоретическим и эмпирическим исследованиям здоровья в Китае создает экспертную группу по аккредитации и определяет председателя и членов экспертной группы, которые проведут оценки заявок в соответствии с вышеуказанными принципами и показателями. Данные по каждому справочному индексу, предоставленные соответствующими департаментами местных властей, будут проверены группой по идентификации. В тех случаях, когда необходимо привлечь третью сторону для проверки и проведения исследований на местах, третьей стороне будет поручено провести проверку, а группа экспертов по аккредитации проведет исследование на местах. При представлении ложных и недостоверных материалов и данных заявка будет отклонена, а дальнейшая подача заявок не будет разрешена в течение трех лет.

6.4 Заключениеи публикация результатов.

Окончательный результат определяется по общему баллу каждого показателя и баллам двух категорий показателей, а также окончательному решению экспертной группы по аккредитации. Общий балл для прохождения аккредитации составляет не менее 90 баллов, из которых оценка основных показателей равна 60 баллам, а оценка вспомогательных показателей - не менее 30 баллов. После прохождения аттестации результат будет представлен вышеуказанной исследовательской группе для утверждения, и размещен на официальном веб-сайте в течение одного месяца. При отсутствии возражений информация будет официально опубликовано исследовательской группой.

7. СТАТИСТИЧЕСКИЕ ТРЕБОВАНИЯ

7.1 Все демографические данные предоставлены о населении, имеющем постоянную регистрацию в данном месте.

7.2 Сроки статистических данных

Данные о средней продолжительности жизни, продолжительности здоровой жизни, доле пожилого населения, доле здорового населения и численности столетних жителей основаны на данных последней национальной переписи населения или национального ежегодного выборочного обследования; все остальные данные основаны на данных государственной статистики на конец предыдущего года на момент объявления.

7.3 Источники информации

Соответствующая информация, получена из документов, опубликованных правительством:

7.3.1 Базовая информация о населении, включая среднюю ожидаемую продолжительность жизни, состав пожилого населения, информацию о состоянии здоровья пожилых людей и т.д.

7.3.2 Региональная природная и гуманитарная среда, включая данные о лесах, воздухе, воде и другие данные о качестве окружающей среды.

7.3.3 Основные социально-экономические условия, включая данные о ВВП на душу населения за предыдущий год.

7.3.4 Важная политика и меры правительства, принятые в прошлом году для содействия деятельностям в интересах пожилых людей и промышленного развития в этой области.

7.3.5 Социального развития и основные черты традиционной и передовой культур

7.4 Вспомогательные материалы:

Все данные должны быть снабжены вспомогательными материалами, подкрепленными подробными статистическими таблицами. Конкретные требования должны выполняться в соответствии с критериями и методами идентификации «Голубых Зон Здорового Долголетия и Счастья»

7.5 Значение каждого показателя является наивысшим баллом. Оценка, поставленная в ходе аккредитации экспертной группой, должна быть основана на объективных данных и фактах. Оценка каждого показателя должна быть меньше или равна баллу веса.

Разъяснения к данным критериям и методам были разработаны Исследовательской группой Пекинского университета по теоретическим и эмпирическим исследованиям по здоровому Китаю и Экспертной группой «Синей книги исследований здоровья пожилых людей и политики в области здорового старения в Китае».

إن «معايير وطرق التعرف على المناطق السعيدة والزرقاء» ليست فقط معيار تقييم أو آلية تقدير، بل هي تطور عميق لتحول مفهوم الصحة عصريا، ونظام منهجي لحسن تنفيذ السياسات الصحية الوطنية، وقاعدة الممارسة للبناء المتعدد الأبعاد للحضارة الإيكولوجية. إن إصداره بلغات متعددة هو رد الصين على العصر بناء على الظروف الوطنية والأوضاع العالمية، وإنه يعد أفكارا وحلولا صينية في مجال الشيخوخة الصحية الدولي، ويساهم أيضا مساهمة إيجابية في بناء مجتمع الصحة المشتركة للبشرية وتحقيق «المياه النقية والجبال الخضراء» في أنحاء العالم. وفي الوقت نفسه، يرجى مراجعته وإثراءه وتحسينه بشكل مستمر أثناء الاستخدام.

معايير وطرق التعرف على المناطق السعيدة والزرقاء

مجموعة البحث النظرية والتجريبية في موضوع الصين الصحية بجامعة بكين

الملخص: في مواجهة الاتجاه المتزايد للشيخوخة العالمية، فقد برزت أهمية صحة المسنين والبناء والتقييم العالي الجودة بنموذج الخدمات البدنية والنفسية والاجتماعية للمسنين. في عصرنا الحديث وتحت الخلفية الموجهة نحو الصحة وفي بيئتها وهويتها الاجتماعية، يجب وضع معايير التقييم الخاصة بـ «المناطق السعيدة والزرقاء» بشكل عاجل. تولي هذه المعايير مزيدا من الاهتمام بالتأثيرات المتوافقية بين الثقافة التقليدية والثقافة المتقدمة والإعدادات المحددة في أمر زيادة مؤشر السعادة للشعب، بالإضافة إلى التأكيد على كيفية جعل كبار السن يتمتعون بصحة جيدة والشيخوخة. تلعب دورها من خلال مشاركة المسنين لإظهار نقاط قوتهم وتحقيق قيمهم الشخصية، لذلك يمكن أن يخلق هذا جوا مجتمعيا جيدا ويظهر قيمهم الاجتماعية. لا تركز المعايير على المقارنة الأفقية فقط، بل تهتم أيضا بالتحسين الطولاني، على سبيل المثال، يضاف النظر في معدل الزيادة لمتوسط العمر المتوقع على أساس تقييم المؤشر المتوسط العمر المتوقع. هذا أمر واقعي وتطلعي يتناسب مع الوضع الحالي للتنمية الاجتماعية في العصر الجديد لبلادنا وسعي الشعب الدؤوب إلى الصحة والسعادة، الأمر الذي ساهم في تعزيز التنمية العالية الجودة لبناء الصين الصحية بشكل شامل.

واضعو المخططات: وانغ هونغمان، ما يويهي، يانغ لي، إلخ.

معايير وطرق التعرف على المناطق السعيدة والزرقاء

١. النطاق

تـنص هـذه المعاييـر علـى متطلبـات محـددة مثـل المصطلحـات، ومبـادئ التقييـم، وتكويـن وأوزان نظـام مؤشـرات التقييـم، وجـدول التقييـم، وإجـراءات التقييـم، والمتطلبـات الإحصائيـة.

تنطبـق هـذه المعاييـر علـى المحافظـات أو الأحيـاء أو المـدن أو الأقسـام الإداريـة الموجـودة فـي أرض جمهوريـة الصيـن الشـعبية (لا يتـم تضميـن المناطـق الإداريـة الخاصـة مثـل تايـوان وهونـغ كونـغ وماكـاو).

٢. المصطلحات والتعريفات

تنطبق المصطلحات والتعريفات التالية على هذه المعايير.

٢-١. المناطق السعيدة والزرقاء Happiness and blue zones

يشـير إلـى المحافظـات أو الأحيـاء أو المـدن أو الأقسـام الإداريـة التـي يكـون متوسـط العمـر المتوقـع ومتوسـط العمـر المتوقـع الصحـي ونسـبة المعمريـن وكبـار السـن لهـا أعلـى مـن المتوسـط الوطنـي، والتـي تكـون جـودة البيئـة وشـروط رعايـة المسـنين وغيرهـا مـن المؤشـرات لهـا أعلـى مـن المسـتوى الوطنـي المرتفـع النسـبي، والتـي تبتكـر الثقافـة التقليديـة الصينيـة تظهـر مزايـا الثقافـات الإقليميـة المتقدمـة.

٢-٢. متوسط العمر المتوقع Average life expectancy

يشـير إلـى متوسـط العمـر المتوقـع للمجموعـة البالغـة مـن العمـر 0 عامـا (أي عنـد الـولادة)، وهـو متوسـط عـدد سـنوات البقـاء علـى قيـد الحيـاة أو معـدل التحسـين فـي المسـتقبل لجيـل افتراضـي يولـد فـي نفـس الوقـت.

Healthy life expectancy متوسط العمر المتوقع الصحي .٣-٢

هو تحديد الجزء الصحي والجزء غير الصحي من متوسط العمر المتوقع على أساس مؤشرات متوسط العمر المتوقع، والتي تساوي المجموع المرجح لمتوسط العمر المتوقع (HSE) لمختلف الظروف الصحية.

Centenarian/The Longevous المعمرون وطويل العمر .٤-٢

يشير إلى الأشخاص الذين بلغت أعمارهم 100 عام وما فوق، أو كبار السن في المنطقة.

Senior population ratio نسبة السكان المسنين .٥-٢

يشير إلى نسبة السكان الذين بلغت أعمارهم 80 عاما وما فوق إلى السكان الذين بلغت أعمارهم 60 عاما وما فوق، ونسبة السكان الأصحاء، ونسبة الذين تتراوح أعمارهم بين 60-70 سنة ولديهم القدرة على العمل.

Longevity index مؤشر طول العمر .٦-٢

يشير إلى نسبة السكان المسنين الذين بلغت أعمارهم 90 عاما وما فوق إلى السكان الذين بلغت أعمارهم 65 عاما وما فوق.

Forest cover rate نسبة الغطاء الحرجي .٧-٢

يشير إلى النسبة المئوية لمساحة الغابات والنباتات في مساحة أراضي المنطقة.

Ambient air quality جودة الهواء المحيط .٨-٢

يشير إلى حالة جودة الهواء في منطقة محددة وفقا لمعايير جودة الهواء المحيط الوطنية، والتي يمكن التعبير عنها كنسبة الأيام ذات جودة الهواء الجيدة في المدن على مستوى المحافظة وما فوقها، وانخفاض نسبة كثافة الجسيمات المعلقة (PM2.5) في المدن على مستوى المحافظة وما فوق، ونسبة المياه السطحية التي تلتقي أو أفضل من المسطحات المائية من الفئة الثالثة، ونسبة المياه السطحية أدنى من المسطحات المائية من الفئة الخامسة، ونسبة الامتثال لجودة مياه الأنهار والبحيرات الهامة، ونسبة مصادر مياه الشرب المركزية في المدن على مستوى المحافظة وما فوقها التي تلتقي أو أفضل من الفئة الثالثة، نسبة نوعية المياه الجيدة في المياه الساحلية (الفئتان الأولى والثانية)، ومعدل الاستخدام الآمن للأراضي المزروعة الملوثة، وكمية الأسمدة

الكيماوية المستخدمة لكل وحدة من مساحة الأرض المزروعة، وكمية المبيدات المستخدمة لكل وحدة من مساحة الأرض المزروعة، إلخ.

٢-٩. الجودة البيئية للمياه السطحية Environmental quality standard for sur-face water

يشير إلى حالة جودة المياه السطحية في منطقة محددة وفقا لمعايير الجودة البيئية الوطنية للمياه السطحية.

٢-١٠. المساواة في الدخل Income equity

يشير إلى التوزيع العادل نسبيا للدخل بين أفراد المجتمع.

٢-١١. معدل إدارة الصحة Health management rate

يشير إلى نسبة كبار السن الذين يتلقون خدمات الإدارة الصحية.

٢-١٢. تسلل الثقافة التقليدية والمتقدمة Traditional and advanced culture infil-tration

يشير إلى تأثير الثقافة التقليدية الصينية والثقافات الإقليمية المتقدمة على الاقتصاد المحلي.

٣. مبادئ التقييم

٣-١. مبدأ الطواعية

الالتزام بالإعلان والتصريح الطوعي، وتقبل وتقوم بالتقييم مجموعة الخبراء من «مجموعة البحث النظرية والتجريبية في موضوع الصين الصحية» و«الكتاب الأزرق لصحة المسنين - بحث وتكتيك الشيخوخة الصحية في الصين» وفقا للشروط المحددة.

٣-٢. مبدأ الانفتاح

الالتزام بالمعايير والإجراءات والبيانات والنتائج المفتوحة.

٣-٣. مبدأ الجماهيرية

وهذا يجسد بشكل كامل هدف الحزب والحكومة المتمثل في وضع الشعب فوق كل الاعتبارات والسعي وراء سعادة الشعب، ويقيم مؤشر تحسين صحة الشعب وسعادتهم. لذلك، يجب الالتزام

بمبدأ الجماهيرية وتشجيع السكان المحليين بشكل كامل على المشاركة في بناء المناطق السعيدة والزرقاء والمشاركة في أنشطة التنمية المستدامة، ويجب على الجميع تطوير عادات معيشية جيدة وسلوك أخلاقي جيد. لهذا السبب، يجب دعوة ممثلي السكان المحليين للمشاركة في أعمال التقييم، بحيث يمكن أن يعلم الشعب ويرضيهم ويجعلهم يستفيدون من هذا الأمر.

٣-٤. مبدأ العدل

الالتزام بالموضوعية والحياد والبحث عن الحقيقة من الوقائع، والاحترام الكامل لآراء التصديق لمجموعة الخبراء وآراء التحقق من الطرف الثالث.

٣-٥. مبدأ توحيد المقاييس

الالتزام بأهمية المعايير والعملية المعيارية، ويجب التصديق بما يتفق بدقة مع الإجراءات.

٤. تكوين وأوزان نظام مؤشرات التقييم (الدرجة الكاملة: 100 نقطة)

٤-١. المؤشرات الأساسية (60 نقطة)

٤-١-١. متوسط العمر المتوقع للسكان من الجنسين (10 نقاط)

٤-١-٢. متوسط العمر المتوقع الصحي للسكان من الجنسين (10 نقاط)

٤-١-٣. نسبة المعمرين من الجنسين إلى إجمالي السكان (شخص / 100 000 شخص) (10 نقاط)

٤-١-٤. نسبة المسنين من الجنسين إلى إجمالي السكان ومؤشر طول العمر (10 نقاط)

٤-١-٥. نسبة السكان الأصحاء بين السكان المسنين (10 نقاط)

٤-١-٦. نسبة السكان مع القدرة على العمل الذين تتراوح أعمارهم بين 60-69 (10 نقاط)

٤-٢. المؤشرات الداعمة (40 نقطة)

٤-٢-١. نسبة الغطاء الحرجي (5 نقاط)

٤-٢-٢. جودة هواء البيئة الصحية والمياه السطحية (5 نقاط)

٤-٢-٣. الدخل الاقتصادي والمساواة في الدخل (5 نقاط)

يشمل دخل المجموعة المسنة، ومتوسط الدخل السنوي للفرد في المنطقة، ومعامل جيني، ومؤشر ثيل، ومعامل إنجل.

٤-٢-٤. المستوى الثقافي لبر وطاعة الوالدين، ونظام ومعايير المعاملة التفضيلية والدعم لكبار السن (5 نقاط)

بما في ذلك تنفيذ السياسات الوطنية، ووضع سياسات المعاملة التفضيلية في المنطقة، وتحديد معيار الإعانات للمسنين.

٤-٢-٥. الدعم الصحي وخدمات رعاية المسنين (5 نقاط)

بما في ذلك نظام ضمان خدمات رعاية المسنين الصحية الإقليمي، والمزيج من الرعاية الطبية ورعاية المسنين ذات الخصائص المحلية، ونسبة أسرة رعاية المسنين من نوع التمريض، ومعدل الإدارة الصحية للمسنين الذين تزيد أعمارهم عن 65 عاما، ورعاية المسنين الذكية (يجب أن يكون فيه واحد على الأقل من مشروع مظاهر لرعاية المسنين الصحية الذكية، وحي/قرية مظاهر/مظاهرة لرعاية المسنين الصحية الذكية، وقاعدة مظاهرة لرعاية المسنين الصحية الذكية).

٤-٢-٦. البيئة الاجتماعية للمنطقة السعيدة والزرقاء (5 نقاط)

بما في ذلك نسبة التعليم المستمر لكبار السن، ونسبة تغطية المنشآت الرياضية، والمساعدة المتبادلة لكبار السن (مثل بنوك الوقت، والخدمات التطوعية ،إلخ)، وتعميم الثقافة الصينية التقليدية والثقافات الإقليمية المتقدمة، وتعزيز التأثير وآثاره الإيجابية، ونمو مؤشر سعادة الشعب.

٤-٢-٧. متوسط المستوى الصحي لكبار السن (مثل تقييم للأمراض الجسدية، والوظيفة المعرفية، والأنشطة الاجتماعية، والصحة النفسية، إلخ) (5 نقاط)

بما في ذلك تقييم القدرة على الحياة اليومية (مؤشر بارثل)، وفحص المخاطر الغذائية (NRS 2002)، والنتيجة السيكومترية (SCL-90)، ونسبة كبار السن الذين يخضعون للفحص البدني المنتظم.

٤-٢-٨. المستوى التعليمي للمسنين (5 نقاط)

بما في ذلك سنوات التعليم، ومستوى محو الأمية الصحية، وتعليم الموت.

٥. استمارة التقييم

النتيجة	المؤشرات من الدرجة الثالثة	المؤشرات من الدرجة الثانية	الوزن	المؤشرات من الدرجة الأولى
3نقاط 6نقاط 10نقاط	متوسط العمر المتوقع الصحي (سنوات) متوسط العمر المتوقع الصحي 2+ (سنوات) متوسط العمر المتوقع الصحي 4+ (سنوات)	متوسط العمر المتوقع الصحي للسكان من الجنسين	10	المؤشرات الأساسية
3نقاط 6نقاط 10نقاط	متوسط العمر (سنوات) متوسط العمر + 2 (سنوات) متوسط العمر + 4 (سنوات)	متوسط العمر المتوقع للسكان من الجنسين	10	
2نقاط 4نقاط 6نقاط 8نقاط 10نقاط	[0,1.61] [1.61,2.06) [2.06,4.13) [4.13,7.63) <7.63	نسبة المعمرين من الجنسين إلى إجمالي السكان (/ 100 000 نسمة)	10	
0.6نقطة 1.2نقطة 1.8نقطة 2.4نقطة 3نقاط	نسبة السكان الذين بلغت أعمارهم 80 عاما وما فوق من السكان الذين بلغت أعمارهم 60 عاما وما فوق [9.231,11.345] [11.345,12.616) [12.616,13.893) [13.893,16.864) <16.864	نسبة المسنين من الجنسين إلى إجمالي السكان ومؤشر طول العمر	10	
0.6نقطة 1.2نقطة 1.8نقطة 2.4نقطة 3نقاط	نسبة السكان المسنين في الفئة العمرية 90-99 إلى إجمالي السكان الذين تتراوح أعمارهم بين 80-89 >0.12 [0.12,0.14] [0.14,0.16) [0.16,0.18) <0.18			
0نقاط 1نقطة 2نقطة 3نقاط 4نقاط	نسبة السكان المسنين الذين بلغت أعمارهم 90 عاما وما فوق إلى السكان الذين بلغت أعمارهم 65 عاما وما فوق (مؤشر طول العمر) >0.01 [0.01,0.015] [0.015,0.02) [0.02,0.03) <0.03			
1نقطة 4نقاط 7نقاط 10نقاط	(أقل) >(متوسط - 1 الانحراف المعياري) [متوسط - 1 الانحراف المعياري ، متوسط) (متوسط، متوسط +1 الانحراف المعياري] (أكثر) <الانحراف المعياري1+ متوسط	نسبة السكان الأصحاء بين السكان المسنين	10	

جدول المتابعة

المؤشرات من الدرجة الأولى	الوزن	المؤشرات من الدرجة الثانية	المؤشرات من الدرجة الثالثة	النتيجة
المؤشرات الأساسية	10	نسبة الذين تتراوح أعمارهم بين 60 و 69 عاما ولديهم القدرة على العمل	(أقل)>(متوسط - 1 الانحراف المعياري) [متوسط - 1 الانحراف المعياري ، متوسط] (متوسط، متوسط 1+ الانحراف المعياري] (أكثر) > متوسط 1+ الانحراف المعياري	1 نقطة 4نقاط 7نقاط 10نقاط
نسبة الغطاء الحرجي	5	أعلى من المتوسط الوطني	لم تصل أعلى من 5%	0نقاط 5نقاط
جودة الهواء المحيط والمياه السطحية	5	جودة الهواء المحيط	يصل عدد الأيام التي تتمتع بجودة هواء جيدة إلى [60%,80%] [80%,90%] المعدل القياسي وهو أكثر من 90%	1نقطة 2نقطة 3نقاط
		جودة المياه السطحية	تصل مراقبة جودة المياه لأقسام الأنهار الرئيسية في المنطقة إلى معيار المياه الوطني من الدرجة الثالثة أو أعلى منها لم تصل تصل	0نقاط 2نقطة
الدخل الاقتصادي والمساواة في الدخل	5	الدخل السنوي للفرد في المنطقة	9732 - 12475 دولارا 12476 دولارا وما فوق	1نقطة 2نقطة
		معامل جيني	أكثر من 0.3 [0.2,0.3] 0.2 وما تحت	0نقاط 1نقطة 2نقطة
		مؤشر ثيل	[0.5,1) [0,0.5]	0نقاط 1نقطة
		معامل إنجل	أكثر من 40% [40%,30%) 30% وما تحت	0نقاط 1نقطة 2نقطة
نظام ومعايير المعاملة التفضيلية والدعم لكبار السن	5	تنفيذ السياسات الوطنية	غير منفذ / غير تام منفذ	0نقاط 1نقطة
		وضع سياسات المعاملة التفضيلية في المنطقة	غير مقرر / غير تام مقرر	0نقاط 1نقطة
		معايير الدعم لكبار السن	[120%,100%] [150%,120%) أكثر من 150%	1نقطة 2نقطة 3نقاط
الدعم الصحي وخدمات رعاية المسنين	5	نظام ضمان خدمات رعاية المسنين الصحية الإقليمي	غير مقرر / غير تام مقرر	0نقاط 1نقطة
		المزيج من الرعاية الطبية ورعاية المسنين ذات الخصائص المحلية	غير مقرر / غير تام مقرر	0نقاط 1نقطة

جدول المتابعة

النتيجة	المؤشرات من الدرجة الثالثة	المؤشرات من الدرجة الثانية	الوزن	المؤشرات من الدرجة الأولى
0نقاط 1نقطة	أقل من 50% 50% وأكثر	نسبة أسرة رعاية المسنين من نوع التمريض	5	الدعم الصحي وخدمات رعاية المسنين
0نقاط 1نقطة	أقل من 80% 80% وأكثر	معدل الإدارة الصحية للمسنين الذين تزيد أعمارهم عن 65 عاما		
0نقاط 1نقطة	غير موجود / غير تام موجود	رعاية المسنين الذكية (يجب أن يكون فيه واحد على الأقل من مشروع مظاهرة لرعاية المسنين الصحية الذكية، وحي/قرية مظاهر/مظاهرة لرعاية المسنين الصحية الذكية، وقاعدة مظاهرة لرعاية المسنين الصحية الذكية)		
0نقاط 1نقطة	أقل من 20% 20% وأكثر	نسبة التعليم المستمر لكبار السن	5	البيئة الاجتماعية للمنطقة السعيدة والزرقاء
0نقاط 1نقطة	أقل من 100% 100%	تغطية المنشآت الرياضية		
0نقاط 1نقطة	غير موجود موجود	المساعدة المتبادلة لكبار السن (مثل بنوك الوقت، والخدمات التطوعية ،إلخ)		
0نقاط 1نقطة	غير موجود موجود	تعميم الثقافة الصينية التقليدية والثقافات الإقليمية المتقدمة، وتعزيز التأثير وآثاره الإيجابية		
0نقاط 1نقطة	غير موجود موجود	نمو مؤشر سعادة الشعب		
0نقاط 1نقطة 2نقطة	أقل من 60% [60%,100%) 100%كبار السن الذين يمكنهم الاعتناء بأنفسهم	مؤشر بارثل	5	متوسط المستوى الصحي لكبار السن
0نقاط 1نقطة	متوسط درجة الفحص الغذائي يساوي أو أقل من أكثر من 3 نقاط 3 نقاط	NRS2002		
0نقاط 1نقطة 2نقطة	أقل من 60% [60%,100%) 100% معدل الصحة النفسية	SCL-90		

جدول المتابعة

النتيجة	المؤشرات من الدرجة الثالثة	المؤشرات من الدرجة الثانية	الوزن	المؤشرات من الدرجة الأولى
0نقاط 1نقطة	أقل من 100% 100%	نسبة كبار السن الذين يخضعون للفحص البدني المنتظم	5	متوسط المستوى الصحي لكبار السن
0نقاط 1نقطة 2نقطة	أقل من 5 سنوات 5-9 سنوات المتوسط 9 سنوات فما فوق	سنوات التعليم	5	المستوى التعليمي للمسنين
0نقاط 1نقطة 2نقطة	أقل من 25% (25%,30%] 30% وما فوق	مستوى محو الأمية الصحية		
0نقاط 1نقطة	غير موجود موجود	تعليم الموت		

٦. إجراءات التقييم

٦-١. التقدم بالطلب. تقدم الحكومة الشعبية للمحافظة أو الحي أو المدينة أو الوحدة الإدارية للقسم الإداري بالطلب طواعية، وتقدم استمارة الطلب (مع الختم الرسمي) وتقرير الطلب والبيانات الإحصائية المرتبطة.

٦-٢. قبول المستندات. تجري «مجموعة البحث النظرية والتجريبية في موضوع الصين الصحية» مراجعة أولية لتقارير الطلبات والبيانات الإحصائية المقدمة، وتعلم الحكومة الشعبية للمحافظة أو الحي أو المدينة أو الوحدة الإدارية للقسم الإداري بعد اجتياز الفحص الأولي، وتدخله إلى مرحلة التقييم التنظيمي.

٦-٣. التقييم والتقدير. تنشئ «مجموعة البحث النظرية والتجريبية في موضوع الصين الصحية» مجموعة خبراء التقييم، وتحدد رئيس وأعضاء المجموعة التي سيكون الرئيس مسؤولا عنها. ويجب تسجيل النقاط عنصرا تلو الآخر وفقا لمبادئ ومؤشرات التقييم. يتم توفير بيانات المؤشرات المرجعية من قبل إدارات الحكومة المحلية ويتم التحقق منها من قبل مجموعة التقييم. إذا كانت هناك حاجة لتوظيف جهة خارجية للتحقق ولإجراء التحقيق الميداني، فسيتم تكليف جهة خارجية بالتحقق، وستقوم مجموعة الخبراء بإجراء التحقيق الميداني. بالنسبة لمن يقدم مواد

وبيانـات كاذبـة، سيتم سحب الطلـب ولـن يسمح لـه بالتقدم مـرة أخرى خـلال ثـلاث سنوات.

٦-٤. الاستنتاج وإصداره. سيتم تحديد النتيجـة النهائيـة مـن خـلال الدرجـة الإجماليـة لكـل مؤشـر، ودرجـات فئتـي المؤشـرات، والقـرار النهائـي لمجموعـة التقييـم. ولا تقل الدرجـة الإجماليـة لمن يجتـاز التقييـم عـن 90 نقطـة، منهـا درجـة المؤشرات الأساسية تسـاوي 60 نقطـة، ولا تقـل درجـة المؤشـرات الداعمـة عـن 30 نقطـة. سيتم الإبـلاغ عـن أولئـك الذيـن يجتـازون التقييـم إلـى «مجموعـة البحـث النظريـة والتجريبيـة فـي موضـوع الصيـن الصحيـة» للمراجعـة والموافقـة، وسيتم الإعـلان عنهـم علـى الموقـع الإلكترونـي لمـدة شـهر. إذا لـم يكـن هنـاك اعتـراض، فسيتم إصـداره رسـميا مـن قبـل مجموعـة البحـث.

٧. المتطلبات الإحصائية

٧-١. جميـع بيانـات السكان هـي عبـارة عـن سكان مقيميـن دائميـن.

٧-٢. الإطـار الزمنـي للبيانـات الإحصائيـة

يعتمـد متوسـط العمـر المتوقـع للسـكان، ومتوسـط العمـر المتوقـع الصحـي، ونسـبة السكان المسـنين، ونسـبة السـكان الأصحـاء، وعـدد السـكان المعمريـن وغيرهـا مـن البيانـات علـى أحـدث تعـداد وطنـي أو بيانـات مسـح العينـة السـنوية الوطنيـة، تخضـع جميـع البيانـات الأخرى للإحصـاءات الحكوميـة فـي نهايـة العـام السـابق.

٧-٣. مصـادر المعلومـات

تأتي كل المعلومـات مـن الوثائق المنشـورة مـن قبـل الحكومـة، بمـا فـي ذلـك المعلومـات التاليـة:

٧-٣-١. المعلومـات الأساسـية للسـكان، بمـا فـي ذلـك متوسـط العمـر المتوقـع، وتكويـن السـكان المسـنين، والمعلومـات الصحيـة عـن كبـار السـن وإلـخ، يمكـن رجوعهـا إلـى الدوائـر الحكوميـة علـى مسـتوى المدينـة والحـي.

٧-٣-٢. البيئـة الطبيعيـة الإقليميـة والبيئـة الثقافيـة، بمـا فـي ذلـك بيانـات الغابـات والهـواء والمـاء وغيرهـا مـن بيانـات الجـودة البيئيـة.

٧-٣-٣. الظـروف الاجتماعيـة الاقتصاديـة الأساسـية، بمـا فـي ذلـك الناتـج المحلـي الإجمالـي

للفرد الواحد للسنة السابقة وغيرها من البيانات.

٧-٣-٤. السياسات والإجراءات الحكومية الهامة في تعزيز قضية الشيخوخة وتنمية الصناعة المرتبطة في العام الماضي.

٧-٣-٥. الأوضاع والخصائص الأساسية للتطور الاجتماعي للثقافة التقليدية والثقافة المتقدمة.

٧-٤. المواد الداعمة

يجب تقدم جميع البيانات بالمواد المدعمة بجداول إحصائية مفصلة، ويجب تنفيذ المتطلبات المفصلة وفقا لـ «قواعد تنفيذ معايير التقييم وإجراءات التنفيذ للمناطق السعيدة والزرقاء».

٧-٥. يساوي وزن كل مؤشر أعلى درجة، ويجب أن يسجل خبراء التقييم حسب الاقتضاء وفقا للبيانات الموضوعية والأحكام الشخصية، ويجب أن تكون درجة كل مؤشر أقل من درجة الوزن أو مساوية لها.

مجموعة البحث النظرية والتجريبية في موضوع الصين الصحية ومجموعة الخبراء لـ» الكتاب الأزرق لصحة المسنين ـ بحث وتكتيك الشيخوخة الصحية في الصين» لهما الحق في شرح هذه المعايير.

"Criterios y Métodos para la Identificación de Felicidad y Zonas Azules"

Universidad de Pekín, Grupo de Investigación Teórica y Empírica de China Saludable

Criteria and Methods for Recognizing Happiness and Blue Zones

"Criterios y Métodos para la Identificación de Felicidad y Zonas Azules" no es solo un criterio o un mecanismo de evaluación, sino también un desarrollo profundizado de la transformación de la era de los conceptos de salud, un sistema de métodos para la implementación fina de políticas nacionales de salud y una guía práctica para la construcción multidimensional de la civilización ecológica. Su publicación multilingüe es la respuesta de la era dada por China a la luz de la situación nacional y mundial, y presenta ideas chinas y programas chinos en el ámbito internacional del envejecimiento y la salud, que sin duda desempeñará un papel positivo para promover la construcción de una comunidad de higiene y salubridad de la humanidad y para impulsar la realización de las aguas cristalinas y las verdes montañas a escala mundial. Además, se espera ser constantemente revisada, enriquecida y mejorada en el curso de su uso.

Criterios y Métodos para la Identificación de Felicidad y Zonas Azules

Resumen: Ante la tendencia creciente del envejecimiento global, la salud de la población de edad y los criterios de alta calidad en la construcción y evaluación del modelo de atención físico-psicológica-social de la tercera edad cobran especial importancia. En la nueva era, bajo el trasfondo, el entorno y la identidad social enfocados en la salud, es necesario construir los criterios de evaluación de "Felicidad y Zonas Azules". Estos criterios enfatiza cómo permitir que la tercera edad disfruta de una vejez saludable, al mismo tiempo que se presta más atención a la influencia de la cultura tradicional y avanzada, el crecimiento del índice de felicidad del pueblo y otros aspectos específicos. A través de la participación de los ancianos como sujetos principales, se aprovechan sus fortalezas, se realiza el valor individual, se crea un buen ambiente comunitario y se muestra el valor social de la tercera edad. Los criterios enfatizan la comparación horizontal mientras se presta atención a la mejora vertical, como agregar consideraciones sobre la tasa de mejora de la esperanza media de vida en base a la evaluación del indicador de esperanza media de vida. Esto es práctico y prospectivo para adaptarse al desarrollo social de la nueva era en China y la búsqueda incansable del pueblo por la salud, y para promover el desarrollo de alta calidad de la construcción de una China saludable de manera integral.

Principales redactores: HongmanWang, YuheMa, LeYang, etc.

1. Ámbito de la evaluación

Estos criterios especifican requisitos precisos como terminología, principios de evaluación, composición y ponderación del sistema de indicadores de evaluación, tabla de evaluación, procedimiento de evaluación, requisitos estadísticos, etc.

Esta norma se aplica a los distritos, ciudades o divisiones administrativas situadas por en el territorio de la República Popular China (las Regiones Administrativas Especiales de Taiwán, Hong Kong y Macao no están incluidas en el ámbito de la evaluación).

2. Términos y definiciones

Los siguientes términos y definiciones se aplican a estos criterios

2.1 Felicidad y zonas azules

Se refiere a las unidades como distritos, ciudades y divisiones administrativas donde la esperanza media de vida, la esperanza de vida saludable y la proporción de los centenarios o los longevos son más altos que el promedio nacional, y muchos indicadores como la calidad del medio ambiente y las condiciones de atención de los ancianos son mejores que el nivel elevado a escala nacional, e innovan y llevan adelante la cultura tradicional de China y las culturas étnicas regionales avanzadas.

2.2 Esperanza media de vida

Se refiere a la esperanza de vida del grupo de 0 años (es decir, al nacer), que es el número promedio de años de vida en el futuro, o la tasa de mejora, de la generación hipotética nacida al mismo tiempo.

2.3 Esperanza de vida saludable

La esperanza de vida saludable viene de una identificación adicional de la parte saludable y no saludable de la esperanza de vida sobre la base de este indicador, igual a la suma de la esperanza de vida ponderada (HSE) de varias condiciones de salud.

2.4 Centenarios / Los Longevos

Se refiere a las personas que tienen 100 años o más y los longevos de la región.

2.5 Proporción de la población de edad

Se refiere a la proporción de la población de 80 años o más con respecto a la población de 60 años o más, y la proporción de la población sana.

La proporción de personas de 60 a 70 años que tienen la capacidad de trabajar.

2.6 Índice de longevidad

Se refiere a la proporción de la población de edad de 90 años o más con respecto a la población anciana de 65 años o más.

2.7 Tasa de cubierta forestal

Se refiere al porcentaje de área de bosque y vegetación a área terrestre de una región.

2.8 Calidad del aire ambiente

Se refiere a la situación de buena o mala calidad del aire en la región identificada de acuerdo con las normas nacionales de calidad del aire ambiente, que puede expresarse como proporción de días con buena calidad del aire en las ciudades de nivel prefectoral o superior, disminución de la concentración de partículas finas (PM2.5) en las ciudades de nivel prefectoral o superior, proporción de agua superficial que alcance o sea mejor que la Clase III masa de agua, proporción de masa de agua superficial inferior a la clase V, tasa de cumplimiento de la calidad del agua de las zonas importantes de función del agua de ríos y lagos, proporción de fuentes centralizadas de agua potable en las ciudades de nivel de prefectoral y superior que alcance o sea mejor que la clase III, proporción de excelente calidad del agua (clases I y II) en aguas costeras, tasa de utilización segura de tierras cultivadas contaminadas, cantidad de fertilizante químico por unidad de superficie cultivada, cantidad de plaguicidas por unidad de superficie cultivada, etc.

2.9 Criterio de calidad medioambiental para las aguas superficiales

Se refiere al estado de la calidad de las aguas superficiales en una región identificada de acuerdo con las normas nacionales de calidad medioambiental de las aguas superficiales.

2.10 Equidad de ingresos

Se refiere a la distribución relativamente justa de los ingresos entre los miembros de la sociedad.

2.11 Tasa de gestión de la salud

Se refiere a la proporción de ancianos que reciben servicios de gestión de la salud.

2.12 Infiltración cultural tradicional y avanzada

Se refiere a la influencia de la cultura tradicional de China y las culturas regionales avanzada en la economía local.

3. Principios de evaluación

3.1 Principio voluntario

Adheridos a las solicitudes voluntarias locales, los grupos de expertos "Grupo de Investigación Teórica y Empírica de China Saludable" y "Libro Azul de Salud de los Ancianos - Investigación y Política sobre el Envejecimiento Saludable en China" aceptan las solicitudes y las evalúan de acuerdo con las condiciones.

3.2 Principio de divulgación

Adherirse a la divulgación de criterios, la divulgación de procedimientos, la divulgación de datos y la divulgación de resultados.

3.3 Principio de masas

Se encarna plenamente el propósito del partido y el gobierno de poner a la gente primero y buscar la felicidad para la gente, y se evalúan los índices para mejorar la salud, la felicidad y el nivel de la gente. Por lo tanto, debemos adherirnos al principio de masas, movilizar plenamente a la población local para participar en la construcción de felicidad y zonas azules y actividades de desarrollo sostenible, y todos deben desarrollar buenos hábitos de vida y buen comportamiento moral. Para ello, se invita a representantes de la población local a participar en todo el proceso de evaluación, de modo que el público esté informado, satisfecho y beneficiado en todos los casos.

3.4 Principio de imparcialidad

Adherirse a la objetividad y la neutralidad, buscar la verdad de los hechos y respetar plenamente las opiniones de certificación del grupo de expertos y las opiniones de verificación de terceros.

3.5 Principios normativos

Adhiérase a la operación estandarizada basada en criterios y siga estrictamente los procedimientos de certificación.

4. Composición y ponderación del sistema de indicadores de evaluación (sobre 100 puntos)

4.1 Indicadores básicos (60 puntos)

4.1.1 Esperanza media de vida por sexo (10 puntos)

4.1.2 Esperanza de vida saludable por sexo (10 puntos)

4.1.3 Proporción de centenarios por sexo en relación con la población total (personas/100 000 personas) (10 puntos)

4.1.4 Proporción de la población de edad por sexo e índice de longevidad (10 puntos)

4.1.5 Proporción de población sana con respecto a la población de edad (10 puntos)

4.1.6 Proporción de personas de 60 a 69 años que tienen capacidad para trabajar (10 puntos)

4.2 Indicadores de soporte (40 puntos)

4.2.1 Cubierta forestal (5 puntos)

4.2.2 Calidad del ambiente sanitario, del aire y de las aguas superficiales (5 puntos)

4.2.3 Ingresos económicos y equidad de ingresos (5 puntos)

Incluidos ingreso per cápita/año, coeficiente de Gini, índice de Thiel, coeficiente de Engel en el área de ingresos del grupo de ancianos.

4.2.4 Nivel de educación de piedad filial, sistema y estándares de trato preferencial y de subsidios para los ancianos (5 puntos)

Incluidos implementación de políticas nacionales, establecimiento de políticas preferenciales regionales y estándares de subsidios para los ancianos.

4.2.5 Apoyo de salud y servicios de atención a la población de edad (5 puntos)

Incluidos sistema regional de garantía de servicios de salud y atención a los ancianos, modelo con peculiaridades locales de integración de la atención médica y de atención a los ancianos, proporción de camas de atención para los ancianos, tasa de gestión de la salud de los ancianos de 65 años o más, atención inteligente a la tercera edad (al menos abarca una de las siguientes unidades: empresas ejemplares inteligentes de salud y de atención a los ancianos, calles / poblados o cantones ejemplares de salud inteligente y de atención a los ancianos o las bases ejemplares de salud inteligente y de atención a los ancianos).

4.2.6 Felicidad y zonas azules (5 puntos)

Incluidos proporción de educación continua para los ancianos, cobertura de instalaciones deportivas, asistencia mutua para los ancianos (como bancos de tiempo, servicios voluntarios, etc.), popularización de la cultura tradicional china y las culturas regionales avanzadas, mejora de la influencia y la utilidad positiva, y crecimiento del índice de felicidad de masas.

4.2.7 Evaluación del nivel medio de salud de los ancianos (incluidas enfermedades físicas, funciones cognitivas, actividades sociales, psicología,

etc.) (5 puntos)

Incluidos la evaluación de la capacidad de vida diaria (índice de Barthel), la detección del riesgo nutricional (NRS 2002), la puntuación psicométrica (SCL--90), proporción de ancianos que tomen exámenes médicos periódicos.

4.2.8 Nivel educativo de los ancianos (5 puntos)

Incluidos años de educación, nivel de educación en salud, educación sobre la muerte.

5. Tabla de evaluación

Indicadores primarios	Ponderación	Indicadores secundarios	Indicadores terciarios	puntuación
Indicadores básicas	10	Esperanza de vida saludable por sexo	Esperanza media de vida saludable (años)	3 puntos
			Esperanza media de vida saludable +2 (años)	6 puntos
			Esperanza media de vida saludable +4 (años)	10puntos
	10	Esperanza media de vida por sexo	Edad media (años)	3puntos
			Edad media +2 (años)	6puntos
			Edad media +4 (años)	10puntos
	10	Proporción de centenarios por sexo con respecto a la población total (/100.000 personas)	[0, 1.61]	2puntos
			(1.61, 2.06]	4puntos
			(2.06, 4.13]	6puntos
			(4.13, 7.63]	8puntos
			> 7.63	10puntos
	10	Proporción de la población de edad por sexo e índice de longevidad	La proporción de la población de 80 años o más con respecto a la población de 60 años o más [9.231, 11.345]	0.6puntos
			(11.345, 12.616]	1.2puntos
			(12.616, 13.893]	1.8puntos
			(13.893, 16.864]	2.4puntos
			> 16.864	3puntos

continue

Indicadores primarios	Ponderación	Indicadores secundarios	Indicadores terciarios	puntuación
			La relación entre la población de ancianos de 90 a 99 años y la población total de 80 a 89 años < 0.12 [0.12, 0.14] (0.14, 0.16] (0.16, 0.18] > 0.18	0.6puntos 1.2puntos 1.8puntos 2.4puntos 3puntos
			La relación entre la población de más de 90 años y la población de más de 65 años (Índice de Longevidad) < 0.01 [0.01, 0.015] (0.015, 0.02] (0.02, 0.03] > 0.03	0puntos 1puntos 2puntos 3puntos 4puntos
	10	La proporción de población sana con respecto a la población de edad	< (media -1 desviación estándar) [media, (media -1 desviación estándar)) (media, (media +1 desviación estándar)] > (media + 1 desviación estándar)	1puntos 4puntos 7puntos 10puntos
	10	La proporción de personas de 60 a 69 años que tienen la capacidad de trabajar	< (media -1 desviación estándar) [media, (media -1 desviación estándar)) (media, (media +1 desviación estándar)] > (media + 1 desviación estándar)	1puntos 4puntos 7puntos 10puntos
Cubierta forestal	5	Más alto que el promedio nacional	no alcanzado Por encima del 5%.	0puntos 5puntos

continue

Indicadores primarios	Ponderación	Indicadores secundarios	Indicadores terciarios	puntuación
Calidad del aire ambiente y del agua superficial	5	Calidad del aire ambiente	La tasa de cumplimiento con el número de días con buena calidad del aire (80%, 60%] (90%, 80%] Más del 90%.	1puntos 2puntos 3puntos
		Calidad ambiental de las aguas superficiales	El monitoreo de la calidad del agua de las principales secciones fluviales de la región cumple o excede los estándares nacionales de calidad del agua de Clase 3. no alcanzado alcanzado	0puntos 2puntos
Renta económica y equidad de la renta	5	Ingreso per cápita dentro de la región/año	$9732-12 475 $12 476 y más	1puntos 2puntos
		Coeficiente de Gini	mayor que 0.3 (0.2, 0.3] menor o igual que 0.2	0puntos 1puntos 2puntos
		Índice de Thiel	0.5-1 0-0.5	0puntos 1puntos
		Coeficiente de Engel	Más del 40%. (30%, 40%] 30% y menos	0puntos 1puntos 2puntos
Sistema y de trato preferencial y de subsidios para los ancianos	5	Implementación de las políticas nacionales	No implementado/incompleto Implementado	0puntos 1puntos
		Implementación de políticas preferenciales en la región	No establecido/imperfecto Implementado	0puntos 1puntos
		Estándares de subsidios para la población de edad	[100%, 120%] (120%, 150%] Más del 150%	1puntos 2puntos 3puntos
Apoyo de salud y servicios de atención a los ancianos	5	Sistema regional de garantía de servicios de salud y de atención a los ancianos	No establecido/imperfecto establecido	0puntos 1puntos

continue

Indicadores primarios	Ponderación	Indicadores secundarios	Indicadores terciarios	puntuación
Apoyo de salud y servicios de atención a los ancianos	5	Modelo con peculiaridades locales de integración de la atención médica y de atención a los ancianos	No establecido/imperfecto establecido	0puntos 1puntos
		Proporción de camas de atención a los ancianos	50% o menos 50% y más	0puntos 1puntos
		Tasa de gestión de la salud de los ancianos de 65 años o más	80% o menos 80% y más	0puntos 1puntos
		Atención inteligente a la tercera edad (al menos abarca una de las siguientes unidades: empresas ejemplares inteligentes de salud y de atención a los ancianos, calles / poblados o cantones ejemplares de salud inteligente y de atención a los ancianos o las bases ejemplares de salud inteligente y de atención a los ancianos)	Ninguno/imperfecto Sí	0puntos 1puntos
Felicidad y zonas azules	5	Proporción de educación continua para los ancianos	20% o menos 20% y más	0puntos 1puntos
		Cobertura de instalaciones deportivas	Por debajo del 100% 100%	0puntos 1puntos
		Asistencia mutua para los ancianos (por ejemplo, banco de tiempo, servicio voluntario, etc.)	sí o no	0puntos 1puntos
		La popularización de la cultura tradicional china y las culturas regionales avanzadas, mejora de la influencia y la utilidad positiva	sí o no	0puntos 1puntos
		El crecimiento del índice de felicidad de masas	sí o no	0puntos 1puntos
Nivel medio de salud de los ancianos	5	Índice de Barthel	Autocuidado de los 60% o menos [60%, 100%) ancianos100%	0puntos 1puntos 2puntos

continue

Indicadores primarios	Ponderación	Indicadores secundarios	Indicadores terciarios	puntuación
Nivel medio de salud de los ancianos	5	NRS 2002	El puntaje promedio de la detección del riesgo Más de 3 puntos nutricional es ⩽ 3	0puntos 1puntos
		SCL--90	60% o menos [60%, 100%) Tasa de salud mental 100%	0puntos 1puntos 2puntos
		Proporción de ancianos que tomen exámenes médicos periódicos	Por debajo del 100% 100%	0puntos 1puntos
El nivel de educación de los ancianos	5	Años de educación	Menos de 5 años 5 años a 9 años Promedio 9 años y más	0puntos 1puntos 2puntos
		Nivel de educación en salud	25% o menos [25%, 30%) 30% y más	0puntos 1puntos 2puntos
		Educación sobre la muerte	no sí	0puntos 1puntos

6. Procedimiento de evaluación

6.1 Solicitud. Los gobiernos populares de los distritos y municipios o divisiones administrativas con requisitos de evaluación presentan voluntariamente un formulario de solicitud (con sello oficial), un informe de solicitud y la información estadística correspondiente.

6.2 Aceptación. El "Grupo de Investigación Teórica y Empírica de China Saludable" llevará a cabo una verificación preliminar de los informes de solicitud presentados y los materiales estadísticos. Después de aprobar la verificación preliminar, notificará a distritos, municipios y unidades administrativas que hayan presentado la solicitud, y entrará en la etapa de evaluación de organizaciones.

6.3 Evaluación. El " Grupo de Investigación Teórica y Empírica de China Saludable " establecerá un grupo de trabajo de expertos en evaluación determinando el presidente y los miembros de este grupo, y el presidente será responsable del trabajo siguiente. La puntuación se otorgará caso por caso de acuerdo con los principios de evaluación y los indicadores de evaluación. Los datos de cada indicador de referencia serán facilitados por los departamentos pertinentes de la administración local y verificados por el grupo de evaluación. Si es necesario contratar a un tercero para la verificación y realizar una investigación y verificación in situ, se confiará en un tercero para ello, y el grupo de trabajo de expertos en evaluación llevará a cabo una investigación in situ. Cuando se presenten materiales y datos falsos, la solicitud será rechazada y no se permitirá ninguna otra solicitud durante tres años.

6.4 Conclusión y publicación. El resultado final estará determinado por la puntuación total de cada indicador, la puntuación de las dos categorías principales de indicadores, y la decisión final del grupo de evaluación. El puntaje total de los que aprueben la evaluación no será inferior a 90 puntos, de los cuales el puntaje de índices básicos será igual a 60 puntos, y el puntaje de índice de soporte no será inferior a 30 puntos. La lista de aquellos que aprueben la evaluación será enviada al "Grupo de Investigación Teórica y Empírica de China Saludable" para su deliberación y aprobación, y se publicarán en el sitio web durante un mes. Si no hay objeciones, será publicado oficialmente por el "Grupo de Investigación Teórica y Empírica de China Saludable".

7. Requisitos estadísticos

7.1 Todos los datos de población corresponden a residentes permanentes.

7.2 Tiempo estadístico de los datos

La esperanza media de vida, la esperanza de vida saludable, la proporción de la población de edad, la proporción de la población sana, la población centenaria y otros datos están sujetos a los datos del último censo nacional o de la encuesta anual por muestreo nacional; El resto de los datos se basan en estadísticas gubernamentales al final del año anterior en el momento de la solicitud.

7.3 Fuentes de información

La información proviene de documentos gubernamentales, incluidos los siguientes:

7.3.1 La información básica sobre la población, incluida la esperanza media de vida, la composición de la población de edad, la información de salud de las personas de edad, etc., puede referirse a los datos publicados por los departamentos gubernamentales competentes a nivel de ciudad o de distrito.

7.3.2 El estado del medio ambiente natural regional y del medio ambiente humano, incluidos los datos sobre la calidad forestal, del aire, del agua y otros datos sobre la calidad medioambiental.

7.3.3 Condiciones socioeconómicas básicas, incluidos datos como el PIB per cápita del año anterior.

7.3.4 Políticas e iniciativas importantes adoptadas por el Gobierno en el último año para promover el desarrollo de la empresa y la industria del envejecimiento.

7.3.5 La situación básica y las principales características del desarrollo social de la cultura tradicional y las culturas avanzadas.

7.4 Materiales de apoyo

Todos los datos deben estar respaldados por tablas estadísticas detalladas, y los requisitos específicos se implementarán de acuerdo con *las Reglas de implementación de los* "Criterios y Métodos para la Identificación de Felicidad y Zonas Azules".

7.5 La ponderación de cada indicador será la puntuación más alta, y la puntuación de los expertos del equipo de evaluación se puntuará con arreglo a la información y el juicio de los datos objetivos, y la puntuación de cada indicador será inferior o igual a la puntuación de la ponderación.

El grupo de investigación "Grupo de Investigación Teórica y Empírica de China Saludable" y el grupo de expertos "Libro Azul de Salud de los Ancianos – Investigación y Política sobre el Envejecimiento Saludable en China" son responsables de la interpretación de este documento.

附　录

附录1：我国养老政策梳理

北京大学"健康与社会发展理论与实证研究课题组"

2013年至2024年2月，国家发布养老服务相关文件43个，实施积极应对人口老龄化国家战略，加强养老服务人才队伍建设，发展银发经济，积极发展老年助餐服务，回应广大老年人需求和期待的迫切要求，增进老年人福祉。

序号	发布时间	政策	内容
1	2024.02.06	《民政部 国家数据局关于组织开展基本养老服务综合平台试点的通知》（民函〔2024〕5号）	为贯彻落实《中共中央办公厅 国务院办公厅关于推进基本养老服务体系建设的意见》、《国务院办公厅关于依托全国一体化政务服务平台建立政务服务效能提升常态化工作机制的意见》，加快提高基本养老服务信息化水平，结合国家大数据战略要求，民政部、国家数据局决定组织开展基本养老服务综合平台试点（以下简称平台试点）。现将有关事项通知如下。 **一、试点目标** 依托全国养老服务信息系统、地方自建养老服务系统，通过跨部门、跨层级数据交换、系统对接、功能拓展等形成养老服务综合平台，统一标准、共享数据、整合资源、加强协同、赋能基层，推动"养老服务＋监管＋资源调度"、"医、养、康、护"等业务一体化，实现养老服务供需精准对接和养老服务行为全流程智慧监管，提升基本养老服务便利化、精准化、数字化水平，更好满足老年人的高质量养老服务需求。坚持激活存量资源与统筹增量需求相结合，推动与地方共享交换平台等的融合，增强跨部门、跨层级业务协同能力，实现集成部署、一体联动。

序号	发布时间	政策	内容
2	2024.01.29	《民政部 国家发展改革委 教育部 财政部 人力资源社会保障部 住房城乡建设部 农业农村部 商务部 国家卫生健康委 市场监管总局 税务总局 全国老龄办关于加强养老服务人才队伍建设的意见》	养老服务人才是指具有一定养老服务专业知识和专门技能，为在居家、社区、机构等不同场景养老的老年人提供生活照料、康复服务、紧急救援、精神慰藉、心理咨询等多种形式服务的专门人员，是养老服务从业人员中的骨干力量，主要包括养老服务技能人才、养老服务专业技术人才和养老服务经营管理人才。加强养老服务人才队伍建设，有利于引领和带动整个养老从业人员队伍素质的提升，是实施积极应对人口老龄化国家战略和新时代人才强国战略、推动新时代新征程养老服务高质量发展的重要举措。为贯彻落实党的二十大精神和《中共中央 国务院关于加强新时代老龄工作的意见》、《"十四五"国家老龄事业发展和养老服务体系规划》等部署要求，加强养老服务人才队伍建设，现提出如下意见。
3	2024.01.11	《国务院办公厅关于发展银发经济增进老年人福祉的意见》（国办发〔2024〕1号）	银发经济是向老年人提供产品或服务，以及为老龄阶段做准备等一系列经济活动的总和，涉及面广、产业链长、业态多元、潜力巨大。为积极应对人口老龄化，培育经济发展新动能，提高人民生活品质，经国务院同意，现就发展银发经济、增进老年人福祉提出如下意见。
4	2023.12.01	民政部办公厅关于印发《养老机构重大事故隐患判定标准》的通知	各地民政部门要将《标准》作为养老机构监管的重要依据，单独或者联合有关部门在养老机构行政检查中加强重大事故隐患排查治理工作。养老机构要依法落实重大事故隐患排查治理主体责任，彻底排查、准确判定、及时消除各类重大事故隐患，坚决防范和遏制重特大事故发生。
5	2023.10.23	民政部 国家发展改革委 财政部 人力资源社会保障部 自然资源部 住房城乡建设部 农业农村部 商务部 应急管理部 税务总局 市场监管总局关于印发《积极发展老年助餐服务行动方案》的通知	发展老年助餐服务是实施积极应对人口老龄化国家战略的重要内容和重要民生工程，是支持居家社区养老、增进老年人福祉的重要举措。为深入贯彻落实党中央、国务院决策部署，积极发展老年助餐服务，制定本方案。

续表

序号	发布时间	政策	内容
6	2023.10.20	民政部 财政部关于组织开展中央财政支持经济困难失能老年人集中照护服务工作的通知	为贯彻落实积极应对人口老龄化国家战略，加快推进基本养老服务体系建设，积极发展服务类社会救助，探索构建可持续、可推广的经济困难失能老年人长期照护服务模式和保障机制，民政部、财政部决定于2023年起组织开展中央财政支持经济困难失能老年人集中照护服务工作。
7	2023.07.28	民政部 国家消防救援局关于印发《养老机构消防安全管理规定》的通知	为深入贯彻落实党中央、国务院关于推动养老服务业高质量发展决策部署，进一步加强新形势下养老机构消防安全管理工作，民政部、国家消防救援局联合制定了《养老机构消防安全管理规定》（以下简称《规定》），现印发给你们，请结合实际抓好贯彻落实。
8	2023.05.21	中共中央办公厅 国务院办公厅印发《关于推进基本养老服务体系建设的意见》	基本养老服务是指由国家直接提供或者通过一定方式支持相关主体向老年人提供的，旨在实现老有所养、老有所依必需的基础性、普惠性、兜底性服务，包括物质帮助、照护服务、关爱服务等内容。基本养老服务的对象、内容、标准等根据经济社会发展动态调整，"十四五"时期重点聚焦老年人面临家庭和个人难以应对的失能、残疾、无人照顾等困难时的基本养老服务需求。
9	2023.03.15	《关于2022年国民经济和社会发展计划执行情况与2023年国民经济和社会发展计划草案的报告》	积极应对人口老龄化国家战略深入实施。完善和落实积极生育支持措施，启动建设第一批国家儿童友好城市，支持社会力量发展普惠托育服务，推进基本养老服务体系建设，扩大普惠性养老服务供给。完善老年人健康支撑体系，深入推进医养结合。康复辅助器具产业加快发展。
10	2023.02.28	《中医药振兴发展重大工程实施方案》	中医药老年健康服务能力建设：积极应对人口老龄化，发展中医药老年健康服务，发挥中医药在老年人慢性病、重大疑难疾病治疗和疾病康复中的重要作用和优势，增加中医药老年健康服务供给，创新服务模式，建成老年医学中医药高地。
11	2022.12.30	《老年人能力评估》	随着我国人口老龄化程度日益加深，为了满足老年人养老服务的需求，在2013年民政行业标准MZ/T 039-2013《老年人能力评估》实施的基础上，结合国内外老年人能力评估工作的新进展，编制本文件。本文件为老年人能力评估提供统一、规范、可操作的工具，为科学划分老年人能力等级，推进基本养老服务体系建设，优化养老服务供给，规范养老服务机构运营，加强养老服务综合监管等提供依据。

序号	发布时间	政策	内容
12	2022.12.28	《国务院关于财政社会保障资金分配和使用情况的报告》	下一步工作考虑：支持加快构建多层次养老服务体系，合理划分个人、家庭、社会、政府等在养老服务中的责任边界，加大制度创新力度，增加居家和社区养老服务供给，健全居家社区机构相协调、医养康养相结合的养老服务体系。
13	2022.08.30	《国务院关于加强和推进老龄工作进展情况的报告》	下一步工作安排：坚持以习近平新时代中国特色社会主义思想为指导，深入贯彻落实习近平总书记关于老龄工作的重要指示精神，认真落实党中央、国务院决策部署，坚持以人民为中心，实施积极应对人口老龄化国家战略，加快建立健全相关政策体系和制度框架，推动老龄事业高质量发展，走出一条中国特色积极应对人口老龄化道路。
14	2022.05.25	《国务院办公厅关于进一步盘活存量资产扩大有效投资的意见》	推动闲置低效资产改造与转型，依法依规合理调整规划用途和开发强度，开发用于创新研发、卫生健康、养老托育、体育健身、休闲旅游、社区服务或作为保障性租赁住房等新功能。
15	2022.05.13	《国务院办公厅关于进一步做好高校毕业生等青年就业创业工作的通知》	结合实施区域协调发展、乡村振兴等战略，适应基层治理能力现代化建设需要，统筹用好各方资源，挖掘基层就业社保、医疗卫生、养老服务、社会工作、司法辅助等就业机会。
16	2022.04.27	《"十四五"国民健康规划》	促进老年人健康： 强化老年预防保健。开发老年健康教育科普教材，开展老年人健康素养促进项目，做好老年健康教育。加强老年期重点疾病的早期筛查和健康管理，到2025年，65岁及以上老年人城乡社区规范健康管理服务率达到65%以上。实施老年人失能预防与干预、老年人心理关爱、老年口腔健康、老年营养改善和老年痴呆防治等行动，延缓功能衰退。 提升老年医疗和康复护理服务水平。推动开展老年人健康综合评估和老年综合征诊治，促进老年医疗服务从单病种向多病共治转变。到2025年，二级以上综合医院设立老年医学科的比例达到60%以上。完善从居家、社区到专业机构的长期照护服务模式。提升基层医疗卫生机构康复护理服务能力，开展老年医疗照护、家庭病床、居家护理等服务，推动医疗卫生服务向社区、家庭延伸。支持有条件的医疗机构与残疾人康复机构等开展合作。稳步扩大安宁疗护试点。

续表

序号	发布时间	政策	内容
16	2022.04.27	《"十四五"国民健康规划》	提升医养结合发展水平。健全医疗卫生机构和养老服务机构合作机制，为老年人提供治疗期住院、康复期护理、稳定期生活照料、安宁疗护一体化的服务。进一步增加居家、社区、机构等医养结合服务供给。鼓励农村地区通过托管运营、毗邻建设、签约合作等多种方式实现医养资源共享。开展医养结合示范项目，提升服务质量和水平。
17	2022.03.29	《国务院办公厅关于印发"十四五"中医药发展规划的通知》	发展中医药老年健康服务。强化中医药与养老服务衔接，推进中医药老年健康服务向农村、社区、家庭下沉。逐步在二级以上中医医院设置老年病科，增加老年病床数量，开展老年病、慢性病防治和康复护理。推动二级以上中医医院与养老机构合作共建，鼓励有条件的中医医院开展社区和居家中医药老年健康服务。鼓励中医医师加入老年医学科工作团队和家庭医生签约团队，鼓励中医医师在养老机构提供保健咨询和调理服务。推动养老机构开展中医特色老年健康管理服务。在全国医养结合示范项目中培育一批具有中医药特色的医养结合示范机构，在医养结合机构推广中医药适宜技术。
18	2022.02.21	《国务院关于印发"十四五"国家老龄事业发展和养老服务体系规划的通知》	"十四五"时期，积极应对人口老龄化国家战略的制度框架基本建立，老龄事业和产业有效协同、高质量发展，居家社区机构相协调、医养康养相结合的养老服务体系和健康支撑体系加快健全，全社会积极应对人口老龄化格局初步形成，老年人获得感、幸福感、安全感显著提升。
19	2022.01.27	《国务院关于印发"十四五"市场监管现代化规划的通知》	推进服务业标准化、品牌化建设，完善商贸旅游、家政服务、现代物流、医疗卫生、养老服务、休闲娱乐、教育培训、体育健身等服务业标准体系，加快电子商务、知识产权、检验检测认证、婴幼儿托育、信息技术等新兴服务领域标准研制。
20	2022.01.21	《国务院办公厅关于印发"十四五"城乡社区服务体系建设规划的通知》	推动社区卫生服务中心与社区养老服务机构毗邻建设，推进社区设施适老化、适儿化改造和无障碍建设。
21	2021.11.18	《中共中央 国务院关于加强新时代老龄工作的意见》	有效应对我国人口老龄化，事关国家发展全局，事关亿万百姓福祉，事关社会和谐稳定，对于全面建设社会主义现代化国家具有重要意义。为实施积极应对人口老龄化国家战略，加强新时代老龄工作，提升广大老年人的获得感、幸福感、安全感，现提出如下意见。

续表

序号	发布时间	政策	内容
22	2021.11.22	进一步加大对中小企业纾困帮扶力度	鼓励地方安排中小企业纾困资金，对生产经营暂时面临困难但产品有市场、项目有前景、技术有竞争力的中小企业，以及劳动力密集、社会效益高的民生领域服务型中小企业（如养老托育机构等）给予专项资金支持，减轻房屋租金、水电费等负担，给予社保补贴等，帮助企业应对原材料价格上涨、物流及人力成本上升等压力。
23	2021.11.02	《"十四五"就业促进规划》	积极发展养老、托育、家政等生活服务业从业人员技能培训，广泛开展新业态新商业模式从业人员技能培训，确保"十四五"期间开展补贴性职业技能培训7500万人次左右。
24	2021.07.21	《国务院关于印发"十四五"残疾人保障和发展规划的通知》	研究探索老年人能力评估标准、长期护理保险失能等级评估标准等与国家残疾人残疾分类和分级标准的衔接，支持养老服务机构完善服务功能，接收符合条件的盲人、聋人等老年残疾人。
25	2021.06.25	《国务院关于印发全民科学素质行动规划纲要（2021—2035年）的通知》	老年人科学素质提升行动。 以提升信息素养和健康素养为重点，提高老年人适应社会发展能力，增强获得感、幸福感、安全感，实现老有所乐、老有所学、老有所为。 ——实施智慧助老行动。聚焦老年人运用智能技术、融入智慧社会的需求和困难，依托老年大学（学校、学习点）、老年科技大学、社区科普大学、养老服务机构等，普及智能技术知识和技能，提升老年人信息获取、识别和使用能力，有效预防和应对网络谣言、电信诈骗。 ——加强老年人健康科普服务。依托健康教育系统，推动老年人健康科普进社区、进乡村、进机构、进家庭，开展健康大讲堂、老年健康宣传周等活动，利用广播、电视、报刊、网络等各类媒体，普及合理膳食、食品安全、心理健康、体育锻炼、合理用药、应急处置等知识，提高老年人健康素养。充分利用社区老年人日间照料中心、科普园地、党建园地等阵地为老年人提供健康科普服务。 ——实施银龄科普行动。积极开发老龄人力资源，大力发展老年协会、老科协等组织，充分发挥老专家在咨询、智库等方面的作用。发展壮大老年志愿者队伍。组建老专家科普报告团，在社区、农村、青少年科普中发挥积极作用。

续表

序号	发布时间	政策	内容
26	2021.01.21	《国务院办公厅关于进一步做好困难群众基本生活保障有关工作的通知》	加强各类养老服务机构、儿童福利机构、未成年人救助保护机构、流浪乞讨人员救助管理机构、精神卫生福利机构等特殊困难群众服务机构的安全管理，分区分级严格落实相关疫情防控措施，从严从细排查消除消防、食品卫生等方面的安全隐患。
27	2020.11.24	《国务院办公厅印发关于切实解决老年人运用智能技术困难实施方案的通知》	在政策引导和全社会的共同努力下，有效解决老年人在运用智能技术方面遇到的困难，让广大老年人更好地适应并融入智慧社会。到2020年底前，集中力量推动各项传统服务兜底保障到位，抓紧出台实施一批解决老年人运用智能技术最迫切问题的有效措施，切实满足老年人基本生活需要。到2021年底前，围绕老年人出行、就医、消费、文娱、办事等高频事项和服务场景，推动老年人享受智能化服务更加普遍，传统服务方式更加完善。到2022年底前，老年人享受智能化服务水平显著提升、便捷性不断提高，线上线下服务更加高效协同，解决老年人面临的"数字鸿沟"问题的长效机制基本建立。
28	2020.07.20	《国务院办公厅关于全面推进城镇老旧小区改造工作的指导意见》	2020年新开工改造城镇老旧小区3.9万个，涉及居民近700万户；到2022年，基本形成城镇老旧小区改造制度框架、政策体系和工作机制；到"十四五"期末，结合各地实际，力争基本完成2000年底前建成的需改造城镇老旧小区改造任务。
29	2019.10.28	《关于建立完善老年健康服务体系的指导意见》（国卫老龄发〔2019〕61号）	当前，我国老年人口规模持续扩大，对健康服务的需求愈发迫切，为解决老年健康服务体系不健全，有效供给不足，发展不平衡不充分的问题，建立完善符合我国国情的老年健康服务体系，满足老年人日益增长的健康服务需求，根据《"健康中国2030"规划纲要》，经国务院同意，现提出如下意见。
30	2019.09.20	《民政部关于进一步扩大养老服务供给 促进养老服务消费的实施意见》	扩大养老服务供给、促进养老服务消费，事关亿万老年人及其家庭幸福生活，对拉动内需、扩大就业、推动经济发展具有重要作用。近年来，我国养老服务快速发展，但还存在有效供给不足、消费政策不健全、营商和消费环境有待改善等突出问题，难以满足广大老年人多样化多层次养老服务需求。为贯彻落实党中央、国务院关于推进养老服务发展的决策部署，进一步扩大养老服务供给，促进养老服务消费，经国务院同意，现提出以下意见。

序号	发布时间	政策	内容
31	2019.08.28	《关于印发〈促进健康产业高质量发展行动纲要（2019-2022年）〉的通知》（发改社会〔2019〕1427号）	为贯彻落实全国卫生与健康大会和《"健康中国2030"规划纲要》部署，加快推动健康产业发展，促进形成内涵丰富、结构合理的健康产业体系，国家发展改革委、教育部、科技部、工业和信息化部、民政部、财政部、人力资源社会保障部、自然资源部、生态环境部、住房城乡建设部、商务部、文化和旅游部、国家卫生健康委、人民银行、税务总局、市场监管总局、体育总局、医疗保障局、银保监会、中医药局、药品监管局制定了《促进健康产业高质量发展行动纲要（2019-2022年）》。
32	2019.08.05	《国务院办公厅关于同意建立养老服务部际联席会议制度的函》（国办函〔2019〕74号）	为贯彻落实党中央、国务院关于加快发展养老服务的重大决策部署，根据《国务院办公厅关于推进养老服务发展的意见》（国办发〔2019〕5号）要求，进一步加强对养老服务工作的领导，强化统筹协调，形成工作合力，经国务院同意，建立养老服务部际联席会议（以下简称联席会议）制度。 **一、主要职能** 在党中央、国务院领导下，统筹协调全国养老服务工作，研究解决养老服务工作重大问题，完善养老服务体系；研究审议拟出台的养老服务法规和重要政策，拟订推动养老服务发展的年度重点工作计划；部署实施养老服务改革创新重点事项，督促检查养老服务有关政策措施落实情况；加强各地区、各部门信息沟通和相互协作，及时总结工作成效，推广先进做法和经验；完成党中央、国务院交办的其他事项。
33	2019.04.16	《国务院办公厅关于推进养老服务发展的意见》（国办发〔2019〕5号）	党中央、国务院高度重视养老服务，党的十八大以来，出台了加快发展养老服务业、全面放开养老服务市场等政策措施，养老服务体系建设取得显著成效。但总的看，养老服务市场活力尚未充分激发，发展不平衡不充分、有效供给不足、服务质量不高等问题依然存在，人民群众养老服务需求尚未有效满足。按照2019年政府工作报告对养老服务工作的部署，为打通"堵点"，消除"痛点"，破除发展障碍，健全市场机制，持续完善居家为基础、社区为依托、机构为补充、医养相结合的养老服务体系，建立健全高龄、失能老年人长期照护服务体系，强化信用为核心、质量为保

续表

序号	发布时间	政策	内容
33	2019.04.16	《国务院办公厅关于推进养老服务发展的意见》（国办发〔2019〕5号）	障、放权与监管并重的服务管理体系，大力推动养老服务供给结构不断优化、社会有效投资明显扩大、养老服务质量持续改善、养老服务消费潜力充分释放，确保到2022年在保障人人享有基本养老服务的基础上，有效满足老年人多样化、多层次养老服务需求，老年人及其子女获得感、幸福感、安全感显著提高，经国务院同意，现提出以下意见。
34	2018.06.13	《国务院关于建立企业职工基本养老保险基金中央调剂制度的通知》（国发〔2018〕18号）	根据党中央、国务院决策部署和《中华人民共和国社会保险法》有关要求，为深入贯彻习近平新时代中国特色社会主义思想和党的十九大精神，均衡地区间企业职工基本养老保险基金（以下简称养老保险基金）负担，实现基本养老保险制度可持续发展，国务院决定建立养老保险基金中央调剂制度，自2018年7月1日起实施。现就有关事项通知如下。
35	2017.07.04	《国务院办公厅关于加快发展商业养老保险的若干意见》（国办发〔2017〕59号）	商业养老保险是商业保险机构提供的，以养老风险保障、养老资金管理等为主要内容的保险产品和服务，是养老保障体系的重要组成部分。发展商业养老保险，对于健全多层次养老保障体系，促进养老服务业多层次多样化发展，应对人口老龄化趋势和就业形态新变化，进一步保障和改善民生，促进社会和谐稳定等具有重要意义。为深入贯彻落实《中共中央关于全面深化改革若干重大问题的决定》、《国务院关于加快发展养老服务业的若干意见》（国发〔2013〕35号）、《国务院关于加快发展现代保险服务业的若干意见》（国发〔2014〕29号）等文件要求，经国务院同意，现就加快发展商业养老保险提出以下意见。
36	2017.03.16	《国务院关于印发"十三五"国家老龄事业发展和养老体系建设规划的通知》（国发〔2017〕13号）	为积极开展应对人口老龄化行动，推动老龄事业全面协调可持续发展，健全养老体系，根据《中华人民共和国老年人权益保障法》和《中华人民共和国国民经济和社会发展第十三个五年规划纲要》，制定本规划。
37	2016.12.23	《国务院办公厅关于全面放开养老服务市场提升养老服务质量的若干意见》（国办发〔2016〕91号）	养老服务业既是涉及亿万群众福祉的民生事业，也是具有巨大发展潜力的朝阳产业。近年来，我国养老服务业快速发展，产业规模不断扩大，服务体系逐步完善，但仍面临供给结构不尽合理、市场潜力未充分释放、服务质量有待提高等问题。

序号	发布时间	政策	内容
37	2016.12.23	《国务院办公厅关于全面放开养老服务市场提升养老服务质量的若干意见》（国办发〔2016〕91号）	随着人口老龄化程度不断加深和人民生活水平逐步提高，老年群体多层次、多样化的服务需求持续增长，对扩大养老服务有效供给提出了更高要求。为促进养老服务业更好更快发展，经国务院同意，现提出如下意见。
38	2016.11.28	《国务院办公厅关于进一步扩大旅游文化体育健康养老教育培训等领域消费的意见》（国办发〔2016〕85号）	当前，我国国内消费持续稳定增长，为经济运行总体平稳、稳中有进发挥了基础性作用。顺应群众期盼，以改革创新增加消费领域特别是服务消费领域有效供给、补上短板，有利于改善民生、促进服务业发展和经济转型升级、培育经济发展新动能。要按照党中央、国务院决策部署，牢固树立和贯彻落实创新、协调、绿色、开放、共享的发展理念，坚持以供给侧结构性改革为主线，发挥市场配置资源的决定性作用和更好发挥政府作用，深入推进简政放权、放管结合、优化服务改革，消除各种体制机制障碍，放宽市场准入，营造公平竞争市场环境，激发大众创业、万众创新活力，推动一二三产业融合发展，改善产品和服务供给，积极扩大新兴消费、稳定传统消费、挖掘潜在消费。经国务院同意，现提出以下意见。
39	2015.11.20	《国务院办公厅转发卫生计生委等部门关于推进医疗卫生与养老服务相结合指导意见的通知》（国办发〔2015〕84号）	为贯彻落实《国务院关于加快发展养老服务业的若干意见》（国发〔2013〕35号）和《国务院关于促进健康服务业发展的若干意见》（国发〔2013〕40号）等文件要求，进一步推进医疗卫生与养老服务相结合，现提出以下意见。
40	2015.08.23	《国务院关于印发基本养老保险基金投资管理办法的通知》（国发〔2015〕48号）	为了规范基本养老保险基金投资管理行为，保护基金委托人及相关当事人的合法权益，根据社会保险法、劳动法、证券投资基金法、信托法、合同法等法律法规和国务院有关规定，制定本办法。
41	2015.01.14	《国务院关于机关事业单位工作人员养老保险制度改革的决定》（国发〔2015〕2号）	按照党的十八大和十八届三中、四中全会精神，根据《中华人民共和国社会保险法》等相关规定，为统筹城乡社会保障体系建设，建立更加公平、可持续的养老保险制度，国务院决定改革机关事业单位工作人员养老保险制度。
42	2014.02.26	《国务院关于建立统一的城乡居民基本养老保险制度的意见》（国发〔2014〕8号）	按照党的十八大精神和十八届三中全会关于整合城乡居民基本养老保险制度的要求，依据《中华人民共和国社会保险法》有关规定，在总结新型

续表

序号	发布时间	政策	内容
42	2014.02.26	《国务院关于建立统一的城乡居民基本养老保险制度的意见》（国发〔2014〕8号）	农村社会养老保险（以下简称新农保）和城镇居民社会养老保险（以下简称城居保）试点经验的基础上，国务院决定，将新农保和城居保两项制度合并实施，在全国范围内建立统一的城乡居民基本养老保险（以下简称城乡居民养老保险）制度。现提出以下意见。
43	2013.09.13	《国务院关于加快发展养老服务业的若干意见》（国发〔2013〕35号）	近年来，我国养老服务业快速发展，以居家为基础、社区为依托、机构为支撑的养老服务体系初步建立，老年消费市场初步形成，老龄事业发展取得显著成就。但总体上看，养老服务和产品供给不足、市场发育不健全、城乡区域发展不平衡等问题还十分突出。当前，我国已经进入人口老龄化快速发展阶段，2012年底我国60周岁以上老年人口已达1.94亿，2020年将达到2.43亿，2025年将突破3亿。积极应对人口老龄化，加快发展养老服务业，不断满足老年人持续增长的养老服务需求，是全面建成小康社会的一项紧迫任务，有利于保障老年人权益，共享改革发展成果，有利于拉动消费、扩大就业，有利于保障和改善民生，促进社会和谐，推进经济社会持续健康发展。为加快发展养老服务业，现提出以下意见。

附录 2：老年健康专委会^① 大事记

Society for Aging and Health, China Health Economics Association

专委会成员构成 Leading Members:

高校、科研院 / 所专家、学者，政府相关机构、部门的研究人员和领导，老年医院、预防与康复医院、三甲医院院长等实务工作者。

Experts and scholars of universities and research institutions, researchers and leaders of relevant government agencies and departments, and presidents of leading tertiary comprehensive hospitals and geriatric hospitals in China

主任委员 Director of the Society Committee:

王红漫（医学博士、社会学博士后、北京大学博士生导师）

---

① 中国卫生经济学会老年健康经济专业委员会简称"老年健康专委会"。

Hongman Wang (M.D., Postdoctoral fellow in sociology, Professor of sociology, Peking University)

战略定位 Strategic positioning:

● 国家和地方政府智库

Think-tank for national and local government

● 调查研究中心

Research and survey center

● 人才培养基地

Talent training base

● 学术研究交流中心

Academic research and exchange center

● 国际交流平台

International exchange platform

主要任务 Missions:

● 为国家和地方政府老年健康政策制定和完善建言献策

To make professional recommendations for national and local governments in aging and health policy

● 组织实施老年健康相关评估体系调查研究

To organize and implement surveys on the aging and health related assessment system

● 培训和储备老年健康相关专业人才

To train and pool professionals for aging and health

● 定期举办学术会议，为老年健康相关领域和学术研究发展提供研讨平台

To regularly hold academic conferences for the development and academic researches related to aging and health

● 组织成员参加国内外学术会议，加强我国在健康老龄化的话语权

To organize members to participate in academic conferences at home and abroad for better engagement in global healthy aging discourse

● 发布中国 / 北京积极老龄化发展报告，展示中国特色社会主义积极老龄化

To issue Chinese/Beijing positive Aging Development Report, showing the positive aging under the socialism with Chinese characteristics

学术活动 Recent activities:

● 2017 年 5 月 18 日，首届学术论坛暨老年健康专业委员会成立大会

Date: May 18, 2017

The 1st Symposium of the Society for Aging & Health: "Health Care & Social Care of the Elderly as a Social Cause and an Industry" Inaugural Meeting of Society for Aging and Health, China Health Economic Association

● 2017 年 12 月 15 日，第二届学术论坛暨"医养结合老龄事业与产业发展"学术年会

Date: Dec. 15, 2017

The 2nd Symposium of the Society for Aging & Health: "Health Care & Social Care of the Elderly as a Social Cause and an Industry" Academic Annual Meeting

● 2018 年 8 月 15–17 日应对高龄化（80 岁以上）背景下老年人医疗保险培训班

Date: Aug. 15–17, 2018

National Continuing Education Credit Project "Training Program on the Medical Insurance for the Elderly in the Context of Aging (over 80 years old).

● 2018 年 11 月 30 日第三届学术论坛暨"医养结合老龄事业与产业发展"学术年会

Date: Nov. 30, 2018

The 3th Symposium of the Society for Aging & Health: "Health Care & Social Care of the Elderly as a Social Cause and an Industry" Academic Annual Meeting

● 2019 年 8 月 27–29 日应对高龄化（80 岁以上）背景下老年人医疗保险培训班

Date: Aug.27–29, 2019

National Continuing Education Credit Project "Training Program on the Medical Insurance for the Elderly in the Context of Aging (over 80 years old).

• 2019 年组织刊发《中华流行病学杂志》老年健康重点号

In 2019, Geriatric Health (Key Issue) of *the Chinese Journal of Epidemiology*

• 2019 年 12 月 7 日第四届学术论坛暨"医养结合老龄事业与产业发展"学术年会

Date: Dec. 7, 2019

The 4th Symposium of the Society for Aging & Health: "Health Care & Social Care of the Elderly as a Social Cause and an Industry" Academic Annual Meeting

• 2020 年 10 月 18 日《老年健康蓝皮书：中国健康老龄化研究与施策（2020）》新书发布会

Date: Oct. 18, 2020

"*Blue Book of Elderly Health: Research and Policy Implementation of Healthy Aging in China*"

• 2020 年 11 月 28 日第五届学术论坛暨"医养结合老龄事业与产业发展"学术年会

Date: Nov. 28, 2020

The 5th Symposium of the Society for Aging & Health: "Health Care & Social Care of the Elderly as a Social Cause and an Industry" Academic Annual Meeting

● 2021 年策划刊发科技核心期刊《卫生软科学》老年健康（专栏）

In 2021, Geriatric Health (column) was set up in "*Health Soft Science*", the Core Journal of Science and Technology

● 2021 年 12 月 20 日第六届学术论坛暨"医养结合老龄事业与产业发展"学术年会

Date: Dec. 20, 2021

The 6th Symposium of the Society for Aging & Health: "Health Care & Social Care of the Elderly as a Social Cause and an Industry" Academic Annual Meeting

● 2022 年 6 月 26 日《中国健康老龄化发展蓝皮书：积极应对人口老龄化研究与施策（2022）》新书发布会

Date: Jun. 26, 2022

"*Blue Book of Healthy Aging Development in China: Research and Policy Implementation of Actively Coping with Population Aging*"

● 2022 年 11 月 27 日第七届学术论坛暨"医养结合老龄事业与产业发展"学术年会

Date: Nov. 27, 2022

The 7th Symposium of the Society for Aging & Health: "Health Care & Social Care of the Elderly as a Social Cause and an Industry" Academic Annual Meeting

• 2022 年 12 月 3-5 日国家级继续教育学分项目"积极推进人口老龄化国家战略下医养康养结合与老年健康发展培训班"

Date: Dec. 3-5, 2022

National Continuing Education Credit Project "The First Training Program on the Combination of Medical Care and Health Care and the Healthy Aging under Active Promotion of the National Strategy of Population Aging"

• 2023 年 6 月 9-11 日国家级继续教育学分项目"积极推进人口老龄化国家战略下医养康养结合与老年健康发展培训班"

Date: Jun. 9-11, 2023

National Continuing Education Credit Project "The Second Training Program on the Combination of Medical Care and Health Care and the Healthy Aging under Active Promotion of the National Strategy of Population Aging"

• 2023 年 12 月 16 日第八届学术论坛暨"医养结合老龄事业与产业发展"学术年会

Date: Dec. 16, 2023

The 8th Symposium of the Society for Aging & Health: "Health Care & Social Care of the Elderly as a Social Cause and an Industry" Academic Annual Meeting

● 来自北大、清华、人大、中科院、社科院、中央党校（国家行政学院、国家疾病控制与预防中心、中国老龄科研中心、三甲综合医院、老年医院、预防与康复医院、全国老龄委、国家民政部、地方省市卫计委等学界、实务界、政界的中国卫生经济学会老年健康专业委员会成立大会暨首届学术论坛和历届年会和培训的嘉宾、专家、学者、领导共同探讨了我国老龄健康存在的问题和对策建议，加深了对目前全球老龄化现状的认识，同时开启了我国老龄化健康工作的新篇章。

研讨会打破学科藩篱和信息孤岛，缓解了不同专业之间、研究者与实践者之间的"信息不对称"，呈现了多场"多学科、同话题"的学术盛筵，搭建了"为老年健康、促社会发展"的良好平台。

Participants of Forum: members of the Committee experts, including scholars, officials and hospital presidents from the following institutions and government agencies: Peking University, Tsinghua University, Renmin University of China, Chinese Academy of Social Sciences, Chinese Academy of Sciences, Party School of the Central Committee of CPC, Party School of the Beijing Municipal Committee of CPC, Ministry of Human Resources and Social Security, P.R.C., National Health and Family Planning Commission, P.R.C., Ministry of Civil Affairs,P.R.C., the National Working Commission on Aging, China Research Center on Aging, Chinese Public Administration Society

老年健康经济专业委员会
Society for Aging and Health

英文摘要

No. 1

Coping with "Changes" in the Era of Artificial Intelligence, Pioneering Scientific Culture Trend

Han Qide

Abstract: Since 2023, the technological cluster represented by large-scale models and generative artificial intelligence has had a significant impact on various aspects of human civilization. Human society is undergoing a transformation characterized by ubiquitous digitization and intelligentization. This article addresses the issue of the future-oriented scientific culture in the age of artificial intelligence, urging experts and scholars in various fields to uphold the spirit of science, bravely respond to the real-world problems faced by scientific culture, and propose new approaches for developing scientific culture in the era of artificial intelligence.

Key Words: Artificial intelligence technology; Scientific culture; Civilization evolution

A Profound Understanding of the Scientific Implications of "Actively Addressing Population Aing"

Gao Qiang

Abstract: The 19th National Congress of the Communist Party of China clearly proposed the national strategy of "actively addressing population aging". This article delves into the scientific meaning of "actively addressing" in this strategy, and discusses the target tasks, principles, policies, and steps for active aging at three levels: "correctly understanding the positive significance of aging populations", "fully recognizing the positive role of the elderly population", and "actively addressing the difficulties and issues facing population aging". It offers opinions and suggestions on the development of elderly human resources and healthy aging.

Key Words: Population aging; Active aging; Healthy aging; Elderly human resources

A Visual Analysis of Smart Elderly Care Research in the Context of Digital Society Based on WOSCC, Pubmed, CNKI, and Wangfang Database, 1865–2023

Wang Hangman, Liu Can, Li Peilin

Abstract: With the deepening of the population aging and the development of technology, smart elderly care, as a new mode of providing high-quality elderly care services for the elderly by using digital information technology, has attracted increasing attention. This paper uses bibliometric analysis to analyze relevant documents in Chinese and English databases, and discusses the development, research hotspots and field maturity of Chinese and English studies from nine perspectives: annual publication volume, document type distribution, core journals, institutional distribution, national cooperation network, institutional cooperation network, keyword co-occurrence, Lotka's Law and discipline distribution. By comparing the similarities and differences of Chinese and English studies, the advantages and disadvantages of each are pointed out, which will provide references for future researchers' research and practice.

Key Words: Digital society; Smart elderly care; Contrast analysis; citespace

No.4

Innovative Development and Application of a Cloud Platform for Digital Prevention and Treatment of Dementia

Ai Jing

Abstract: Dementia, as a neurodegenerative disease intimately linked with aging, can be effectively decelerated, or prevented through early preventative and healthcare interventions. In this research, we employed digital means to undertake meticulous screening and formulated AI-driven personalized digital cognitive training plans. In collaboration, we established a dementia prevention and care service network with community health service centers as the fundamental structural units. A cloud platform for digital prevention and treatment of dementia suitable for China's unique context was developed, aiding China in proactively confronting its aging demographic."

Key Words: Senile dementia; Digital therapy; Cloud platform

Elderly Dementia Based on Physical Factor Therapy Techniques Development and Practice of Prevention and Control Means

Wang Wenhua, Xin Rui, Sun Zuodong

Abstract: With the aging of the population, people's demand for the prevention and treatment of geriatric diseases is gradually increasing. Alzheimer's disease is a progressive neurological degenerative disease, which is a common and frequent disease in the elderly population. At present, there is no effective drug that can control its further development. Physical factor therapy technology is one of the important means of treating senile dementia at present, this paper from the physical factor treatment technology for the prevention of dementia gradually, respectively from the background of the development of physical factor therapy technology, research status, the future three aspects to analysis, the physical factor treatment technology for the prevention of dementia, and combined with the present situation of physical factor treatment technology research and development, put forward the future.

Key Words: Healthy aging; Alzheimer; Physical factor therapy; Transcranial magnetic-electrical stimulation

The New Phase of Age Friendly Digital Technologies: Risk Management of Digital Contents

Wang Jie

Abstract: This paper deals with the risks in digital contents that older users encounter. Its goal is to come up with a method to manage those risks based on the capabilities of the older Internet users. The research consists of four parts. First, analyzing the on-line activities of older Internet users, and the risks and threats they face. Secondly, sorting out the root causes, the longevity of those risks, as well as how they are different from the risks that under aged group face on-line. Thirdly, comparing the different approaches to deal with the issue, including advocating to the digital platforms as well as the content providers to abide to the community ethical standards, training the older users to improve their immunity to those risks, deploying a risk management mechanism on the platform. Fourthly, proposing a solution combining the components from the first three studies, facilitated by some emerging technologies. With such a solution, a digital service platform can also fulfill the requirements highlighted in Order Number 5 issued by Cyberspace Administration of China in 2019.

Key Words: Age-Friendly technology; Age-friendly digital contents; Digital content risk; Digital content risk rating

The Impact and Future Prospects of Smart Wearable Devices in Enhancing the Quality of Elderly Life in China

Ding Ye

Abstract: In light of the escalating trend of aging within Chinese society, conventional elderly care paradigms confront challenges in adequately addressing the mounting demands for health management and improved quality of life among the elderly population. Smart wearable devices, a pivotal offshoot of contemporary information technology, showcase considerable potential in revolutionizing the landscape of elderly care. This study endeavors to delve into the prevailing applications, associated challenges, and prospective trajectories of smart wearable devices within the context of elderly living in China. By scrutinizing empirical cases, it discerns the pivotal role played by smart wearable devices in facilitating rehabilitation training, health monitoring, social engagement, and emergency responsiveness for the elderly, consequently elevating their overall quality of life. Furthermore, this paper undertakes an examination of critical factors such as privacy safeguards and user receptivity throughout the technological implementation process, thereby furnishing valuable insights for future scholarly inquiry and practical applications.

Key Words: Smart wearable devices; Geriatric care in China; Quality of life augmentation; Rehabilitation training; Smart wearable robot

No. 8

AI-based Chronic Disease Management Platform Facilitates Elderly Health in the Community under the Healthcare Integration Model

Lu Chenying, Huang Gang, Geng Chen

Abstract: Under the medical and nursing combination model, the foundation of community-based chronic disease control for the elderly is weak and suffers from low data utilization. Therefore, a cross-platform health monitoring system platform based on multiple parameters is developed. For the elderly in rural communities, physiological parameters such as urine, lipid, blood pressure, blood sugar and so on, are measured and recorded regularly by training the elderly to obtain the physiological parameter fluctuation rule and quantitative abnormal characteristics. The platform not only optimizes the existing chronic disease monitoring and care services, but also realizes the real-time seamless docking of health data and information among the home, community (nursing institutions) and hospitals, and realizes the early intelligent discovery and prevention of old age diseases and other chronic disease management applications.

Key Words: Combination of medical treatment and endowment; Community elderly; AI-Based chronic disease management platform; Chronic disease management

Exploration and Practice of the Whole Chain Intelligent Integrated Medical Service and Elderly Care Mode·henan Model

Zheng Pengyuan, Wang Guiqin, Dong Xianwen

Abstract: The Party and the government attach great importance to the current situation of population aging and have issued intensive documents to support the development of medical and elderly care integration. This study relies on national key research and development projects to address difficulties and obstacles such as insufficient integration of elderly care and medical care, inadequate medical security to meet demand, and ineffective connection between hospitals, nursing homes, communities, and homes. Using methods such as literature research, expert inquiries, and questionnaire surveys, multidimensional research was conducted on the elderly, practitioners, and experts, and a full chain intelligent medical and elderly care integration service model was constructed. Led by hospitals with outstanding health and wellness advantages, supported by smart cloud platforms, incorporating proactive health concepts, radiating high-quality medical and wellness resources throughout the entire chain, and proposing a quality evaluation system and grid management model. The promotion effect shows that the efficiency and care level of medical and elderly care collaboration have been improved, costs have been reduced, and the sense of gain for the elderly and practitioners has been enhanced. It has received support from the People's Government of Henan Province and has the characteristics of being promotable and replicable, which is a feasible strategy to address the problem of aging.

Key Words: The whole chain intelligent integrated medical service and elderly care mode; Active Health; Long-term care; Institution for elderly care; Community Home-care for the elderly

No. 10

Aging with Robot: A Qualitative Analysis of Community Senior Citizens' Willingness to Use Intelligent Robots

Zhang Yuhan, Wang Xiuli

Abstract: China is undergoing a significant demographic shift towards an aging society, and intelligent robots are anticipated to play a crucial role in delivering caregiving services for the elderly to alleviate the strain on families, institutions, and the national economy. The present study conducted in-depth interviews with 25 residents from the Longtengyuan Real Estate Complex in Changping District, Beijing to explore the potential influencing factors shaping the willingness of community senior citizens to use intelligent robots. The findings indicate a general willingness among the elderly population to adopt intelligent robots, with a particular focus on their capabilities in household chores, companionship through conversation, and physical assistance. The inclination to use such technology is primarily driven by factors like cost-effectiveness, perceived usefulness, and overall attitude. While seniors display a readiness to form emotional connections with robots, concerns persist regarding maintenance, product quality, and safety issues.

Key Words: The Seniors; Intelligent robot; Willingness to use robot; Technology acceptance

Analysis of Smart Elderly Care and Multiple Factors in Four Streets of Beijing

Wang Yuqi, Wang Hongman

Abstract: In 2022, Beijing's resident population aged 60 and above accounted for 21.3%, the largest increase in the past five years, and the aging challenge is becoming increasingly severe. From 2017 to 2022, among the five batches of "Pilot Demonstration List of Smart Healthy Aging Applications" jointly announced by the Ministry of Industry and Information Technology, the Ministry of Civil Affairs, and the National Health Commission, Haidian District Xisanqi Street, Chaoyang District Wangjing Street, Xicheng District Xi Chang'an Jie Street, and Shijingshan District Bajiao Street, were selected as "Smart Healthy Aging Demonstration Streets" in Beijing. In this study, a questionnaire survey was carried out on 620 elderly people in four streets using the convenience sampling method to find out the elderly people's cognition and demand for smart elderly care, and the factors affecting the elderly people's demand for smart elderly care were analyzed in terms of single-factor and multi-factor analysis.

Key Words: Smart elderly care; Cognition; Demand; Influencing factors

Reliability and Validity Analysis of the Questionnaire on the Demand for Smart Elderly Care Services

Peking University *Research Group of Theoretical and Empirical Research on Health and Social Development*

Abstract: With the increasingly severe situation of aging population, the traditional pension model is challenged. Smart elderly care came into being, with the help of information technology means such as the Internet of Things, the Internet, and big data, providing new ideas for resolving the dilemma faced by the aging business. Currently, there is no mature questionnaire published by the academic community to measure the demand for smart elderly care services. Peking University Research Group of Theoretical and Empirical Research on Health and Social Development has carried out research on aging since 1999. Based on the previous research, combined with domestic and foreign research trends and empirical research on smart elderly care within the group, a questionnaire on smart elderly care service demand with reliability and validity has been designed.

Key Words: Smart elderly care; Questionnaire; Reliability; Validity

No. 13

Academic Research Trends, Cooperation Networks, Research Hotspots and Prospects of the Combination of Medical Care and Social Care (2005–2023)

Wang Hongman, Wang Zishu, Zheng Jiaming

Abstract: Population aging is the fundamental national condition of China for a long period of time in the future. To understand the current research situation and hotspots in the field of the combination of medical care and social care in China, this study used Wanfang (Wanfang CSPD), China National Knowledge Infrastructure (CNKI)and VIP (VIP CSTJ) as data sources, and used BIBLIOMETRIC and SOCIAL NET WORK methods to analyze the literature on which the theme of "Combination of medical care and social care" and "integration of medical care and social care". The results indicate that the research trend in the field of combination of medical care and social care in China is closely related to the national policy of elderly care, and in a rapid development stage currently; compared to Lotka's law, research in this field in China is not yet mature; Journal papers are the main types of papers in this field; universities are important groups for conducting the research, but the network of the institutional cooperation is relatively loose, the sharing and exchange of relevant experiences are limited; the research hotspots focus on five aspects which are the models of the combination of medical care and social care, healthy aging, elderly care service industry, elderly care models, and combination of medical care and social care institutions. Then the article proposed five research prospects around institutional cooperation, the elderly needs analysis, service segmentation, talent cultivation, and institutional transformation based on the current research limitations.

Key Words: Combination of medical care and social care; Research trend; Lotka's law academic research collaboration network; Research hotspot

No. 14

"Caring" and Caring Society in the View of Humanities and Social Sciences

Tang Jun

Abstract: A Brief History of the Future raises a serious question: Will humans become "redundant" when algorithms with high intelligence, but no consciousness of their own, take over almost everything? Starting from this, the problem of an ageing society characterized by a decline in the working-age population can be solved. But in China's population structure, education level in junior high school or below account for two-thirds, their employment problem will be the biggest obstacle to future development. From the discussion of humanistic sociologists, we can see that caring is the universal emotional support and moral orientation of human society, while nursing is the basic daily activities and survival mode of human society, which is irreplaceable. If excess people are introduced into care services, it is possible to solve their employment problems. However, it is necessary to guide them to start from the care of their own families, admit that this housework is social labor, and cover its cost with government purchase services, to create a huge care industry and form a care society full of humanistic care.

Key Words: A Brief History of tomorrow; The Redundant person; Caring; Care; A Caring Society

Association between Social Capital and Falls in Older Adults of China

Yang Le, Cheng Jingmin, Wang Hongman

Abstract: The study selected 6537 respondents who met the research requirements from the eighth-wave of The Chinese Longitudinal Healthy Longevity Survey (CLHLS), and the association between social capital and falls of older adults was assessed by using binary logistic regression analysis from the interpersonal trust, social participation (formal and informal), and social support. After controlling the confounding factors related to social demographic characteristics, health behavior and health status, the model analysis results showed that interpersonal trust was negatively correlated with falls of older adults (OR=0.904, P<0.001), that is, the lower the level of interpersonal trust, the greater the possibility of falls among older adults. However, there is no significant correlation between formal social participation, informal social participation, social support and falls in older adults. The present study finds interpersonal trust is an important factor affecting falls in older adults, which should be paid attention to in the future development of fall prevention and control measures for older adults.

Key Words: Social capital; Falls; Older adults; Interpersonal trust

No. 16

The Status and Development Trend of Community Wellness Services for the Aged from the Perspective of Integration

Wang Xiaofan, Li Ruifeng, Liu Yamin, Wang Hongyun, Zeng Jingling

Abstract: China is in the stage of accelerated aging. Under the background of the rapid growth of demand for community wellness services for the aged, the change of service type from general aged care services to nursing care services and the intensive introduction of policies related to aged care services, various types of community wellness for the aged have gradually formed, suppliers of community wellness services for the aged have further diversified, and support industries have flourished. Meanwhile, the innovative business model of community wellness services for the aged began to attract the attention of capital. However, there are still some problems such as structural imbalance in service supply, lack of professional human resources restricting service supply, high complexity of service leading to the dilemma of multi-management and lack of funds in traditional mode. In the future, the development trend of community wellness services for the aged from the perspective of integration is: relying on large enterprises to achieve the integration of resources, the chain operation model which has both characters of standardization and differentiation will gain greater development, insurance companies will further use the strength of their main business to help solving the problem of lack of funds, and internet companies will play an increasingly important role in the field of community wellness services for the aged.

Key Words: Integration; Community wellness services for the aged; Combination of medical care and service for the aged

Active Development of Human Resources of the Elderly to Participate in Community Ageing Services and Community Governance

Xiang Chunling, Li Yun

Abstract: Population aging is a major trend of social development, China is the country with the largest elderly population in the world, and one of the fastest aging countries in the world, and China has formally stepped into a moderately aging society. The Report to the 20th National Congress of the Communist Party of China points out the need to promote the construction of a healthy China and implement a national strategy to actively cope with population aging. From the dimensions of healthy aging and active aging, China's active development of human resources of the elderly is aimed at promoting active ageing on the basis of providing for the well-being and enjoyment of the elderly, and further promoting active ageing, which is not only conducive to the physical and mental health of the elderly, realizing the social value of the elderly, and improving the quality of life of the elderly, but also increases the strength of community aging services and community governance.

Key Words: Human resources of the elderly; Aging services; Community governance

No. 18

Public Development Finance Supports the National Strategy of Proactively Addressing Population Aging: Based on the Original Theoretical Innovation of New Structural Economics

Xu Jiajun

Abstract: To explore the path of Chinese-style population aging to build a modern socialist country in all aspects, it is urgent to plan ahead how to implement the national strategy of proactively addressing population aging in a systematic and holistic manner. To turn the challenge into strategic opportunities, New Structural Economics proposes that Chinese-style population aging should realize the transformation of economic structure and forge synergies among a facilitating government, an effective market, a caring community, and a loving family. As a potent instrument for implementing the national strategy of proactively addressing population aging, public development finance has the following comparative advantages: making holistic, medium-and long-term strategic planning, providing large-scale medium- and long-term finance, and overcoming the first-comer challenge. It is recommended that public development finance can devote efforts to the following areas: making the demonstration project for elderly care and wellness, developing all-inclusive elderly care service systems, and promoting the high-quality development of silver economy.

Key Words: Population aging; Public development finance; New structural economics

Report on the Development of Elderly-Oriented Renovation Industry

People's Health & Nourishing of Life: "In the past decade of Health and Nourishing of life: Elderly-oriented renovation" Research Projects' Group

Abstract: Since the reform and opening up, China's economic development has experienced 33 years of ultra-high-speed from 1978 to 2010. During this period of time, China was being in the age structure of the population, we did not really foresee the upcoming aging problem, and industrial development did not layout in the field of silver economy. In 2013, China's "First year of elderly care" opened the direction transformation of industrial development, which is elderly-centered rather than younger-centered. In this year, elderly-oriented renovation industry also started to emerge. This report expounds the importance of this emerging industry from the aspects of the background, characteristics, international experience, and prospects of the development of elderly-oriented renovation industry in China.

Key Words: The Aging of the population; Silver economy; Elderly-oriented renovation; Pension industry

The Current Status, Progress, and Strategies for Addressing Population Aging in Beijing

Bao Lufang, Long Haoting

Abstract: Population is the most basic factor for the economic and social development of a country or region. The capital of Beijing is one of the first big cities to step into the aging society, the total elderly population is large and the growth rate is fast, and the population structure is developing deeply into the aging society. The huge elderly population is a group that cannot be ignored in the process of common prosperity of all the people, and Beijing has initially formed a Beijing plan to solve the problem of old-age care in megacities. With the diversification of the needs of the elderly population and the transformation of the demand structure from survival to development, focusing on the major issue of The Times, "What kind of capital to build and how to build the capital", it is necessary to further actively respond to the aging population, build aging undertakings and old-age service systems that are compatible with the aging process of the population, and promote the long-term balanced development of the population and high-quality economic and social development.

Key Words: Population aging; Beijing; Elderly workforce; Elderly care services; High-quality development

Promoting Healthy Aging: the Beijing Practice

Wang Xiao-e

Abstract: Beijing has entered a moderately aging society, and the health problems associated with population aging have increasingly impact on economic and social development. Promoting healthy aging is the most economical, effective, sustainable and most consistent with national and municipal conditions to actively respond to population aging. In recent years, Beijing has actively explored healthy aging, conducted top-level design at four levels of policy, concept, facilities and services, and actively built a senior health service system including health education, prevention and care, disease diagnosis and treatment, rehabilitation nursing, long-term care, and hospice care. The period before 2030 is the window of opportunity to establish and improve the aging response system. To successfully respond to aging, it is necessary to maximize the healthy life span of the elderly to achieve healthy aging. Beijing's strategies for healthy aging include adhering to "one main line", strengthening "two transformations", and improving the senior health service system with "four key points."

Key Words: Population aging; Healthy aging; Beijing Practice

Integration of Sports Medicine in Jiangsu Province: A Novel Model of Community-Based Exercise Intervention for Elderly Individuals with Chronic Conditions

—Study of the Positive-health Elderly Care Service Center in Nanjing Jiangbei New District

Zhang Xiaomin, He Qin, Liang Shuang, Dai Yuling

Abstract: President Xi Jinping has emphasized the importance of "promoting the profound integration of nationwide fitness and national health."and"providing continuous health management and medical services for the elderly". The concept of community "integration of sports, medicine, and care" involves the convergence and amalgamation of "sports and medicine integration models" with "medical and elderly care combination models" within the community. Its core essence lies in incorporating sports and fitness into disease prevention, medical care, rehabilitation, and psychological comfort for all community residents. Through health promotion, it offers comprehensive and layered health services and management across the entire lifespan of the elderly, representing a novel paradigm of eldercare suited to the contemporary era of aging. This article explores the innovative model and implementation pathway of community integration of sports, medicine, and care, utilizing practical from the Positive-Health Elderly Care Service Center in Jiangbei New District of Nanjing.

Key Words: Community integration of sports-medicine-care; Community chronic disease intervention; Exercise intervention; Positive-health elderly care service center

Exploration and Practice of Healthy Elderly Care Model in Shenzhen

Wang Liling

Abstract: Shenzhen, as the vanguard of China's reform and opening up and an early demonstration zone of socialism with Chinese characteristics, is about to experience explosive growth in its elderly population. At present, all districts in Shenzhen are exploring the mode of healthy old-age care. In order to actively "prepare for the old" to meet the challenges of population aging. Through descriptive analysis, with detailed data and comprehensive analysis, this study introduces in detail of Guangming District, Luohu District and Longgang District of Shenzhen through strengthening the function of family elderly care, promoting community elderly care service and improving the quality of institutional elderly care service. At the same time, with a series of measures such as policy guidance and support, personnel training and team construction, and promoting social participation of the elderly are strengthened to promote the development and improvement of the elderly care cause in Shenzhen. In order to provide reference for the exploration of healthy elderly care model in various regions.

Key Words: Shenzhen; Population aging; Elderly care model; Healthy aging practice

No.24

The Characteristics of Population Aging in Heilongjiang Province and Strategies for the Development of Traditional Chinese Medicine Health and Wellness

Sun Yiming, Wang Hongman

Abstract: The Fifth Plenary Session of the 19th Central Committee of the Communist Party of China identified "actively responding to the aging population" as a national strategy, and then policies at the national level continue to introduce old-age related policies that mostly involve medical care and health care, guiding the high-quality development of China's medical care and industry. In 2022, the academic community released the Blue Book on the Development of Healthy Aging in China-Research and Measures to Actively Respond to Population Aging (2022) to address the challenges of aging. In the process of realizing Chinese-style modernization, the basic national and provincial factors of population aging will be compatible with the economic and social development of Heilongjiang Province. The 2023 and 2024 provincial government work reports have stressed the "implementation of the strategy of actively responding to population aging", and the 2024 provincial government work report puts the elderly care and health care together at the top of the paragraph. Through investigation and analysis, this paper proposes to integrate the three major resources of "medical health care", implement humanistic management, guarantee the quality of health care diagnosis and treatment services, build a professional health care talent team, promote the Traditional Chinese Medicine health care model for seniors, and actively respond to the development plan of Chinese medicine health care in Heilongjiang Province.

Key Words: Heilongjiang province; Population aging traditional chinese medicine for health preservation; Development strategies

Criteria and Methods for Recognizing Happiness and Blue Zones

Peking University Research Group of Theoretical and Empirical Research on Healthy China

Criteria and Methods for Recognizing Happiness and Blue Zones Issued by Peking University Research Group of Theoretical and Empirical Research on Healthy China in working languages of the U.N. (Chinese, English, French, Russian, Arabic & Spanish, pages 379-451).